U0107289

吴震著作集·阳明学系列

《传习录》精读

吴震 著

上海人民出版社

目 录

目　录

附　录

导论　前阳明学的思想

如所周知,在中国哲学思想史上,11世纪至17世纪的宋明时代是一个非常辉煌的思想时代。我们通常把这个时代的哲学思想,称为"理学"或"道学"。为统一说法,我们以后一般用"宋明理学"这个称呼,在广义上,它涵盖了整个宋明时代的"理学"思潮,其中包括心学及其他学派的儒学思想。在特殊的场合,我们根据《宋史·道学传》的说法,用"道学"一词来指称北宋五子——周敦颐、邵雍、张载、程颢、程颐以及南宋朱熹的思想。这里所谓的"前阳明学的思想",主要是指两宋道学。当然,"阳明学"则是指明代大思想家王守仁(世称阳明先生,1472—1529)的思想学说,由于其学说以"心即理"为标志,较诸以"理"为本体的理学思想而言,阳明学更为突出了心的本体地位,故当时及后世又称其为"心学",而有"阳明心学"之称。

我们要讲的一部儒家经典——《传习录》,乃是王阳明的一部语录体著作,它不是阳明亲笔撰写的哲学论著,而是由他的弟子记录下来的阳明与其弟子及友人之间的讲话记录。接近于今天所说的"课堂讲录",不过,这部"记录"不同于一般意义上的传授知识的课堂记录,而是反映了王阳明整个生命历程的哲学思索,其中含有丰富的哲学智慧,特别是"致良知""知行合一""万物一体"等思想理论，不仅是阳明个人的思想结晶，而且是儒学传统中最富代表性的内容之一。可以说，《传习录》既是阳明心学的传世经典，更是儒学思想的宝贵财富。

为了解读《传习录》，也为了更全面地把握阳明心学的思想内涵，就需要了解阳明之前的思想背景。因此，在讲解《传习录》之前，有必要从宋代理学讲起，来观察一下这个时代的理学思潮究竟有哪些思想问题激发了王阳明的哲学探索。这是因为阳明心学的问题意识离不开宋代道学的思想历史。

一 道统发现

一般说来，宋代道学是以接续先秦时代孔孟儒学之传统为标识，并且通过批判和汲取由汉至唐的经学、玄学、佛学乃至道教等思想观念、理论学说而逐渐形成的。宋代道学以探索儒家的圣人之道、天下之道为主旨，这一思潮早在唐代中叶韩愈（768—824）兴起的"古文运动"就已初现端倪，而这股思潮终于成为蔚为大观之势则是从 11 世纪初开始出现的。据宋初著名经学家刘彝（1017—1086）对其师胡瑗（世称安定先生，993—1059）的一个描述，在北宋初年的明道、宝元之间（大致在 1032年至 1039 年），胡瑗忧"圣人之道"之失传，"遂明体用之学以授诸生。夙夜勤瘁二十余年，专切学校，始自苏、湖，终于太学。出其门者无虑二千余人。故今学者明夫圣人体用，以为政教之本，皆臣师（按，指胡瑗）之功也"（《五朝名臣言行录》卷十之二"安定胡先生"条）。这里的"体用之学"就是指儒家的圣人之学，"体用"两字更是在"圣人之道有体有用"的意义上所使用的，具体而言，"仁义礼乐"等"历世不可变者"便是道之体，"措之天下"等治理方略便是道之用（还有儒家经典以及传世文献则是道之文）。因此现在一般认为，为恢复"圣人之道"而提倡"明体达用之学"的胡瑗乃是宋初道学思潮的先驱人物之一，理由之一就在于当胡瑗提倡复归"圣人之道"时，这个"道"已不是单纯的历史概念，而已经是一种文化概念、价值概念。须指出的是，在胡瑗的"二千余人"的弟子中，程颐便是其中之一，他在太学时期所写的《颜子所好何学论》便倡导复归孔颜的乐道精神，而程颐有关"道"和"道学"的见解肯定也曾受到胡瑗的启发。

根据南宋朱熹（号晦庵，1130—1200）与其友人吕祖谦（世称东莱先生，1137—1181）合编的、成书于淳熙二年（1175）的《近思录》记载，宋代道学的开创者是周敦颐（号濂溪，1017—1073），主要建构者则是二程——程颢（号明道，1032—1085）、程颐（号伊川，1033—1107）以及张载（号横渠，1020—1077）。《宋史·道学传》关于"道学"之名的由来有一个说明：

> "道学"之名，古无是也。三代盛时，天子以是道为政教，大臣百官有司以是道为职业，党庠术序师弟子以是道为讲习，四方百姓日用是道而不知。是故盈覆载之间，无一民一物不被是道之泽，以遂其性。于斯时也，道学之名，何自而立哉？

这是说，"道学"之名是古代所没有的，虽然古代社会的所有活动几乎都离不开"道"，但是却没有必要特意去树立一个"道学"的名称。其意是说，"道"之精神虽古已有之，但"道学"之名却是后起的，特别是在宋代才得以确立的。

那么，《宋史》所立的这个《道学传》又有哪些具体内容呢？简单地说，其中主要列有周、张、二程、邵雍（字尧夫，谥康节，1011—1077）等宋代道学家，而对朱熹之评价最高，其引朱熹门人黄榦语，指明了自孟子之后，经周、程、张子"继其绝"，一直到朱熹"而始著",并指出"识者以为知言",这无疑是说,朱熹乃是宋代道学的集大成者,同时又是恢复孟子以来儒家道统的最大功臣。《宋史》作者还对"道学"寄予了极高的期望:"道学盛于宋,宋弗究于用,甚至有历禁焉。后之时君世主,欲复天德王道之治,必来此取法矣。"

既然宋儒所讲的"道"可追溯至上古,那么"道学"就必有传统,亦即"道统"。这个所谓的"道统"乃是特指以孔孟为代表的儒学道统,历来认为这个概念可以追溯至唐代韩愈《原道》篇,韩愈在文章中明确指出:"斯吾所谓道也,非向所谓老与佛之道也",而是指由尧舜禹汤文武周公孔子孟轲代代相传的儒家之道亦即天下之道,而孟子死后便"不得其传",意谓自孟子后,儒家之道的传统中绝了。这就是宋代道学有关"道统"之说法的一个主要来源。及至北宋初年道学形成时期,就有儒家学者开始自觉地探寻儒学的"道统",其实与其说是"探寻",毋宁说是"建构"。而他们对儒家"道统"的重新发现具有十分重要的思想史意义,以至于对两宋道学家产生了巨大的思想影响,他们大多以继承先秦以来儒家"道统"为自己的责任和使命。那么,对于宋代道学家来说,何谓"道统"呢? 至少自二程以降,逐渐形成了一个共识,即"道统"主要是指由尧舜经周公传至孔孟的"圣人之道"的传统,他们自认为自己继承了尧舜以来的"圣人之道",同时也继承了孔孟儒学的思想传统。质言之,在宋代道学那里,所谓"道统"就是指道学的传统。

那么"道学"一词又有什么来历呢?[①]要而言之,在北宋初

---

① 参见冯友兰:《略论道学的特点、名称和性质》,载《论宋明理学》,浙江人民出版社,1983 年;姜广辉:《"道学"、"理学"、"心学"定名缘起》,载《理学与中国文化》,上海人民出版社,1994 年。

年,"道学"一词较早是程颐用来评价其兄程颢以及自己所开创的一套学说,他说:

> 自予兄弟倡明道学,世方惊疑。(《河南程氏文集》卷
> 十一《祭李端伯文》,《二程集》,中华书局,1981年,第
> 643页)

这表明二程在思想上有一个自觉的问题意识:他们要努力恢复孔孟儒学的传统——即道学传统,只不过他们的努力还不足以引领当世的整个学术风气,反而引起了一片"惊疑"的声音。而且根据程颐的判断,只有以求道为志向的学问才能称得上是真正意义上的"儒学",他曾指出:"今之学者,歧而为三:能文者谓之文士,谈经者泥为讲师,惟知道者乃儒学也。"(《河南程氏遗书》卷六,《二程集》,第95页)此可看出,程颐(亦含程颢)已有了一个自觉意识,他要树立起"道"这一衡量儒学的真正标准,并以改变"道之不明"(《河南程氏文集》卷十一《明道先生行状》,《二程集》,第638页)的社会现实状况作为自身的努力目标。可以说,程颐为其兄撰写的这篇《行状》所说的"道之不明"这四个字乃是北宋初年儒家学者为推动道学运动而共同拥有的最为重要的一个问题意识。

关于儒家圣人之道失而复得的过程,程颐于宋神宗元丰八年(1085)撰写的《明道先生墓表》中说得非常明确:

> 周公没,圣人之道不行;孟轲死,圣人之学不传。道不
> 行,百世无善治;学不传,千载无真儒。无善治,士犹得以明
> 夫善治之道,以淑诸人,以传诸后;无真儒,天下贸贸焉莫知
> 所之,人欲肆而天理灭矣。先生(按,指程颢)生千四百年之
> 后,得不传之学于遗经,志将以斯道觉斯民。天不慭遗,哲
> 人早世。乡人士大夫相与议曰:道之不明也久矣。先生出,

> 倡圣学以示人,辨异端,辟邪说,开历古之沉迷,圣人之道得先生而后明,为功大矣。(《河南程氏文集》卷十一,《二程集》,第 640 页)

这段话很著名也很重要。程颐在这里将"圣人之道"和"圣人之学"分而言之,指出周公以前的"圣人之道"随着周公的逝世而发生了断裂,孟子之前的"圣人之学"随着孟子的逝世也发生了断裂。也就是说,在中国历史上发生过两重断裂:一是在治道上所发生的断裂,一是在学道上所发生的断裂,这两重断裂导致了"百世无善治""千载无真儒"的严重后果。换言之,无论从政治的角度还是从学术的角度来看,孟子以后已经不复存在"善治"及"真儒"。应当说,这既是对社会历史的一种沉痛批评,同时也是对文化传统(主要指儒学传统)的一种深刻反省。正是这种"道统"的双重断裂,构成了二程思想的重要问题意识,他们要挺身而出,疾呼回归古典儒学、重振儒学传统,而他们所面临的首先就是如何复兴道统的问题。

具体地说,在程颐的儒学历史观当中,孔子是历史转型期的关键人物,他接续前周公时代的圣人之道而开创了圣人之学,孟子则延续了孔子的传统,然而孟子以后,圣人之道及圣人之学均告失传,这种情况一致延续到其兄程颢的出现为止。程颐指出"圣人之道"是由程颢的努力而得以复明于天下的,而且他借用当时"乡人士大夫"(又可称为"士庶")的说法,以表明这一看法是为世人所认可的,并非程颐一人之私见。陈来指出,二程死后,"道学"一词遂成为后人指称二程所倡导的学问的名称(陈来:《宋明理学》,辽宁教育出版社,1991 年,第 9 页),这个说法是妥当的。但须注意的是,上述程颐的整段叙述并没有使用"道统"一词,这要等到朱熹的出现,才明确地用"道统"来概括"圣人之道""圣人之学"的历史发展。

朱熹是二程的四传弟子,他继承了程颐的说法,视二程为儒学道统的承继者,但他一生尤其佩服程颐的思想,故在宋明理学史上,又有程朱理学之称。宋高宗绍兴三十二年(1162),朱熹时年仅33岁,他在《壬午应诏封事》中便向当时皇上公开宣称:

> 故承议郎程颢与其弟崇政殿说书颐,近世大儒,实得孔孟以来不传之学。(《晦庵先生朱文公文集》卷十一,《朱子全书》第20册,上海古籍出版社、安徽教育出版社,2002年,第572页。按,以下简称该文集为《朱子文集》。为避烦琐,一些常见文章只注篇名而不注页码)

更为明确的说法则出现在乾道四年(1168)所撰《程氏遗书后序》中,他说:

> 二先生唱明道学于孔孟既没千载不传之后,可谓盛矣。

朱熹用"道学"一词来明确定位二程在北宋思想史上的地位,以为二程"实得孔孟以来不传之学",这个评价是非常高的。当然,"道学"一词明显承袭了程颐之说。其后,他在淳熙十六年(1189)执笔的一篇重要文章《中庸章句序》中则郑重地使用"道统"一词,将二程放在孔孟以来儒学道统史上来加以定位,他说:

> 《中庸》何为而作也? 子思子忧道学之失其传而作也。盖自上古圣神继天立极,而道统之传有自来矣。……故程夫子兄弟者出,得有所考,以续夫千载不传之绪。

所谓"不传之绪"就是指"道统之传"。朱熹的这个说法,影响后世极深,成为后世所谓"道统论"的核心内容之一。

不过朱熹在其有关道统论的历史叙述中,还突出了二程之师周敦颐的地位,将其置于宋代道学之首加以表彰,事实上,宋代以来的道学史便是由朱熹建构起来的。例如朱熹使用"道统"

一词来评估宋代道学运动，首见于淳熙六年（1179）朱熹知南康时撰写的牒文中[①]，他用"心传道统"的说法来称颂周敦颐。关于这个说法，我们后面会有较详的讨论。在此后的近十篇有关周敦颐的墓表祠记等文章中，朱熹不断地强调周敦颐在宋代道学史上的首出地位。

到了朱熹的门人后学那里，朱熹则被认为是周程之后"道统"的当然继承者，如朱熹门人黄榦（号勉斋，1152—1221）在《朱子行状》（《勉斋先生黄文肃公文集》卷二十四）中频繁使用"道统"一词来强调朱熹的毕生志业在于建立道统。朱熹后学元儒吴澄（号草庐，1249—1333）则说：

> 近古之统，周子其元也，程张其亨也，朱子其利也。
>
> （《宋元学案》卷九十二《草庐学案》，中华书局，1986 年，第
> 3037 页）

这是采用《周易》"元亨利贞"的一套说法来为朱熹定位，从中可以看到周、程、张、朱的历史延续。不过，"贞"的地位由谁来接续，吴澄留下了一个伏笔而并没有挑明。及至清代，王懋竑（号白田，1668—1741）在《朱子年谱》卷四引朱熹弟子李果斋的说法，亦称朱熹"身任道统"。

不用说，将朱熹定位于宋代道学史上的殿军地位，显然与判断者的思想立场有关。若对朱熹道学持不同意见者，则判断便会发生偏差。例如南宋心学家陆九渊便不认为程朱能传孟子之学，在他看来：

> 元晦似伊川……伊川蔽固深。（《陆九渊集》卷三十四

---

① 参见张亨：《朱子的志业——建立道统意义之探讨》，载《思文之际论集——儒道思想的现代诠释》，新星出版社，2006 年，第 227 页。

《语录上》,第413页)

陆九渊认为,朱熹虽然"才高",但他毕竟"见道不明""学不见道"(同上书,第419、414页),他对程朱一系道学思想的这一评判显然与其心学立场有关。

王阳明也认为朱熹早年虽志在"继往开来"(《传习录》上,第100条)①,但其学不免坠入支离,是称不上"圣人之学"的。阳明的一个基本观点是"圣人之学,心学也",这是他为象山文集撰《序》劈头所说的一句话,表明他赞同象山心学才称得上是"圣人之学",而且他还明确指出:

陆氏之学,孟氏之学也。(《王阳明全集》卷七《象山文集序·庚辰》,第245页)

也就是说,象山是孟子之后道统的接续者。不过,阳明也承认"周、程二子,始复追寻孔、颜之宗"(同上),认为周程在道统系谱上也有重要地位。可见,在道统问题上,陆王与程朱的看法是不尽一致的。

关于朱熹所建立的"道统"系谱,不断招致后世学者的质疑,尤其是到了清代,人们在批判宋学的背景之下,怀疑朱熹建立这一"道统"论的用心不纯,且有悖史实。例如全祖望(号谢山,1705—1755)《宋元学案》卷十一《濂溪学案》案语认为朱熹推尊周敦颐为道学之祖不合历史实情,关于这些批评,这里就不一一举例说明了,可参见全祖望《周程学统论》(《鲒埼亭集外编》卷三十八)、朱彝尊《太极图授受考》(《曝书亭集》卷五十六)等。

到了当代,有学者指出"道统"一词其实具有多重意义,并非

---

① 按,《传习录》条目数字,据陈荣捷:《王阳明传习录详注集评》,台湾学生书局,1992年修订版;华东师范大学出版社,2009年。

局限于儒学之哲学性的内在要求而已①,认为"道统"还具有外王等层面的含义,这是持平之论。不过,更是有学者否认周程传授的真实性,如邓广铭《关于周敦颐的师承和传授》(《邓广铭治史丛稿》,北京大学出版社,1997年)。近年来在日本学界出现了比较激烈的看法,认为朱熹创建的所谓"道统",特别是"周程传授"的那段历史纯属虚构。例如小岛毅指出有关"周程传授"是朱熹创造出来的"传说"(参见《宋学的形成与展开》,创文社,1999年),而另一位日本学者土田健次郎亦认为推尊周敦颐乃是朱熹制作的有关周敦颐的"神话"(参见《道学的形成》,创文社,2002年),故周程之间的传授关系不可信。当然也有不同的意见,例如吾妻重二在最近发表的论文中,通过有关周程关系之史料的详尽梳理,从当时的社会政治背景、人际脉络以及周程的思想风格等角度出发,指出周程之间的关系其实是十分密切的,两者之间的传授关系也是无可置疑的,当然二程在思想上对周敦颐有所超越,这一点同样也是确凿无疑的。②

诚然,这些批评有许多文献依据,例如二程从来不提周敦颐的重要理论著作《太极图说》,甚至以轻蔑的口吻称周敦颐为"穷禅客",这在古人特重"师道"的传统背景之下,是难以想象的。而二程对"太极"问题缺乏关心,又适以表明二程思想的重点在于人伦世界的问题,而不在于宇宙世界的问题。至于"穷禅客"

---

① 参见陈荣捷:《朱熹集新儒学之大成》,载《朱学论集》,台湾学生书局,1982年;华东师范大学出版社,2007年。另参见张亨:《朱子的志业——建立道统意义之探讨》。

② 参见吾妻重二:《论周惇颐——人脉、政治、思想》,载吴震主编:《宋代新儒学的精神世界——以朱子学为中心》,华东师范大学出版社,2009年。

一说的历史真实性其实是有争议的,记录此说的《河南程氏遗书》卷六有许多说法来源不明,连整理者朱熹也坦承"此与下一篇,间有疑误不可晓处,今悉存之,不敢删去,以俟知者"。

更为重要的是,上述这些批评显然忽视了一点,亦即朱熹建立道统是出于哲学史、观念史的必要,旨在揭示孔孟所传之道为何?而不是从学术史的角度出发建构某种学术传承史。故从某种意义上说,朱熹的道统论或可称之为一种历史"虚构",因为由尧舜至孔孟,再由孔孟至周程,其间确实并不存在任何学术传承的历史痕迹,但是朱熹确信,圣人之道是永存的,"道之在天下者未尝亡"(《朱子文集》卷七十八《江州重建濂溪先生书堂记》,《朱子全书》第 24 册,第 3739 页),绝非仅是朱熹一人之私见,甚至可以说是宋明理学家的共同信念。须注意的是,朱熹所认为的"道",绝非是单纯的历史概念,而是一个价值概念,代表着儒家思想文化的价值体系,所以朱熹曾明确指出:"愚谓道者,仁义礼乐之总名。而仁义礼乐皆道之体用也。圣人之修仁义、制礼乐,凡以明道故也。"(《朱子文集》卷七十二《杂学辨·苏黄门老子解》,《朱子全书》第 24 册,第 3470 页)由此可以说,朱熹自觉继承圣人之道而意图建立的道统理论实具有非同一般的哲学史意义,更是宋代道学的一种基本精神的体现。反过来说,如果这世上根本不存在什么"道统",凡是言说"道统"都是违反历史事实的臆造虚构,那么程朱道学也就丧失了他们的理论建构的目标。

那么,由程颐至朱熹,他们努力建立"道统论"的目的何在呢?质言之,他们的基本思路及其理论企图是:道在天下,万世永存,然而尧舜以至孔孟的圣人之道却不复见诸于世,所以周程出来自觉地承担起重新恢复孔孟之学、圣人之道的责任,以重建天下有道的理想社会。现在的问题是,这个所谓的"道统",又有什么具体内容呢?接下来我们就从上引朱熹的一个用语"心传道统"说起,来探讨一下阳明之前的宋代道学有关"心"之问题的思想考察。

二 心学前史

朱熹以"心传道统"一语来评价周敦颐的那段话是:

> 濂溪先生虞部周公心传道统,为世先觉。"(《朱子文集》卷九十九《又牒》,《朱子全书》第 25 册,第 4582 页)

关于"道统"已如上述,值得关注的却是"心传"一词。若将"心传道统"作为一个表述来看,其意应当是指:由"心"传承下来的"道统"。然而朱熹将此浓缩为"心传"一词,则是有其特殊含义的。

事实上,"心传"这个用语,其意是指宋明理学家们津津乐道的"孔门传授心法",简称"心法",最早似是程颐提出来的,据《河南程氏外书》卷十一《时氏本拾遗》引尹子(按,即尹彦明)的记录:"伊川先生尝言,《中庸》乃孔门传授心法。"唯语焉未详。其实,早在绍兴三十二年(1162),朱熹撰《壬午应诏封事》便有"自古圣人口授心传"之语,这显然是沿袭了程颐之说。此后在朱熹的文字中经常出现有关"心传"的提法,此不繁引,这里仅举一例,即《中庸章句序》对"心传"概念的一个表述:

> 其见于经,则"允执厥中"者,尧之所以授舜也;"人心惟危,道心惟微,惟精惟一,允执厥中"者,舜之所以授禹也。尧之一言,至矣尽矣!而舜复益之以三言者,则所以明夫尧之一言,必如是而后可庶几也。……夫尧舜禹,天下之大圣也。以天下相传,天下之大事也。以天下之大圣,行天下之大事,而其授受之际,丁宁告戒,不过如此。则天下之理,岂

> 有以加于此哉？自是以来，圣圣相承。……（《四书章句集
> 注》，中华书局，1983 年，第 14 页）

这段话可谓是朱熹有关"心传"问题的一个定论。至此我们终于明了所谓"心传道统"，其实就是指古代儒家理想中的圣人尧舜禹相传授的十六字"心诀"："人心惟危，道心惟微，惟精惟一，允执厥中。"这个"心诀"的意旨何在，暂且不论。首先有一个疑问是，这个记录见诸伪《古文尚书》的《大禹谟》，以后人的史学眼光视之，这个记录何以能证明是舜禹之间的真实传授？这一点成为后世特别清代考据学家反对朱学的一个重要口实。

　　不过正如前述，朱熹的这种历史想象，并不有损于他建立道统论的哲学史意义。对朱熹而言，不仅尧舜禹的传授是一历史真实，重要的是道统的存在并不以文献记录的真伪可以改变。他所看重的乃是"心传"四句的思想意涵，足以表达儒家圣人所传之道的真正意义。这个意义，同样在《中庸章句序》中被揭示得非常清楚，他在上文"必如是而后可庶几也"之后，接着阐发了一个观点：

> 盖尝论之：心之虚灵知觉，一而已矣，而以为有人心、道心之异者，则以其或生于形气之私，或原于性命之正，而所以为知觉者不同，是以或危殆而不安，或微妙而难见耳。然人莫不有是形，故虽上智不能无人心，亦莫不有是性，故虽下愚不能无道心。二者杂于方寸之间，而不知所以治之，则危者愈危，微者愈微，而天理之公卒无以胜夫人欲之私矣。精则察夫二者之间而不杂也，一则守其本心之正而不离也。从事于斯，无少间断，必使道心常为一身之主，而人心每听命焉，则危者安、微者著，而动静云为自无过不及之差矣。

（《四书章句集注》，第 14 页）

这段话是对心传四句的诠释，其实也披露了朱熹哲学有关"心"之问题的基本立场，其中涉及其思想整体的义理建构，例如人心与道心、形气与性命、天理与人欲、理气不杂不离等重大义理问题在此均有不同程度的论述。以下仅就有关"心"的问题试予简略的说明。

这段话的一个关键表述无疑是第一句："心之虚灵知觉，一而已矣。"意谓心有"虚灵"和"知觉"二层含义，两者的本来状态应当是"一而已矣"。大致说来，虚灵是心的存在状态，知觉则是心的功能作用。具体地说，虚灵与知觉是心的两层构造，两者是一而二、二而一的关系，知觉乃是虚灵这一心之存在状态的一种作用展现。关于这层义理，我们也可以从朱熹对天理人欲、道心人心这些概念的叙述来理解，如其所云：

> 只是一人之心，合道理底是天理，徇情欲底是人欲。"

（《语类》卷七十八，第 2015 页。按，以下简称《语类》）

所以朱熹非常忌讳把心说成两个，反对在一心之外另有作为实体意义的心之类的观点，这在朱熹看来，无异于佛教的"以心求心""以心使心"之说。他在《观心说》一文中，在批评佛学"观心"说的同时，也明确指出：

> 夫心者，人之所以主乎身者也，一而不二者也，为主而不为客者也，命物而不命于物者也。故以心观物，则物之理得。今复有物以反观乎心，则是此心之外复有一心而能管乎此心也。然则所谓心者，为一耶为二耶？为主耶为客耶？……此亦不待教而审其言之谬矣。（《朱子文集》卷六十七，《朱子全书》第 23 册，第 3278 页）

所谓"此心之外复有一心"，意即心有二心：一为意识现象之心，一为本体实在之心。这是朱熹绝不能认同的观点。即便是道心人心之说,所指亦是一心的两种状态——亦即"正与不正"的状态而已。他在上文稍后便指出:

> 心则一也,以正不正而异其名耳。……非以道为一心,
> 人为一心,而又有一心以精一之也。

可见,朱熹强调的"一而已矣"的"心"只是一实存状态的意识之心,而不是超越意识现象之外之上的本体存在之心,所以重要的是,须以心的状态是否为"一"才能判断究竟是"道心"抑或是"人心",而不能将道心或人心分属于道或人,更不能误认为有一种超脱于心之外的"一心"去做"精一"工夫。换言之,不能有一种本体之心来凌驾于意识之心之上或之外。显然,朱熹对"心"的这个理解与其对心传四句的诠释是有关联的。

然而上述"虚灵"一词究为何意? 何以在知觉之外,又有必要强调心的"虚灵"义?《中庸章句序》中全无交代。但根据我们的初步观察,朱熹非常重视心的"虚灵"这层含义,他强调指出:"能存得自家个虚灵不昧之心,足以具众理,可以应万事,便是明得自家明德了。"(《语类》卷十四,第 265 页)可见,朱熹对于存心工夫之对象——心,用"虚灵不昧"来加以规定。其实,朱熹特意拈出"虚灵"一词,以指明心的一种存在状态,其用意及其目的在于指明心不是什么犹如实理一般的本体存在,因其"虚灵"故非实有一物,亦非实体存在。对朱熹来说,这层含义非常重要,甚至可以说是其心性理论的一个重要立场,不可有丝毫退让。当然,有关这层义理的阐述亦有几层曲折。

令人注意的是他在《大学章句》开篇解释"明德"这一重要概念时指出:"明德者,人之所得乎天,而虚灵不昧,以具众理而应

万事者也。"其中所谓"人之所得乎天"的"明德",显然是指"心"而言,"而"字以下则是对"心"之状态的解释。其中"虚灵不昧"一语尤其值得注意,意思与"心之虚灵知觉"中的"虚灵"一词完全相同。然而,"虚灵不昧"不见儒家经典,原系佛教用语,明僧一元宗本《归元直指集》卷下《学佛谤佛》指出:"晦庵所用佛语,若'虚灵不昧'(原注:此句出自唐译《大智度论》并禅书)。"陈荣捷先生以日本江户时代儒者的考据为参考,并以他自己的考证为据,指出此语确系出自佛典①,不过朱熹也已意识这一点,所以他在后来与弟子的对话中就曾指出:

> 明德者,人之所得乎天,而虚灵不昧,以具众理而应万
> 事者也。禅家则但以虚灵不昧者为性,而无以具众理以下
> 之事。(《语类》卷十四,第 265—266 页)

这是说,"虚灵不昧"虽是取自佛学,但儒学旨意与佛学仍有根本之不同,关键在于佛家以"虚灵"为性,而朱熹则视"虚灵"是一种状态描述语。换言之,"虚灵"不是一种实指,指其为性,则谬误千里。显然朱熹只是在语言上而不是在语义上采用"虚灵不昧",他的原则立场是:虚灵可以描述心,但不能规定性。原因在于:心不是实理,而性乃是实理。故心可以虚灵言,而性只能以实理言。

同时,朱熹又十分强调虚灵之心"具众理而应万事"的重要性。在他看来,心因其"虚灵"而能"具众理""应万事",亦因其"知觉"而能"知此事,觉此理"(《朱子文集》卷四十二《答胡广仲》,《朱子全书》第 22 册,第 1903 页),如果缺乏对这层义理的了解,就有可能误读他以"虚灵不昧"来解释"明德"的根

---

① 参见陈荣捷:《王阳明传习录详注集评》,第 70 页。

本用意。

在《大学或问》中，朱熹亦从虚灵的角度对"心"的问题有如下阐述：

> 人之一心，湛然虚明，如鉴之空，如衡之平，以为一身之主者，固其真体之本然。

> 惟是此心之灵，既曰一身之主，苟得其正，而无不在是，则耳目口鼻、四肢百骸，莫不有所听命以供其事，而其动静语默，出入起居，惟吾所使，而无不合于理。（《大学或问》下，《四书或问》，上海古籍出版社、安徽教育出版社，2001年，第30—31页）

这里的说法与《中庸章句序》"虚灵知觉"、《大学章句》"虚灵不昧"非常接近，只是朱熹在这里不用"知觉"或"不昧"，而用"湛然虚明"四字来说明"心"之特征，又以"鉴空衡平"为喻，来进一步说明"湛然虚明"是心的一种状态，若结合后面"真体之本然"来看，则可了解所谓"湛然虚明"正是指作为一身之主的"心"的本然状态。其谓"真体"，则是指真实无妄之"本体"。在此须说明的是，"本体"或"心之本体"亦是朱熹所使用的概念，而非阳明学的专利，只是两者使用这一概念的确切含义有着根本不同。要之，在朱熹，"真体"或"本体"仅是指心的本然状态，而不是说心是超越义的绝对存在，而在阳明看来，则朱熹此说显然是有问题的，详见后述。

那么，何以有必要以"虚灵"来描述"心"之本然状态？这里就涉及朱熹的另一重要观点，亦即心以气言，而非以理言。上引朱熹所说，"此心之灵"为"一身之主""苟得其正"，以使形体"听命"于"此心之灵"，则人心发动的一切作为"无不合于理"，这里讲到了"心合于理"的观点，已经表明"心"不能等同于

"理"。究其原因,这是因为朱熹坚持认为从构成论上讲,心属于气。

在心与气的问题上,朱熹有两个基本说法,一是说"心犹阴阳",一是说心为"气之精爽"。前者是一种比喻性的措定,而非断言式的判定,然而朱熹绝不说"理犹阴阳"而只能说"性犹太极,心犹阴阳",这当中自有其深层考虑在内。尽管"心犹阴阳"只是说"心"好比是阴阳,但不就是阴阳,然而阴阳两气显然与心有着密切的关联,这是不难解读出来的一种意味。那么,心与气究竟是一种什么样的关联呢?

这里我们就从"气之精爽"一语说起。其实所谓"精爽",固然是指"精气",同时也是指"虚灵"。朱熹说:

> 灵处只是心,不是性,性只是理。(《语类》卷五,第85页)

> 虚灵自是心之本体,非我所能虚也。……若心之虚灵,何尝有物!(《语类》卷五,第87页)

从词源上看,"精爽"一词由来有自,《左传》鲁昭公二十五年载:"心之精爽,是谓魂魄。魂魄去之,何以能久?"依此,则"精爽"既指心而言,又特指"魂魄",朱熹所说"心者气之精爽",其来源之一或即在此。在朱熹看来,魂魄无非就是阴阳二气的表现。要之,朱熹以"虚灵"来描述心之本体状态,旨在强调心的本来状态犹如"鉴空衡平",本无一物,用他另一个比喻性的说法,则可将"心"喻作"镜",他说:

> 心犹镜也,但无尘垢之蔽,则本体自明,物来能照。(《朱子文集》卷四十九《答王子合》,《朱子全书》第22册,第2257页)

这说明"心"本来自明、本来能照,条件是镜体不能有"尘垢之蔽",这个说法与上面提到的"何尝有物"这一强烈的反问句,其意正合,都表明心之本体不能有"物"作为其障碍。①这里的"尘垢"是反义词,若从正面说,便是"虚灵",由此可说"虚灵自是心之本体"。在同样的意义上,朱熹又说:

> 性本是无,却是实理。心似乎有影象,然其体却虚。

(《语类》卷五,第 88 页)

用另一种表述方式,则可说"心无形体",见《朱子文集》四十七《答吕子约》载:"所示'心无形体'之说,鄙意正谓如此。"(《朱子全书》第 22 册,第 2189 页)该说虽为吕子约提出,然亦得到朱熹的认同,理由很显然,所谓"心无形体"正是说"其(心)体却虚"之意。

须指出的是,朱熹此说其实是源自程颐,程颐既已指出孔子以"毋意,毋必,毋固,毋我"(《论语·子罕》)四句论心"只是说心无形体"(《河南程氏遗书》卷十八,《二程集》,第 207 页。按,以下简称《遗书》)。意谓克除"意必固我"四种心态是要求回到"心无形体"的状态。那么,"毋"字便非"禁止"之意,而应作"无"字工夫解,意近消解。朱熹释此句的"毋"亦云:"毋,《史记》作'无',是也。"且引程子言,曰:"此'毋'字,非禁止之辞。圣人绝此四者,何用禁止?"(《论语集注》卷五,《四书章句集注》,第 109—110 页)

当然,朱熹所说的心毕竟不能简单地等同于"气",这与他用"知觉"来规范"心"这一观点有关。朱熹之所以强调心之"虚灵",其根本用意在于反对将"心"作实体化的理解,既非抽象的

---

① 按,这里需要说明的是,"心犹镜"说亦为阳明心学所乐道,见《传习录》上卷。然而朱熹与阳明的重大区别在于这样一点:朱熹以"心犹镜"之喻,反对"自识此心"的主张,所以他在上述"心犹镜也"一段文字之后,立即指出:如果不顾格物穷理的功夫顺序而主张"自识此心",无疑是"欲以镜自照而见夫镜也。既无此理,则非别以一心又识一心而何?"显然朱熹特别反对的是"以心识心";对阳明而言,以镜喻心,旨在凸显心体本虚、不为物累之意,关于此层义理,容后详述。

观念实体(例如"理"),亦非一般的物质实体(例如"猪心""鸡心"),而是人的一种意识功能。由此出发,所以朱熹在心的问题上的一个基本立场便是:反对"以心治心""心外有心"。反过来说,正是因为朱熹绝不能认同在知觉之心之外另有什么本体之心,故他特别强调心是"虚灵"而非实体存在。

至于"虚灵"与"知觉"的关系,朱熹也有明确的说法,他说:

> 知觉正是气之虚灵处,与形器查滓正作对也。(《朱子文集》卷六十一《答林德久》,《朱子全书》第 23 册,第 2944 页)

> 心之知觉,又是那气之虚灵底。聪明视听,作为运用,皆是有这知觉,方运用得这道理。(《语类》卷六十,第 1430 页)

可见,虽说心体"却虚",但这是克就"气之虚灵"而言,另一方面心之知觉正是"气之虚灵"的功能表现,更为重要的是,在这知觉作用的过程中,又有"理"的存在。所以归根结底,朱熹之论"心",是结合理气来讲的,一方面心是气之虚灵,故心不是"一物";另一方面心中自有实理,故心又不是一个"虚荡荡"①的空无。

至于心与理及心与性的关系,则可以这样表述:

> 心是虚底物,性是里面穰肚馅草。性之理包在心内,到发时,却是性底出来。(《语类》卷六十,第 1426 页)

至此我们已经明白朱熹的几层想法,阳明对此既有认同也有批评:一、心不是性,当然也不是理,心与理毋宁是一种外在的涵摄关系,这一点引起了阳明的强烈反拨;二、心与气有家族相似性,但心不就是气,因为心"比气,则自然又灵",这一点阳明亦能认同,故阳明也用"虚灵"来描述心体;三、但是心毕竟是"虚底

---

① 原文为:"以前看得心只是虚荡荡地,而今看得来,湛然虚明,万理便在里面。"(《语类》卷一一三,第 2743 页)

物"，其本质须由性、理来规定，并为"理"提供存在场所，这一点则非阳明所能认同。

以上是朱熹从心与性、心与理以及心与气的关系这一角度对"心"之问题的基本解释，若就心之本身而言，朱熹论"心"的基本义有二："心"是人的知觉活动，同时"心"又是行为的主宰；可以规约为：前者为心的"知觉义"，后者为心的"主宰义"。所以他在讨论《古文尚书》"心传"四句时，曾明确指出：

> 心者，人之知觉，主于身而应事物者也。（《朱子文集》卷六十五《大禹谟》，《朱子全书》第23册，第3180页）

应当说，这就是朱熹对"心"的一个确切定义，包含了知觉和主宰这两层含义。只是又多了"应于事"这层含义，这一点对于朱熹来说也相当关键，只是这里我们不宜就此展开讨论，质言之，这是因为在朱熹看来，佛学虽然也讲"虚灵"，但佛学所讲的"心"只是空无一物、虚灵寂灭之心，为了与此区别开来，故朱熹特别强调了"应于事"这一观点。总之，在"虚灵知觉"这一复合用语中，知觉是对心的根本规定，虚灵是对心的状态描述，这一点已经勿庸置疑。

由上可见，朱熹的"心"论详密繁复，看似周到，然依阳明之见，则其问题依然很多。其中最为主要的问题有两点：一是心与理被隔裂为二，一是人心被隔裂为二。前者不待说，理作为绝对之本质是规定人心之走向的最终依据，而不能与心直接同一；后者则表现在人心听命于道心这一观念表述中。从阳明的角度看，朱熹的这两种观点的症结就在于这样一点：析心为二。至于阳明对朱熹之论心的具体批判，只有放在后面几章再说了。

不过也应看到，阳明对上述朱熹的"心传道统"说则是认同的。他在为陆象山的《文集》出版之际所撰写的《象山文集序》中劈头一句便指出：

圣人之学，心学也。尧、舜、禹之相授受曰："人心惟危，道心惟微，惟精惟一，允执厥中。"此心学之源也。（《王阳明全集》卷七，第 245 页）

可见，阳明不唯认同"心传道统"说，而且将此提升为"心学之源"来加以阐扬，并以此作为对象山心学的肯定，这就与朱熹的说法有了微妙的差异。质言之，在阳明，"心学"成了一种判教语，可以用来判定朱陆之争究竟孰是孰非。显然，在阳明的判教之下，只有象山称得上是心学而朱熹是没有资格的。所以阳明说："陆氏之学，孟氏之学也。"（同上）

然而，所谓"圣人之学，心学也"的说法并非阳明之独创，南宋末年朱子后学真德秀（号西山，1178—1235）在其《心经》一书的开头即已指出："舜禹授受，十有六言，万世心学，此其渊源。"与阳明同时的罗钦顺（号整庵，1465—1547）亦承此说，指出："夫'危微精一'四语，乃心学之源。"（《困知记》附录《答黄筠溪亚卿》）当然，这些说法都是在"心传道统"的意义上立说的，而与阳明认象山为"心学"的出发点仍有根本之不同，而这一不同的根源就在于对"心学"之内涵的理解存在根本差异之故。

总之，在阳明心学出现之前，宋代道学的集大成者朱熹对"心"的问题已有重要关切，而他有关"心"的种种观念表述及其遗留下来的义理问题，无疑是阳明心学之问题意识的重要来源。[1]

---

[1]　关于朱熹"心论"，请参见陈来：《论朱熹淳熙初年的心说之辩》，载钟彩钧主编：《国际朱子学会议论文集》，台湾"中央研究院"中国文哲研究所筹备处，1993 年；李明辉：《朱子论恶之根源》，载同上书；陈来：《朱子哲学中"心"的概念》，载《国学研究》第 4 卷，北京大学出版社，1996 年；李明辉：《朱子对"道心"、"人心"的诠释》（上），载《鹅湖月刊》第 33 卷第 3 期，2007 年；吴震：《"心是做工夫处"——关于朱熹心论的几个问题》，载吴震主编：《宋代新儒学的精神世界——以朱子学为中心》。

三 朱陆之辩

与朱熹既是友人又是论敌的陆九渊(世称象山先生,1139—1193)则开创了一套被后人称为"心学"的思想体系,是王阳明心学的重要来源之一。关于朱熹与陆九渊在思想上的异同问题,可谓是宋明理学史上的一大公案,在这里我们不准备对其是非曲直做详尽的考辨,而是作为阳明学的一个大背景,对于朱陆之辨做一番简明扼要的清理,以揭示其中值得思考的一些思想问题。

若从阳明学的角度看,王阳明的思想对象山心学有自觉的认同,他认为象山学即是"孟氏之学",颇得圣学"易简"之旨趣,相对而言,朱子之学则不免"支离"。在道统传承的系谱中,阳明认为周程(按,指程颢)之后的接续者是象山,但他刻意不提程颐和朱熹,这一点很值得注意。不过,在阳明的眼里,象山比起周程仍有所"不逮"(上引《象山文集序》),其学亦不免"粗些"(《传习录》下,第 205 条)。究竟有哪些地方"不逮"或"粗些",阳明没有细说,我们不宜妄加揣测。但是从阳明的这个评价中,可以看出他认为象山心学是有进一层开拓之余地的。要之,对于阳明来说,他的思想与象山心学有着根深蒂固的渊源关系,而象山心学在 12 世纪南宋时代,又与朱熹理学有着种种思想义理上的纠缠,在这当中所反映出来的问题点恰恰又是阳明所要继续思考并做出回应的。

在中国哲学史上常能看到一种现象,一位思想家的学思历程往往能生动地体现出其思想的基本性格,象山也不例外。据传,象山 8 岁读《论语》时,便怀疑程颐之言与孔孟不类。在 13 岁时,他对于"宇宙"二字忽有感悟,悟出了宇宙与吾心彼此相通、原来无穷,从而得出了"宇宙内事乃己份内事,己份内事乃宇宙内事"这一著名的命题。据《年谱》记载,象山此次觉悟的内容是这样的:

> 宇宙便是吾心,吾心即是宇宙。东海有圣人出焉,此心同也,此理同也;西海有圣人出焉,此心同也,此理同也。千百世之上,至千百世之下,有圣人出焉,此心此理,亦莫不同也。(《陆九渊集》卷三十六《年谱》十三岁条。按,以下凡引此书,省略书名)

这段话可以归约为"心同理同"四字,成了象山思想的标志性言论,也为其后来的心学思想奠定了基本的格局。可以看出,象山思想的进路是由心与理的问题切入的,但他有关心与理之关系问题所得出的结论却与朱熹有很大的不同。在这段话当中,象山强调了这样一种观点:心的存在如同理的存在一样,都具有无限绝对的品格,因此无论是"东海圣人"还是"四海圣人",也无论是"千百世之上"还是"千百世之下",换言之,无论是从空间上说,还是从时间上说,此心此理并无本质上的差异。

可见,人之心作为一种存在,是超越时空的而与普遍之理是同一的,这种存在便是一种客观的绝对存在。若就人的存在而言,象山坚信人人拥有同一的心、同一的理。这里所显示的观点,其实为他日后明确提出"心即理"之命题埋下了伏笔,关于这一点,详见后述。

那么,象山思想是如何形成的呢?根据他自己的说法,其思想是"因读孟子而自得之"(卷三十五《语录下》,第471页),他又说:

> 窃不自揆,区区之学,自谓孟子之后,至是而始一明也。
>
> (卷十《与路彦彬书》,第134页)

这两段话都是象山后来对自己的学术生涯的回顾,其中别有深意。就陆九渊自身来讲,他自觉地意识到孟子思想的重要性,这一自觉意识表明象山思想与孟子学有着紧密的理论关联。

我们知道孟子思想有一个核心观念,亦即仁义礼智是人的道德本心,同时又有一个重要思路,亦即将仁义礼智之性纳入"心"的范畴来加以论述。用他的话说,叫作"君子所性,仁义礼智根于心"(《孟子·尽心上》),这个"心",用孟子的思想术语来表述的话,就是"本心"(《孟子·告子上》),它涵指人的良心、良知,亦即道德本心。正是孟子的这一"本心"说被象山所汲取,成为他建构其心学理论的一个核心概念,上述"心同理同"中的"心"亦应作如是观。

那么,"如何是本心"呢? 对于这一问题,象山运用孟子的"四端"说来回答:

　　恻隐,仁之端也;羞恶,义之端也;辞让,礼之端也;是非,
　　智之端也。此即是"本心"。(卷三十六《年谱》,第487页)

表面看来,这个回答只是重复了孟子的话,似乎看不出象山自身有何独特的见解,其实不然。象山是在宋代道学的这一思想背景之下,意图对"心"这一老问题挖掘出"新问题"——亦即我们应该把"心"理解为知觉之心,还是应该理解为道德本心? 只是象山在表述之际,采用了回归孟子学这一诠释策略,其根本用意则在于以孟子"本心"来强调心的道德义、本体义。也就是说,在他看来,"心"绝不是感官知觉、思维器官,而应当是人的良知本心,具有知善知恶、知是知非的道德判断力。显而易见,他与朱熹理学的不同,首先就表现在对"心"的这一理解上。

象山还对"本心"有一个明确的说法:

　　四端者,即此心也。天之所以与我者,即此心也。人皆

有是心，心皆具此理。心即理也。（卷十一《与李宰书》，第
149页）

这段话有几层意思，且层层相扣、互为连贯。首先一句是说，仁
义礼智"四端"即是人的本心；其次，此心是"天赋"的，意谓道德
心的依据在"天"；再其次，此心是人人同具的，同时此心皆具此
理，意谓"心同理同"；最后，象山点明一个他的核心观念："心即
理也。"如果说"心同理同"是象山早年对心与理之问题的一个观
念表述，那么这里的"心即理也"则可说是整个象山思想系统中
的核心命题，或者说，象山的哲学立场就在于此，如果抽去"心即
理"这一命题，则象山学的思想体系就将难以成立。

象山所说的"本心"，又与"吾心"意同，也就是"宇宙便是吾
心，吾心即是宇宙"的那个"吾心"，因此，"本心"具有双重性格：
既是作为个体存在的道德心，因而具有主体性，同时它又是一种
宇宙本体的存在，因而具有普遍性。就是说，此"心"作为"理"而
言，具有主体性和普遍性之特征。所以象山说：

塞宇宙一理耳……此理之大，岂有限量？（卷十二《与
赵咏道》四，第161页）

此理充塞宇宙，天地鬼神且不能违异，况于人乎？（卷
十一《与吴子嗣》八，第147页）

这是将"理"解说成一种宇宙的本体，而且是贯穿于"人"的一种
根本存在。可见，理与心是同质同层的存在，彼此是相贯通的。
因而，象山他又强调此心与天同，与理同的超越义：

心，只是一个心。某之心，吾友之心，上而千百载圣贤
之心，下而千百载复有一圣贤，其心亦只是如此。心之体甚
大，若能尽我之心，便与天同。为学只是理会此。（卷三十
五《语录下》，第444页）

> 盖心，一心也；理，一理也。至当归一，精义无二，此心
> 此理，实不容有二。故夫子曰："吾道一以贯之"。（卷一《与
> 曾宅之》，第4—5页）

这里所说的"至当归一""不容有二"，都是在"心即理"的意义上
说的，而不是在工夫熟后的意义上说的。换言之，心与理一，互
相贯通，乃是先天的预设而不是后天工夫的效验。相反，作为后
天之工夫的"为学"目标正在于理会和把握此心此理原本为一的
道理。由于本心是天所赋予的，因此尽此心便可实现与"天"的
合一，象山称之为"与天同"。而在象山看来，孔子所说的那句名
言"吾道一以贯之"所表明的也正是此心与此理、此天的贯通
为一。

我们知道，朱熹也有"心只一心"的观点，所以，对于"心一心
也""理一理也"的说法，朱熹也未必反对。这里不妨再看一看朱
熹的"心与理一"的命题，他曾于辛亥（1191）壬子（1192）年间与
弟子郑可学的一封书信中讨论了"儒释之异"的问题[①]，他指出：

> 儒释之异，正为吾以心与理为一，而彼以心与理为二
> 耳。然近世一种学问，虽说心与理一，而不察乎气禀物欲之
> 私，故其发亦不合理，却与释氏同病，又不可不察。（《朱子
> 文集》卷五十六《答郑子上》十四，《朱子全书》第23册，第
> 2689页）

很显然，朱熹在这里一是批评佛教，一是批评象山。然而，说象
山主张"心与理一"未免对于气禀物欲之问题有所忽略则可，若
说象山坠于佛学则不妥，因为既然说佛氏"以心与理为二"，那么

---

① 　按，此书所作年代，参见陈来：《朱子书信编年考证》（增订本），生活·
读书·新知三联书店，2007年，第342页。以下关于朱熹书信的年代
均见此书，不再出注。

这显然正是象山所反对的。

不过，细按朱熹之意，亦不难理解他这样说的理由，因为在他看来，心与理绝不能在先天意义上得出"至当归一"的论点，他也不会赞成心与理之间无条件的"不容有二"。这显然与其论"心"的原则立场有关，这个原则立场就是：心只是虚灵知觉，不能在心之外另有一个作为实体存在的所谓"本心"。至于"心与理一"，这只是就功夫熟后之境界而言，并不是说心与理是先天的同一，如其所云："物格后，他内外自然合。"（《语类》卷十五，第 295 页）朱熹之所以这样看"心"，主要原因就在于朱熹认为心体并不是"天之所以与我者"的天赋良知、道德本心，更不是知善知恶、知是知非的判断标准。所以对于朱熹理学来讲，只能说"性即理"，但绝不能说"心即理"。反观象山之论"心"，可以看出，他以孟子学的本心说、良知说、四端说为理据，将心理解为一种道德意义上的本体之心，如同"心皆具此理"一般，是人人同有的，故此对于象山来说，心与理就不是"包"与"被包"的外在关系，而是由上天所赋予的先天的同一。因此，"心即理也"乃是象山思想的必然结论。

由于对"心"之问题的不同理解，因此也就必然导致功夫论上出现歧义纷争。要之，朱熹力主以格物穷理为根本功夫，由此出发才能应对气禀物欲之私等等问题，所以在朱熹看来，就功夫次第而言，"格物"功夫具有首出的地位。然而从象山的立场出发，由于"人皆有是心，心皆具是理"，因此为学功夫便须落在发明此心上，以彰显此理。一言以蔽之，对于象山心学而言，在功夫论中具有首出地位的是发明本心。所谓"发明本心"，意谓功夫须在本心的引领下去做，而不能舍心逐物，就外物上去做"存心""尽心"等孟子学提出的为学功夫。正是在功夫论问题上，朱熹与陆九渊两人导致了激烈的争辩。

在宋明理学史上，"鹅湖之会"非常著名。①这次会议的缘起是淳熙二年（1175）初夏，由吕祖谦（世称东莱先生，1137—1181）出面，邀约陆九渊、陆九龄兄弟以及朱熹，相会于江西信州的鹅湖寺，共同讨论学术问题，以便消除彼此的分歧，但结果却适得其反。简略地说，在这次会议上，朱熹指出功夫次第须以博览群书为先，而后归之于约，象山则坚持认为发明人之本心为要，其后才可博览。由此，朱熹认为陆氏教人太简，而象山则认为朱熹为学支离。象山在赴会途中写有一诗，表达了两人之间的分歧所在：

> 墟墓兴哀宗庙钦，斯人千古不磨心。
>
> 涓流积至沧溟水，拳石崇成泰华岑。
>
> 易简工夫终久大，支离事业竟浮沉。
>
> 欲知自下升高处，真伪先须辨古今。
>
> （卷二十五《鹅湖和教授兄韵》）

象山在这里表明人之本心是"千古不灭"的这一心学立场，并用"易简工夫"来自赞自美，与之相对的"支离事业"则是象山所反对的。根据记载，朱熹闻诗，初则"失色"，后则"大不怿"，显然朱熹敏感地感觉到象山的"支离事业"是在挖苦讽刺他。可见，两人会面伊始，便有一种不和谐的气氛，最终导致"鹅湖之会"不欢而散也就不难想象了。更为严重的是，象山在这里用"易简工夫"来自况而以"支离事业"来挪揄朱熹的做法，到了阳明学的时代产生了巨大的影响，"易简"成了一种褒义词，用来指称孔门儒

---

① 关于鹅湖之会以及朱陆之辩的前后经过，参见陈荣捷：《朱陆通讯详述》，载《朱学论集》，台湾学生书局，1982 年，华东师范大学出版社，2007 年。

学,而"支离"则相应地成了一种贬义词,用来指称程朱理学。其末尾一句"真伪先须辨古今",则强调了正统与异端的分辨系于当下之"本心"。而象山此诗在明代的影响,我们可以王畿的和诗为例得窥一斑,王畿的和诗共有四首,其中第一首第四句的气象非常宏大,值得介绍:"但得春风长入手,唐虞事业只如今。"(《王畿集》卷十八《再至水西用陆象山鹅湖韵四首》之一,第520页)意谓圣人事业就在当下。这个说法表明,鹅湖之会上的"易简"与"支离"的方法之争的问题被转换成了心体存在是否当下具足的本体论问题。

鹅湖会后,朱熹在与友人的一封书信中,流露出了对象山的不满,他说象山"自信太过,规模窄狭,不复取人之善,将流于异学而不自知耳"(《朱子文集》卷三十一《答张敬夫》,《朱子全书》第21册,第1350页)。从中可以看出,导致两人分歧的原因除了学术因素以外,还有象山的未免张扬的性格气质为朱熹难以接受。当然两人的分歧主要表现在学术问题上,朱熹认为两人的思想分歧是严重的,陆的思想完全有可能坠入"异学"——即异端之学。到了后来,特别是象山逝世以后,朱熹开始抨击陆学为"禅学"、为"告子之学",将陆学直接视作"异端"而展开了猛烈的批评。

事实上,"鹅湖之会"的这场争论,其问题的焦点在于:"尊德性"与"道问学"何者优先——亦即为学工夫的次第问题。朱熹后来坦陈自己在道问学上著力尤多而象山则偏向于尊德性上用力,以为如能"去短集长",则可"不堕一边"。朱熹的这一说法后来传到了象山那里,对此,象山表明了一个坚决的态度,他说:

> 朱元晦曾作书与学者云:"陆子静专以尊德性诲人,故游其门者多践履之士,然于道问学处欠了。某教人岂不是

道问学处多了些子？故游某之门者践履多不及之。"观此，
则是元晦欲去两短，合两长。然吾以为不可，既不知尊德
性，焉有所谓道问学？（卷三十四《语录上》）

象山在这里所引的朱熹书信，做了掐头去尾的工作，故有必要来
看一下朱熹的原话，朱熹是在淳熙十年（1183）给项安世（字平
父，？—1208）的书信中所说的这番话，朱熹时年54岁，他说：

大抵子思以来，教人之法惟以尊德性、道问学两事为用
力之要。今子静所说，专是尊德性之事，而熹平日所论却是
问学上多了。所以为彼学者多持守可观，而看得义理全不
子细，又别说一种杜撰道理遮盖，不肯放下。而熹自觉虽于
义理上不敢乱说，却于紧要为己为人上多不得力，今当反身
用力，去短集长，庶几不堕一边耳。（《朱子文集》卷五十四
《答项平父》第2书，《朱子全书》第23册，第2541页）

由此可见，朱熹对象山的批评其实是相当严厉的，他称象山"看
得义理全不子细""杜撰道理遮盖"，而说自己"于义理上不敢乱
说"，这原因就在于象山疏于读书问学，而朱熹自己"平日所论"
却在"问学上多了"；另一方面，朱熹对象山也有所肯定，称其"持
守可观"，而对自己的平日工夫有所反省，表示今后应多做"反身
用力"的工夫，努力做到"去短集长"。反观象山的说法，他对朱
熹的这一反省颇不以为然，他认为"尊德性"与"道问学"何者为
先是一个原则问题，这是不能颠倒的，以作为培养自己德性的
"尊德性"工夫为本，而以作为知识积累的"道问学"功夫为次，这
个次序不能乱。

显然问题的关键是"去短集长"如何可能。在这个问题上，
象山的态度非常坚决，断然"以为不可"，而朱熹的态度显得比较
温和，尽管他认为象山的学问并不怎么样，然而他还是承认象山

在践履上做得不错，所以要取其长以补己之短，并相信在处理尊德性与道问学之关系问题时是可以做到"不堕一边"的。须指出的是，朱熹的这一反省并不意味着他放弃了道问学的立场。例如朱熹在绍熙二年（1191）即其 62 岁时，又致函项平父讨论了为学次第的问题，从中可以更为明显地看出，朱熹仍然固守以道问学作为为学之本的立场，他指出：

> 至论为学次第，则更尽有商量。大抵人之一心，万理具备，若能存得，便是圣贤，更有何事？然圣贤教人所以有许多门路节次，而未尝教人只守此心者。盖为此心此理虽本完具，却为气质之禀不能无偏，若不讲明体察，极精极密，往往随其所偏堕于物欲之私而不自知（近世为此说者，观其言语动作，略无毫发近似圣贤气象，正坐此耳）。是以圣贤教人虽以恭敬持守为先，而于其中又必使之即事即物，考古验今，体会推寻，内外参合。盖必如此，然后见得此心之真，此理之正，而于世间万事一切言语，无不洞然了其白黑。（《朱子文集》卷五十四《答项平父》第 5 书，《朱子全书》第 24 册，第 2543 页）

朱熹在此拈出了气质之禀的问题，以为一味强调存心（即"只守此心"）而忽视变化气质便会有偏，此论可谓是对象山心学的盖棺定论；同时朱熹又强调即事即物做一番极精密的问学工夫才是"圣贤教人"的首要工夫，而这正是朱熹对自己思想立场的再次强有力的声明。

不过尽管如此，若从宋明理学的历史看，围绕尊德性与道问学之关系的问题争论实即知识与道德（闻见之知与德性之知）孰重孰轻、孰主孰从的问题争论。朱熹主张由知识成就德性，象山则主张由德性统领求知，这就开启了宋明时代儒家思想中的"理学"与"心学"的二大路径。①

　　阳明思想的问题意识之一显然来源于象山与朱熹有关尊德性与道问学的思想争论,故他也注意到上面提及的象山语录中所引述的朱熹那段话,而其立场显然偏向于象山,不满于朱子将"尊德性"与"道问学"分作两事的观点。阳明指出,"晦翁言子静以尊德性诲人,某教人岂不是道问学处多了些子",其实质"是分尊德性、道问学作两件"(《传习录》下,第 324 条)。这一"作两件"的判词,其实是阳明对朱熹理学之特质的一个基本判断。在阳明的眼里,朱熹不论在心与物的关系问题还是在心与理的关系问题上,都不免犯了一分为二的错误。用今天的说法,也就是一种二元论的错误。

　　至于尊德性与道问学的关系问题,阳明的基本观点则是:"道问学即尊德性之功"(《传习录》上,第 25 条)"道问学即所以尊德性"(《传习录》下,第 324 条)。其意甚为明确,他一方面把尊德性看作是比道问学更为重要的工夫,另一方面又认为道问学的工夫所指向的正是尊德性。表面看来,这个说法似乎是对尊德性与道问学的折衷,实际上,阳明的立场在于这样一点:道

---

①　余英时指出,由淳熙十年朱熹致项平父的书信以回应象山的批评以及象山对此的反批评,使得以后的学者相信朱陆之异就在于前者强调尊德性而后者强调道问学,这一点后经阳明的渲染,直到黄宗羲撰述《宋元学案》之际,成为人们对理学史上朱陆之辩的一个基本看法。然而余英时认为这个看法却是有问题的,其实在尊德性的问题上,朱陆并无二致,两者所争端在于为学之次第上而不在为学之目标上,这个说法自有一定的道理,参见余英时:《朱熹哲学体系中的道德与知识》,载田浩编、杨立华等译:《宋代思想史论》,社会科学文献出版社,2003 年。因为朱熹也的确主张格物的目标在于明明德。但如果只是关注于"同归"的一面而忽略"殊途"所带来的歧义,则有可能使得朱陆之辩的问题性质反而晦而不彰。

问学不能脱离尊德性,在这个意义上,尊德性才是根本之工夫。所以,阳明又说:

> 且如今讲习讨论,下许多工夫,无非只是存此心不失其德性而已。岂有尊德性只空空去尊,更不去问学?问学只是空空去问学,更与德性无关涉?如此,则不知今之所以讲习讨论者,更学何事?(《传习录》下,第324条)

不难看出,阳明的基本想法是:道问学乃是尊德性之工夫,尊德性乃是道问学之目的;尊德性须以道问学为手段,否则便成了"空空去尊",道问学须以尊德性为主脑,否则便成了"空空去问学"。

总之,阳明的结论是:

> 所谓尊德性而道问学一节,至当归一,更无可疑。(《传习录》中,第193条)

这个"归一"的说法看似圆融,没有象山所说的"既不知尊德性,焉有所谓道问学"这一表述语气所具有的震撼力,其实阳明所说的"归一"并非是没有原则地糅合双方矛盾,其所谓"归一",是在心体的前提下所达到的归一。也就是说,阳明讲"归一"或"合一",是就心学意义上来讲的,是从心之本体的立场出发的。所以就其立场而言,无疑地与象山的"既不知尊德性,焉有所谓道问学"是完全一致的。例如,我们可以从阳明对朱熹的由求知以成德的为学宗旨所提出的尖锐质疑得到一个明确的了解:

> 纵格得草木来,如何反来诚得自家意?(《传习录》下,第317条)

很显然,此一质疑无非就是象山"既不知尊德性,焉有所谓道问学"的另一种表述而已,说法不同,其意相通。事实上,这一质疑正是从心学立场上发问的,它触及了问题的实质——亦即诚意

与格物是一本末、主次的关系问题,应以诚意为本为主,以格物
为末为次,重要的是,本末主次不可颠倒,否则的话,即便格遍天
下事物,最终与"自家意"毫不相干。不用说,这个观点所透露出
来的正是阳明心学不同于朱熹理学的一种立场。

至此,我们可以看出阳明心学的问题意识其实与朱熹理学
与象山心学的思想争议是有密切关联的,而这种关联并不是简
单地表现为对朱熹理学的反驳以及对象山心学的辩护,应当说,
阳明学之于朱子学和象山学都有批判和继承的关系,是对朱陆
思想的异同、是非等义理问题进行反省的基础上得以形成的。

关于朱陆异同的问题,可以参见徐复观:《象山学述》(特别
是第 5 节"朱陆异同——朱子自身的矛盾",第 6 节"朱陆异
同——知识与道德界域的混淆与厘清",第 7 节"朱陆异同——
由对心性认识的不同而来的修养功夫之各异"),载《中国思想史
论集》,上海书店出版社,2004 年。另可参见彭永捷:《朱陆之
辩》,人民出版社,2002 年;林维杰:《朱陆异同的诠释学转向》,
载台湾"中央研究院"中国文哲研究所:《中国文哲研究集刊》第
31 期,2007 年。

第一讲 《传习录》小史

　　《传习录》是阳明学的一部经典，也是中国哲学史上的重要经典之一。该书见明隆庆刻本《王文成公全书》的开首三卷，其中除了中卷所收的阳明给他人的书信为阳明亲笔以外，上下两卷均为阳明门人记录的阳明与其弟子及友人之间的讲学问答，而不是阳明撰述的文章，所以严格说来，《传习录》是一部语录体著作。清儒有一种倾向，非常看不起宋代以来儒者编纂的语录体著作，以为这有点受禅宗语录之记述风格的影响。事实上，语录体著述方式在儒学史上由来甚久，孔子《论语》何尝不是如此。

　　当然宋明时代的大量语录体著作确有是否可靠或可信的问题，这原因是弟子们在记录老师口述的讲义时，不免有种种笔误的可能，例如朱熹在整理二程语录之际就曾对当时的某些记录表示过困惑，而阳明逝世后成书的《传习录》下卷所引发的争议最多，当时就有一些学者对其内容的可靠性表示怀疑。所以，在阅读《传习录》之际有必要注意这一点。不过大致说来，《传习录》在整体结构上相当完整，即便其下卷的形成过程有点复杂漫长，但除了极个别的一些条目以外，基本上是可以信赖的。

　　书名中"传习"一词，取自《论语·学而》"传不习乎"，朱熹注曰："传，谓受之于师；习，谓熟之于己。"这将"传习"一词的意思讲得很清楚,"传"是指从老师那里得到的传授,"习"是指自己不断地研习。可以说,王阳明的这部《传习录》便是师徒之间的思想传授以及彼此研习的记录。

那么,《传习录》这部书是怎么形成的呢？它有哪些版本需要注意？它的结构形式又是怎样的？这些问题都是我们在阅读《传习录》之前有必要掌握的基本性的文献学知识。在这一讲中,我们将首先介绍一下《传习录》成书及刊刻的过程,接着谈一谈有关阳明语录的佚文收集问题,最后我们将简要地说一下怎么读《传习录》的方法问题。

一 成书经过

为什么要从《传习录》的成书过程讲起呢？这是因为中国哲学史这门学问,需要一点历史文献学的基础知识,而文献学研究就包括古代典籍的版本学、校勘学等专门知识。这些知识对于我们更好地阅读中国哲学原典是非常必要的。

我们现在通常所使用的本子是标点本《王阳明全集》(吴光、钱明、董平、姚延福编校,上海古籍出版社,1992 年。按,以下简称《全集》)开首三卷所收录的《传习录》,末附王阳明编纂的《朱子晚年定论》。这个本子采用的底本是明隆庆六年(1572)谢廷杰刊刻的《王文成公全书》三十八卷本,收入《四部丛刊》初编(商务印书馆,1929 年影印本)。这个全书本是目前所能看到的有关王阳明著作的最好的版本,历来有关阳明著作的各种翻刻本、选集本乃至当今的各种点校本,大多以此为底本。但是,在《传习录》被编入《王文成公全书》之前,它的成书、编刻之过程有点曲折,各种版本之间也颇有异同,对此有必要做一基本的梳理。

现在通行的《传习录》分上中下三卷,这三卷又分别代表《传习录》成书的三个时期。就其刊刻年代而言,上卷刊刻于正德十三年(1518)八月,中卷刊刻于嘉靖三年(1524)十月,下卷刊刻于嘉靖三十五年四月。①当然在刊刻之际,中卷包含上卷,下卷包含上中两卷一并刊刻的。以下,就三卷的成书过程,分别述之。②

1.《传习录》上卷

该卷语录共 129 条,其中徐爱录 14 条,陆澄录 80 条,薛侃录 35 条。③正德十三年八月,由薛侃刊刻于江西虔州(赣州),又称"初刻传习录",以别于嘉靖三年的"续刻传习录"。

徐爱所录虽仅有 14 条,但非常重要,甚至被后人视为《传习录》中的"经典"部分④,其中包含了阳明"龙场悟道"后的"心即理""知行合一"等重要学说,乃至于"良知"观念也已经有所反映。徐爱(1487—1517),字曰仁,号横山,浙江余姚人,正德三年进士。王阳明妹婿,正德二年师从阳明,为阳明门下的最早弟子之一,卒年仅 31 岁,有王门颜回之称。著有《横山遗集》上下两卷,为嘉靖十三年汶上路氏浙江刊本,见藏于台湾"中央图书馆",

---

① 关于《传习录》三卷的成书年代,分别依据《王阳明全集》卷三十三《年谱一》正德十三年八月条,同上书卷三十四《年谱二》嘉靖三年十月条,同上书卷三《传习录下》末附钱德洪《跋》。

② 主要参考了陈荣捷:《王阳明传习录详注集评》"概说";永富青地:《关于王守仁的语录》,《哲学、宗教与人文》,商务印书馆,2004 年。按,永富青地一文后被改编收入氏著:《王守仁著作の文献学的研究》第一章"《传习录》の成立と完成",汲古书院,2007 年。

③ 按,《传习录》条目数字的统计,悉从陈荣捷:《王阳明传习录详注集评》。

④ 例如阳明传人聂豹便曾编辑了一部《传习录节要》,主要采自今本《传习录》上卷,以为"先师之教"于此书"备之矣"(《聂双江先生文集》卷十一《答陈明水》,明刊云丘书院藏版,第 20 页上)。然此书已佚。关于聂豹自己对此书的期许以及同门对此书的评议,参见拙著:《聂豹·罗洪先评传》,南京大学出版社,2001 年,第 114 页。

盖为传世孤本。①徐爱所录阳明语原有三卷,至正德十三年薛侃编刻《传习录》时仅存一卷。②正德七年十二月,阳明升南京太仆寺少卿,同年冬,徐爱升南京兵部车驾清吏司员外郎,两人同舟南归,途中论学不辍,今本《传习录》上卷的14条当始自是年。③

陆澄(生卒不详),字原静,又字清伯,浙江归安人。正德十二年进士,授刑部主事。正德九年(1514)在南京师事阳明(参见《阳明年谱》正德九年五月条)。阳明曾言:"曰仁没后,吾道益孤,致望原静者亦不浅。"(《全集》卷四《与陆原静·二·戊寅》,第167页)可见,陆澄亦曾被阳明寄予厚望。陆澄所录80条④,

---

① 钱明编校整理:《徐爱·钱德洪·董沄集》,凤凰出版社,2007年。

② 据孙应奎刻本《传习录》(京都大学附属中央图书馆贵重室藏嘉靖三十年衡湘书院本,按,以下称"衡湘书院本")所收薛侃《识》,云:"曰仁所纪凡三卷,侃近得此数条并两小序,其余俟求其家附录之。正德戊寅春薛侃识。"按,戊寅即正德十三年。《阳明年谱》正德十三年八月条载:"侃得徐爱所遗《传习录》一卷,序二篇。"(《全集》,第1255页)

③ 按,据邹守益编《王阳明先生图谱》弘治十八年(1505)乙丑条载,是年徐爱师从阳明,"记《传习录》示同志"(《四库未收书辑刊》第4辑第17册所收清抄本,第472页)。然而徐爱拜入阳明门下当在正德二年,今本《传习录》上卷开首14条,均为徐爱与阳明论《大学》宗旨,弘治十八年,阳明不可能有"心即理""知行合一"等观点的提出。不过,由《图谱》可见,在阳明门下,大都认为《传习录》一书的书名创自徐爱。

④ 按,陆澄所录原有81条,陈荣捷以第24、25条之间的"持志如心痛"一条与《传习录》上卷薛侃所录的第95条内容重复,判定陆澄所录为"衍文",而将此条排除在外。然而,据徐象梅《两浙名贤录》卷四《理学·陆元静先生》载:"其记文成语首云:'持志如心痛。……'"(《北京图书馆古籍珍本丛刊》第17册,书目文献出版社,1987年,第146页)盖谓此条为陆澄所录之首条。按,施邦曜(字尔韬,1585—1644)编《阳明先生集要三编·理学编》(明崇祯八年刻本)卷一《传习录二》亦记该条为陆澄之首条,而无薛侃所录的第95条。另,曾才汉《诸儒理学语要》(京都大学附属图书馆藏嘉靖甲辰刻本)第48条亦同。因此,"持志如心痛"当为陆澄所录,而薛侃所录或为重复。今姑从陈说。

大致是正德九年后在南京所闻阳明语。传见《明史》卷一九七，另见《两浙名贤录》卷四《理学·陆元静先生》。

薛侃（1486—1545），字尚谦，号中离，广东揭阳人。正德十二年进士，正德九年在南京师事阳明。授行人司行人，后因上疏忤逆当道，被贬黜为民。归田后，讲阳明之学，从游者甚众，门人编为《研几录》（今存）。民国四年，曾彭年搜其遗稿，刻《中离先生全集》二十卷。薛侃曾与阳明大弟子王畿（字汝中，号龙溪，1498—1583）一起编辑了《阳明先生则言》上下两卷，卷首有嘉靖十六年（1537）薛侃序，上卷收录 168 条语录，大致录自《阳明文录》（广德本）的书信类，下卷则选录阳明文章，如《训蒙大意》《拔本塞源论》，共十三篇。与《传习录》一样，《则言》一书在嘉靖年后，曾被多次刊刻，流传甚广，在日本江户时代也有和刻本而流行一时。

2.《传习录》中卷

薛侃编《传习录》刊行六年后的嘉靖三年，阳明弟子、时任绍兴府知府的南大吉在薛本的基础上，增入八封阳明书信，合刻于绍兴，世称"续刻传习录"或"南本"。南大吉（1487—1541），字元善，号瑞泉，陕西渭南人。正德六年进士，嘉靖二年，任绍兴府知府，拜入阳明门下，建稽山书院，推动王门在越讲学尤力。嘉靖五年（1526），入觐以考察罢官。

"南本"的刊刻情况非常复杂。通常使用的《王阳明全集》所收《传习录》卷中乃是钱德洪删定的本子（按，下称"钱本"），已非"南本"原貌。这一点，我们可以由该卷开首所收钱德洪（号绪山，1496—1574）《序》得到明确的判断：

① 南元善刻《传习录》于越，凡二册。下册摘录先师手书，凡八篇。其《答徐成之》二书，吾师自谓："……二书姑为

调停两可之说,使人自思得之。"故元善录为下卷之首者,意亦以是欤?今朱陆之辨明于天下久矣。洪刻先师《文录》,置二书于《外集》者,示未全也,故今不复录。

② 其余指知行之本体,莫详于《答人论学》(按,即钱本《答顾东桥书》)与《答周道通》《陆清伯》(按,即钱本《答陆原静书》《又》)、《欧阳崇一》四书(按,依钱本,实有五书)。

③ 而谓格物为学者用力日可见之地,莫详于《答罗整庵》一书。

④ ……其一体同物之心,谆谆终身,至于毙而后已,此孔孟已来圣贤苦心,虽门人子弟,未足以慰其情也。是情也,莫详于《答聂文蔚》之第一书。此皆仍元善所录之旧。

⑤ 而揭必有事焉即致良知功夫,明白简切,使人言下即得入手,此又莫详于《答文蔚》之第二书。故增录之。(《全集》,第 40 页)

由上可见,钱本对南本主要做了这样的删定工作:删除《答徐成之》二书,新增《答聂文蔚》第二书,其余悉仍南本之旧。然而这样一来,数字上较原有八书少了一封。其实,上文②中所云《陆清伯》一书,在钱本中被一分为二,即《答陆原静书》及其《又》。按,通常《又》指另一书信。不过,参照其他有关阳明《文录》等版本,此《答陆原静书》原为一封,如嘉靖十二年(1533)黄绾刻本《阳明先生文录》(京都大学附属中央图书馆藏)所收该书,而无"又"字,又如嘉靖三十二年宋仪望刻本《阳明先生文粹》亦如是,并无"又"字。或许钱德洪为凑足八封书信的数字,而将《答陆原静书》一析为二,亦未可知。

更为重要的问题是,据《阳明年谱》载,《答人论学书》(即《答顾东桥书》)作于嘉靖四年,《答欧阳崇一》《答聂文蔚·一》均作

41

于嘉靖五年,《答聂文蔚·二》则作于嘉靖七年,何以刊刻于嘉靖三年十月的"南本"能收入后此成书的文字？实在费解。只有两种可能：或者《阳明年谱》所记南本刻于嘉靖三年有误,或者今天所见南本已非原貌。我以为,前一种可能性甚微,后一种可能性最大。就是说,南本的原刻本确曾刊刻,而钱本已非南本之原貌。例如嘉靖五年,王阳明有《寄陆原静》书,提及南大吉"曾将原静后来论学数条刊入《后录》中"一事,所谓"论学数条",即指南本所收《答陆原静书》,所谓《后录》当即《续刻传习录》,这说明阳明曾目睹南本。

阳明还说：

> 初心甚不欲渠（按,指南大吉）如此,近日朋辈见之,却因此多有省悟。始知古人相与辩论穷诘,亦不独要自己明白,直欲共明此学于天下耳。（《全集》卷六《寄陆原静·丙戌》,第 216 页）

可见,阳明对南本之刻是持肯定之态度的。既然嘉靖五年《寄陆原静》书提及南本,那么作于同年的《答欧阳崇一》《答聂文蔚·一》以及两年后的《答聂文蔚·二》则肯定不在南本体例当中。由此推知,南本在嘉靖三年初版以后,尚有多次再版重印的可能,在这过程中,对南本所选阳明书信曾有调整。而钱德洪后来据以重编的南本,已非嘉靖三年初版的原本。

关于"南本",目前我们所能看到大致有三种系统的版本,一种为单刻本,共三卷,现藏上海图书馆及北京大学图书馆；一种为附刻本,附刻于《文录》之后,如台湾"中央研究院"傅斯年图书馆藏嘉靖二十九年闻东序刻《阳明先生文录》附录,亦为三卷；一种为合刻本,如京都大学附属中央图书馆贵重室藏嘉靖三十年孙应奎刊刻的"衡湘书院本"《传习录》,共七卷。但是,上图本、北大本、闾东本,虽有嘉靖三年南大吉《序》,然而均未收阳明书信①,只是将薛侃《初刻传习录》分为三卷,这就与嘉靖三年南大吉以《初刻传习录》为上册,以阳明论学书八篇为下册的体例不符。可知,上图本、北大本、闾东本已非南本原貌。

值得注意的是"衡湘书院本",该本收有后被钱德洪删除的《答徐成之》二书,所收书信的年限为嘉靖四年,即《答顾东桥书》,而未收嘉靖五年后的《答欧阳崇一》《答聂文蔚·一》《答聂文蔚·二》。由此推测,南本序在嘉靖三年,刊行或在嘉靖四年,而"衡湘书院本"或许最为接近南本原貌。按,孙应奎(生卒不详),字文卿,号蒙泉,余姚人,嘉靖八年进士。著有《燕诒录》(万历三年孙应奎自序本),据其卷首《引》,曾于嘉靖四年拜阳明为师,得阳明手授《传习录》一部。孙应奎在为"衡湘书院本"所撰《刻阳明先生传习录序》中,自称是根据阳明"旧所手授《传习录》,俾刻置石鼓书院"。可见,"衡湘书院本"当是阳明于嘉靖四年授予应奎的原本。在该本孙序后,又收录嘉靖三年南大吉《刻传习录序》,以此可证这个原本当即"南本"。同时也可证明,上引钱德洪在《传习录》中卷开首《序》中所述有误,特别是嘉靖五年和七年的三篇书信,当非南本之旧。

3.《传习录》下卷

今本《全集》中的《传习录》下卷,共收录142条,原名《传习续录》。卷末第342条后附有钱德洪跋,叙述了该本的刊刻过程,略云:

① 嘉靖戊子(1528)冬,德洪与王汝中奔师丧,至广信,

---

① 参见永富青地:《王守仁著作の文献学的研究》,第27页。不过,永富氏未进一步说明上述三种藏本为何没有收录阳明书信而又可称之为"南本"的原因。

讣告同门,约三年收录遗言。继后,同门各以所记见遗。洪择其切于问正者,合所私录,得若干条。居吴时(1532—1535),将与《文录》并刻矣。适以忧去,未遂。

②去年(1555),同门曾才汉得洪手抄,复傍为采辑,名曰《遗言》,以刻于荆(按,今湖北江陵县)。

③洪读之,觉当时采录未精,乃为删其重复,削去芜蔓,存其三之一,名曰《传习续录》,复刻于宁国(按,在今安徽)之水西精舍。

④今年(1556)夏,洪来游蕲(按,今湖北蕲春)。……乃复取逸稿,采其语之不背者,得一卷;其余影响不真与《文录》既载者,皆削之,并易中卷为问答语,以付黄梅尹张君增刻之。庶几读者不以知解承,而惟以实体得,则无疑于是录矣!嘉靖丙辰(1556)夏四月,门人钱德洪拜书于蕲之崇正书院。(《全集》卷三,第126页)

从中大致可以获得几点信息:一、阳明去世后,德洪便开始收集阳明《遗言》,得若干条,然而因故未刻;二、1555年,曾才汉根据德洪"手抄"本,再加以自己所搜集的条目,以《遗言》为名,刻于荆;三、德洪不满于这一刻本,复为删节,存其三分之一,刻于宁国,名曰《传习续录》;四、1556年,德洪又整理"逸稿",复得一卷,重新编校,再刻于蕲(以下简称丙辰本)。至此,今本《传习录》三卷的基本结构终告完成,距阳明逝世已有28年了。

初看之下,德洪在跋中已把《传习续录》的刊刻过程讲得很清楚,其实仍有一些问题。曾才汉所刻的《遗言》,全名叫作《阳明先生遗言录》,今存(关于这个本子,稍后再说),收阳明语录共110条,其中见于今本《传习录》下卷共36条,在这当中,仅有11条见于甲寅1554年刊刻的《传习续录》(详见后述),即今本的第

201 条至 315 条之间,另外 25 条则见于丙辰本的"黄以方录"部分,即今本的第 316 条至 342 条之间。这就可以看出,丙辰本削《遗言》所得仅 11 条,而钱跋说得其"三之一",难以成立。①

更为重要的是,丙辰本钱跋竟无一言述及甲寅本(北京大学图书馆藏嘉靖甲寅钱德洪序),这也很难理解。据甲寅本钱德洪《续刻传习录序》载:

> ……洪在吴时,为先生衷刻《文录》。《传习录》所载下卷,皆先师书也,既以次入《文录》书类矣,乃摘《录》中问答语,仍书"南大吉所录",以补下卷。复采陈惟濬诸同志所录,得二卷焉,附为《续录》,以合成书。适遭内艰,不克终事。去年秋,会同志于南畿,吉阳何子迁、初泉刘子起宗,相与商订旧学,谓师门之教,使学者趋专归一,莫善于《传习录》。于是刘子归宁国,谋诸泾尹丘时庸,相与捐俸,刻诸水西精舍,使学者各得所入,庶不疑其所行云。时嘉靖甲寅夏六月,门人钱德洪序。(《全集》卷四十一,第 1584—1585 页)

此序说明,钱德洪"在吴时"修订"南本",复得陈九川(即陈惟濬)等人所录(即今本《传习录》下卷开首的陈九川录 21 条),编为"二卷",这应当是《传习续录》的雏形,而甲寅本所刻便是这本《续录》。

关于甲寅本,陈来有详细考证,据其考察,该本分四册五卷,前二册有三卷,即薛侃本三卷,后二册分别是《传习续录》上下两卷,上卷题"门人钱德洪、王畿录",自今本第 201 条陈九川录始,下卷始自今本第 260 条终至第 315 条。在第 315 条后,有钱德

---

① 参见陈来:《〈遗言录〉与〈传习录〉》,原载《中国文化》第 9 期,1993 年,见《中国近世思想史研究》,商务印书馆,2003 年,第 593 页。

洪《跋》(见今本)及南逢吉(南大吉弟)《跋》(未见今本)。可见，甲寅本缺"黄以方录"的27条。而所缺部分见于丙辰本，参之上述钱《序》所云"复取逸稿，采其语之不背者，得一卷"，可知"得一卷"，即指"黄以方录"的部分。①结论是，一、《传习续录》最早刻于1554年，即甲寅本；二、曾才汉据此复刻于荆，而德洪对此复有增删，二刻于水西精舍，即乙卯本；三、1556年，德洪又有丙辰本之刻，今本《传习续录》之定本终告形成。须一提的是，向来以为乙卯本已佚(见上引陈来：《〈遗言录〉与〈传习录〉》，第604页)，然近年经永富青地的出色考证，可知该本有一覆刻本存世，即现藏于九州大学文学部的天下孤本——崇祯三年陈懋德序白鹿洞本《传习录》(永富青地：《王守仁著作の文献学的研究》，第52—69页)。由于此本的发现，更清楚地揭示了甲寅本、乙卯本、丙辰本之间的关系，同时也能使我们了解曾才汉《遗言录》在《传习录》刊刻史上所拥有的地位及其价值。

总之，钱德洪向来被认为是阳明著作整理、编辑的最大功臣，但无论是他序南大吉本《传习录》，还是序《传习续录》，均有不少错乱，这是需要纠正的。更为严重的是，他在编辑《阳明文录》时，随意删除嘉靖十二年黄绾序刻本《文录》中的书信13封②；在编辑《传习续录》时，又大量删除曾才汉《遗言录》三分之二，理由是这些记录"影响不真"。也就是说，他根据自己的义理判断，认为不符合阳明思想之真义者就在删除之列，以至于现存

---

① 按，其中所录条目，与今本相校，仍有个别差异。详参上引陈来论文：《〈遗言录〉与〈传习录〉》，第597—601页。

② 参见吴震：《王阳明佚文论考——就京都大学所藏王阳明著作而谈》，载《学人》第1辑，江苏文艺出版社，1991年，并参见《学人》第2辑，有关此文的"更正"。

的阳明著作中存在大量佚文的现象,例如令人瞠目的是,钱德洪于嘉靖十五年刊刻《阳明先生文录》(通称"姑苏本")之际,竟然大量删除"公移"达150封之多(这些佚文见永富青地:《王守仁著作の文献学的研究》附录三,第562—634页)。这就导致当今不少学者仍在不断忙于收集考证。钱氏的这种编辑方针,在当时或有其理由,意在维护阳明师说的纯粹性,但其所为未免有失于主观偏见。诚如陈来所说,这种做法即便在理学传统中也未必合法,"如《朱子语类》之纂辑,在朱门固未有自居高弟而妄加择取者"①。

二 语录辑佚

由上可见,经钱德洪修订的今本《王文成公全书》所收的《传习录》并非完本。但在明清两代乃至民国时期,中国学者在不断再版或重新编纂阳明书籍的过程中,似乎并没有充分意识到在《全书》以外还有大量佚文的存在。即便有这种意识,但受到明末清初以降崇朱抑王之思想风气的影响,有关阳明著作的辑佚工作并没有引起人们的兴趣。相反,在彼国日本自江户时代以来,就开始了阳明著作的辑佚工作。其开创者当数阳明学者佐藤一斋(1772—1859),他的《传习录栏外书》(日本天保元年,1830年刊)以三轮执斋(1669—1744)《标注传习录》(日本正德三年,1712年刊)为底本,参校了嘉靖年后各种《传习录》刻本,广为收集阳明语录之佚文,得33条。今人陈荣捷(1901—1994)以此为本,另加校辑,共得语录佚文51条,名《传习录拾遗》,附在《王阳明传习录详注集评》后,开创了近年来收集阳明佚文之

---

① 陈来:《〈遗言录〉〈稽山承语〉与王阳明晚年思想》,载吴光主编:《中华文化研究集刊》第2辑《阳明学研究》,上海古籍出版社,2000年,第155页。

先河。该《拾遗》51 条后被《全集》卷三十二"补录：旧本未刊语录诗文汇辑"（钱明编撰）全文收录，并新增语录佚文 4 条。

进入 20 世纪 90 年代后，阳明语录佚文的收集工作呈现一派兴旺景象。较早开展这项工作的是吴震《王阳明佚文论考——就京都大学所藏王阳明著作而谈》，收集到书信佚文 13 封，语录佚文 6 条；成就最大者则是陈来及其学术团队，他与其学生一起从《遗言录》《稽山承语》《明儒学案》以及阳明后学的文集等资料中爬梳采辑，所得竟有 267 条之多。①此外，有关阳明诗文、序跋等类的辑佚收获亦颇为丰富，这里不一一细述。②以下我们主要介绍两本有关阳明语录佚文的重要文献，一为《阳明先生遗言录》，一为《稽山承语》。

1.《阳明先生遗言录》

该本今存于台湾"中央图书馆"及"中央研究院"傅斯年图书馆藏嘉靖二十九年闾东刻本《阳明先生文录》附录，该附录同时

---

① 此数字统计参见钱明：《阳明学的形成与发展》，江苏古籍出版社，2002 年，第 260 页。陈来等人的论文参见：陈来：《〈遗言录〉与〈传习录〉》，载《中国文化》第 9 期；陈来：《关于〈遗言录〉〈稽山承语〉与王阳明语录佚文》，载《清华汉学研究》第 1 辑，清华大学出版社，1994 年；陈来等：《〈明儒学案〉所见阳明言行录佚文》，载《中国哲学》第 17 辑，岳麓书社，1996 年；陈来、永富青地：《〈龙溪王先生全集〉所见阳明先生言行录辑释》，载二松学舍大学《阳明学》第 10 号，1998 年；陈来：《〈遗言录〉〈稽山承语〉与王阳明晚年思想》，载《中华文化研究集刊》第 2 辑《阳明学研究》；陈来：《王龙溪、邹东廓等集所见王阳明言行录佚文辑录》，载《中国哲学史》2001 年第 1 期。以上陈来诸文，均见氏著：《中国近世思想史研究》，商务印书馆，2003 年。

② 详参《王阳明全集》卷三十二"补录：旧本未刊语录诗文汇辑"；钱明：《阳明学的形成与发展》附录"《王阳明全集》未刊散佚诗文汇编及考释"，第 257—325 页；永富青地：《王守仁著作的文献学的研究》，特别是附录三"《王阳明全集》补遗"，第 562—720 页。

还有《稽山承语》。此刻本在大陆各主要藏书机构未见,以至于《王阳明全集》的点校者以为该本已"亡佚"(《全集》,第1585页)。其实,闾本在日本另有两本存世,一本在京都大学文学部,一本在早稻田大学图书馆,但是这两个本子均无附录部分。顺便指出,该附录的抄本在日本有三部存世,即东北大学图书馆狩野文库藏本(笔者所用)、东京都立中央图书馆河田文库藏本、吉田公平藏本。这三部抄本似乎都与佐藤一斋有渊源关系,河田文库藏本在《稽山承语》卷末有一行附记:"闾东刻《阳明文集》,收此二编。今誊写另存。"又记:"天保八年(1837)荷月望,一斋佐藤坦记。"可知,该本为佐藤抄本而无疑,狩野本、吉田本与此基本一致。①

如上所述,《遗言录》为嘉靖三十四年曾才汉所刻,内容以德洪"手抄"本为主,另附自己所收阳明语录若干条而成。该本分上下两卷,无序跋,上卷首题"门人金溪黄直纂辑,门人泰和曾才汉校辑",中收阳明语录55条;下卷首题"门人余姚钱德洪纂辑,门人泰和曾才汉校辑",亦收阳明语录55条。据此可知,上卷为黄直所录,下卷为钱德洪所录,皆由曾才汉校定。黄直(生卒不详)字以方,号卓峰,嘉靖二年进士,除漳州推官,阳明弟子,《明史》卷二〇七有传。曾才汉(生卒不详)字明溪,号双溪,江西泰和人,进士出身,曾任茶陵州州守及太平县令,阳明弟子。

---

① 参见水野实、永富青地、三泽三知夫:《阳明先生遗言录》(1)—(5),载《防卫大学校纪要(人文科学篇)》第70—74辑,1995—1997年,引自张文朝译:《阳明先生遗言录、稽山承语》,《中国文哲研究通讯》第8卷第3期,1998年,第4—5页。按,以下关于《遗言录》及《稽山承语》的介绍,主要参考了上引永富青地论文《关于王守仁的语录》及陈来论文《〈遗言录〉与〈传习录〉》、《〈遗言录〉、〈稽山承语〉与王阳明语录佚文》。

据陈来研究,《遗言录》110条中见于今本《传习录》卷上者1条,见于今本《传习录》卷下者35条(其中25条见于《传习录》下卷的"此后黄以方录"部分),其余应视为今本《传习录》之佚文,达74条。不过在这些佚文中,见于《全集》中的《文录》《序说》者9条,见于陈荣捷《传习录拾遗》者27条。合而言之,见于《传习录》及《全集》《拾遗》者共72条。也就是说,既不见于今本《传习录》,亦不见于《全集》《拾遗》者共有38条。这38条已有整理标点本出现,见陈来、周晋、姜长苏、杨立华编校:《〈遗言录〉、〈稽山承语〉与王阳明语录佚文》(陈来:《中国近世思想史研究》,第619—626页)。日本方面则有《遗言录》的翻译整理,见水野实、永富青地、三泽三知夫:《阳明先生遗言录》(1)—(5)。

不用说,《遗言录》的文献价值很高,这里仅举两例。对阳明思想稍有了解者都知道阳明少年时代曾发生"格竹"事件,以为面对竹子,静静参悟,便可悟出竹子的道理,结果几至病倒不起。《阳明年谱》记此事于弘治壬子(1492)阳明"侍龙山公于京师"时,阳明时年21岁。然而《年谱》又记阳明本年"在越",两相抵牾,必有一误。查海日翁墓铭、行状,庚戌(1490)初,海日翁闻竹轩讣,即南归奔丧,至癸丑(1493)服满起复为止,阳明亦当在越守丧,其间绝无在京"格竹"之可能。由《遗言录》下卷第49条的记载,证明"格竹"事件发生在阳明15、16岁之时,其云:

> 先生曰:"某十五六岁时,便有志圣人之道,但于先儒格致之说若无所入,一向姑放下了。一日,寓书斋,对数筵竹,要去格他理之所以然。茫然无可得,遂深思数日,卒遇危疾,几至不起,乃疑圣人之道恐非吾分所及。"(引自陈来等:《〈遗言录〉、〈稽山承语〉与王阳明语录佚文》,《中国近世思

想史研究》，第 625 页）

这是阳明自己的一个回忆，较为可信，可纠《年谱》之误。

又如阳明晚年的"四句教"，向来有一种说法认为这是王门"一大公案"（梁启超语），甚至有学者怀疑"无善无恶心之体"一说的真实性，以为有可能是阳明弟子王畿的杜撰，如明末刘宗周即持此说。现据《遗言录》下卷第 16 条所载可以证明"无善无恶"说应是阳明晚年接引后学的教法之一。①该条载：

> 问："先生尝云'心无善恶者也'，如何解止至善又谓'是心之本体'？"先生曰："心之本体未发时，何尝见得善恶？但言心之本体原是善的。……"（引自同上书，第 624 页）

"心无善恶者也"意即"无善无恶心之体"。重要的是，这里已涉及一个关键问题："心无善恶"与解"止至善"谓"心之本体"（即阳明所言"至善者心之本体"②）。何以同时成立的义理问题。虽然阳明所答过于简略，关于此中的义理问题，这里亦不宜详述，但可看出他并不认为"心无善恶者"与"心之本体原是善的"存在矛盾。阳明的这个说法对于我们理解"四句教"无疑是有重要参考意义的。

2.《稽山承语》

该本亦见闾东刻本《阳明先生文录》附录。全书一卷，为阳明语录，卷首题"虚生子朱得之述"，共 45 条，均不见诸今本《传习录》《全集》；其中有 1 条见陈荣捷《传习录拾遗》；1 条与《拾遗》所录文字互有异同；5 条见于《明儒学案》卷二十五《明经朱近斋先生得之·语录》，然误为朱得之语；3 条见点校本《全集》卷三十二

---

① 按，《稽山承语》亦有一条记录，详见后述。
② 参见《传习录》卷上，第 2 条；卷下，第 228 条。

补录的"语录四条",该补录采自李诩《戒庵老人漫笔》,而《漫笔》当是取自《承语》。要之,共有44条可视为阳明语录佚文。①

朱得之(生卒不详)字本思,号近斋,直隶靖江人,传见康熙《常州府志》卷二十三《人物》、光绪《靖江县志》卷十四《人物志·儒学》,以贡生官江西新城县丞、浙江桐庐县丞,阳明晚年门人,然其学转向老庄,著有《参玄三语》、《庄子通义》十卷、《列子》八卷等。②《明儒学案》卷二十五有传及《语录》,然黄宗羲所摘语录之来源不明,开首5条均出自《稽山承语》的阳明语,第7条亦为阳明语(见《阳明年谱》),此后数条究竟是否为朱得之语,亦颇为可疑。尤可怪者,黄宗羲在朱得之《语录》之后,附尤时熙《尤西川纪闻》9条(按,原载《拟学小记》卷八),所录均为朱得之言,其中5条为朱得之录阳明逸言佚事。③

关于朱得之从学阳明时期以及《承语》记录时期,大致可由其中的3条记录推知,亦即《稽山承语》第10条附记:"此乙酉(嘉靖四年)十月与宗范、正之、惟中闻于侍坐时者,丁亥七月追念而记之。"第34条:"丙戌春莫,师同诸友登香炉逢。"第40条:"嘉靖丁亥,得之将告归,请益。"可知该本所录,当在乙酉至丁亥

---

① 以上参见陈来等:《〈遗言录〉、〈稽山承语〉与王阳明语录佚文》,载《中国近世思想史研究》,第616页。然据笔者初步查考,其中另有1条见《遗言录》,故严格说来,计阳明语录佚文为43条。

② 关于朱得之的研究非常少见,参见三浦秀一:《王门朱得之的师说理解及其庄子注》,载日本东北大学《中国哲学》第36号,2008年。

③ 按,尤时熙(1503—1580)字季美,号西川,河南洛阳人。著有《拟学小记》,日本尊经阁文库藏嘉靖三十八年尤时熙自序本;《尤西川文表》,清光绪三十年鸿文局石印《续中州名贤文表》所收。《明儒学案》卷二十九《北方王门学案·主事尤西川先生时熙》谓其"师事刘晴川";"又从朱近斋、周讷溪、黄德良考究阳明之言行,虽寻常謦欬,亦必籍记"(《明儒学案》,第639页)。有关阳明遗事,多存其《纪闻》中。

期间，或在丁亥稍后，皆为阳明晚年语。书名中"稽山"一词，当指浙江绍兴会稽山，嘉靖四年，南大吉曾在此山重建"稽山书院"，阳明门人多聚此讲学。关于《稽山承语》的整理点校，今有上引陈来等《〈遗言录〉、〈稽山承语〉与王阳明语录佚文》的标点整理，日本方面的翻译整理则见水野实、永富青地、三泽三知夫：《〈稽山承语〉朱得之述》(1)—(3)。①

由于该本均为朱得之亲录，且有年代交代，不像曾才汉本所录的 38 条佚文来源模糊，故可信度颇高。这里仅举两例。如第 26 条以"厅事"之喻来阐述"三教"问题，这与《阳明年谱》嘉靖二年所录"厅堂三间"之喻很相近，但两者文字却大异。我推测《年谱》作者是在"厅事"之喻的基础上，对《承语》所录做了符合文理表述的较大改动，而《承语》所录显然更为口语化，故亦有相当大的价值。其云：

> 或问："三教同异。"师曰："道大无外。若曰各道其道，是小其道矣。心学纯明之时，天下同风，各求自尽。就如此厅事，元是统成一间。其后子孙分居，更有中有傍。又传渐设藩篱，犹能往来相助。再久来渐有相较相争，甚而至于相敌。其初只是一家，去其藩篱仍旧是一家。三教之分亦只似此。其初各以资质相近处学成片段，再传至四五则失其本之同，而从之者亦各以资质之近者而往，是以遂不相通。名利所在，至于相争相敌，亦其势然也。故曰：'仁者见之谓之仁，知者见之谓之知。'才有所见便有所偏。"（引自上引陈来等《〈遗言录〉、〈稽山承语〉与王阳明语录佚文》，《中国近

---

① 载《アジアの文化と思想》(《亚洲文化与思想》)第 5—7 号，1996—1998 年。中文见上引张文朝译：《阳明先生遗言录、稽山承语》。

世思想史研究》，第629页）

关于"三教"问题的讨论以及此录与《年谱》所录的比较，详见第二讲第三节"出入佛老"。

又如第25条述及"四句教"，其云：

> 无善无恶者心也，有善有恶者意也，知善知恶者良知也，为善去恶者格物也。（同上）

这一记述已相当接近于"四句教"的说法，唯开首两句有别于"无善无恶是心之体""有善有恶是意之动"而已。若与上述《遗言录》第16条合观，则可说"四句教"绝非阳明晚年偶发之语，故刘宗周所言"四句教法，考之阳明集中，并不经见，其说乃出于龙溪"（《明儒学案·师说》，第8页），已可不攻自破。

三 方法途径

讲了"导论"，也讲了一些"文献知识"，接下去就将进入正题。但问题是，对读者来说，《传习录》应怎么读，对笔者来说，《传习录》又应怎么讲。换言之，作者要考虑读者应该怎么读，才会考虑应该怎么讲。这样一来，岂不成了"讲法"决定"读法"，"作者"决定"读者"了吗？

所以，首先第一点须说明的是，我们的原则是，顺着阳明思想的理路来讲，但绝不意味着读者"应该"这么读。《传习录》作为解读阳明思想的文本，它的思想意义是向所有读者敞开的，每一位读者都可从中获取相应的了解，进而就可以对阳明思想的义理做一番切身的体验和把握。这一点相当重要，也就是说，文本本身不会说话，我们要让它呈现出自身的意义，唯有通过各自的入乎其中的体验才能与文本的思想相贯通，用当今的哲学诠释学的一个说法，这叫作"视界融合"。

　　第二，既然本书取名为"精读"，那就意味着对文本须做出精细的解读。但按我个人的理解，所谓"精读"大概有两种方法，一是逐条逐句地地将整部《传习录》读个遍，一是择其要点、循其脉络、扣紧义理，将《传习录》作为一种思想体系来读。前一种方法是我个人的阅读原则，后一种方法则是我近十年来的授课方式。这两种方法其实都重要，不可偏废。现在要写一部《〈传习录〉精读》，我想由于教材的性质所限，也只能按后一种授课的方式来写，至于读者则不妨以此作为抛出来的"砖"而自己去打开那扇进入阳明学之堂奥的"门"。当然，按"精读"的要求，不能一味地做义理发挥式的讲解，更要尽可能多地照顾到原文的摘取，所以本书在引用原文时，尽量做到全引而不用省略号，这样就可为读者的思考提供较为全面的资料，同时也会注意不能杂乱无章，而要依照一定的义理脉络及问题意识来做适当的取舍。

　　第三，既然将《传习录》作为思想经典来读，那么就应把《传习录》看作是一有机的整体。文献是死的，思想是活的。举例来说，"心即理"是阳明非常著名的思想命题，当你在上卷第3条看到"心即理也。天下又有心外之事，心外之理乎"的时候，也许会一时摸不着头脑，理与事不明明是在"心外"客观存在着吗？何须依赖于"心"？故有必要打通《传习录》上中下三卷，甚至需要参照一下《王阳明全集》，做一番阳明学"知识地图"①的大搜索，

---

① "知识地图"乃是台湾学者黄一农的一个说法，他主张利用电脑网络及各种电子图书、文献库、论文库乃至于目录索引等工具，来做一番资料性的大搜索，以使我们在脑海中建构起一个解析度和涵盖面均与时俱进的知识地图（knowledge map），他称之为"e-考据"法。参见其著：《两头蛇——明末清初的第一代天主教徒》，上海古籍出版社，2006年，第64—65页。就阳明学而言，它也应该有一张"知识地图"是可以建构起来的。

也就是说，既要利用《传习录》各卷的其他条目，又要尽量参照《全集》中的说法来互相引证，庶能从整体上把握和了解"心即理"的真正内涵。故此，这里的讲法就必然是按阳明思想的义理脉络来推进，而不是章句训诂式的样本。当然，我不是反对"先考字义，次通文理"（戴震语）这一传统的经典解读法，而是主张明义理与通训诂并重，最终目的是要将阳明思想的义理结构及其意义呈现出来。至于做得怎样，则应由读者来评价。

第四，不用说，阳明思想并不是孤立的产物，它与宋代道学运动密切相关，也与孔孟以来的儒学传统密不可分。因此若要解读《传习录》，若要对《传习录》的思想义理有一较为全面的了解，那么对宋代以来的主要道学思想及其相关著作也要有相应的了解。例如也要对程朱理学的义理构造及其《二程集》《朱子语类》《四书章句集注》等经典道学著作有一基本的掌握，甚至对于孔孟儒学的思想精神也要有一前提的了解。总之，我们既需要将《传习录》放在阳明心学思想体系当中来进行分析，同时也需要将它放在宋明时代道学思想的背景之下，乃至是儒学思想的传统当中来进行解读。

第五，哲学史的研究有其自身的特点及要求，即注重分析思想体系赖以建立的概念与概念之间、命题与命题之间的逻辑关联。因此我们可以让朱熹与王阳明横跨三个世纪直接对话，而不必顾虑不同的社会背景是否是他们形成各自思想的决定性因素。例如在12世纪南宋时代，对理气心性展开精密的哲学探讨的朱熹哲学很有可能在16世纪明代中叶仍然具有重要的意义，而王阳明在16世纪早期努力探寻的良知心性问题也有可能是在与朱熹直接对话，甚至与周程、孔孟的思想精神亦有关联。因此，我们对《传习录》的解读，需要按照哲学史研究的要求，注重挖掘阳明心学的内在理路,探讨构成其心学理论关键环节的概念或命题彼此之间的义理关联。总之,哲学是时代的反映,但这种反映绝不是机械式的。从根本上说,哲学是对真知的一种探寻,因而它具有超越时空的普遍性,所以当我们深入某种哲学体系以求探明其义理构造及其意义之际,可以暂时将社会的政治、经济等环境因素对哲学有何影响等问题放置在我们的审视领域之外。

第六,然而归根结底,哲学史并不是固步自封的封闭式体系,哲学史的研究也需要更为广泛的人文关怀。注重概念辨析、观念演变以及义理脉络之探讨的哲学史研究方法,绝不能成为排斥注重思想表述与社会文化之关联的思想史研究方法的理由。也就是说,哲学史与思想史的研究既要保持各自领域的相对独立性,同时也要充分注意彼此之间的互相沟通而不是互相排斥。历史系的学生在关注传统文化之际,需要多一分有关中国哲学的义理关怀,同样,哲学系的学生在面对中国哲学之际,也需要多一分有关中国历史的人文关怀。总之,无论从哲学史还是从思想史的角度看,都必须充分注意理论与现实、逻辑与历史的联系;一方面我们要切忌以宏大叙事、义理建构来替代具体的思想研究、历史研究,另一方面我们也不应妄自菲薄,以为中国只有人生格言的思想而没有哲学。

最后,介绍两本《传习录》标点本,可作为基本阅读书,亦可作为接近《传习录》的方便捷径。在当今有关《传习录》的各种点校注释本中,最为全面者要数陈荣捷的《王阳明传习录详注集评》(台湾学生书局,1983年初版,1992年修订),他收罗了大量历史上有关《传习录》的各种重要传本及重要点评注释,很有文献参考价值。但注释重在考据,所收点评亦未必都有价值,且点校不精,误字漏字等现象严重(即便是修订本),断句标点也有不少问题,所以利用时要特别小心。2009 年 9 月华东师范大学出版社出版了大陆简体字版,在标点方面则有很大的改进。

另有一部大陆学界较少注意的《传习录》注释本很重要,即北京大学已故教授邓艾民(1920—1984)的《传习录注疏》(台湾法严出版社,2000 年),他汲取了陈荣捷一书(得阅陈书的英文本)的长处,点校详密,释文精练,既重考据,兼顾义理,且与《阳明全书》互为引证,于了解阳明整体思想颇称便利。①唯该书为其遗著,不及亲自审订,故其注疏详于上中两卷,而于下卷不免疏略。

---

① 参见笔者对邓著的书评,载刘东主编:《中国学术》总第 10 辑,商务印书馆,2002 年,第 330—335 页。邓氏此书,先蒙陈来教授借阅,后蒙杨祖汉教授惠赠,特此致谢!

第二讲　思想遍历的轨迹

　　王阳明的一生可谓波澜壮阔,用他自己的话来说,叫作"百死千难"。正德三年戊辰(1508)即阳明 37 岁时,是其思想发生重大转向的一个标志,这一年他在贵州龙场经历了一次思想上的"大悟",史称"龙场悟道"。这场"大悟"的实质是,阳明由对程朱理学的"格物"学说的根本怀疑转而建构以"心即理"为主要标志的心学理论。故"龙场悟道"乃是区分阳明的早期思想与中后期思想的一个分界线。

　　本讲从阳明青少年时期说起,直至阳明 37 岁为止。关于阳明的思想历程,历来有"五溺三变"之说,而在其早年时期,"格竹事件""出入释老"则是其思想徘徊、精神苦闷的典型案例,最终以"龙场悟道"为标志,开启了一个崭新的思想格局。通过把握阳明思想遍历的轨迹,可以使我们较为全面地了解阳明心学的问题意识之由来,进而了解阳明何以确立心学的思想缘由。

　　关于阳明的思想历程,我们所依据的主要有三篇基本文献:钱德洪等编《阳明先生年谱》,阳明友人湛若水(号甘泉,1466—1560)《阳明先生墓志铭》以及阳明弟子黄绾(字宗贤,1477—1551)《阳明先生行状》等(以上均见《王阳明全集》)。以下,我们从"五溺三变""格竹事件""出入释老"这三个方面来谈阳明的早期思想,最后作为其早期思想的终结,我们将探讨一下"龙场悟道"对于阳明心学的确立所具有的意义。

一　五溺三变

王阳明早期思想经历了几个不同的发展阶段。今人对此已有详细考证。这里主要介绍两种有关阳明思想发展阶段的看法:一是以湛若水为代表的看法,即所谓的"五溺"说;一是以钱德洪为代表的看法,即所谓"三变"说("学凡三变,教亦三变")。

弘治十七年(1504)末,王阳明在京师与湛甘泉相识,湛是陈献章(号白沙,1428—1500)大弟子,两人一见倾心,结为至交,对程颢(号明道,1032—1085)《识仁篇》"仁者以天地万物为一体"的思想尤为倾倒,共以"发明圣学"为志。阳明逝世后,甘泉为其撰《墓志铭》,对好友王阳明一生的思想轨迹有一个简略的概括,他说:

> (王阳明)初溺于任侠之习;再溺于骑射之习;三溺于辞章之习;四溺于神仙之习;五溺于佛氏之习。正德丙寅,始归正于圣贤之学。(湛若水:《阳明先生墓志铭》,《全集》卷三十八,第1401页)

这是以正德元年丙寅(1506)阳明35岁为界,认为在此之前,阳明思想曾五次走入歧途,陷溺于军事、辞章、佛老等杂学或异端之学。为何以丙寅为界,甘泉没有说明。其实,这一年对阳明来说,正是他人生转折的一大关节点。就是在这一年,阳明因上疏触犯了当时把揽朝政的以刘瑾为代表的宦官势力,而被逮捕入狱,受到廷杖四十(一说"廷杖五十")的严厉处罚,后被贬谪到贵州龙场驿(在今贵州修文县)当驿丞。然而这一人生磨难却成了阳明"龙场悟道"的一大机缘。后来阳明回顾道:龙场磨难"最是动心忍性、砥砺切磋之地"(《全集》卷四《寄希渊·四·己卯》,

第159页）。当非虚言。甘泉以丙寅为阳明思想的一大转折点虽有道理，但严密说来，当以两年后的戊辰作为区分阳明思想早期与中期的分界线更为妥当。

钱德洪关于阳明思想历程，有"学凡三变，其为教也亦三变"之说：

> 先生之学凡三变，其为教也亦三变。少之时，驰骋于辞章；已而出入二氏；继乃居夷处困，豁然有得于圣贤之旨；是三变而至道也。居贵阳时（1509），首与学者为"知行合一"之说；自滁阳后（1513），多教学者静坐；江右以来（1520，一说1521），始单提"致良知"三字，直指本体，令学者言下有悟；是教亦三变也。（钱德洪：《刻文录序说》，《全集》卷四十一，第1574页）。

所谓"学凡三变"，是指由从事于辞章之学、佛老之学直至"居夷处困"（按，指"龙场悟道"）为止的三个阶段；所谓"教亦三变"，是指贵阳时的"知行合一"说，滁阳时的"静坐"说，江右（按，指江西）时的"致良知"说。通常我们把钱德洪的这个说法看作是对阳明思想历程的一个简明概括。但是他把"龙场悟道"作为阳明早期思想"三变"之一，似有不妥，因为"龙场悟道"并不能作为"学凡三变"之一，而应视之为"学凡三变"的终结。在这一点上，王畿的说法与德洪不同，不过王畿的概括有点冗长，以下摘录分段标号列出，以便阅读，他说：

> 先师之学，凡三变而始入于悟，再变而所得始化而纯。
>
> （1）其少禀英毅凌迈，超侠不羁，于学无所不窥，尝泛滥于词章，驰骋于孙吴，虽其志在经世，亦才有所纵也。（2）及为晦翁格物穷理之学，几至于殒，时苦其烦且难，自叹以为若于圣学无缘。（3）乃始究心于老佛之学，缘洞天精庐，日夕勤

修，炼习伏藏，洞悉机要，其于彼家所谓见性抱一之旨，非惟通其义，盖已得其髓矣。自谓尝于静中内照，形躯如水晶宫，忘己忘物，忘天忘地，与空虚同体，光耀神奇，恍惚变幻，似欲言而忘其所以言，乃真境象也。（按，以上是指为学三变）

及至居夷处困，动忍之余，恍然神悟，不离伦物感应，而是是非非天则自见，征诸四子六经，殊言而同旨，始叹圣人之学坦如大路，而后之儒者妄开径窦、纤曲外驰，反出二氏之下，宜乎高明之士厌此而趋彼也。（按，以上是指"龙场悟道"，以下是说教亦三变）

（1）自此之后，尽去枝叶，一意本原，以默坐澄心为学的，亦复以此立教。……然卑者或苦于未悟，高明者乐其顿便而忘积累，渐有喜静厌动、玩弄疏脱之弊。（2）先师亦稍觉其教之有偏，故自滁（按，指滁阳）、留（按，指留都，即南京）以后，乃为动静合一、工夫本体之说以救之。而入者为主，未免加减回护，亦时使然也。（3）自江右以后，则专提"致良知"三字，默不假坐，心不待澄，不习不虑，盎然出之，自有天则，乃是孔门易简直截根源。盖良知即是未发之中，此知之前更无未发；良知即是中节之和，此知之后更无已发。此知自能收敛，不须更主于收敛；此知自能发散，不须更期于发散。收敛者，感之体，静而动也；发散者，寂之用，动而静也。知之真切笃实处即是行，真切是本体，笃实是工夫，知之外更无行；行之明觉精察处即是知，明觉是本体，精察是工夫，行之外更无知。故曰："致知存乎心悟，致知焉尽矣。"

逮居越以后，所操益熟，所得益化，信而从者益众。时时知是知非，时时无是无非，开口即得本心，更无假借凑泊，如赤日丽空而万象自照，如元气运于四时而万化自行，亦莫

知其所以然也。盖后儒之学泥于外，二氏之学泥于内，既悟
之后则内外一矣，万感万应，皆从一生，兢业保任，不离于
一。晚年造履益就融释，即一为万，即万为一，无一无万，而
一亦忘矣。(吴震编校整理：《王畿集》卷二《滁阳会语》，凤
凰出版社，2007 年，第 33—34 页)

　　显然，王畿所说虽略显繁复，但内容更为充实。值得注意的
是，王畿把"龙场悟道"视作"三变而始入于悟"的一个特殊阶段，
此后又有"再变而所得始化而纯"的阶段。王畿对此未做具体划
分，然按其语脉，我们将此划分为"三变"，相当于钱德洪所谓的
"教亦三变"。不过，王畿所指又与德洪略异，他概括为"默坐澄
心""动静合一""致良知"的三个过程，并将贵阳时的"知行合
一"说移至江右提出"致良知"说以后，表明在王畿的理解中，阳
明的"知行合一"说亦有中晚期的区分，这个观察是符合阳明思
想之实际的。①

　　另外，钱德洪只提"滁阳"而未提"留都"，事实上，1514 年后
的南京讲学也是一个重要阶段，不唯是阳明门人大进，掀起讲学
之风的重要时期，而且阳明反省"静坐"之说有"流入空虚"之虞，
进而提出了"事上磨炼"这一重要观点。②然而王畿虽提及"留

---

①　邓艾民指出，阳明所云"知之真切笃实处便是行，行之明觉精察处便是
　　知"(《全集》卷六《答友人问·丙戌》，第 210 页。按，又见《传习录》中
　　《答顾东桥书》，第 133 条)，乃是阳明有进于中期之说，是其"晚年对知
　　行合一说的深入阐发"(《传习录注疏》，第 156 页)。此说甚是。

②　《传习录》上卷载："问：'静时亦觉意思好，才遇事便不同，如何？'先生
　　曰：'是徒知静养而不用克己工夫也。如此临事，便要倾倒。人须在事
　　上磨，方立得住；方能静亦定，动亦定。'"(第 23 条)该条当为陆澄于南
　　京师事阳明时所录，时在 1514 年或稍后。按，即便阳明揭示致良知教
　　以后，他也时常强调"事上磨炼"说，另见《传习录》中，第 147 条；《传习
　　录》下，第 204 条，第 262 条。

都",却将滁阳、留都的讲学时期合而为一,归结阳明此时的学说以"动静合一"为旨,而不提"事上磨炼"说,则不免含混其词。

更为重要的是,"居越以后"的一段概括引发了后人的不同猜想。本来,王畿之意是说,自江右至居越(1522—1527)后,阳明思想又有"所操益熟,所得益化""时时知是知非,时时无是无非"的更进一层的深化。据陈来分析,这一说法概指阳明晚年提出的"四句教","知是知非"即"知是知非是良知","无是无非"即"无善无恶是心之体",因此王畿此说与钱德洪将最后一变止于江右致良知的说法相较,两者之间就有"相当大的距离"。(陈来:《有无之境——王阳明哲学的精神境界》,人民出版社,1991年,第329页)意谓王与钱在如何理解阳明最晚期的思想旨趣这一点上,两者所存在的差距很大。①

关于"无是无非"是否就是"无善无恶"之说,我们稍后再议。引人注目的是,近来刘述先对此另出新解。他注意到黄宗羲对阳明思想的"学凡三变""教亦三变"的一段描述(这里略去"学凡三变"):

　　……其学凡三变而始得其门。自此以后,尽去枝叶,一意本原,以默坐澄心为学的。有未发之中,始能有发而中节之和,视听言动,大率以收敛为主,发散是不得已。江右以后,专提"致良知"三字,默不假坐,心不待澄,不习不虑,出

---

① 按,据陈来提示,秦家懿却认为两者之说,"并无大不同",参见秦著:《王阳明》,东大出版公司,1987年,第44页。但是秦家懿唯引钱德洪与黄宗羲之说,却未明确指出黄宗羲之说其实是引用了王畿之说。关于这一点,我们在后面就会提到。

之自有天则。盖良知即是未发之中，此知之前更无未发；良知即是中节之和，此知之后更无已发。此知自能收敛，不须更主于收敛；此知自能发散，不须更期于发散。收敛者，感之体，静而动也；发散者，寂之用，动而静也。知之真切笃实处即是行，行之明觉精察处即是知，无有二也。居越以后，所操益熟，所得益化，时时知是知非，时时无是无非，开口即是本心，更无假借凑泊，如赤日当空而万象毕照。是学成之后又有此三变也。（《明儒学案》卷十《姚江学案》，第 181 页）

对照上引王畿之说，可见宗羲此说基本上是抄自王畿，并无什么新意。宗羲指出阳明自"龙场"后，经过了"默坐澄心"、江右以后"致良知"、居越以后"所操益熟，所得益化"的三个阶段，略去了王畿所说的"滁阳""留都"这一阶段，并在最后加上一句"是学成之后又有此三变也"，这是不同于王畿之处，然在总体上仍是沿袭王畿之说。

　　刘述先细细对照了钱德洪与黄宗羲的叙述以后，发现"数百年来学者从未留意到的一大秘密"①，什么"秘密"呢？他指出在上述"第三变"的描述中虽极力推崇阳明已达化境，但阳明的教法被认为是"因病立方，权实互用，以致引生误解，导致严重不良后果"，因此"最后的终教自不能在阳明那里找，只能归之于蕺山之教，此所以梨洲必须煞费苦心改写阳明思想前后三变之故"。（《黄宗羲心学的定位》，第 154 页）也就是说，宗羲所说的阳明"居越以后"的那套教法，其实非指阳明而是暗指蕺山。这个说

---

① 刘述先：《黄宗羲心学的定位》附录《论王阳明最后的定见》，浙江古籍出版社，2006 年，第 150 页。按，该文原载台湾"中央研究院"《中国文哲研究集刊》第 11 期，1997 年 9 月。

法难以认同。其实细读之下，可以发现宗羲几乎完全蹈袭了王畿的说法，包括措词用语无不来自王畿，只不过将居越以后列为"第三变"，这个做法也显然是为了迎合"学凡三变""教亦三变"这一王门共认的说法而已。若宗羲以"所操益熟，所得益化"或"赤日当空而万象毕照"之化境归诸其师蕺山之教，那么更为严重的问题是，宗羲同时也必须认同"时时知是知非，时时无是无非"亦是蕺山之教。然而正是在这一关节点上，无论蕺山还是宗羲，都是绝不能认同的。关于这一点，我们只要看一看《明儒学案·师说》中的蕺山有关王畿的批评以及《明儒学案·泰州学案》中的宗羲有关王畿的批判便可明了，原文在此已无须赘引。

须指出，对于王畿有关"居越以后"的一段描述应如何理解，这里涉及一个重要的诠释学问题，就是说，王畿的叙述究竟是一种"历史知识"的描述，还是一种"理性知识"的阐发。[①]在我们看来，这是王畿根据其对阳明学的"理性知识"，对阳明最晚年之思想的一种理解，其中"无是无非"一说有着王畿自己的思想烙印。事实上，该说是否即是阳明之言，仍有探讨余地。也就是说，阳明的"无善无恶"说能否解释成"无是无非"，这是关乎阳明学的诠释问题，阳明自身是否说过良知就是"无是无非"，则是有关阳明学的历史问题。

---

① 按，"历史知识""理性知识"为康德用语，他曾举例来说明这两种知识的区别：一个人即使对吴尔夫（Christian Wolff）的整个哲学系统了若指掌，也不意味他真懂得吴尔夫的哲学，因为我们一旦质疑其中的一项定义，他便可能不知如何回答，此人所得到的只是吴尔夫哲学的"历史知识"，而非其"理性知识"。以上参见李明辉：《再论牟宗三先生对孟子心性论的诠释》，载其著：《孟子重探》，联经出版事业公司，2001年，第126页。

　　笔者曾在旧著中指出"良知知是知非,原只无是无非",乃是王畿思想的标志性命题①,是对阳明"无善无恶"说的一种理论诠释,尽管在王畿看来,他的这一诠释应是阳明固有的"密旨"。②例如他在《书先师过钓台遗墨》中回忆道,嘉靖六年九月王畿与阳明在"严滩问答"(又称"严陵问答")之际,阳明曾说过"良知知是知非,其实无是无非"(《王畿集》卷十七,第 470页)③,然而经查《王阳明全集》电子版,并未发现"无是无非"一词,有理由相信王畿所录乃为孤证,不足以证明阳明也认同"无是无非"的观点。在阳明,他只能认同"知善是恶是良知",但不能认同"无是无非是良知",否则他的"四句教"就不能成立。然在王畿,他欲以"无善无恶心之体"为根基,从理论上推出良知亦是"无是无非"的。显然这已是王畿的一种发挥理论,即其所谓的"四无说"。结论是,上述"居越以后"的一段描述,其实是王畿的一种理论诠释而非单纯的历史记录,其中涉及如何理解阳明晚年的"四句教"问题,关于这一点,我们以后再说。

---

①　经初步查考,《王畿集》述及此说者,除去重复,共达 13 次,见《王畿集》卷七《答阳和张子问答》,第 123 页;卷八《艮止精一之旨》,第 184 页;卷十《答耿楚侗》,第 242 页;卷十四《从心篇寿平泉陆公》,第 395 页;卷十四《寿东丘吴君七秩序》,第 398 页;卷十六《别曾见台漫语摘略》,第 464 页;卷十六《书先师过钓台遗墨》,第 470 页;卷十七《太极亭记》,第 482 页;卷十七《藏密轩说》,第 496 页;卷十七《惺台说》,第 503页;卷二十《半洲刘公墓表》,第 641 页;附录二《龙溪会语》卷一《书滁阳会语兼示水西宛陵诸同志》,第 693 页;附录二《龙溪会语》卷六《书同心册后语》,第 785 页。

②　参见拙著:《阳明后学研究》,上海人民出版社,2003 年,第 57—62 页。

③　按,关于"严滩问答",又见《传习录》下第 337 条,该条为钱德洪录,然与王畿所述大异。

二　格竹事件

如上所述,关于"龙场悟道"之前的阳明早期思想的遍历过程,有"五溺"或"三变"等说。但是甘泉和德洪的说法都过于简略,不免落入程式化,唯有王畿的一个说法值得引起注意,他说"学凡三变"的第二变是"及为晦翁格物穷理之学,几至于殒,时苦其烦且难,自叹以为若于圣学无缘"。揆诸阳明自身的叙述,当是指其少年时代热衷于宋儒的格物之学,所谓"几至于殒",则是指"格竹"事件而无疑。阳明曾在晚年回顾道:

> 众人只说格物要依晦翁,何曾把他的说去用?我着实曾用来。初年与钱友(按,不详)同论做圣贤要格天下之物,如今安得这等大的力量?因指亭前竹子,令去格看。钱子早夜去穷格竹子的道理,竭其心思,至于三日,便致劳神成疾。当初说他,这是精力不足,某因自去穷格,早夜不得其理,到七日,亦以劳思致疾。遂相与叹:"圣贤是做不得的,无他大力量去格物了!"及在夷中三年,颇见得此意思。乃知天下之物本无可格者,其格物之功只在身心上做,决然以圣人为人人可到,便自有担当了。这里意思,却要说与诸公知道。"(《传习录》下,第318条。按,着重号为引者所加,下同)

这段话就是王畿上述说法的出典所在。这是说,阳明早年曾依照朱熹格物穷理之说,去"穷格竹子之理",至"七日"而"致疾",于是感叹"圣贤是做不得的",亦即王畿所述"自叹以为若于圣学无缘"。

不待说,"格竹"事件在阳明心学史上非常著名,对于阳明来说,这一事件所具有的象征意义远远超过其实际意义。因为显而易见的是,就实际效果看,"格竹"注定是失败的,它只不过是少年人喜欢驰骋想象的一种行为而已；然而对于少年阳明而言，这一事件却意味着对朱熹"格物"理论的怀疑，正是从这一怀疑出发，渐渐孕育出某种批判意识，最终领悟出"天下之物本无可格者，其格物之功只在身心上做"的重要道理。

不过，上述引文中的"初年"未知是何年，据钱德洪编《阳明年谱》弘治五年壬子(1492)载，似乎发生在阳明21岁时：

> 五年壬子，先生二十一岁，在越。举浙江乡试。……是年为宋儒格物之学。先生始侍龙山公于京师，遍求考亭（按，即朱熹）遗书读之。一日思先儒谓"众物必有表里精粗"（朱熹《大学章句》"格物补传"），"一草一木，皆涵至理"（《河南程氏遗书》卷十八），官署中多竹，即取竹格之，沉思其理不得，遂遇疾。先生自委圣贤有分，乃随世就辞章之学。（《全集》卷三十三，第1223页）

这条记录与上引阳明的晚年回忆应是同一件事。但其中的记述有一点奇怪，开首说阳明这一年"在越"，继而又说"侍龙山公于京师"，似乎"格竹"事件发生在"京师"，这个说法就有矛盾。上面已经提到，陈来就曾质疑这一记载，认为阳明"格竹"必在21岁之前，后根据新发现的《遗言录》下卷第49条的记载，证明"格竹"事件发生在阳明十五六岁之时。我们相信《遗言录》所载为正，可纠《年谱》之误。

作为"格竹"事件的延续，阳明在27岁时，按照朱熹所说的"顺序致精"的"读书之法"，又有一次"格物"实践，结果却导致"旧疾复作"，意谓少年时"格竹"事件发生的那次"几至于殒"的旧疾复发。《年谱》弘治十一年戊午载：

> 十一年戊午，先生二十七岁，寓京师。是年先生谈养生。先生自念辞章艺能不足以通至道，求师友于天下又不

数遇,心持惶惑。一日读晦翁《上宋光宗疏》,有曰:"居敬持志,为读书之本;循序致精,为读书之法。"乃悔前日探讨虽博,而未尝循序以致精,宜无所得;又循其序,思得渐渍洽浃,然物理吾心终若判而为二也。沉郁既久,旧疾复作,益委圣贤有分。偶闻道士谈养生,遂有遗世入山之意。(《全集》卷三十三,第1224页)

可见,即便有十五六岁时的那次教训,但青年阳明仍然对"宋儒格物之学"非常崇信,十余年后,又经历了一次失败的实践。总之可以说,"格竹"事件意味着:如何解决物理与吾心判若两截这一哲学问题成为阳明早期思想竭力探索的一大主题。

本来,按照朱熹的格物理论,通过持之以恒的即物穷理之工夫,物理与吾心最终是可以实现"合一"的,故他又有"心与理一"之说。重要的是,"心与理一"乃是工夫熟后之境界,而不能反过来将"心与理一"作为格物工夫的前提预设。对于朱熹的这套说法,早年阳明是深信不疑的。然而,通过几次格物实践,致使阳明"沉郁"于内心而挥之不去的疑问是:通过向外逐物以求其理的那套实践程序,果真能解决心与理"判若两截"的格局吗?若要实现心与理一,究竟应当在格物上做,还是应当在身心上做?设若向外穷理是唯一可行之道,那么即便格尽天下之物,然与自家身心又有何关联?其实,这类疑问的实质是:理究竟是外在于心的客观实在,还是内在于心的本质存在?这个"本质",从儒学上讲,就是指仁义内在的道德本心。所谓"仁义内在",这是先秦儒家特别是孟子所揭示的儒学心性论的一个基本立场。对阳明而言,通过对这一系列疑问的解决,就必将引出一个重大的哲学命题:心即理。从而在根本上扭转程朱理学即物穷理的致思方向,建立起一套心学理论。因此,我们不能从今人的角度,视阳明的"格竹"事件只是鲁莽的、幼稚可笑的行为而已,应当说,它是构成阳明心学的问题意识的一大契机。

三　出入佛老

根据王畿所述,"为学三变"的第三变乃是"究心于老佛之学"。如果说第二变是在 15、16 岁时,那么第三变开始的年代应是在此之后,然而有关阳明从事佛老之学的各种记载却非常混乱,就结论而言,阳明"出入佛老"可能是横跨"学凡三变"的整个阶段。阳明自己就有"二十年""三十年"这两种说法。例如,作于正德三年(1508)的《答人问神仙·戊辰》载:

> 询及神仙有无,兼请其事,三至而不答,非不欲答也,无可答耳。昨令弟来,必欲得之。仆诚生八岁而即好其说,今已余三十年矣,齿渐摇动,发已有一二茎变化成白,目光仅盈尺,声闻函丈之外,又常经月卧病不出,药量骤进,此殆其效也。(《全集》卷二十一,第 805 页)

戊辰年阳明 37 岁,正是阳明"龙场悟道"的那年。所说"三十年",当是从"八岁而即好其说"推出来的。这是说阳明自 8 岁始,就对道教感兴趣。这有点令人难以置信,不过这是阳明亲笔所写,我们没有理由完全否定这个说法。

根据当代学者的研究,阳明王氏一族有崇信道教的家族史,他的几位先祖曾与元代著名道士赵友钦、陈致虚等有过密切交往。①可以想见,在阳明的家学渊源中,除了以儒为业的传统以

---

① 参见柳存仁:《王阳明与明代道教》,载香港中文大学《中国文化研究所学报》第 3 卷第 2 期,1970 年。

外,也有一定的道教背景,对此我们也不必否认。据此,阳明在幼年时,就开始受到这种特殊的家学氛围之影响,是完全有可能的。这里还有一条资料可以间接地证明这一点:

> 萧惠好仙、释,先生警之曰:"吾亦自幼笃志二氏,自谓既有所得,谓儒者为不足学。其后居夷三载,见得圣人之学若是其简易广大,始自叹悔错用了三十年气力。"(《传习录》上,第124条)

我们已经知道,薛侃付刻《传习录》上卷于正德十三年,而这条资料的记录者薛侃从师阳明在正德九年,故此条记录当在1514年至1518年之间。由这里所说"自幼笃志二氏""自叹悔错用了三十年气力",可以推断此条资料记录于1518年。该条内容显然与《答人问神仙》所述非常相近,只是这里明确地说"二氏",而不是单指道教。值得注意的是,这里也明确指出阳明的悔悟是在"居夷三载"之际。问题是,即便"三十年"之说可信,然而有关阳明8岁时的情景,我们却已不得其详了。

另外,还有"二十年"之说,这也是阳明自己多次提到的,他说:

> 夫求以自得,而后可与之言学圣人之道。某幼不问学,陷溺于邪僻者二十年,而始究心于老、释。赖天之灵,因有所觉,始乃沿周、程之说求之,而若有得焉。(《全集》卷七《别湛甘泉·壬申》,第231页)

> 守仁幼不知学,陷溺于邪僻者二十年。疾疢之余,求诸孔子、子思、孟轲之言,而恍若有见。(同上书卷七《别黄宗贤归天台序·壬申》,第233页)

这两封书信都写于壬申,即正德七年,阳明时年41岁。所云"二十年",应从"龙场悟道"的1508年往前推,则在1488年,时在阳明 17 岁左右。这个说法就比较符合"学凡三变"中的第二变转向第三变的年代,应该是较真实的说法。而上述"三十年"之说,则有夸大其词之嫌。须指出的是,受家学影响而对佛老发生兴趣,与自己独立钻研佛老思想,两者之间是有区别的。阳明 17 岁以后,因在格物等问题上屡遭挫折,转而对佛老思想寄予了某种理论上的关心,这个说法是比较自然的。

那么,有关阳明从事二氏之学又有何具体例证呢?据《阳明年谱》弘治元年戊申七月条载,是年阳明 17 岁,赴江西成婚,阳明竟然在成婚之日,"偶闲行入铁柱宫,遇道士跌坐一榻,即而叩之,因闻养生之说,遂相与对坐忘归"(《全集》卷三十三,第 1222 页),这便是阳明沉迷于道教的一个显著案例。又如,《年谱》弘治十一年载,是年阳明 27 岁,"先生谈养生","遂有遗世入山之意"(同上书,第 1224 页);《年谱》弘治十五年条载,阳明 31 岁,"是年,先生渐悟仙、释二氏之非",不过,有关这一"渐悟"过程,《年谱》作者有详细交代,从中却可窥见阳明从事释道两教之经历实在非常丰富:

> 先是五月复命,京中旧游俱以才名相驰骋,学古诗文。先生叹曰:"吾焉能以有限精神为无用之虚文也!"遂告病归越,筑室阳明洞中,行导引术。久之,遂先知。一日坐洞中,友人王思舆等四人来访,方出五云门,先生即命仆迎之,且历语其来迹。仆遇诸途,与语良合。众惊异,以为得道。久之悟曰:"此簸弄精神,非道也。"又屏去。(同上书,第 1225—1226 页)

这里讲了几个事例,引人注目的是"行导引术"以及"遂先知"的记述。上引王畿所述阳明"缘洞天精庐,日夕勤修",大概就是指"筑室阳明洞,行导引术"这一事例,不过王畿并没有提到"先知"

（详见后述），他只是转述了阳明"自谓"的一段话，称"尝于静中内照，形躯如水晶宫"。这一体悟经验还被耿定向（号天台，1524—1596）写进了《王文成公世家》（参见《耿天台先生文集》卷十三）。看来，阳明后学对于阳明的这类宗教体验是非常重视的。

这里所谓的"先知"，意谓事先预知，关于其具体事例——即阳明事先已知"友人王思舆等四人来访"的踪迹，描绘得有声有色，颇有点神秘。事实上，有关阳明修炼养生术已达到"先知"之境地的传说，在当时阳明的学术圈内似非秘密，阳明友人许相卿（号云邨，1479—1557）便曾述及此事，而且所述更为详尽，此不具引（参见《黄门集》附刊本《云邨先生年谱》）。不过，在阳明传人当中也有人出于为贤者讳的目的，否认阳明能"先知"的事实，比如北方王门的尤时熙（参见《拟学小记》卷八《记闻》）。

要之，由钱德洪主笔、王畿等人参与的集同门智慧而成的《阳明年谱》不厌其烦地记述阳明涉足佛老，阳明自身也多次坦陈并反省自身涉身异端的经验，而对王畿思想不无批评的耿定向居然将阳明的修炼经验写入《王文成公世家》这类重要的传记作品中。这些都表明在阳明思想的遍历过程中，其宗教体验是无法否认的事实。①当然上述有关宗教体验的记录均在阳明37岁之前，而且是后来阳明一再反省的一段经历。这就表明宗教问题并不是阳明思想的核心关怀，应当说，宋代以来的儒学问题，才是构成阳明早期思想之问题意识的一个重要来源。

不过，正如宋明道学史上屡见不鲜的那样，那些道学家时常

---

① 关于阳明早期生涯的宗教经验，台湾学者杨儒宾曾撰文分析，参见其作：《王学学者的"异人"经验与智慧老人原型》，载《清华中文学报》第1期，2007年，第171—210页。

须面对儒佛道的问题做出回应。反观阳明,即便在"龙场悟道"之后,甚至在阳明晚年已经明确揭示致良知教以后,阳明仍然时常面临儒佛道三教之关系等问题而不得不做出相应的表态。简言之,阳明一方面坚持佛老乃是"自私其身"这一道学以来的传统观点,另一方面却主张佛老不妨可以为吾儒所用,这就非常引人关注。他甚至用"厅堂三间"的比喻来形容三教的关系,《年谱》嘉靖二年十一月条载:

> 张元冲在舟中问:"二氏与圣人之学所差毫厘,谓其皆有得于性命也。但二氏于性命中著些私利,便谬千里矣。今观二氏作用,亦有功于吾身者,不知亦须兼取否?"先生曰:"说兼取,便不是。圣人尽性至命,何物不具,何待兼取?二氏之用,皆我之用;即吾尽性至命中完养此身谓之仙;即吾尽性至命中不染世累谓之佛。但后世儒者不见圣学之全,故与二氏成二见耳。譬之厅堂三间共为一厅,儒者不知皆吾所用,见佛氏则割左边一间与之,见老氏则割右边一间与之,而己则自处中间,皆举一而废百也。圣人与天地民物同体,儒佛老庄皆吾之用,是之谓大道。二氏自私其身,是谓之小道。"(《全集》卷三十五,第 1289 页)

按,这条记录显是问答语,却不见于《传习录》而唯见于《年谱》,笔者推测这是被钱德洪重刻《传习续录》时所删。朱得之《稽山承语》第 26 条也有"厅事"之喻的记载,大概是《年谱》所录的底本,只是两者有较大差异,或各有来源亦未可知,详见第一讲第二节"语录辑佚"。

在《承语》第 26 条当中,阳明首先表明了一个立场:"道大无外,若曰各道其道,是小其道矣",继而指出"三教"犹如"元是统成一间"的"厅事","其初只是一家",后来人为设立了许多"藩篱",但只要"去其藩篱仍旧是一家"。与这个记录略有不同,在《年谱》所记载的这段话当中,阳明强调儒家原先占有整个"厅堂",由于后世儒者不明白儒学的真谛,反而被后来的佛老之说所诱惑,将自己原本所有的厅堂甘心分割给佛老,这实在是自己小看了自己。这是阳明"厅堂三间"之喻的基本含义。不过,阳明在这里还表明了一个重要观点:儒家圣人与天地民物是一体存在,所以毕竟是"大道",而佛道老庄只是为儒家所用,从根本上说,佛老的本性在于"自私",故只是"小道"而已。以"大道"归儒,以"小道"归佛老,这是《承语》所没有的说法。然而不管怎么说,"厅堂三间"之喻或"厅事一间"之喻毕竟容易引起误会,有可能被引伸出"三教合一"之主张。因此,该说后来遭到了湛若水和顾宪成等人的严厉批评,也就在预料之中。至于这些批评的内容,这里就不再细述了。①

本来,自宋初以来,不少儒者在其早年的生命历程中,参佛入道的经历很常见,例如自周敦颐、程颢、程颐直至朱熹,无不如此,阳明之早年经历亦其一例而已。后世的一些儒者往往站在所谓正统的立场,用"阳儒阴释"或"阳儒阴道"等词语来批评和指责某些宋明理学家涉入佛老而忘却了儒学的基本方向,例如清代儒者有"朱子道,阳明禅"的说法。但吾人对于这类说辞则不必置信,因为如果说朱熹或王阳明的学说本质在于佛老,那么恐怕宋明理学史上就没有谁可以称得上是儒者了。当然我们有必要回应的一个问题是,作为儒学大师的王阳明何以对佛老有如此深的涉入? 在其思想系统中,佛老与之有多大程

① 参见湛甘泉:《湛甘泉先生文集》卷八《新泉问辨录》,顾宪成:《顾文端公遗书·还经录》。按,关于"厅堂三间之喻",王畿则有正面的评价,参见王畿:《王畿集》卷一《三山丽泽录》。

度的关联？具体地说，阳明晚年揭示的"无善无恶"说是否与禅宗思想有关？

我们认为，阳明对佛道两教既有批评也有利用。在价值取向上，阳明无疑是反对佛老的，认为佛老不能担当社会，未免走向自私自利之一途，与儒学固有的价值观、人生观不可同日而语；但是阳明在建构其思想体系时，他的某些观念表述对佛老智慧显然是有所汲取的，特别是集中在"无"这一问题上，阳明有取于佛老智慧是很明显的。当然，阳明心学作为儒学的一种理论形态，其基本立场仍然立足于"有"的世界，所以阳明在有无问题上，就曾提出了"去有以超无，无将奚超矣"（《全集》卷二十五《徐昌国墓志·辛未》，第 932 页）的观点，同时也反对"居有者，不足以超无"（同上）的观点。

事实上，在宋明以来的思想史上，人们往往把儒家与佛道看成是绝对排斥、互不相容的思想体系，用一种特殊的"判教"眼光来评判对方，在这种"判教"意识的作用下，任何对佛老思想的吸取都被视为是对儒家正统的背叛。若站在今天的立场，我们有理由放弃那种儒为"正统"、释道为"异端"的传统之偏见。如果我们理解哲学的基本精神在于批判与创造，如果理解宋明时期传统儒学的创造性转化是一时代课题，那么就应看到王阳明对佛老哲学的某些智慧采取汲纳和宽容的态度并非不合法，对此吾人理应抱有同情之了解。

总之，阳明早年有过涉足佛老的经历，但最终还是回归儒家，并经历了从事宋儒格物之学的几次失败，导致了他在思想上的苦闷，终于在其 35 岁以后的"夷中三年"这一人生最为艰苦的境遇下，通过对儒学之本质的不断思索和追求，逐渐形成了不同于朱熹理学的心学理论。

四　龙场悟道

　　据《阳明年谱》弘治十八年乙丑（1505）记载，这一年阳明在京师开始授徒，提倡"身心之学"，并与湛甘泉相识，两人"共以倡明圣学为事"（《全集》卷三十三，第 1226 页）。湛甘泉《阳明先生墓志铭》则说，阳明于"正德丙寅（1506），始归正于圣贤之学"（《全集》卷三十八，第 1401 页）。两者记录虽有一年之差，然并不重要①，大概是在乙丑、丙寅之际，阳明对于回归儒学已有了明确的自觉意识。上面提到阳明 31 岁时"渐悟仙、释二氏之非"，至 35 岁"归正于圣贤之学"，可以说阳明的思想趋向已定。次年丁卯（1507），阳明在给弟子所写的《别序》中，说道：

　　　　自程朱诸大儒没而师友之道遂亡。六经分裂于训诂，支离芜蔓于辞章举业之习，圣学几于息矣。（《全集》卷七《别三子序·丁卯》，第 226 页）

从中可见，此时的阳明已抱有一种强烈的忧患意识，忧师道之中断、六经之分裂、圣学之不传。换种角度看，其实在阳明心中已经明确了重振儒学的目标，他要挽救儒家经典"分裂于训诂""支离芜蔓于辞章"的思想格局。这里的"支离"一词令人联想起"鹅湖之会"时象山批评朱熹的情景。阳明此处所言"支离"并未明确是否针对程朱理学而言，但是就在次年戊辰（1508）"龙场悟道"之后，"支离"一词逐渐成了阳明批评朱熹的标志性语言。要之，由渐悟佛老之非而归本儒学并发誓昌明圣学的短暂几年，其实是王阳明的"龙场悟道"的预伏期。

―――――――――――――――

①　按，严格来说，王、湛相识是在丙寅，这一点由湛甘泉《墓志铭》的"铭文"可知："一变至道，丙寅之年；邂逅语契，相期共诣。"（《全集》卷三十八，第 1405 页）

第二讲 思想遍历的轨迹

先从"龙场悟道"的起因说起。正德元年(1506),武宗初政,然朝政却在刘瑾为首的宦官集团的操控之中,其时南京有一位科道官戴铣,上疏批评时政,却被逮捕入狱。阳明为维护正义,率先上疏表示抗议,他的这篇奏疏题为《乞宥言官去权奸以彰圣德》,这个"去权奸"一词,很容易引起宦官刘瑾等人的想象:是在影射他们。阳明在疏中甚至明确要求武宗"追收前旨,使铣等仍旧供职,扩大公无我之仁,明改过不吝之勇"(《全集》卷九,第292页),这个说法则被解读成是对武宗的直接批评。由此,阳明上疏的结果已不难预料,他旋即被锦衣卫逮捕入狱,随后遭到了廷杖四十(一说"五十")的严厉处罚,并被贬为贵州龙场驿(在今贵州修文县)驿丞。就在龙场那个地方,阳明在思想上经历了一场大彻大悟。

有关"龙场悟道"的具体经过,《年谱》正德三年戊辰条有这样详细的描述:

> 三年戊辰,先生三十七岁,在贵阳。春,至龙场。先生始悟格物致知。龙场在贵州西北万山丛棘中,蛇虺魍魉,蛊毒瘴疠,与居夷人鴃舌难语,可通语者,皆中土亡命。旧无居,始教之范土架木以居。时瑾(按,指刘瑾)憾未已,自计得失荣辱皆能超脱,惟生死一念尚觉未化,乃为石墩自誓曰:"吾惟俟命而已!"日夜端居澄默,以求静一;久之,胸中洒洒。而从者皆病,自析薪取水作糜饲之;又恐其怀抑郁,则与歌诗;又不悦,复调越曲,杂以诙笑,始能忘其为疾病夷狄患难也。因念:"圣人处此,更有何道?"忽中夜大悟格物致知之旨,寤寐中若有人语之者,不觉呼跃,从者皆惊。始知圣人之道,吾性自足,向之求理于事物者误也。乃以默记《五经》之言证之,莫不吻合,因著《五经忆说》(按,"忆"一作

79

"臆")。(《全集》卷三十三,第 1228 页)

这段描述从龙场的地理环境、社会环境乃至阳明当时的生活环境讲起,将阳明"居夷处困"的整个场景刻画得十分生动,而阳明所身处的这一场景显然与阳明的龙场悟道有着密不可分的关联。换言之,阳明对于"道"的彻悟,离不开当时的这一生活背景之下的体认实践,用阳明后来追忆的话来说,他当时是在"动心忍性"(《全集》卷七《朱子晚年定论序·戊寅》,第 240 页)之余,才最终获得"悟道"之体验的。①不用说,"动心忍性"乃是孟子的一句名言:"故天将降大任于是人也,必先苦其心志,劳其筋骨,饿其体肤,空乏其身,行拂乱其所为,所以动心忍性,曾(增)益其所不能。"(《孟子·告子下》)不难想象,正是在龙场的"万山丛棘""蛇虺魍魉""蛊毒瘴疠"等艰苦环境中,阳明才有机会对孟子所言"苦其心志,劳其筋骨,饿其体肤,空乏其身"做一番切身的体验,并由此而获得了道德生命的提升。

至于大彻大悟的具体经过及其内容,只讲了三点:"圣人处此,更有何道?""寤寐中若有人语之者,不觉呼跃""始知圣人之道,吾性自足,向之求理于事物者误也"。其中第二句事涉离奇,根据宗教学的研究,这类梦寐中不觉欢呼的体验反映了人在恍然大悟之际的愉悦感,不免有点神秘体验的因素。关于这一问题,这里暂置勿论。至于其中的第一点实际与第三点有关,"圣人处此,更有何道"这一自我追问的答案其实就是"圣人之道,吾

① 又可参见正德七年阳明在《与王纯甫·壬申》书中的回顾:"及谪贵州三年,百难备尝,然后能有所见,始信孟氏'生于忧患'之言非欺我也。"(《全集》卷四,第 154 页)另参正德十四年(1519)《寄希渊·四·己卯》:"往年区区谪官贵州,横逆之加,无月无有。迄今思之,最是动心忍性、砥砺切磋之地。"(《全集》卷四,第 159 页)

性自足";最后一句"向之求理于事物者误也"则是阳明对自己从事宋儒格物之学的深刻反省,而这一反省的基础无疑就是前面一句"圣人之道,吾性自足"。归根结底,有关龙场悟道之真实内容其实很简单,可以归结为这八个字:"圣人之道,吾性自足。"但这八个字却浓缩了阳明无数次的思想苦难及其人生磨炼,最终悟出了成就理想人格的依据就在于"吾性"(实即"吾心")而不在于书本知识的追求积累。

那么成就圣人与知识积累又是什么关系呢? 同年,阳明在《五经臆说序·戊辰》中给我们提供了一个答案,当然这一答案是在"龙场悟道"之基础上得出的。阳明在该文中,运用"得鱼而忘筌,醪尽而糟粕弃之"的比喻,指明儒学经典与圣人之学的关系。他指出经典如"筌",圣学如"鱼",因此"得鱼忘筌"意指"五经"只是"圣人之学具焉"的道具,而圣人之学才是吾人所欲得之"鱼",只要于道有悟,则五经"亦筌与糟粕也";相反,如果墨守陈规、拘泥教本,便是所谓的"求鱼于筌",终不可得矣。阳明此喻的用意在于强调一个观点:重要的不是五经的文本写了些什么,而是五经的阅读者能否从中"得其道""得其心"(以上见《全集》卷二十二,第876页)。这里所谓的"得其心",显然与龙场悟道的"向之求理于事物者误也",在内涵所指上是互相吻合的,都表明阳明已将问题关注的焦点集中在"内心"这一点上,"心"的问题开始在其思想中凸显出重要的地位和意义。同时也应看到,阳明将"五经"比作"筌"和"糟粕"的说法本身,无疑是向以经典为本的训诂、记诵、词章之学的公然挑战,在当时的学术思想背景之下,这个说法也无疑是对程朱之学的宣战。因为人们很容易地感受到在这个说法当中,其实蕴含了陆象山的"我注六经"的精神,尽管在文字表述上不尽一致。

自龙场悟道之后,除了在经典与圣学的关系问题上,阳明别出新解,他还开始思考一个更为重要的问题:如何重建道统? 壬申(1512),阳明在《别湛甘泉序》一文中指出:

> 颜子没而圣人之学亡,曾子唯一贯之旨传之孟轲终,又二千余年而周、程续。自是而后,言益详,道益晦,析理益精,学益支离无本,而事于外者益繁以难。盖孟氏患杨、墨,周、程之际,释、老大行,今世学者皆知宗孔、孟,贱杨、墨,摈释、老,圣人之道若大明于世。然吾从而求之,圣人不得而见之矣。……世之学者,章绘句琢以夸俗,诡心色取,相饰以伪,谓圣人之道劳苦无功,非复人之所可为,而徒取辩于言词之间;古之人有终身不能究者,今吾皆能言其略,自以为若是亦足矣,而圣人之学遂废。则今之所大患者,岂非记诵词章之习! 而弊之所从来,无亦言之太详、析之太精者之过欤! 夫杨、墨、老、释,学仁义,求性命,不得其道而偏焉,固非若今之学者以仁义为不可学,性命之为无益也。居今之时而有学仁义,求性命,外记诵辞章而不为者,虽其陷于杨、墨、老、释之偏,吾独且以为贤,彼其心犹求以自得也。夫求以自得,而后可与之言学圣人之道。某幼不问学,陷溺于邪僻者二十年,而始究心于老、释。赖天之灵,因有所觉,始乃沿周、程之说求之,而若有得焉。顾一二同志之外,莫予翼也,岌岌乎仆而后兴。……吾与甘泉友,意之所在,不言而会,论之所及,不约而同,期于斯道,毙而后已者。今日之别,吾容无言,夫惟圣人之学难明而易惑,习俗之降愈下而益不可回,任重道远,虽已无俟于言,顾复于吾心若有不容已也。(《全集》卷七《别湛甘泉序·壬申》,第230—231页)

开首一句令人注目,反映的是阳明心学的道统观。我们知道,宋代道学在有关"道统"的问题上,一般认为"至孟子而圣人之道益尊""孟轲死,圣人之学不传",程颐的这两句话在宋代道学史上具有决定性的影响。阳明在这里虽然也说"曾子唯一贯之旨传之孟轲终",同样肯定了曾参与孟子在儒学系谱中的地位,但他在这句话的前面却断然指出"颜子没而圣人之学亡",这无疑是断定圣学在颜子之后便已中断,这就与程朱以来的道统观不合。所以阳明的这个说法,在当时便引发了议论,关于这一点,我们稍后再说,这里先来了解一下宋代以来对于孔孟之间的学术传授之问题的一些看法及其所存在的微妙差异。程颐说:

> "参也鲁",然颜子没后,终得圣人之道者,曾子也。观其启手足之时之言,可以见矣。所传者子思、孟子,皆其学也。(《程氏遗书》卷九,《二程集》,第108页)

朱熹《孟子章句集注·孟子序说》《论语精义》卷六上亦引程颐此说,这表明在程朱的道统观当中,特别重视孔曾一脉,其理据之一竟然是"卒传圣人之道者,乃质鲁之人"(《程氏遗书》卷十八,《二程集》,第211页)。有趣的是,这与象山对于颜回及曾参的判断可谓是一百八十度的不同,象山指出:

> 颜子没,夫子哭之曰:"天丧予。"盖夫子事业自是无传矣。曾子虽能传其脉,然"参也鲁",岂能望颜子之素蓄。幸曾子传之子思,子思传之孟子,夫子之道至孟子而一光。然夫子所分付颜子事业,亦竟不复传也。(《陆九渊集》卷三十四《语录上》,第397页)

从中可见,象山贬低曾参的理由竟然是"参也鲁",而他抬高颜回的理由则是颜回已尽得"夫子事业"。必须指出,象山从人之根器上来为颜、曾两人定位,对于阳明亦有影响,阳明亦承认颜回是世所难遇的"利根之人"(《传习录》下,第315条)。①

很显然,上引阳明之说正是沿袭了这里的象山观点,只是阳明在象山的基础上,以命题方式指出"颜子没而圣学亡"。自此以后,这一判断成为阳明心学在道统问题上的一个标识。例如明末刘宗周亦持此说而不渝,以为孔子"独窥颜子心法"(参见刘宗周:《论语学案》卷五),也就是说,依刘宗周,正是从"心法"的角度看,由于颜子之后,其"心法"不传,故谓颜子没而圣学亡,这一理解颇中阳明此说之肯綮。不过,阳明又说"颜子有'不善未尝不知',此是圣学真血脉路"(《传习录》下,第259条),这里的"未尝不知"之"知",在阳明那里有一个特殊的解释,即将此解释为"良知"。由此,儒学史上的良知传统,便可从孟子上溯到颜回,这又是阳明提出"颜子没而圣学亡"之命题的理据之一。但是,由于程朱理学的道统观在明代仍有压倒性的势力,所以当阳明此说一传开,便在门人之间引起了种种质疑,例如:

> 问:"颜子没而圣学亡,此语不能无疑。"先生曰:"见圣道之全者惟颜子。观'喟然一叹',可见。其谓'夫子循循然善诱人,博我以文,约我以礼',是见破后如此说。博文约礼,如何是善诱人?学者须思之。道之全体,圣人亦难以语人,须是学者自修自悟,颜子'虽欲从之,末由也已',即文王望道未见意。望道未见,乃是真见。颜子没而圣学之正派遂不尽传矣。"(《传习录》上,第77条)

及至阳明后学,如邹守益曾说:"先师之训曰'颜子没而圣学正派遂不尽传',学者往往疑之。"(邹守益:《邹守益集》卷七《正学书

---

① 按,《传习录》下卷第315条所记录的便是阳明学史上著名的"天泉证道"事件,其中阳明还指出另一位世上难遇的"利根之人"乃是程明道。

院记》，董平编校整理，凤凰出版社，2007年，第357页）这反映出在阳明周围，对于"颜子没而圣学亡"之说仍有许多质疑的声音。①

现在我们再回过头来探讨一下《别湛甘泉序》。其实，阳明所谓"颜子没而圣学亡"与其对儒学思想的义理判断密切相关，也正由此，故阳明难以认同程朱道学所建立的道统观，特别是他不愿承认朱熹是周程之后的道统接续者这一南宋以来的新道统观。他的结论是接续孔孟儒家道统的是两千年后的周程（按，指程颢），其中不但没有提到朱熹，相反对于周程以后的思想流变做出了这样的判断：支离之学大行其道。意谓周程以降，儒家学术又有一次严重分化，面临走入歧途的危险。其中虽没有对朱熹指名道姓，但是明眼人一看便知，朱子学须为此承担主要责任。因为所谓"支离无本""事于外者"云云，其实就是象山用来批评朱熹的一套学术话语。只要是稍知这段历史的明代学者都会从上述阳明的这段话中读取出这样一层含义："言益详，道益晦""章绘句琢以夸俗""取辩于言词之间""记诵词章之习"等都是针对朱子学之流弊而言的。当然须指出的是，阳明的时代已与象山与朱熹的那个时代不同，当朱陆发生争论时，两人可以直接地指名道姓批评对方，而在阳明的那个时代，他的批评更多地指向朱子学尤其是朱子后学，而并不直接地针对朱熹本人。换言之，在阳明的意识中，他把朱子与朱子学做了一定的区分。

在上引的那段阳明语录中，阳明甚至坦言："居今之时而有学仁义，求性命，外记诵辞章而不为者，虽其陷于杨墨老释之偏，

---

① 关于阳明心学的这一孔颜道统说的具体内涵及其思想史意义，吕妙芬曾有详细论考，请参见其著：《阳明学士人社群——历史、思想与实践》，台湾"中央研究院"近代史研究所，2003年，第273—285页。

吾独且以为贤,彼其心犹求以自得也。"此可谓痛心疾首之论!从中可以看出,阳明对于"记诵辞章"的痛恶甚至已超过了对"杨墨老释"之痛恶的程度。在阳明看来,"陷于杨墨老释之偏"并不可怕,犹有可救之余地,因为杨墨老释为异端乃是一显然的事实,人们一旦知道有错便可返回正道,可是如果一旦陷入"记诵辞章"之中,便容易坠入一种自我满足的心地,以为圣人之道正在于此而乐此不疲,从而忘记了"学仁义,求性命",这样就有可能在为学的根本上迷失方向、误入歧途而难以自拔。所以阳明非常强调从自己的道德生命上切入的"自得之学"的重要性,在他看来,这才是克服依从于他人之脚跟转的"记诵辞章之习"的根本方法。

最后,阳明表示了重振儒学的决心:"期于斯道,毙而后已。"令人回味的是,这个"期于斯道"的说法何尝不是北宋初年道学家们所共同拥有的一种决心和抱负,原因就在于由于释老遍行天下而使得吾儒之道晦而不彰("道之不明"),同样,在阳明的时代也遇到了"道之不明"的现状,但是其原因并不在于释老而恰恰在于吾儒自身,归根结底,就在于坠入了宋儒的那套"记诵辞章"之窠臼而迷失了方向。所以,在阳明,"期于斯道"的首要任务便是将人们的"记诵辞章之习"扭转至从自身道德生命着手这一正确的为学方向上。

应当说,阳明于"龙场悟道"之后不久撰写的这篇《别湛甘泉序》犹如一篇"独立宣言",他向近世以来的"记诵词章之习"明确了挑战的立场。至此我们可以说,从龙场悟道所获得的"向之求理于事物者误矣"的根本觉悟,到这里所表达的"颜子没而圣人之学亡"的历史判断以及"岌岌乎仆而后兴"的意志表达,预示着阳明立志要重建道统、恢复圣学,扭转近世以来的学术偏向,从而开创出一个与朱子学不同的思想世界。

第三讲　阳明心学的确立

　　由上可见，"龙场悟道"这一思想事件表明阳明心学的思想格局已基本形成。不过，就上引几条资料来看，有关"龙场悟道"的具体思想内容，还缺乏信息量。说"吾性自足"也好，说"大悟格物致知之旨"也好，其确切内涵都还模糊不清。

　　其实，根据《传习录》上卷开首徐爱所录的 14 条资料显示，阳明的这次"大悟"无非包含了两大基本内容：一是"心即理"；一是"知行合一"。当然，这两大命题的提出，在时间上要略晚于1508 年。根据《年谱》记载，"知行合一"的提出是在次年，阳明尚在龙场；而"心即理"的提出要在《传习录》上卷徐爱所录部分才能看到。尽管如此，我们有理由相信在龙场悟道之际，阳明对"心即理"已有了根本的觉悟。只是用明确的语言形式揭示出来，尚需要若干年的时间。

　　接下来我们将切入阳明思想的正题，进入阳明学的经典《传习录》。首先从阳明学的"心即理"讲起，因为从某种意义上说，"心即理"乃是阳明哲学的第一命题，是其心学思想得以确立的标志，无论是稍早的"知行合一"说还是略晚的"致良知"说，都应置于"心即理"的基础上，才能得到全面的理解。

一 心之含义

我们在"导论"第二节"心学前史"中，以朱熹"心传道统"一语作为分析的切入点，已经看到在宋代道学形成的过程中，儒家学者对于"心传"问题是非常重视的，在他们的意识中，"心传"构成了儒家道统的重要内涵。在这一点上，不论理学家也不论心学家都是能认同的，换言之，这是广义上的"道学"学派共认的观点。

然而一旦涉及"心"是什么这一具体问题时，以朱熹为代表的"理学"与以象山为代表的"心学"，却有着完全不同的看法和立场。朱熹释"心"虽然极为繁复多义，但其核心观点无非是把"心"看作是具有知觉义和主宰义的智性范畴。要之，在朱熹，"心"不是本体论问题而是工夫论问题。[①]相对而言，象山之论"心"则极为简洁明了，他明确提出"心即理"命题，将"心"提升至存有论的层面来审视并加以肯定，故象山论"心"接近于孟子学的道德"本心"，这一点已如上述。不过，如所周知，在象山，"心即理"（《陆九渊集》卷十一《答李宰·二》）仅见一处，与此命题相关的理论阐述是不充分的。及至阳明，则情况发生了根本的改变，"心即理"几乎成了阳明学的口头禅，其相关的理论阐发也更为详尽而系统，由此建构起他的一套心学理论体系。

然而若要了解阳明心学的义理系统，首先遇到的问题必然是：在阳明，"心"究竟是什么？下面我们就来看几段资料：

  3.1.1 心不是一块血肉，凡知觉处便是心，如耳目之知视听，手足之知痛痒，此知觉便是心也。（《传习录》下，第

---

① 参见前引吴震：《"心是做工夫处"——关于朱熹心论的几个问题》。

322 条）

3.1.2　"美色令人目盲,美声令人耳聋,美味令人口爽,驰骋田猎令人发狂。"(《老子》第十二章)这都是害汝耳目口鼻四肢的,岂得是为汝耳目口鼻四肢? 若为着耳目口鼻四肢时,便须思量耳如何听,目如何视,口如何言,四肢如何动? 必须非礼勿视听言动(《论语·颜渊篇》),方才成得个耳目口鼻四肢,这个才是为着耳目口鼻四肢。汝今终日向外驰求,为名为利,这都是为着躯壳外面的物事。汝若为着耳目口鼻四肢,要非礼勿视听言动时,岂是汝之耳目口鼻四肢自能勿视听言动? 须由汝心。这视听言动皆是汝心。汝心之视,发窍于目;汝心之听,发窍于耳;汝心之言,发窍于口;汝心之动,发窍于四肢。若无汝心,便无耳目口鼻。所谓汝心,亦不专是那一团血肉。若是那一团血肉,如今已死的人,那一团血肉还在,缘何不能视听言动? 所谓汝心,却是那能视听言动的,这个便是性,便是天理。有这个性,才能生这性之生理,便谓之仁。这性之生理,发在目便会视,发在耳便会听,发在口便会言,发在四肢便会动,都只是那天理发生,以其主宰一身,故谓之心。这心之本体,原只是个天理,原无非礼,这个便是汝之真己。这个真己是躯壳的主宰。若无真己,便无躯壳。真是有之即生,无之即死。(《传习录》上,第 122 条)

3.1.3　心者身之主宰,目虽视而所以视者心也,耳虽听而所以听者心也,口与四肢虽言动而所以言动者心也,故欲修身在于体当自家心体,常令廓然大公,无有些子不正处。主宰一正,则发窍于目,自无非礼之视;发窍于耳,自无非礼之听;发窍于口与四肢,自无非礼之言动。此便是修身

在正其心。(《传习录》下,第 317 条)

3.1.4 来书云:"夫子昨以良知为照心。窃谓良知,心之本体也,照心,人所用功,乃戒慎恐惧之心也,犹思也。而遂以戒慎恐惧为良知,何欤?"能戒慎恐惧者,是良知也。(《传习录》中《答陆原静书·又》,第 159 条)

以上所录四段,都是对"心"的含义所做出的基本界定。首先,阳明强调心不是指体内的心脏。接着,阳明主要指出两点:一、心是"知觉";二、心是"主宰"。也就是说,心具有知觉功能,如知痛知痒之类,这属于感官知觉;其次,心还具有主宰作用,可以主宰身体的各种感官运动,如视听言动。应当说,这两层含义并非是阳明的独创,比如朱熹亦类能言之:"心者人之知觉,主于身而应事物者也。"其中就指出了心具有知觉和主宰这两层含义。可见就此而言,阳明和朱熹并无根本分歧。

然而,如果阳明对心的理解仅仅停留于此,那么他就无法得出"心即理"的结论。因为不论是"知觉"还是"主宰",讲的都是作为思维器官或意识活动所具有的功能性特征而已。也就是说,感受肌肤痛痒的知觉作用以及引导肢体运动的主宰作用,都只具有生理学或心理学的意义,并不能由此推导出伦理学意义上的准则或规范之意,也就不能说"心即理"。可见,第 1 条所谓"此知觉便是心也"之"心",并非是阳明心学中的根本要义。换言之,阳明对心的这种定义,并不适合于他的心学体系。应注意的是,这段话出现在记录其晚年思想的《传习录》下,这说明上述见解并非由于一时之失考,而应当这样看,阳明有时未能把本心和知觉加以明确分疏,从而导致概念上的某些混乱。在这种情况下,就不可避免地引起命题表述不够清晰等问题,甚至引起后人的种种曲解和批判。例如在阳明后学那里,就曾围绕良知和知觉的关系问题，引起了一场激烈的思想争辩，此不赘述。

但是，阳明是否仅仅把心理解为感官知觉呢？回答是否定的。按照我们的分析，阳明对心还有更为重要的理解，那就是指道德知觉——伦理学意义上的知觉。所谓道德知觉，原是西学术语，用阳明的话来说，亦即指"知善知恶"的知觉，也就是指"良知良能"。第2条说："所谓汝心，却是那能视听言动的，这个便是性，便是天理。"其中的"能"字值得注意，通常可作一般意义上的"功能"或"能力"来讲，但结合后面的两句来看，此"能"字应作"良能"解，是指道德本心的"良能"，是一种道德能力或判断力。故阳明将此"能"字界定为"性"和"天理"，意谓这种道德能力是来源于"性""天"的。若就其第3和第4条来看，便可看出"所以言动者"的"所以"及"能戒慎恐惧者"的"能"字，乃是对感官知觉之所以可能的进一步追问，其结论是："良知。"显然，在阳明看来，视听言动或戒慎恐惧之本身只是感官知觉而非道德良知，良知才是感官知觉运动的理据所在。

由以上的分析，我们可了解到两点基本内容：一、阳明对心的看法，在表述上有不够清晰的地方。"知痛知痒"是阳明喜欢使用的一个比喻性说法，他还曾把良知比喻为"自家痛痒自家知"或"如人饮水，冷暖自知"。这些说法都是从感官知觉的层面来附会说明心体所具有的那种"知善知恶"的道德能力。但这种说法容易引起误解：良知或心体被理解为一般意义上的知觉作用。二、不过也须看到，阳明对此并非毫无所知，故其论心有更进一层的根本含义，这就是指道德意义上的知觉，也就是指"知善知恶"的道德知觉。这一点应是阳明心学体系中有关"心"的根本义。正是基于这一根本立场，所以阳明说"能视听言动的"

那个心,"便是性,便是天理"。基于此,也就可以推导出"心即理"。在这里,心被赋予了一种道德的意义,成为意识作用或肢体运动的真正主宰。用阳明的话说,这个心也就是"汝之真己",反过来说也一样:"真己是躯壳的主宰。"进一步说,有此"真己"才有此"躯壳";无此"真己"则意味着躯体的死亡。顺便指出,在阳明哲学的概念体系中,"真己"其实是良知或心体的同义词。

最后有一点须注意:阳明为何说"能视听言动的,这个便是性,便是天理"? 也就是问:阳明得出"心即是理"这一结论的前提究竟何在? 这就涉及阳明哲学中有关心/理关系的义理结构问题。但在回答这个问题之前,有一基本问题需要了解,亦即何谓"心之本体"的问题。我们知道,"心之本体"或"心体"乃是阳明哲学的核心概念。事实上,仅以知觉或主宰来论"心"是远远不够的,还必须从"本体"的角度来把握阳明学义理体系中的心。因为事实很显然,对阳明来说,心具有知觉、主宰、意识、情感等因素以外,更具有本体论的意义。

二 心之本体

在宋明理学中,"本体"概念经常出现,朱熹就常使用"心之本体"或"心体"的概念,当然这些概念并非其哲学的核心概念。一般而言,"本体"一词含有两种含义:一是指某种存在的本来状态、本来属性、本来面目;一是指"体用"范畴之下的存在于现象背后的本原性实体,涵指现象背后的原因或本质。然而在宋明理学尤其是明代心学中,还有一种特殊的用法,亦即与工夫相对而言的本体,涵指行为的根据。

须指出,虽在宋代理学中,本体与工夫或本领与工夫已成为各学派共同思考的重要问题之一,然而作为儒学心性论的基本问题,以本体工夫论的形态凸显出来,则有待于阳明心学的出现。所谓"工夫",意指实践,这是一个涉及行为的问题领域。然从哲学上说,行为的依据何在,道德实践何以可能,这是一个更为关键的理论问题,要解答这一问题,就必然引向本体论问题领域。换言之,工夫的依据必然要诉诸本体。关于本体工夫的问题,这是一个贯穿阳明心学理论体系的关键问题之一,我们将在讲述致良知问题时再来详谈,这里首先需要了解的是,阳明心学的"心之本体"的含义。

在《传习录》上卷徐爱所录部分,我们可以看到这样的表述:

3.2.1　至善是心之本体。(《传习录》上,第 2 条)

3.2.2　性是心之体,天是性之原,尽心即是尽性。(《传习录》上,第 6 条)

3.2.3　知是心之本体,心自然会知。见父自然知孝,见兄自然知弟,见孺子入井自然知恻隐。此便是良知,不假外求。(《传习录》上,第 8 条)

这里,阳明用"至善""性""良知"来具体规定"心之本体"的含义,讲得已经非常明确,"心之本体"不是意识活动本身,而是意识活动的根据,这个根据可以用"至善""良知"等概念来表述。可见,心体是一道德的、价值的存在。当心体发用于"见父""见兄""见孺子"之时,心体便自会做出"孝""弟""恻隐"的道德判断。这个"心自然会知"的说法,到后来被转换成"良知自知"理论,对阳明心学来说很重要,这一点我们将在"致良知"一讲中再说。

尤当注意的是"此便是良知,不假外求"一句,已点出作为"心之本体"的"知"便是"良知"。向来以为,阳明"致良知"教的提出在 49 或 50 岁时,其实自龙场悟道以后,当阳明明确提出

"心即理"这一命题时,就已把"知"认定为"心之本体",只是他还没有拈出"致良知"三字诀而已。曾才汉《阳明先生遗言录》卷下第 24 条载:

> 3.2.4 先生尝曰:"吾良知二字,(目)〔自〕龙场以后,便已不出此意,只是点此二字不出,与学者言,费却许多辞说。今幸点出此意,真是直截。"①

结合徐爱所录来看,这个记录当是实录而无疑。

关于上引"性是心之体,天是性之原"一句,在阳明晚年更有明确的表述:

> 3.2.5 夫心之体,性也;性之原,天也。能尽其心,是能尽其性矣。(《传习录》中《答顾东桥书》,第 134 条)

这是将"心体"存在的依据诉诸"性""天",反过来说,性、天乃是心的本源依据。由于性是至善的,所以心也就必然是至善的价值存在。在这个意义上,阳明对于程朱理学的"性即理"之命题亦能全盘接受。只是在朱熹,心只是一种意识活动,并非是一种价值存在,故绝不能认同"心即理";然在阳明,心则是一道德本体,因此与性、天便是同质同层的存在。关于这层意思,阳明不断强调指出:

> 3.2.6 心之本体即是性,性即是理。(《传习录》上,第 81 条)

> 3.2.7 心之本体即是天理。(《传习录》上,第 96 条)

---

① 参见上揭水野实、永富青地、三泽三知夫:《阳明先生遗言录》(1)—(5),引自张文朝译:《阳明先生遗言录·稽山承语》,《中国文哲研究通讯》第 8 卷第 3 期,第 38 页。按,据水野实等校释,此条又见钱德洪《刻文录叙说》(《全集》卷四十一),然未见诸今本《传习录》。显然是被钱德洪删除在《传习续录》之外。

3.2.8　心之本体即是天理。(《传习录》中《答欧阳崇一》,第169条)

3.2.9　夫心之本体,即天理也。天理之昭明灵觉,所谓良知也。(《全集》卷五《答舒国用·癸未》,第190页)

显而易见,心不仅是性,而且心体本身就是天理。我们知道,"天理"两字是宋明儒学的共义,自程颢揭示"'天理'二字却是自家体贴出来"(《河南程氏外书》卷十二,《二程集》,第424页)之后,便被儒家学者所广泛认同。阳明用"天理"来定义"心体",其用意显然在于:他要把"心"往上提升,提升至"形上"领域,以与"天理"处于同等的地位。这样一来,"心"作为一种本体存在才能立住脚。从哲学上说,这是将"心"天理化的一种致思取向。就阳明言,不如此说便不足以挺立起"心"的本体地位,也不足以树立起"心即理"的至上命题。

与心体即天理的论述方式一样,阳明还提出了"人心即天渊""心即天"的命题。他说:

3.2.10　先生曰:"人心是天渊。心之本体,无所不该,原是一个天。只为私欲障碍,则天之本体失了。心之理无穷尽,原是一个渊。只为私欲窒塞,则渊之本体失了。如今念念致良知,将此障碍窒塞一齐去尽,则本体已复,便是天渊了。"乃指天以示之曰:"比如面前见天,是昭昭之天;四外见天,也只是昭昭之天。只为许多房子墙壁遮蔽,便不见天之全体。若撤去房子墙壁,总是一个天矣。不可道眼前天是昭昭之天,外面又不是昭昭之天也。于此便见一节之知,即全体之知;全体之知,即一节之知。总是一个本体。"(《传习录》下,第222条)

3.2.11　人者,天地万物之心也;心者,天地万物之主也。心即天，言心则天地万物皆举之矣，而又亲切简易。
（《全集》卷六《答季明德·丙戌》，第 214 页）

按，"天渊"一词取义于《中庸》第三十一章"溥博如天，渊泉如渊"，阳明在这里采用的是比喻性说法，他把"心"比作"天渊"，意谓"心"如"天"那样广阔，如"渊"那样深沉。但在儒学史上，"天"是有特殊含义的，"天"除了自然义、宗教义以外，更有一种道德义。当孟子说"尽心，知性，知天""存心，养性，事天"（《孟子·尽心上》)时，这个"天"已不是自然的天，而是指至高无上的绝对存在。宋明理学家讲"天理"，其意就在于强调"理"不是某种事物的特性或条理，而是抽象的一般法则，正是在这个意义上，有必要将"天"与"理"合而言之。从这个角度看，阳明以天言心，其目的也非常明显：心体就如同天理一样，也具有普遍的、绝对的意义。

为了强调这层意思，阳明在"乃指天以示之"以下的一段表述中，做了更深一层的阐发：比如说，就像展现在我们面前的天空，充满一片光明，而这片光明并不局限在我们的面前，天地上下、东西南北，无不充满着这片光明；当我们看不见它的时候，原因只是我们的视线受到了周围房屋的阻碍，而不能说自己目力所及的天是光明的天，看不见的天却是昏暗的天。通过这段比喻，阳明旨在指出"天之本体"本来就是完完全全的一个整体，"障碍窒塞"固能一时阻挡天的光芒，然而光明作为天的本体并不会因此而消亡。同样，心之本体亦复如是，人心固然会受"私欲窒塞"，但就心的本然状态言，其良知却未尝有片刻的消失。

应当说，阳明的这个比喻具有丰富的哲理义蕴，他想强调的是：某时某地的天就是全体的天，"天之全体"也就是某时某地的天；某一时段的良知就是"全体之知"，良知之整体也就是某一时段的良知。上述观点对阳明心学理论来说,意义重大。就其思维方式(非指具体内涵)看,显然受到了佛家"月印万川"以及宋儒"理一分殊"的影响。要之,阳明强调心体具有普遍意义,心体存在不受任何时空条件的限制。这也是"人心即天渊"之命题的义蕴所在。应注意的是,阳明并不是在宇宙生存论意义上强调人心是产生天地万物的根源,所谓"言心则天地万物皆举之",亦不能作如是观,而应理解为心体作为一种普遍法则是无限绝对的存在。

以上,我们就"心之本体"概念进行了一些分析,使我们充分了解到心之本体实是阳明学的一个核心概念,而且可以看出这一概念与至善、良知、性、天、理等被等同起来。除此之外,阳明还说过"诚是心之本体""乐是心之本体""定是心之本体""心体即所谓道""无善无恶是心之体"等命题,由于受本讲的论述主旨所限,在此无法对上述各种命题的内涵一一展开细说。但有一点可以肯定:在阳明看来,天、性、理等等宋明理学中处于核心地位的基本概念都可以从心之本体的角度来讲。也就是说,在阳明,心体在其整个哲学概念的系统中具有核心的地位,其论心的根本义就在于:心即天、心即性、心即理,心即良知。

通过以上的简单介绍,我们已经从不同方面大致上了解了阳明哲学中"心"的基本含义,接着将要探讨的便是本讲的主题也是阳明心学的核心命题:"心即理。"

三　心即是理

3.3.1　爱(按,即徐爱)问:"至善只求诸心,恐于天下事理有不能尽。"先生曰:"心即理也。天下又有心外之事,心外之理乎?"

97

3.3.2　爱曰:"如事父之孝,事君之忠,交友之信,治民之仁,其间有许多理在,恐亦不可不察。"先生叹曰:"此说之蔽久矣,岂一语所能悟!今姑就所问者言之。且如事父,不成去父上求个孝的理;事君,不成去君上求个忠的理;交友治民,不成去友上、民上求个信与仁的理。都只在此心,心即理也。此心无私欲之蔽,即是天理,不须外面添一分。以此纯乎天理之心,发之事父便是孝,发之事君便是忠,发之交友治民便是信与仁。只在此心去人欲、存天理上用功便是。"

3.3.3　爱曰:"闻先生如此说,爱已觉有省悟处。但旧说缠于胸中,尚有未脱然者。如事父一事,其间温凊定省①之类有许多节目,不知亦须讲求否?"先生曰:"如何不讲求?只是有个头脑,只是就此心去人欲、存天理上讲求。就如讲求冬温,也只是要尽此心之孝,恐怕有一毫人欲间杂;讲求夏凊,也只是要尽此心之孝,恐怕有一毫人欲间杂。只是讲求得此心。此心若无人欲,纯是天理,是个诚于孝亲的心,冬时自然思量父母的寒,便自要去求个温的道理;夏时自然思量父母的热,便自要去求个凊的道理。这都是那诚孝的心发出来的条件。却是须有这诚孝的心,然后有这条件发出来。譬之树木,这诚孝的心便是根,许多条件便是枝叶。须先有根,然后有枝叶,不是先寻了枝叶,然后去种根。《礼记》言:'孝子之有深爱者,必有和气;有和气者必有愉色;有愉色者,必有婉容。'须是有个深爱做根,便自然如此。"(《传

---

①　"温凊定省",语见《礼记·曲礼篇》:"凡为人子之礼,冬温而夏凊,昏定而朝省。"

习录》上，第 3 条）

上面提到，徐爱所录始于正德七年（1512），距阳明离开龙场约两年，大致反映了阳明在龙场悟道后不久的思想观点。从上述这段问答中可以看出，阳明已明确提出了"心即理"及"心外无理"的观点。

以上分三段录出，这是因为徐爱接连提了三个问题。徐爱的第一个问题是："至善只求诸心，恐于天下事理，有不能尽。"意谓如果说求"至善"只在自己心里求，这恐怕对于天下众多事物之理就未免有所疏忽。显然，在这个问题的背后隐伏着朱子学的一个基本思路。按朱子的理论，事事物物皆有"定理"，人们只有通过"即物穷理"的方法，才能把握这个理。关于这一点，《传习录》上卷的第 2 条已有记录，只是由于该条未涉及"心即理"，故没有在上面列出。阳明对此问题的回答是："于事事物物上求至善，却是义外也。至善是心之本体。"事实上，上述徐爱的问题就是接着阳明的这句话而来的。对此，阳明的回答非常明确："心即理也。"

那么，阳明得出这一结论的思路是怎样的呢？阳明首先打了一个比方，比如侍奉父亲，要讲求一个孝心，这颗孝心是存在于父亲的身上呢？还是存在于为人之子的身上呢？很显然，我们不能去父亲身上寻求这颗孝心，因为孝心必然存在于孝子的心中。以此类推，事君、交友、治民所讲求的忠诚、笃信、仁爱，也是同样的道理，即忠信仁孝等这些道德原理都存在于行为主体的心中，而不能是存在于行为对象的心中而后才去追求它、实现它。因此，结论就是："都只在此心，心即理也。"为什么呢？因为只要此心本来就是纯粹的天理，依循"纯乎天理之心"去侍父，那么就自然是孝行；去侍君，那么就自然是忠心。尽管在如何侍奉等问题上,有许多细节需要讲究,但问题的关键是,只要保持此心无丝毫人欲、"纯是天理"的本然状态,那么行之于事,就自然会合乎伦理准则。总之,"纯乎天理"之心是使行为"自然"合乎道德的根本保证。以上,就是阳明提出"心即理"命题的一个基本思路。

须指出的是,阳明通过徐爱的问题,实际上是在跟朱熹对话。阳明认为,作为道德法则的"理"不存在于道德行为的对象身上,并由此来批评朱子学的理在事物的观点,这是不无道理的。阳明通过种种比喻,力图说明孝的法则不存在于父亲身上,忠的法则不存在于君主身上,忠孝法只能是存在于行为主体的心中,并通过主体的道德实践,使其在行为过程中呈现出来。这些说法也无疑是正确的。但是,就徐爱问题而言,他所担心的是,只在自己心中追求至善原理,恐怕于"天下事理"有所遗落。其谓"天下事理",显然并不仅指道德原理,而应当包括自然、社会以及具体事物的存在原理。可见,徐爱问题的关节点在于:即便至善之理只在心中,当也不能证明天下事理都在心中。应当说,阳明的答案只回答了至善之理在心中,而天下事理是否直接等同于道德之理这一基本问题却没有从正面做出回答。

由此可见,对于阳明来说,朱子学的那种"所以然之理"(事物之理)和"所当然之则"(道德之理)的划分并不在其问题视域当中。理要么只在心中,要么只在外物,二者非此即彼,而"心即理"命题正是在前者的意义上得以成立的。但不管怎么说,物理与吾心的关系究竟如何仍然是必须面对的问题。关于这一点,在《传习录》中卷,阳明有一个说法,涉及物理与吾心的关系问题:

3.3.4 夫物理不外于吾心,外吾心而求物理,无物理矣；遗物理而求吾心，吾心又何物邪？心之体，性也；性即理也。故有孝亲之心，即有孝之理，无孝亲之心，即无孝之理矣。有忠君之心，即有忠之理，无忠君之心，即无忠之理矣。理岂外于吾心邪？晦庵谓："人之所以为学者，心与理而已。心虽主乎一身，而实管乎天下之理，理虽散在万事，而实不外乎一人之心。"(《大学或问》卷下)是其一分一合之间，而未免已启学者心理为二之弊。此后世所以有专求本心，遂遗物理之患，正由不知心即理耳。夫外心以求物理，是以有暗而不达之处；此告子"义外"(《孟子·告子上》)之说，孟子所以谓之不知义也。心，一而已。以其全体恻怛而言谓之仁，以其得宜而言谓之义，以其条理而言谓之理；不可外心以求仁，不可外心以求义，独可外心以求理乎？外心以求理，此知行之所以二也。求理于吾心，此圣门知行合一之教，吾子又何疑乎？(《传习录》中《答顾东桥书》，第133条)

3.3.5　又问心即理之说，"程子云'在物为理'(《伊川易传》卷四)，如何谓心即理？"先生曰："在物为理，'在'字上当添一'心'字，此心在物则为理。如此心在事父则为孝，在事君则为忠之类。"先生因谓之曰："诸君要识得我立言宗旨。我如今说个心即理是如何，只为世人分心与理为二，故便有许多病痛。如五伯①攘夷狄，尊周室，都是一个私心，便不当理。人却说他做得当理，只心有未纯，往往悦慕其所为，要来外面做得好看，却与心全不相干。分心与理为二，其流至于伯道之伪而不自知。故我说个心即理，要使知心

---

① "五伯"又称五霸，即春秋时期的齐桓公、晋文公、秦穆公、楚庄王、宋襄公。

理是一个，便来心上做工夫，不去袭义于义，便是王道之真。此我立言宗旨。"又问："圣贤言语许多，如何却要打做一个?"曰："我不是要打做一个，如曰'夫道，一而已矣'(《孟子·滕文公上》)，又曰'其为物不二，则其生物不测'(《中庸》第二十六章)，天地圣人皆是一个，如何二得?"(《传习录》下，第 321 条)

这两条阳明明确指出"物理不外于吾心"，同时又明确反对"在物为理"。就其基本思路而言，这两条的内容与上述回应徐爱问题的思路并无二致，只是问题的角度略有不同。首先阳明承认"物理"一词与"吾心"相对，没有物理，吾心"又何物邪"？另一方面，阳明又坚决认为物理不能没有吾心而存在。须注意的是，当阳明说"物理不外于吾心"之时，他不是在宇宙论意义上主张物理必须由吾心才能产生，而是说如果不是在吾心的主导之下去求物理，则物理就会在心中消失而无法呈现。这种消失状态接近于"不存在"，但并不等于说"非存在"，只是说物理离开吾心将会永远处于一种隐而不显的状态，否定地说，便是"心外无理"，肯定地说，便是"心即是理"。可见，"心外无理"与"心即是理"正构成一个诠释上的循环，是可以互相引证的。

由上述立场出发，阳明认为朱熹所说的"心与理一"，绝不是严密意义上的"心即理"，在心与理之间下一"与"字，其前提便是心与理原是二物，然后打并为一。结合这里的第 2 条来看，阳明之意非常明显，"我说个心即理，要使知心理是一个"，意谓心与理原本就是一个。换言之，阳明是在本体论意义上预设"心理为一"，而不是在工夫论意义上预设"心与理"可能为"一"。所以阳明再三强调，他不是主张"打做一个"，因为原来是一，所以就不存在"打做一个"的问题。所谓"天地圣人皆是一个，如何二得"

的反问，其意亦同——亦即心理原本为一，这是"天地圣人"的普遍法则。阳明在第 2 条对程颐的"在物为理"说提出了批评，主张对此说法须要做一诠释转换，只有说"此心在物为理"，才能成立。这个说法同样基于上述阳明的"心理是一个"的思路。应当说，这里已经充分显示出阳明与朱熹（亦含程颐）在物理与吾心之关系问题上的根本分歧之所在。

为说明这一点，我们还可以结合"南镇观花"这一著名案例来做进一步的考察。所谓"南镇观花"，是这样一段记载：

> 3.3.6　先生游南镇，一友指岩中花树问曰："天下无心外之物，如此花树，在深山中自开自落，于我心亦何相关？"先生曰："你未看此花时，此花与汝心同归于寂。你来看此花时，则此花颜色一时明白起来。便知此花不在你的心外。"（《传习录》下，第 275 条）

如何解读这段问答于如何把握阳明心学的基本义理关涉甚大。问题是由"天下无心外之物"这一心学命题引起的，亦即上述的徐爱问题。其实，"无心外之物"亦可表述为"心外无物"或"心外无理"。问题是，如果说"心外无物"，那么山中之花自开自落的客观现象又如何解释？难道说，山中之花的绽放和凋谢与人心有关吗？这个问题对我们来说也许非常平实，但对阳明来说却非常尖锐。按照事物界的经验常识看，这本不应成为问题。然而，既然说"心外无物"，就无法避开这一问题。

从字面看，阳明的回答亦很平实，但其中却蕴涵深意。他说，作为客观存在的现象（花的颜色）与作为主体存在的行为（看花），一旦互相发生作用，花的存在便在心中得以显现（寂趋于感），在相反的情况下，则花与心同时归于隐而不显的状态（感趋于寂）。无论是哪一种情况，此心与此花或同时归于"寂"，或同时趋于"感"。也就是说,心与物是彼此相即的关系。离开了主体存在(心),客观存在(理)对人来说,是没有意义的。总之,阳明所要强调的是,花的"颜色"存在与否,必须在"看"的行为中——亦即在花与我的关系中才能得到呈现和确立。

对于阳明来说,物理是否客观存在不成其为问题,他所关心的焦点是:"外心以求理"将会导致为学方向的根本错误。至于理是否客观存在(如同"此花"是否自开自落)这样的问题,则必须落实在"此心"的行为过程中才能判明。正是在此意义上,阳明要将"在物为理"扭转为"此心在物则为理",换言之,若无"此心"的参与,物之理便无法呈现其意义,强言之,物之理便"不存在"。也就是说,心与物或心与理既是一种意义结构,同时也是一种关系结构。可以说,"心外无物"或"心外无理"正是在这样的思路下得以成立的。

当然需要说明的是,在阳明,所谓"在物之理"并不是特指所谓客观规律的"物理",犹如造飞机有造飞机之理那样;根据他的理解,"物"是意之"所在""所向""所着"(关于这一点,我们在下面一讲的第二小节将有专门的讨论),而意又是心之所发,因此归根结底"物"是心之物,是人的道德意识所指向的活动事件。如此说来,其所谓"理"便是伦理之"理",具有实践的、人文的意味,是心之活动所指向的对象。由这样的视野来看,在物之理不能是外在于心的存在,相反,有此心才有此物,故有此心之物才有此心之理。我们相信这是阳明强调"此心在物为理"以及"心即是理"的真实意涵之所在。

阳明的"此心在物为理"与程颐的"在物为理"的根本区别在于:程颐把"物"及"理"理解为自在的自然实体之存在,而阳明则将"物"与"理"看成是与"心"这一主体活动密切相关的存在;换言之，在阳明看来，心与物、理是处在一种关系之中的存在事实，而不是彼此隔绝、毫无关联的自然事实。阳明的这个想法显然与其整个哲学的基本立场有关，要说明这一点，就有必要从"物"字说起。所以我们接下来就要讲到阳明对"格物"问题的重新诠释。

第四讲　格物学说的重释

　　上面讲到"龙场悟道"时，《年谱》记曰"忽中夜大悟格物致知之旨"，这个说法值得引起注意。所谓"格物致知"，在宋明时代，乃是涉及如何理解和把握儒学经典《大学》宗旨的问题。我们已知道，阳明自少年时代起，就一直被程朱理学的格物理论所吸引，同时也由此而引起思想上的莫大困惑，多次依此实践而又多次随之病倒。故在"龙场悟道"之际，他所悟出的"圣人之道，吾性自足"这层道理，事实上也就是对格物问题所感到的困惑的解脱，同时也意味着对《大学》宗旨的彻底领悟。因此，当阳明走出龙场之后，他着手撰写的第一部著作便是《大学古本傍释》①，《传习录》开首徐爱所录的 14 条，也几乎都与《大学》问题有关，徐爱在《传习录》"引言"中劈头一句便说："先生于《大学》格物诸说，悉以旧本为正，盖先儒所谓误本者也。"（《全集》卷一，第 1

---

① 据《阳明年谱》正德十三年载，是年《大学古本》刊刻行世。《傍释》以"行注"形式附之，今仅存残本，见明隆庆年间刻本《百陵学山》，又见《王阳明全集》卷三十二"补录"。关于《大学古本》的阐扬与阳明心学的发展有何思想史的关联，参见水野实：《明代〈古本大学〉显彰的基础——关于正当化的方法及其后学的状况》，《日本中国学会报》第 41 辑，1989 年；水野实：《王守仁〈大学古本傍释〉的考察》，载《日本中国学会报》第 46 辑，1994 年。

页)可见,被后人誉为王门"颜子"的徐爱对阳明思想实在有非常贴切的了解。可以说,提倡复归"大学古本"以反对朱熹的"大学新本",对格物重加诠释以纠正朱熹格物理论的偏向,成了阳明心学逐步走向确立的第一个标志。

当然,阳明的格物新说是建立在"心即是理""心外无理""心外无物"这些心学基本命题之上的,也就是说,阳明对格物问题的突破,有赖于其对心/理、心/物等结构问题的理论清算。因此,以下先从"心外无物"说起,继而探讨阳明对"心意知物"这一《大学》的一套概念体系的重新界定,最后谈一谈阳明如何重新诠释"格物"。

一　心外无物

由上可知,"心即理"是阳明心学得以确立的标志性命题,这一命题还有另一表述形式,即"心外无理",而与"心外无理"有关的另一表述则是"心外无物"。但不论是"心外无理"还是"心外无物",作为否定句式所蕴含的意味却比"心即理"这一肯定句式更为强烈。在"心外无……"这一句式的省略号当中,其实是可以填充进其他各种语项,比如可以说出一连串的"心外无物""心外无事""心外无学""心外无义""心外无善",等等。当然其最终意旨仍然指向一点:亦即"心即理"。

正德八年(1513),阳明在给王道(字纯甫,号顺渠,1487—1547)的一封书信中指出:

4.1.1　夫心主于身,性具于心,善原于性,孟子之言性善是也。善即吾之性,无形体可指,无方所可定,夫岂自为一物,可从何处得来者乎? ……纯甫之意,盖未察夫圣门之实学,而尚狃于后世之训诂,以为事事物物各有至善,必须从事事物物求个至善，而后谓之明善，故有"原从何处得来，今在何处"之语。纯甫之心，殆亦疑我之或堕于空虚也，故假是说以发我之蔽。吾亦非不知感纯甫此意，其实不然也。夫在物为理，处物为义，在性为善，因所指而异其名，实皆吾之心也。心外无物，心外无事，心外无理，心外无义，心外无善。吾心之处事物，纯乎理而无人伪之杂，谓之善，非在事物有定所之可求也。处物为义，是吾心之得其宜也，义非外可袭而取也。格者，格此也；致者，致此也。必曰事事物物上求个至善，是离而二之也。（《全集》卷四《与王纯甫·二·癸酉》，第155—156页）

这里所说的王道问题与上述徐爱问题颇相类，王道"以为事事物物各有至善，必须从事事物物求个至善"，亦即徐爱的"至善只求诸心，恐于天下事理有不能尽"的观点。对此，阳明不答以"心即理"，却以"心外无物，心外无事，心外无理，心外无义，心外无善"这一连串的否定性命题作答，给人以一种非常强烈的观念上的冲击。显然阳明是要从根本上来扭转世人的一种常识性的观念：物、事、理、义、善等都是与主体存在无关的客观实在。尽管"义""善"这类价值概念与主体行为密切相关，除此以外，若就经验事实而言，物、事、理无一不是客观存在而与心体活动无关。现在阳明却要做兜底式的翻转，强调无论是价值概念还是事实概念，都与心体存在密切相关。

值得注意的是，这里又一次出现的"至善"这一概念，阳明在此以非常明确的表述方式，对所谓"至善"做了定义。他首先指出"善即吾之性"，这是顺着孟子的性善概念而言的，然而，阳明接着指出，此所谓"善"是"无形体可指，无方所可定"的。根据我们的理解，阳明之意是说，善只是一种观念实在而非物质实在，也正由此,阳明对于"善"的定义是:"吾心之处事物,纯乎理而无人伪之杂,谓之善,非在事物有定所之可求也。"这是说,善是吾心之处事物之际所呈现出来的"纯夫理而无人伪之杂"的一种理想状态,善并不是固定不变地存在于某个场所、可以捉摸的某种东西——也就是说,善不是那种经验性的物质实在。至此已很明显,善就在吾心之中,而不在事物之上;善就是纯乎天理的吾心之状态,而不是存在于事事物物的"定理"。应当说,阳明对善的这个定义,显然是从心即理、心外无理这一基本哲学命题推导出来的必然结论。

就上述这封书信的论述方式来看,他有一个特别的论述角度,对于一般认为物、事等是外在于心的存在这类观点,阳明都以"吾心之处"——即"吾心处之"的角度来加以审视。当物、事与吾心处在同一个行为过程中,那么这个物、事便无法与吾心隔离,例如事亲或侍君,例如格物或求善,一切学问乃至包括一切行为,都不能离心而求,必然即心而为,不能想象离开了心,人可以做成任何一件事。在这个意义上——亦即心与物、心与事、心与理、心与义、心与善相即不离的意义上,阳明才说"心外无物,心外无事,心外无理,心外无义,心外无善"。但并不等于说,心与物事理义善是等同并列的关系,也不意味心之外不存在天地万物,因为若要这样说,那么心体本身也不存在。所以,阳明后来又说"心无体,以天地万物感应之是非为体"(《传习录》下,第277条),强调的也是心体与天地万物的相即不离的关系。

关于"心外无物",阳明还有许多论述,不妨再来看几段材料:

4.1.2　爱昨晓思,格物的物字即是事字,皆从心上说。
先生曰:"然。身之主宰便是心,心之所发便是意,意之本体便是知,意之所在便是物。如意在于事亲,即事亲便是一物,意在于事君,即事君便是一物,意在于仁民爱物,即仁民爱物便是一物,意在于视听言动,即视听言动便是一物。所以某说无心外之理,无心外之物。"(《传习录》上,第6条)

4.1.3 "虚灵不昧,众理具而万事出。"(朱熹《大学章句》第一章)心外无理,心外无事。(《传习录》上,第32条)

4.1.4 心外无物。如吾心发一念孝亲,即孝亲便是物。(《传习录》上,第83条)

4.1.5 孟氏所谓"学问之道无他,求其放心而已矣"者,一言以蔽之,故博学者学此者也,审问者问此者也,慎思者思此者也,明辩者辩此者也,笃行者行此者也。心外无事,心外无理,故心外无学。(《全集》卷七《紫阳书院集序·乙亥》,第239页)

4.1.6 心之体,性也;性即理也。天下宁有心外之性?宁有性外之理乎?宁有理外之心乎?外心以求理,此告子"义外"之说也。理也者,心之条理也。是理也,发之于亲则为孝,发之于君则为忠,发之于朋友则为信。千变万化,至不可穷竭,而莫非发于吾之一心也。(《全集》卷八《书诸阳伯卷·甲申》第277页)

对于上述几段论述,我们择其要者略做分析。出现在这里的徐爱论述,与上一节所列的徐爱问题相比,显然已有了很大的转变,他似已悟出了物事"皆从心上说"的道理,对此阳明以一个"然"字做了充分的肯定,接着阳明以"意之所在便是物"为依据,以"意在于……便是一物"为论证方式,最后得出结论说:"无心外之理,无心外之物。"结合以上阳明与王道的问对来看,两者的论证方式是完全一致的,都是从心/物,心/理,心/事等相即不离的关系来表达"心外无……"的判断。只是阳明在这里采用了"意之所在"这一特殊的表述方式,这就涉及心意知物的结构问题,关于这一点,我们在下一节再来讨论。为了保持这里的论述的完整性,仅用一言以蔽之,所谓"意之所在"。这是阳明用以论证为什么说格物便是格心、便是正心的根据,其论证大致有这样几个环节:由于心外无物,物是"意之所在",所以说"意之所在便是物";由于"意之所在便是物",所以格物便是格意之物;由于意是心之所发,所以格物便是格心之物。

关于"虚灵不昧"一段,由朱熹的"虚灵不昧,众理具而万事出",一下子跳跃到"心外无理,心外无事",未免唐突。不过细按其意,我们仍可略窥阳明的意旨所在。其实,"虚灵不昧"盖指心而言,在朱熹如此,在阳明亦如此。及至后来,阳明改易为"虚灵明觉",用以特指"良知",此是后话。既然"虚灵不昧"指"心"而言,那么"众理具"在心中,"万事出"于心体,这在阳明看来,正可引证"心外无理,心外无事"。可见,阳明在运用朱熹语言之际,做了极为巧妙的语义转换,将此解释成了心学命题。顺便说一句,朱熹此说的原意本非如此,只是这个问题已然逸出了这里的论题,故不赘述。

如果说心即理是阳明心学的至上命题,那么心外无物、心外无理等否定性命题则是理解心即理的关键。关于"心",我们透过上述"心之含义""心之本体"的解读,大致有了一个基本的了解,然而关于"理",我们尚没有看到阳明对此的语义分析。事实上,我们从上引"夫物理不外于吾心"一条中可以看出,阳明有一个基本想法:伦理规范的理必须通过行为主体的心才能得以实现,他说"不可外心以求仁,不可外心以求义",进而提出"独可外心以求理乎"这一反问,其用意亦在于强调他的这一基本想法。

然须指出,仁义道德之理与万事万物之理究竟有否区别,关于这一点阳明并未从正面直接回答,在他看来,"恻隐之理"在吾心中而不在他人身上,便可证明"万事万物之理"亦皆如此,都根源于吾心之良知,显然这种论证方式只有放在阳明心学的语境中才能获得了解。要之,他对"理"的理解完全是扣紧道德问题出发的,至于物理是否在心外客观存在,乃是阳明学视域以外的另一问题。

二 心意知物

所谓"心意知物",这是择取儒家经典《大学》"正心、诚意、致知、格物"这组概念而来。其中,正诚致格是指工夫手段,心意知物则是工夫对象。所以,心意知物乃是工夫论视域中的一套概念系统,对于这套概念系统的厘清,目的在于更好地建构起儒学工夫论,这是王阳明关注这套概念的缘由。

关于心意知物的关系问题,阳明早在《大学古本傍释》中既已指出:

> 4.2.1 心者身之主,意者心之发,知者意之体,物者意之用。如意用于事亲,即事亲之事格之,必尽夫天理,则吾事亲之良知无私欲之间而得以致其极。知致,则意无所欺而可诚矣;意诚,则心无所放而可正矣。格物如格君之格(《孟子·离娄上》),是正其不正以归于正。(《全集》卷三十二《大学古本傍释》,第1193页)

开首四句对仗工整,共20字,乃是对心意知物的各自含义及其互相关系所做的一个明确界定。其中,前两句其实是朱熹旧说(《语类》卷五),并无特别新意;后两句才是阳明新说,他把"致知"的"知"与"诚意"的"意"结合起来,同时又将"格物"的"物"

与"诚意"的"意"联系起来进行界说,凸显出阳明对"知""物"这两个概念的新理解,同时也凸显出阳明对"意"字的看重。

先来看"知"。所谓"知",依其后文"事亲之良知",可见阳明对"知"字已有了重大的诠释转换,他要把历来的释"知"为一般意义上的知识扭转至道德领域,诠释为人的道德良知。这一诠释转换的意义,对于阳明来说,十分重大,不如此,则阳明之心学无以确立。换言之,"知为意之体"的"知"只能是良知本体而不能是见闻知识,由此,良知便是意识活动的主宰。至于"意",则在整个心意知物的概念系统中占有非常重要的地位,在四句当中出现了三次,起到了将心意知物贯穿起来的作用。不仅心必落在意上讲,而且知和物亦与意有着紧密的关联;意须以知为其贞定方向,同时知须以意为其表现形式;知若无意,则其知便成了空头的知而无法展现其主宰之作用,同样,意若无知,则其意便成了脱缰的野马而无法保持其走向之正确。

再看"物"。此物显然也与意有关,而不是脱离意而孤立存在的一般物质。此所谓"一般物质",概指经验界的物质实在。犹如我们在"南镇观花"案例中所看到的那样,如果客观存在的"花"与人的活动不发生关联的话,那么"花"的意义就无法呈现。这样的"花"究竟为何物,对于阳明心学来说,就成了"六合"之外的问题而可以置而不论。在这里有关心意知物的概念讨论中,阳明指出"物者意之用",意谓"物"离不开"意"的指向,这就从根本上消解了物可以脱离心知意之外而独立存在的可能。换言之,物被重新纳入与心知意的主体活动密切相关的领域。

不过也须看到,《大学古本傍释》有关心意知物的界定尚不严密,特别是他所使用的"意之体""意之用"的表述方式,令人联想起"体用"概念,似乎知与意、物与意构成了某种体用关系,其

实不然。后来,阳明在《传习录》上提出了另一种表述方法:

4.2.2 问:"身之主为心,心之灵明是知,知之发动是意,意之所着为物,是如此否?"先生日:"亦是"。(《传习录》上,第78条)

这个说法较诸上引4.2.1略有不同。"心之灵明是知"是阳明良知说的一个固有观点,何以用灵明来解说良知,这一点有待后述,此不赘言。若按《大学》的文脉看,承上句"身之主为心",接下来应说"意"——"意者心之发",于文脉始通,然而这里忽然说"心之灵明是知",则显然脱落了"意"字。接着又说"知之发动是意",这与"意者心之发"就有很大不同,严密说来,应说"心之发"而不应说"知之发"。事实上,只有从良知本体的角度出发,可以说意是良知本体的发用,这与"知者意之体"的意思就基本相同。最后一句非常重要:"意之所着为物。"这个说法较诸4.2.1"物者意之用"就更为恰当。因为意与物不能是体用关系而只能是同构关系,也就是说,物与意应是意识指向与意识对象的关系。这里的"着"字大致有两层含义:一是显示出物与意的同构关系,一是表明意的意向性必指向物。其实,王阳明有关《大学》心意知物四句所做的重新界定,其创新之处全在于这两层含义。

以上两条属于阳明中年时期的说法,那么自阳明晚年提出致良知教以后,他对心意知物的问题又是如何界定的呢? 如下所见,阳明对于这套概念有了较为严密的定义,不过说法也略显繁复,他说:

4.2.3 心者身之主也,而心之虚灵明觉,即所谓本然之良知也。其虚灵明觉之良知,应感而动者谓之意。有知而后有意,无知亦无意矣。知非意之体乎? 意之所用,必有其物,物即事也。如意用于事亲,即事亲为一物;意用于治

> 民，即治民为一物；意用于读书，即读书为一物；意用于听
> 讼，即听讼为一物。凡意之所用，无有无物者。有是意，即
> 有是物；无是意，即无是物矣。物非意之用乎？（《传习录》
> 中《答顾东桥书》，第137条）

这里的说法虽然繁复，其实我们可以将此还原成2.1.1的四句：
"心者身之主也"——"心者身之主"，"应感而动者谓之意"——
"意者心之发"，"知非意之体乎"——"知者意之体"，"物非意之
用乎"——"物者意之用"。可见，《答顾东桥书》中的诠释框架与
《大学古本傍释》基本相同，只是在这里的说法当中，良知成了一
以贯之的关键词，这一点尤其引人注目。具体地说，这里的第一
句与2.2.1并没有变化，接着第二句便以良知承上启下，承上者
为"心"，启下者为"意"，并指出"有知而后有意，无知亦无意"，
旨在强调"意"是良知之意识，而非一般意义上的知觉意识或经
验意识。这个观点很重要，显然是阳明自良知学说提出以后，对
"意"的问题有了一个明确决断。后面的大段论述完全围绕着
"意"字来展开，他从"意"的角度以论"物""事"，指出"意之所
用，必有其物，物即事也"，这个说法可谓是阳明有关心意知物的
一个结论。以此为据，推而论之，则"意用于"一切的行为事件，
都构成了具体的"物"。在此意义上便可说"凡意之所用，无有无
物者。有是意，即有是物；无是意，即无是物矣"。换言之，"物"
不再是什么与吾心无关的物质实在，因为"物"完全是由"意"建
构起来的，若无"意"的指向，便不构成任何"物"。

这里有必要对上述"物即事也"的命题再说几句。关于"物
即事"，我们在4.1.2资料中"爱昨晓思，格物的物字即是事字"
便已看到。其实，在东汉郑玄解释《大学》"格物"之际，就曾有过
"物犹事也"的定义，朱熹《大学章句》亦援引此说。及至阳明，他

不用"犹"字而代之以"即"字,就更为明确地表示了须将"物"与"事"贯通起来的诠释立场。重要的是,阳明得出"物即事"之结论是有前提的,其前提就是"意之所用,必有其物"。也就是说,正是由于"物"在"意"中,而"意"乃是指意向活动,所以"物"就是指意识活动的一种"事"——活动事件。显然,"物即事"是在"意必着物"的前提才能得以成立。阳明对"物"的这一重新解释,意味着他对格物问题的理论解决已经完成。

在阳明晚年,他仍然对心意知物的问题抱有关心,他在回答陈九川"物在外,如何与身心意知是一件"的问题时,明确地指出:

> 4.2.4 耳目口鼻四肢,身也。非心安能视听言动?心欲视听言动,无耳目口鼻四肢,亦不能。故无心则无身,无身则无心。但指其充塞处言之谓之身,指其主宰处言之谓之心,指心之发动处谓之意,指意之灵明处谓之知,指意之涉着处谓之物。只是一件。意未有悬空的,必着事物。故欲诚意,则随意所在某事而格。去其人欲而归于天理,则良知之在此事者无蔽而得致矣。此便是诚意的工夫。(《传习录》下,第 201 条)

这里的叙述角度有些微变化,然很重要。所谓"意之涉着处谓之物",意同"意之所着为物","只是一件"虽是一个新的表述,但已蕴含在 4.2.3 那段叙述当中。这里阳明将心意知物明确地贯穿了起来,这意味着心意知物是环环相扣、密不可分的整体关系。

然而须指出的是,当阳明这样讲的时候,实际上他否定了格物工夫在《大学》工夫论中的首出地位及其独立意义。在阳明看来,由于物为意之所用、意之所着,所以工夫的关键已不在于

"物"而在于"意"。表面看来,由于意必着物,所以工夫的着手处必落在物上,然而工夫的成败却端赖于所着的这个"意"而不是所着的那个"物",阳明之所以在这里的末尾强调"此便是诚意的工夫",目的就在于突出"诚意"工夫在《大学》工夫论体系中具有首出的地位。由此亦可看出,阳明关注于心意知物概念系统的重新探讨,其实是有其理论企图的,他是要推翻朱熹以来视"格物"为《大学》一经之枢纽的观点,进而揭示出"《大学》之要,诚意而已矣"(《全集》卷七《大学古本序言·戊寅》,第242页)的新观点、新立场。

及至阳明最晚年,他在留下的一部遗著《大学问》中,对心意知物有了一个总结性的阐发:

4.2.5 盖身心意知物者,是其工夫所用之条理;虽亦各有其所,而其实只是一物。格致诚正修者,是其条理所用之工夫,虽亦皆有其名,而其实只是一事。何谓身?心之形体,运用之谓也;何谓心?身之灵明,主宰之谓也。何谓修身?为善而去恶之谓也。吾身自能为善而去恶乎?必其灵明主宰者欲为善而去恶,然后其形体运用者始能为善而去恶也。故欲修其身者,必在于先正其心也。(《全集》卷二十六《大学问》,第971页)

以上是释《大学》经文"欲修其身者,必先正其心"。不过阳明的解释,显然是站在身心意知物"只是一物"、格致诚正修"只是一事"的立场之上的,表现出阳明对《大学》"八条目"中的工夫论系统已有了通盘的掌握。在该文末尾,阳明做结道:

4.2.6 今焉于其良知所知之善者,即其意之所在之物而实为之,无有乎不尽。于其良知所知之恶者,即其意之所在之物而实去之,无有乎不尽。然后物无不格,吾良知之所知者，无有亏缺障蔽，而得以极其至矣。夫然后吾心快然无复有余憾而自谦矣，夫然后意之所发者，始无自欺而可以谓之诚矣。故曰："物格而后知至，知至而后意诚，意诚而后心正，心正而后身修。"盖其功夫条理虽有先后次序之可言，而其体之惟一，实无先后次序之可分。（同上书，第 972 页）

可以看出，贯穿《大学》解释的一个重要观点无疑就是阳明的致良知说，他认为只要在致良知工夫的前提下，心意知物、格致诚正已无"先后次序之可分"。那么，致良知工夫又如何做？这一问题当然只有放在"致良知"一讲来谈，在此想提请注意的是，上引阳明的一个表述十分重要："即其意之所在之物而实为之"（为善之实践），"即其意之所在之物而实去之"（去恶之实践）。这个表述的意思是说，致良知工夫是离不开"意之所在之物"的。一句话，阳明所谓的"物"，实际所指乃是意之"所在物"。

总之，阳明对心意知物的义理结构有一系统的诠释，但其中亦有问题需要探讨。"意之所在便是物"的"物"是否具有客观实在性这一问题，阳明并没有结出明确的回答，相反给人以一种印象：意识对象本身是无所谓客观性或自在性可言的。就此而言，阳明的心物论与西方哲学意义上的唯心论确有某些相似之处。然而作为儒家学者，阳明对心意知物的重新诠释是为了凸显作为行为意识的主宰——良知的主体性意义。他既从存在论的角度，将心与理等同起来，同时又从工夫论的角度，要求人们把对外物的注意力完全转移到行为的意识中来，但他并不从宇宙论的角度，来分析心与物究竟孰先孰后的问题。

事实上，阳明在对心意知物的界定中，"意之所在便是物"可谓是阳明在心物关系问题上的一个经典表述。所谓"意之所在"，是说所有一切活动（事）都必有意识参与；而意之所在的对象便构成了物(事)。所谓"物",是指人类社会活动、生活行为,其中主要涵指道德实践。根据上述观点,就可推论出离开意识的事或物是不存在的。故云"凡意之所用,无有无物者""有是意即有是物""无是意即无是物"。如此一来,"意之所在便是物"正可用来印证"心外无物"。换言之,"心外无物"亦可从"意之所在便是物"的角度来理解。

三 格者正也

以上从"心外无物""心意知物"的角度,结合"心即理"的心学立场,主要对阳明的物为意之所在的观点进行了分析,明确了"意"在心/物构造中的突出地位。然而《大学》文本中的格物问题,还涉及如何从字义上来了解"格"字义和"物"字义。"物"的问题已如上述,这里主要来看一下阳明对"格"字的见解。他说:

4.3.1 "格"字之义,有以"至"字训者(按,指程朱)。如"格于文祖"(《尚书·舜典》)、"有苗来格"(《尚书·大禹谟》),是以"至"训者也。然格于文祖,必纯孝诚敬,幽明之间无一不得其理,而后谓之格;有苗之顽,实以文德诞敷而后格,则亦兼有"正"字之义在其间,未可专以"至"字尽之也。如"格其非心"(《尚书·冏命》),"大臣格君心之非"(《孟子·离娄上》,"臣"原作"人")之类,是则一皆正其不正以归于正之义,而不可以"至"字为训矣。且《大学》格物之训,又安知其不以"正"字为训,而必以"至"字为义乎?如以"至"字为义者,必曰"穷至事物之理",而后其说始通。是其用功之要全在一"穷"字,用力之地全在一"理"字也。若上去一"穷",下去一"理"字,而真(直)曰"致知在至物",其可通乎?夫穷理尽性(《周易·说卦传》),圣人之成训,见于

《系辞》者也。苟格物之说而果即穷理之义，则圣人何不直曰"致知在穷理"，而必为此转折不完之语，以启后世之弊邪？（《传习录》中《答顾东桥书》，第137条）

阳明在这里列举了各种有关"格"字的训诂事例，主要针对以"至"训"格"的传统训释表示了反对，力主以"正"训"格"。用意却只有一个，"格物之说"非即"穷理之义"，亦即反对程朱以即物穷理释格物致知。显然，这是对程朱理学的又一个釜底抽薪般的批判性工作。

那么，以"正"训"格"，有何依据呢？阳明列举了两条资料，《尚书》"格其非心"和《孟子》"大人格君心之非"。的确，在这个语脉中，"格"字唯有作"正"字解，然而"正"的对象是"心"而非"物"，则以"正"训"格"又如何能解释"格物"？所以关键又落在了如何解释"物"字。如上所述，"物"为意之所在，是意之所在物，由于意为心之所发，所以归根结底，格物问题就成了"去其心之不正"的问题。

在这段语录的后半段，阳明针对以"至"训"格"的训释，指出如果此义成立，则必然得出"穷至事物之理"的结论，其说方可通。然而当我们将这句定义套在《大学》"致知在格物"这句经文当中进行解释的时候，却会得出一个非常奇怪的结论："致知在至物。"这就变得语义不通。也就是说，当我们用"穷至事物之理"来训释"格物"之际，由于"至"是"格"字之义，所以"格物"就变成了"至物"，于是"致知在格物"就变成了不伦不类的"致知在至物"。这在阳明看来，简直是不成说话。

不仅如此，阳明还针对以穷理释格物的解释思路提出了批评，他的理据之一是：既然"穷理"出自《易传》，"格物"出自《大学》，两部经典同样都是圣人所作，何以圣人不明言"致知在穷

理"，要等到朱熹出来重新定义？阳明的这一批评看似站在历史
文献学的基础之上，其实仍有其义理判断在起着决定性的作用。
也就是说，一方面，依照传统的儒家解经必以"典出有据"为家
法，可以证明朱熹以穷理释格物是不合法的，另一方面，阳明之
所以反对格物为穷理之义，是由于"此心在物为理""意之所在为
物"这一心学立场所致。质言之，倘若格物为穷理之义成立，格
物就必将成为于事事物物上求其"定理"的一种行为。对此阳明
已有强烈的批判，我们在上一讲的第三节"心即是理"当中有过
较详的探讨，这里也就无须赘述了。

其实，以"正"训"格"的诠释案例，早在《传习录》上第 7 条
中，徐爱就有记录：

4.3.2　"格物"如孟子"大人格君心"之"格"。是去其
心之不正，以全其本体之正。但意念所在，即要去其不正，
以全其正。即无时无处不是存天理，即是穷理。

这个说法已很明确，"去其心之不正"也就是"正心"，而"正心"
工夫又须落实在"意念"上，就"意念所在"做一番"去其不正"的
工夫。可见，在阳明的理解中，由于"意念所在"为"物"，"去其
不正"为"格"，于是，"格物"就成了"正心"，具体地说，也就成了
"正念头"。

自阳明提出致良知教以后，他在格物问题上有了更为明确
的主张，其曰：

4.3.3　朱子所谓"格物"云者，在"即物而穷其理"（朱
熹《大学章句》传第五章"格物补传"）也。即物穷理，是就事
事物物上求其所谓"定理"（朱熹《大学或问》卷下）者也。是
以吾心而求理于事事物物之中，析心与理而为二矣。……若
鄙人所谓致知格物者，致吾心之良知于事事物物也。吾心

121

之良知，即所谓天理也。致吾心良知之天理于事事物物，则
事事物物皆得其理矣。致吾心之良知者，致知也。事事物
物皆得其理者，格物也。是合心与理而为一者也。合心与
理而为一，则凡区区前之所云，与朱子晚年之论，皆可以不
言而喻矣。(《传习录》中《答顾东桥书》，第 135 条)

在这里，阳明尖锐指出朱熹释格物为穷理必导致"析心与理为
二"的严重后果，为了纠正这一思想偏向，故有必要从"合心与理
为一"的立场出发，来重新审视"格物"问题。他的见解是："所谓
致知格物者，致吾心之良知于事事物物也。"至此我们终于明了
阳明在格物问题上的一个结论，格物就是在事事物物上致吾心
之良知。一句话，格物被转换成了这样的命题："随时就事上致
其良知。"(《传习录》中《答聂文蔚·二》，第 187 条)总之，对阳
明来说，这个说法就比"格物"即"正心"的解释更加圆融完备。

及至晚年，阳明的格物解释仍然不断受到弟子们的提问质
疑，阳明也在不断地进行解释，我们再来看一段阳明"居越讲学"
后的语录：

4.3.4 先儒解"格物"为格天下之物，天下之物如何格
得？且谓"一草一木，亦皆有理"(《遗书》卷十八)，今如何去
格？纵格得草木来，如何反来诚得自家意？我解"格"作
"正"字义，"物"作"事"字义。《大学》之所谓身，即耳目口鼻
四肢是也。欲修身，便是要目非礼勿视、耳非礼勿听、口非
礼勿言、四肢非礼勿动。要修这个身，身上如何用得功夫？
心者身之主宰，目虽视，而所以视者，心也；耳虽听，而所以
听者，心也；口与四肢虽言动，而所以言动者，心也。故欲修
身，在于体当自家心体，常令廓然太公(程颢《定性书》)，无
有些子不正处。主宰一正，则发窍于目，自无非礼之视；发

窍于耳,自无非礼之听;发窍于口与四肢,自无非礼之言动。此便是修身在正其心。然至善者心之本体也,心之本体那有不善? 如今要正心,本体上何处用得工? 必就心之发动处才可着力也。心之发动不能无不善,故须就此处着力,便是在诚意。如一念发在好善上,便实实落落去好善,一念发在恶恶上,便实实落落去恶恶。意之所发,既无不诚,则其本体如何有不正的? 故欲正其心在诚意,工夫到诚意,始有着落处。然诚意之本又在于致知也。所谓"人虽不知,而己所独知"(《大学章句》传第六章)者,此正是吾心良知处。然知得善,却不依这个良知便做去,知得不善,却不依这个良知便不去做,则这个良知便遮蔽了,是不能致知也。吾心良知既不能扩充到底,则善虽知好,不能着实好了,恶虽知恶,不能着实恶了,如何得意诚? 故致知者,意诚(按,一作"诚意")之本也。然亦不是悬空的致知,致知在实事上格,如意在于为善,便就这件事上去为,意在于去恶,便就这件事上去不为。去恶固是"格不正以归于正",为善则不善正了,亦是格不正以归于正也。如此则吾心良知无私欲蔽了,得以致其极。而意之所发,好善去恶,无有不诚矣。诚意工夫实下手处在格物也,若如此格物,人人便做得。"人皆可以为尧舜",正在此也。(《传习录》下,第 317 条)

这段叙述很长,关于解"格"作"正",解"物"作"事",这里已无须赘述。我们发现,阳明仍然依照《大学》"身心意知物"的概念顺序来解释格物,在他看来,为了解格物,就须从"身"讲起。同时我们也发现阳明的阐释,其义理严密、循环相扣。

　　首先就修身而言,身上如何用功? 由于心为身之主,故须从心上做起;然而至善是心之本体,本体哪有不正的? 所以必就心之发动着力；由于意为心之发，故正心就须落在意上才可着力，此即是"诚意"；然而意非一般意义上的知觉意识，必有"知"为其主，故诚意又须落在致知上；然而致知不是悬空的致知，致知必落在"实事上格"；而所谓"实事"，实即"意之所在物"，故"诚意工夫实下手处在格物也"。

至此，阳明对格物问题已做了非常周到圆满的诠释。他对"格物"有充分的肯定，认为格物是"实下手处"，然而如果细细推敲上述阳明的诠释理路，再结合阳明对心意知物问题的通盘理解，则不难发现所谓格物是"实下手处"的说法，其实乃是指意之所在、意之所向、意之所着、意之所之。也就是说，格物工夫被化解成了诚意工夫。由于诚意须有良知做主，因此诚意工夫又被化解成了致良知工夫。致良知不能"悬空"去做，须落在实事实物上，因此又回到了格物问题上。然而格物又是正心，这样就必然引向正心诚意的问题上。要之，在这个解释系统中，最为关键的问题仍然是一个"物"字，由于阳明并不认同此"物"为一客观外在的经验之物，所以他对格物的种种相关诠释，就必定与朱熹的格物理论大相径庭。

总之，心意知物"只是一物"，格致诚正"只是一事"，这是阳明对《大学》八条目中"修身"以上的所谓"内圣"工夫的一个总体看法，在他看来，这套"内圣"工夫是互为关联的、自成系统的。重要的是，在正心诚意致知格物的这套工夫系统中，毕竟有一核心的本领工夫，即致良知工夫，而良知即本体，故在此工夫系统中，须有本体作为主宰，唯有在此本体的统领之下，工夫才能成立。因此，阳明之论格物，其实是放在致良知的理论框架中来考虑的。若结合阳明的致良知教看，我以为阳明的格物理论最终不妨可以这样表述：随时就事上致吾心之良知于事事物物，这就是格物。要之,格物变成了致良知。应当说,阳明在这里使用的是一种循环诠释,对于《大学》"致知在格物"这句经文提出了一种诠释的方向。然而,既然格物就是致良知,而致知即是致良知,那么格物也就等于被致知所取代。阳明的这种格物论显然并不符合《大学》"格物"文本的原意而是一种心学式的重新诠释。

后人对于阳明的格物诠释,议论纷纷,有褒有贬,这里不必细说。在此,我想介绍当代新儒家的领军人物之一的唐君毅先生的一个评断。他一方面肯定阳明的格物解释自有不同于《大学》文本的一套义理,同时也尖锐指出,朱熹之论格物,冒过物字而以物之"理"为对象,结果未免使"物字落空";同样,阳明之释格物,以意之所在为物,以格物为正念头,结果亦使"物字落空"。朱熹的格物问题且不论,就阳明而言,唐君毅的上述指陈是不无道理的(参见唐君毅:《中国哲学原论·导论篇》第九章《原致知格物上》,中国社会科学出版社,2005年,第197页)。在我们看来,正是由于阳明将物视作意向物,将知(良知)看作意的定盘针,所以实质上格物与致知成了一种互相诠释的关系,结果是格物被致知(致良知)所消解,其中即不免有"物字落空"之弊。

然而,正如我们在后面讲述阳明致良知问题时将要看到的那样,"物"虽然不再是工夫论的目标对象,因为在阳明,"物"已被转化为"事",而"事"便是工夫的着手处。所以阳明从其致良知教出发,对格物工夫所下的一个定义便是:"随时就事上致其良知,便是格物。"(《传习录》中,第187条)可见,致良知工夫也绝不能脱离"随时就事"。在这个意义上,"物"对于阳明来说,就显得十分重要。这个重要性在于:"物"虽然不是向外穷理的那个对象，却是致吾心之良知的必着之地。也就是说，物虽然不是经验的外在的物质实在，却必然是意向所指的所在，离开了这个"物"，便无诚意工夫之可言，亦无致良知工夫之可言。阳明之所以必要将格物问题引至诚意、正心的问题领域做一番诠释转化，其理论企图正在于此——亦即：致良知工夫必落在"随时就事上"。

第五讲　知行合一的意义

　　"知行合一"是阳明学的基本命题之一,也是其哲学思想的重要理论贡献之一。据《年谱》载,该命题是阳明于"龙场悟道"次年即 1509 年,在贵州的贵阳书院讲学时明确提出的。不过此说一出,颇受质疑,阳明曾回忆道:"悔昔在贵阳举知行合一之教,纷纷异同,罔知所入。"(《年谱》正德五年条)这说明在朱子学的氛围之下,人们熟知的是"知先行后"说,对于阳明原创的知行合一说,一时未免难以接受。

　　其实,知行问题是中国哲学史上的一个古老问题,在程朱理学那里便有集中讨论,也达到了一定的理论高度。其中尤以朱熹的观点为代表,其观点主要有三:"知先行后""行重知轻""知行相须"。然在阳明看来,朱熹未免过于在概念上分疏,未能将"知行相须"推进一步,而朱熹的"知先行后"说更是阳明所不能接受的。事实上,阳明强调知行合一是有其针对性的:一是针对宋儒以来的"知先行后"的主流观点;一是针对当时社会上普遍存在的"知而不行"的思想现象。阳明认为,前者是因,后者是果。故有必要首先打破"知先行后"的观念,才能从根本上纠正"知而不行"的现象,而知行合一正是对症的良药,用阳明的话来说,所针对的病症是"订致知格物之谬",此病症之"良药"所能达到的效果却是:"正人心,息邪说。"(《全集》卷八《书林司训卷·丙戌》,第282页)可见,阳明对知行合一说自视颇高、期望甚大。

以下,将从三个角度来进行介绍和分析:先讲"知行本体"与"知行工夫"原是一个;其次,将结合"心即理"说来进行考察;最后,从"致良知"的角度来审视"知行合一"说的理论意义。

一 知行本体

在"知行合一"的论述中,阳明提出了两个重要概念:"知行本体"和"知行工夫"。重要的是,在阳明看来,本体"只是一个",因此工夫也"只一个功夫"。换言之,从本体的角度看,知行本来就是合一的,因此,基于本体之立场上的工夫也就必然是合一的。这就是告诉我们,有必要从阳明学的本体工夫这套概念系统出发,才能对知行问题获得恰当的了解。我们先来看《传习录》上徐爱的一条记录,由于原文很长,分两段录出:

5.1.1 爱因未会先生"知行合一"之训,与宗贤、惟贤往复辩论,未能决,以问于先生。先生曰:"试举看。"爱曰:"如今人尽有知得父当孝、兄当弟者,却不能孝、不能弟,便是知与行分明是两件。"先生曰:"此已被私欲隔断,不是知行的本体了。未有知而不行者。知而不行,只是未知。圣贤教人知行,正是要复那本体,不是着你只恁的便罢。故《大学》指个真知行与人看,说'如好好色,如恶恶臭'。见好色属知,好好色属行。只见那好色时已自好了,不是见了后又立个心去好。闻恶臭属知,恶恶臭属行。只闻那恶臭时已自恶了,不是闻了后别立个心去恶。如鼻塞人,虽见恶臭在前,鼻中不曾闻得,便亦不甚恶,亦只是不曾知臭。就如称某人知孝、某人知弟,必是其人已曾行孝行弟,方可称他知孝知弟,不成只是晓得说些孝弟的话,便可称为知孝弟。又如知痛,必已自痛了方知痛;知寒,必已自寒了;知饥,必已自饥了。知行如何分得开?此便是知行的本体,不曾有私意隔断的。圣人教人,必要是如此,方可谓之知。不然,只是不曾知。此却是何等紧切着实的工夫!如今苦苦定要说知行做两个,是甚么意?某要说做一个是甚么意?若不知立言宗旨,只管说一个两个,亦有甚用?"

5.1.2　爱曰:"古人说知行做两个,亦是要人见个分晓,一行做知的功夫,一行做行的功夫,即功夫始有下落。"先生曰:"此却失了古人宗旨也。某尝说知是行的主意,行是知的功夫;知是行之始,行是知之成。若会得时,只说一个知,已自有行在,只说一个行,已自有知在。古人所以既说一个知,又说一个行者,只为世间有一种人,懵懵懂懂的任意去做,全不解思惟省察,也只是个冥行妄作,所以必说个知,方才行得是;又有一种人,茫茫荡荡悬空去思索,全不肯着实躬行,也只是个揣摸影响,所以必说一个行,方才知得真。此是古人不得已补偏救弊的说话,若见得这个意时,即一言而足。今人却就将知行分作两件去做,以为必先知了,然后能行,我如今且去讲习讨论做知的工夫,待知得真了,方去做行的工夫,故遂终身不行,亦遂终身不知。此不是小病痛,其来已非一日矣。某今说个知行合一,正是对病的药。又不是某凿空杜撰,知行本体原是如此。今若知得宗旨时,即说两个亦不妨,亦只是一个;若不会宗旨,便说一个,亦济得甚事?只是闲说话。"(《传习录》上,第5条)

"知行本体原是如此"的说法值得注意,所谓"本体"是说知行本来如是的状态、本来应有的关系。具体而言,"知行本体"是

129

指知行本来是"合一"的。换言之,知与行的合一,是本来意义上的知行关系,这是"知行本体原是如此"的本意。反之,如果知行隔绝、各不相关,也就"不是知行的本体了"。那么如何理解"知行本体"呢?按阳明的观点,若从本然意义上说,"未有知而不行者",有知必有行;如果"知而不行",那就不能说已"知",只能是仍然"未知"。

阳明强调知行合一具有本然意义,认为这是人们无法违背的实践原理。但问题是,若现实地看,这种本然应有的理想状态往往被扭曲变形,这是徐爱提出第一个问题的缘由所在。徐爱的问题是:天下人虽都知道应该孝顺父母、尊敬兄长的道理,但现实的情景却是,有许多人不孝顺、不尊敬。由此看来,知和行难道不是两回事吗?这触及应如何从理论与实践两个方面来看待知行关系的问题。对此,阳明回答很简短:这是因为他们的心都已被"私欲隔断"了,所以已经不是他们的"知行的本体了"。

我们知道,阳明常用"私欲割断"或"人欲遮蔽"等词来指称心之本体的失落状态,以此作为区分心体的本然性与现实性的一个标识。按照这一思路,人类的一切丑恶现象都可以用"私欲割断"或"人欲遮蔽"的说法作为其根本原因。但是这样说是否有效地解决了徐爱的问题呢?其实未必。我们须将徐爱的问题和阳明的答案分作两个层面来看,徐爱是就现实现象而提问,阳明则是就本然状态来回答,互相之间并没有形成正面交锋。而对阳明来说,角度的转换是有必要的,也就是说,阳明从知行本体的角度出发,认为知行在本来意义上是原本合一的,进而推论凡是"知而不行"都是由于未能真正把握知行本体的缘故。

那么,有关知行本体的问题,又是如何展开论证的呢?首先阳明以"好好色""恶恶臭"为例来进行说明。他说:"见好色"是知,"好好色"是行,又说对"好色"心生欢喜的"行",实际上已经在"见好色时已自好了"。须指出,阳明的这个比喻性说法并不严密。"见"应是动词,不应作名词的"知"字解,如果说"见好色"是知觉运动,那么这已然属于行为,而不能是知识。若是,则阳明的下一步推论则失去了根据。

看来,对知和行的概念还须做一分疏。在宋明理学中,知有"德性之知"和"见闻之知"之别,分别是指道德知识和客观知识。当阳明说"见好色属知"的时候,这个"知"应指道德知识,与通过认识客观现象而形成的见闻知识无关。而一个人的德性之知既是天生的,同时也必须通过后天的道德实践才能获得切身的体认。在此意义上,阳明将"见好色"划入"知"的范畴,是有一定道理的。但是如果阳明要坚持自己的这一观点,他还须做一番语言概念上的澄清工作。

在宋明理学的语言体系中,"知"主要是指一般意义上的知识,比如书本知识之类;"行"则是指运用知识而付诸行动,比如抬手举足之类。按这一语言规定,那么知行关系就可表述为先后关系:比方说,欲去长安,就必须先知道长安在哪儿;欲登楼观景,就必须先知道台阶怎么上。也就是说,知识的获得是行为得以可能的前提条件。其实,这种说法在朱熹那里已有阐发,即典型的"知先行后"说。阳明的"知行合一"虽是针对此说而发,但是这一批评是否有效须有一前提,也就是须要澄清知行概念究竟是指经验论或认识论意义上的知行,还是指特定的伦理学意义上的知行。

举例来说,阳明弟子邹守益与当时著名的朱子学者吕柟之间曾有一场辩论,邹守益说行即是知,就好比登楼观景,不上楼如何知道楼上是什么景色? 吕柟质问道,不知台阶在哪儿,又如何上楼？（参见《吕泾野集》卷七《别东廓子邹氏序》）这个问答涉及知行关系究竟是先后还是合一的问题。邹的比喻性说法显然不能从理论上解决吕的质疑。可见，问题的焦点并不是先后与合一的观点孰是孰非的问题，而是知行概念究竟在何种意义上使用的问题。关于这个问题，我们稍后会有较详的讨论，就结论言，阳明所说的知行主要是指伦理学意义上的概念，"知"主要是指德性之知，"行"主要是指道德实践。

再来看"如恶恶臭"的例子。阳明说："闻恶臭属知，恶恶臭属行。"这个说法与上面对"好好色"的解释一致。但阳明又举了一个"如鼻塞人"的例子。于是，问题就来了。阳明的设定是，如果是鼻塞之人，见到"恶臭"便不会表示出十分的厌恶之情，因为鼻子不通，自然"不曾知臭"。然而若照此推论，"恶恶臭"（行）将取决于"闻恶臭"（知）。如果以此例来看"好好色"，则问题更加明显，假设一个盲人从来不曾有"好色"的经验知识，那么即使他"见好色"（知），也绝不会去"好"（行），结论是"好好色"取决于"见好色"，亦即行取决于知，换言之，便是"知先行后"。显然，阳明在这里的说法有欠圆融。因为若按"好好色"的例子看，固可得出知行是同时发生的结论；然而若按"如鼻塞人"的例子看，则不可得出同样的结论。

事实上，对于阳明"恶恶臭"的比喻，明末东林党人陈龙正就曾注意到其说法难以自圆。他注意到"行"字的多义性，既有心理感受（"知觉"）的意思，也有身体力行（"运动"）的意思；他主张把"行"字换成能力的"能"字，与其说"知行一"，还不如说"知能一"。理由是：鼻塞之人"掩鼻而过"而不知"恶臭"，这不能解释为"行"，而应当理解为身体运动之能力的丧失。这一见解值得参考，至于其说是否成立，这涉及另一层面的问题，在这里我们不准备做深入的讨论(参见《几亭外书》卷一《知行有难一处》)。要之,问题仍然是,我们如何对阳明的"知行"概念做进一步的了解。

关于这一点,我们可结合徐爱的第二个问题来看。徐爱指出:知和行之所以有必要加以划分,是要使人们知道有两种工夫行为,一是求知行为,一是实践行为。阳明承认"此是古人不得已补偏救弊的说话",但他认为,究极而言则应这样说:"知是行的主意,行是知的功夫;知是行之始,行是知之成。"这两句话非常著名,是我们理解阳明知行观的关键之一。其意是说,知识是行为的指导,行为意味着将知识付诸行动。在这里,知和行是作为一般意义上的一对概念来使用的,"知"可以是泛指经验知识或理论体系,"行"可以是泛指社会行为或心理活动。若如此说,则阳明的知行观与程朱并无矛盾冲突,朱熹也说:"知行常相须,如目无足不行,足无目不见。"(《语类》卷九,第148页)讲的是同样的意思:知对行来说具有指导意义,行对知来说具有实践意义,两者相须不离。

其实,对阳明来说,上述的后一句话更为重要。意思是说:知和行是同一个过程中的开始和结束。在这一过程中,既有知也有行,知行关系应是即知即行,即行即知。所以结论就是:"只说一个知,已自有行在;只说一个行,已自有知在。"这从工夫论角度,指明知行"只一个功夫"而不可"分作两事"。可见,对阳明而言,行为实践更为重要,只有在行为过程中,才能确切了解知行本体。在此意义上可以说,知行合一命题突出了"行即是知"这层含义。这一点也正是知行合一说的根本旨意之所在。

既然知行可从工夫论角度看,那么什么叫作"知行工夫"呢?阳明指出:

5.1.3 知者行之始,行者知之成。圣学只一个功夫,知行不可分作两事。(《传习录》上,第26条)

5.1.4 所谓"生知安行"(《中庸》第二十章),"知行"二字,亦是就用功上说;若是知行本体,即是良知良能,虽在困勉之人,亦皆可谓之"生知安行"矣。"知行"二字更宜精察!(《传习录》中《答陆原静书》,第165条)

5.1.5 凡古人说知行,皆是就一个工夫上补偏救弊说,不似今人截然分作两件事做。某今说知行合一,虽亦是就今时补偏救弊说,然知行体段亦本来如是。吾契但著实就身心上体履,当下便自知得。今却只从言语文义上窥测,所以牵制支离,转说转糊涂,正是不能知行合一之弊耳。(《全集》卷六《答友人问·丙戌》,第208—209页)

5.1.6 知行原是两个字说一个工夫,这一个工夫须著此两个字,方说得完全无弊病。若头脑处见得分明,见得原是一个头脑,则虽把知行分作两个说,毕竟将来做那一个工夫,则始或未便融会,终所谓百虑而一致矣。若头脑见得不分明,原看做两个了,则虽把知行合作一个说,亦恐终未有凑泊处,况又分作两截去做,则是从头至尾更没讨下落处也。(同上书,第209页)

在以上几条论述中,阳明突出的一个中心观点是:知行是"就用功上说",知行两个字"说一个工夫",并强调指出吾人必须"著实就身心上体履,当下便自知得",而不能"只从语言文义上窥测"。可见,阳明十分突出力行对于我们把握知行关系的重要性。

其实阳明在回答上述徐爱问题时,既已提出了一个重要观点:以古人所谓的一边"做知的工夫",一边"做行的工夫"为由,将知行分作两截工夫看,终将导致"终身不行,亦遂终身不知"的后果。对阳明来说,"知"虽有一定的指导意义,然而"行"才具有最终的决定性作用。故他断然主张儒家"圣学"的工夫"只有一个",不能将知行分作两个工夫进程来理解。阳明强调了必须在行为过程中来统一把握知行关系,行固是指工夫实践,而知也是工夫实践。

值得注意的是,在 5.1.6 资料中几处出现"头脑"一词,按一般的理解,所谓"头脑",无非是通常所说的关键大道理。然在阳明,"头脑"一词却有特殊含义,尤其是阳明晚年拈出致良知教以后,他所说的"头脑"一词,一般是指良知本体,而且这几乎成了阳明的口头禅。在讨论知行合一的问题时,阳明点出这个"头脑",其意也应当是指良知,例如 5.1.4 所言"知行本体,即是良知良能",又如后面 5.2.3 所示"知行合一之功,正所以致其本心之良知",意盖谓此。其实,正如后面将要揭示的那样,事实上,王阳明的知行合一理论,是在良知学意义上得以确立的,如果没有良知本体来统领,则知行关系究竟是一是二、究竟是先是后,就永远讲不清、道不明。

阳明还利用《中庸》"生知安行""困知勉行"等一套说法以证明这样一个观点:所有现实的人都离不开一个"行"字,知识的获得必然伴随着行为的过程。正是在此意义上,所以说知行二字是从"用功上说的"、"知行二字,即是功夫"。显然,这一从工夫论角度强调知行与工夫不可分离的观点突出了这样一层意思:须从"工夫"角度来审视知行关系。应当说,这一观点是对"知行本体"说的一个重要补充。因为仅仅说"知行本体原是如此",容易停留于抽象层面,重要的是"但著实就身心上体履",对知行合一才能有真切的把握。然而也须指出,阳明在这里对于求知对象的客观性未免有所忽视。如果只是从求知行为或知识发生的角度来界定"知",并以此为前提来论证"知行合一",那么结论已经内含于前提之中。因为这里所说的"知"实已包含了"行"。阳明的知行合一说之所以在当时以及后世不断遭到批评和责难,其因之一在此。

然而阳明强调知行互相包含,并强调在行为过程中知行的统一,自有一定的理论意义。这里的关键是要了解阳明是在什么样的问题领域中重申这一观点的。如果我们用程朱理学的即物穷理的格物理论来审视的话,那么知行合一说就显得不合常规。如果我们换一种角度思考,情况就会不同。阳明不是从认识论而是从伦理学的角度来思考知行问题的,正如他所强调的:

5.1.7 我今说个知行合一,正要人晓得一念发动处,便即是行了。(《传习录》下,第 226 条)

这是理解知行合一说的又一关键。"一念发动"意味着道德意识的开始,根据上述"知是行之始"的说法,意念活动也就是整个知行过程的初始阶段,在此意义上说一念发动便已是行了,自有其一定的合理性。这是因为就在此时此刻"善念"或"恶念"呈现出来的同时,存善去恶的工夫也应随之而至,而人心中的一点良知为此提供了保证。也就是说,在一念发动之际,良知也同时启动,开始发挥察识监督的作用,人们必须"依着良知"去做一番"彻根彻底"的"克念"(不善之念)工夫。可以说,知行合一得以成立的根据就在于此。阳明强调这就是"我立言宗旨",当非虚言。

总之,"知行本体"强调知行在本来意义上就是"合一"的,"知行工夫"则强调知/行既是结构关系,同时也是工夫过程,其中突出了"行即是知"这层意思。可以说,无论从"本体"还是从

"工夫"上说,知和行都只是一个的观点,构成了知行合一说的重要内涵。

二　圣门之教

我们知道,自阳明晚年提出"致良知"教以后,便一直自负"致良知"三字乃是他一生的思想宗旨。然而事实上,即便是在晚年,阳明对自己在龙场时提出的"知行合一"说并未放弃,甚至多次申明"知行合一"是"我立言宗旨",而且是"圣门之教"。他指出:

> 5.2.1　问"知行合一"。先生曰:"此须识我立言宗旨。今人学问,只因知行分作两件,故有一念发动,虽是不善,然却未曾行,便不去禁止。我今说个知行合一,正要人晓得一念发动处,便即是行了。发动处有不善,就将这不善的念克倒了。须要彻根彻底,不使那一念不善潜伏在胸中。此是我立言宗旨。"(《传习录》下,第 226 条)

> 5.2.2　心,一而已。以其全体恻怛而言谓之仁,以其得宜而言谓之义,以其条理而言谓之理;不可外心以求仁,不可外心以求义,独可外心以求理乎? 外心以求理,此知行之所以二也。求理于吾心,此圣门知行合一之教,吾子又何疑乎? (《传习录》中《答顾东桥书》,第 133 条)

上面第 1 条在上一节中已有述及,这里不论。第 2 条的论述角度值得注意,他是从"心即理"、不可"外心求理"的角度来重申"知行合一"乃是"圣门之教"。诚如上述,心外无理,故不可外心求理,这已是阳明心学的题中应有之义。然而在阳明看来,世儒的一种普遍观点认为仁、义、理都是可以"外心以求"的,这无疑是主张心与理为二,而这正是"知行之所以二也"的根本原因。

由此可见，阳明坚持知行合一说，与其心即理的思想立场有着莫大的关联。

阳明认为，"心，一而已"，恻隐、合宜、条理等无非是心之"全体"的一个层面，若要使行为恰到好处，合乎"义"的规范，都离不开心之恻隐、心之合宜、心之条理，要之，都必须在"心"上求。只有这样才能真正贯彻心理合一、知行合一。任何"向外求知""逐物而行"的行为方式，都将严重隔裂心与理、知与行的合一关系。如果说，心理合一的基础在于"心"，那么知行合一的基础其实亦在于"心"，因为无论是"知"还是"行"，都不能设想可以与"心"隔绝。这说明"知行合一"说是建立在"心即理"这一心学立场之上的。

但是仍有不少学者提出质疑，例如顾东桥便以中国传统文献中的大量记录为例，来证明知行分属两端乃是自古以来的常识。王阳明一面也引用这些文献记录，一面加以逐条反驳，他说：

5.2.3 《易》曰："君子多识前言往行，以畜其德。"(《周易·大畜卦辞》)夫以畜其德为心，则凡多识前言往行者，孰非畜德之事？此正知行合一之功矣。"好古敏求"(《论语·述而》)者，好古人之学而敏求此心之理耳。心即理也；学者，学此心也；求者，求此心也。孟子云："学问之道无他，求其放心而已矣。"(《孟子·告子上》)非若后世广记博诵古人之言词以为好古，而汲汲然惟以求功名利达之具于其外者也。"博学审问"(《中庸》第二十章)，前言已尽。"温故知新"(《论语·为政》)，朱子亦以温故属之尊德性矣(《语类》卷六十四)。德性岂可以外求哉？惟夫知新必由于温故，而温故乃所以知新，则亦可以验知行之非两节矣。"博学而详说之者，将以反说约也"(《孟子·离娄下》)，若无"反约"之

云,则博学详说者果何事邪？舜之"好问好察"(《中庸》第六
章),惟以用中而致其精一于道心耳。道心者,良知之谓也。
君子之学,何尝离去事为而废论说？但其从事于事为论说
者,要皆知行合一之功,正所以致其本心之良知;而非若世
之徒事口耳谈说以为知者分知行为两事,而果有节目先后
之可言也。(《传习录》中《答顾东桥书》,第140条)

其实,在该条的前半部分,顾东桥以古典文献中的多闻多
识、前言往行、好古敏求、博学审问、温故知新、博学详说、好问好
察等为人们耳熟能详的典故用语为例,企图说明"事为之际"必
然有"资于论说",行为实践的"用功节目"亦"不容纂矣"的观点
(见第140条所引顾东桥"来书")。顾认为行有待于知,知行必
有先后次序。不用说,顾的问题颇具典型意义,反映的就是程朱
理学"知先行后"的那套思路。对此,阳明亮出了"心即理也;学
者,学此心也;求者,求此心也"的心学立场,并以此为据,进而对
以上这些典故用语一一做了重新诠释,最后得出的结论是:"要
皆知行合一之功,正所以致其本心之良知。"意谓知行合一作为
一种工夫实践,其实就是"致其本心之良知"的工夫。这个说法
值得注意,阳明欲强调的是,知行合一的理据正在于良知。换言
之,阳明所说的"致知"是指"致良知",而不是指"徒事口耳谈
说,以为知者"的那种求知行为。

由上可见,不唯"心"与知行合一有关,"良知"亦与知行合一
有着重要的理论关联。下一节我们就将看到:不唯知行合一的
依据在于良知心体,而且致良知本身已然包含了知行的含义。

三　真知力行

上面在讲"知行本体"时,我们知道阳明曾说过:"知行二字,

亦是就用功上说。若是知行本体,即是良知良能。"这是阳明晚年在《答陆原静》书中所表述的一个观点,其中后一句引人注意。本来,阳明最初提出知行合一主张时,所谓"知行本体",意指知行合一是知行本来如是的状态,"本体"只是描述语而非实际的指称。然而《答陆原静》书所表达的观点却是:知行本体即"良知良能",这样一来,"本体"成了实指,用以指称良知。显然,这个说法是阳明晚年在提出致良知教以后的一个新的表述。现在,我们再来看阳明于嘉靖五年《答友人问》中所表达的一个说法,从中可见,阳明已经非常自觉地从良知本体的角度来论述知行合一,他说:

5.3.1 问:"自来先儒皆以学问思辩属知,而以笃行属行,分明是两截事。今先生独谓知行合一,不能无疑。"曰:"此事吾已言之屡屡。凡谓之行者,只是著实去做这件事。若著实做学问思辩的工夫,则学问思辩亦便是行矣。学是学做这件事,问是问做这件事,思辩是思辩做这件事,则行亦便是学问思辩矣。若谓学问思辩之,然後去行,却如何悬空先去学问思辩得? 行时又如何去得做学问思辩的事? 行之明觉精察处,便是知;知之真切笃实处,便是行。若行而不能精察明觉,便是冥行,便是'学而不思则罔',所以必须说个知,知而不能真切笃实,便是妄想,便是'思而不学则殆',所以必须说个行,元来只是一个工夫。"(《全集》卷六《答友人问·丙戌》,第208页)

5.3.2 又曰:"知之真切笃实处,便是行;行之明觉精察处,便是知。若知时,其心不能真切笃实,则其知便不能明觉精察;不是知之时只要明觉精察,更不要真切笃实也。行之时,其心不能明觉精察,则其行便不能真切笃实;不是

行之时只要真切笃实,更不要明觉精察也。知天地之化育,
心体原是如此。乾知大始(《周易·系辞上传》),心体亦原
是如此。"(同上书,第 210 页)

在同一封书信中出现了二次同样的说法:"行之明觉精察
处,便是知;知之真切笃实处,便是行。"足见这个说法很重要,事
实上这是阳明晚年在提出致良知教以后有关知行合一问题的一
个新说法。他用"明觉精察"和"真切笃实"这两个概念来描述知
行的关系。那么何谓"明觉精察",又何谓"真切笃实"呢? 在阳
明哲学的辞典中,"明觉"特指良知,而"笃实"特指致良知工夫。
现在,阳明将两者倒过来使用,表述为"行之明觉精察"和"知之
真切笃实",显然有其深意。

我们知道,行为讲求"笃实",如《中庸》所言"笃行之";同样,
《中庸》还用"慎思""明辨"等词来表达人的求知活动,其中"慎"
"明"两字,义近"明觉精察"。事实上,在上述 5.3.1 中,阳明便
是顺着《中庸》"学问思辨行"的脉络,指出知和行应当分别做到
"真切笃实"和"明觉精察"。然而正如上面既已指出,在阳明学
的概念体系中,"明觉"特指良知,如"虚灵明觉""自然明觉""昭
明灵觉"(详见后述),等等;另一方面,致良知工夫则要求做到真
切实在,例如"只消就自己良知明觉处朴实头致了去"(《全集》卷
五《答刘内重·乙酉》,第 196 页),讲的就是这层意思。由此可
说,所谓真切笃实,其实是对致良知工夫的一种要求。故阳明又
特别强调"行而不能明觉精察,便是冥行。……所以必须说个
知""知而不能真切笃实,便是妄想。……所以必须说个行",由
此就自然得出知行"元来只是一个工夫"的结论。

阳明的意图非常明显,他是想表达这样一个重要观点:行的
过程必须有知的参与,知行是同一过程中的两个方面而又相即

不离。正如上引 5.3.2 所说：“知之时”固然要求“明觉精察”，但更要求做到“真切笃实”；“行之时”固然要求“真切笃实”，但更要求做到“明觉精察”。由此可见，知和行分别具有明觉精察和真切笃实的特点，同时在知行过程中，都彼此需要对方。若再结合“乾知大始，心体亦原是如此”来看，则不难了解上述这些说法之所以得以成立是由于良知心体贯穿于整个知行过程的缘故。那么，什么叫“乾知”呢？其实，在阳明学的语汇中，出自《易传》的这个“乾知”乃是良知的代名词①，不用说，“心体”一词也是特指良知而言。上面提到的“知行本体，即是良知良能”，也完全可以与此合观。由此我们即可了解，知行合一之所以成立，乃是根据良知心体所推出的必然结论。

要之，在阳明看来，如果实践行为没有良知的明察监督，那么这些行为就是盲目的（“冥行”），如果求知活动没有认真笃实的态度，那么这些活动也将是盲目的（“妄想”）。阳明还说：

5.3.3　知之真切笃实处，即是行；行之明觉精察处，即是知；知行工夫本不可离。只为后世学者分作两截用功，失却知行本体，故有合一并进之说。真知即所以为行，不行不足谓之知。……知行之体本来如是，非以己意抑扬其间，始为是说以苟一时之效者也。（《传习录》中《答顾东桥书》，第133条）

5.3.4　吾子谓“语孝于温凊定省，孰不知之？”然而能

---

①　关于这一点，阳明弟子王畿有一明确的解释：“《易》曰‘乾知大始’，乾知即良知，乃浑沌初开第一窍。为万物之始，不与万物作对，故谓之独。以其自知，故谓之独知。乾知者，刚健中正，纯粹精也。”（《王畿集》卷六《致知议略》，第131页）由“乾知”概念表明，良知不唯是人心意识，更是乾坤万有基的本体存在，因而良知不唯具有知是知非的判断能力，更具有刚健中正这一如同天道一般的力量。

致其知者,鲜矣。若谓粗知温清定省之仪节,而遂谓之能致
其知,则凡知君之当仁者,皆可谓之能致其仁之知,知臣之
当忠者,皆可谓之能致其忠之知,则天下孰非致知者邪? 以
是而言,可以知致知之必在于行,而不行之不可以为致知
也,明矣。知行合一之体,不益较然矣乎? 夫舜之不告而娶
(《孟子·万章上》),岂舜之前已有不告而娶者为之准则,故
舜得以考之何典,问诸何人而为此邪? 抑亦求诸其心一念
之良知,权轻重之宜,不得已而为此邪? 武之不葬而兴师
(《史记·伯夷列传》),岂武之前已有不葬而兴师者为之准
则,故武得以考之何典,问诸何人而为此邪? 抑亦求诸其心
一念之良知,权轻重之宜,不得已而为此邪? 使舜之心而非
诚于为无后(《孟子·离娄上》),武之心而非诚于为救民,则
其不告而娶与不葬而兴师,乃不孝不忠之大者。而后之人
不务致其良知,以精察义理于此心感应酬酢之间,顾欲悬空
讨论此等变常之事,执之以为制事之本,以求临事之无失,
其亦远矣! 其余数端,皆可类推,则古人致知之学,从可知
矣。(《传习录》中《答顾东桥书》,第 139 条)

前面一段,旨意与《答友人问》大体一致,后面一段则大量引用古
典事例来讨论知行问题,提出了“致知之必在于行,而不行之不
可以为致知也”的观点,以此说明“知行合一之体,不益较然矣
乎”。这个说法与5.3.3条所谓“真知即所以为行,不行不足谓
之知”,亦同一旨趣,值得注意。其实,此所谓“真知”,实即良
知。阳明认为,若是“真知”,则必然表现为行为,若是“不行”,
则不能称为“真知”。这个观点是了解知行合一说的关键所在。

事实上,从良知学的角度看,良知本身是既知既行的,若良
知只是一种“知”而不行,则不足以称为良知。这是阳明良知学

的一个重要观念表述。这个观念告诉我们,良知乃是知行合一的依据,没有良知,知行合一就不能成立。本来,在致良知命题中,"致"含有"行"之义,"良知"含有"知"之义,因此在致良知这一命题当中,原本就已蕴含知行合一的意义。明末刘宗周曾说"良知为知""致良知为行"(《明儒学案·师说》),这个说法是符合阳明良知学之精神的。由此可见,当时就已经有人认识到致良知与知行合一有着内在关联。

关于知行关系的问题,历史上可以追溯到儒家最古老的经典之一《尚书》,阳明对于其中的一个著名说法"知易行难"有如下简短的评述:

5.3.5 或疑知行不合一,以"知之匪艰"二句①为问。

先生曰:"良知自知,原是容易的。只是不能致那良知,便是'知之匪艰,行之惟艰'"。(《传习录》下,第 320 条)

首先,有人根据《尚书》"知之匪艰"之说,对知行合一表示了质疑。对此,阳明同样从良知的角度来做出回应,阳明指出《尚书》之所以说"非知之艰,行之惟艰",这是由于人们"不能致那良知"的缘故。意思是说,"知易行难"的说法只是针对多数人只知不行的现状而言的,若从致良知的理论上说,这种现象原本是不存在的。换言之,若按良知学说,由于"良知自知",所以不论是"知"还是"行",从原本意义上说"原是容易的",这无疑是说:知为易知,行亦易行。可见,阳明用其特有的良知理论,对儒家经典《尚书》中的"知易行难"说做出了全新的诠释。

总之,晚年阳明将知行合一说建立这样一种良知的观念之上:知行过程必有良知的参与,良知本体具有"自知"的特质及其

---

① "二句"指:"非知之艰,行之惟艰。"(《尚书·说命中》)

"明觉"的能力，故能为知行合一提供保证。应当说，阳明从良知学说的立场出发，对知行关系的考察是深刻的。事实上，也唯有从良知的角度出发，才能证成知行合一。倘若单从知识论的角度看，知行永远不能是合一的，必将得出"知先行后"。阳明最初曾以"知是行之始，行是知之成"来论说知行合一，实际未免有知识论色彩。所以到了晚年，阳明不再这么说，而是专就良知论知行，讲得更为透彻。在我们看来，也唯有将知行问题与致良知结合起来进行考察，才能对知行合一的命题有一贴切的了解。回顾第二讲中所列的王畿将"知行合一"论移至"教亦三变"的第三变"致良知"学说提出以后，看来这是有一定道理的。因为事实很显然，阳明的知行合一观与其心即理以及良知理论构成了有机的理论体系，这是我们在思考及评估阳明知行合一问题时应予以注意的。

　　不过，后世儒者对于阳明的知行合一说也存在不同看法。由上可知，阳明在知行合一命题中有一个基本想法是"行即是知"，从而极力反对"知而不行"，这就是凸显出阳明心学的力行主义的特色。他一方面承认知对行的指导作用，同时也强调知中有行，行中有知，即行即知，即知即行的观点。然而有一种观点认为，阳明知行观的实质在于"以知代行"或叫作"销行以归知"。例如略晚于阳明的张岳（号净峰，1492—1552）[1]曾指出阳明"知之真切笃实处即是行"的说法，其实是主张"以知为行"，终将导致无视"实行"的严重弊端。（参见《小山类稿》卷六《答参赞司马张甬川》，福建人民出版社，2000 年点校本）

---

[1]　关于张岳对阳明心学的批评，参见小岛毅：《张岳的阳明学批判》，载京都大学《东洋史研究》53 卷第 1 号，1994 年，后收入其著《中国近世的礼之言说》，东京大学出版会，1996 年。

明末清初思想家王夫之（号船山，1619—1692）则认为阳明"所谓'知'者非知"，其知行观之实质是"销行以归知，终始于知"（《船山全书》第 2 册《尚书引义》，岳麓书社，1996 年，第 312 页）。乍见之下，这类批评与我们通常所了解的阳明学注重"力行"的思想特色不符，然须承认，张、王的批评并非毫无理由。关键是看他们所说的"知"是指一般意义上的知识，还是指良知？若指后者，那么阳明讲的"知"的确是指良知，而知行合一也的确须由良知来保证。就此而言，"以知代行"也好"终始于知"也好，这些批评倒是不无道理，但若说阳明心学忽视"力行"却未必。

在我们看来，"真知力行"乃是阳明心学的一大特色，也是其重要的理论贡献。阳明在知行合一理论中强调道德行为是最终实现人的道德价值的决定因素，"一念发动"之类的意向或动机意味着道德性的行为机制的开始。与此同时，人心中的那一点良知的监督机制也开始运作，人们必须"依着良知"，通过一番"彻根彻底"的实践功夫，才能最终实现意向或动机中的善的价值，否则，动机的善就不是真正的善。值得注意的是，在知行过程中良知的参与，使得知行问题能够超越知识论领域，从而得以合法地进入到伦理学领域之中。这是阳明知行合一论的又一重要特色。

第六讲　良知学说的提出

　　"致良知"是王阳明于 49 岁（一说 50 岁）时提出的思想命题，这一命题的提出标志着阳明心学的最终确立。阳明晚年常把"致良知"说成是自己的"立言宗旨"，又称之为儒学"正法眼藏""圣学之秘""学问头脑""究竟话头"等。从某种意义上说，致良知几乎就是阳明学的代名词，是阳明思想的根本宗旨、最终归趣。

　　"致良知"包含两个方面的内容：一是什么叫"良知"？这涉及如何理解良知概念这一问题，用阳明学的术语说，也就是"良知心体"或"良知本体"的问题，属于本体论层面上的问题；一是如何"致良知"的问题，也就是如何把握良知的问题，属于工夫论层面上的问题。因此，致良知这一命题其实包含了本体与工夫的问题。如何通过道德实践工夫来呈现人心良知的价值和意义？或者如何通过把握良知本体来推动道德实践工夫？这是阳明的致良知学说所要面对和解决的一大理论问题。

　　在这一讲中，我们主要讨论什么叫"良知"这一层面的问题。从阳明最初提出"致良知"口号说起，然后对良知概念的几层基本义略做分析。

一 立言宗旨

"良知"概念在《传习录》当中最早出现于卷上徐爱所录的第8条,上面已经摘录过一部分,这里不妨整段引用:

> 6.1.1 知是心之本体,心自然会知。见父自然知孝,见兄自然知弟,见孺子入井自然知恻隐,此便是良知,不假外求。若良知之发,更无私意障碍,即所谓"充其恻隐之心,而仁不可胜用矣。"然在常人不能无私意障碍,所以须用致知格物之功,胜私复理,即心之良知更无障碍,得以充塞流行,便是致其知,知致则意诚。(《传习录》上,第8条)

我们在上面讨论心意知物四字定义时曾经看到"知是意之体"的说法,这里则出现了"知是心之本体"的定义性表述,同样没有出现"良知"一词。然而如果我们细读下去便会发现,事实上,在阳明的内心当中,他所理解的这个"知",无疑就是良知而非"闻见之知"或感官知觉之知。所以在接下来的围绕格物致知诚意等工夫问题的叙述中,就三次出现了良知概念,其基本用法是沿袭孟子而来,如"不假外求""良知之发""充塞流行",等等,便是孟子良知说的基本用语。但阳明既有继承也有创新,他把良知提到了"心之本体"的高度,形成了独特的良知本体论,这便是阳明对孟子学的创新。尤其值得注意的是,阳明在这里所说的"心自然会知",这也令人想起上面提及的"良知自知"这一说法,应当说,这是阳明良知理论的一个极为重要的主张,我们稍后结合"良知即独知"等问题再来讨论。

在《传习录》上卷还有一条语录说及"良知":

> 6.1.2 后儒不明圣学,不知就自己心地良知良能上体认扩充,却去求其所不知,求能其所不能,一味只是希高慕

大，不知自己是桀纣心地，动辄要做尧舜事业，如何做得？终年碌碌，至于老死，竟不知成就了个甚么，可哀也已！（《传习录》上，第107条）

所谓"就自己心地良知良能上体认扩充"，应是孟子的说法。阳明在这里正是运用孟子的观点来批评"不明圣学"的"后儒"，他指出这些"后儒"不就自己心地的"不学而能""不虑而知"的良知上扩充，反而去寻找追求"其所不知""其所不能"的外在知识，其意显然是在批评宋儒。因为在阳明的眼里，特别是程朱理学的那套格物理论，正是那种向外寻求"其所不知""其所不能"的一套学问而已。可见，阳明是将孟子良知学视作某种理论批判武器而重新发现的，也就是说，在阳明看来，孟子良知学适可用来批判和扭转宋儒以来"外心以求理"这一为学的错误方向。

当然这里所列举的两条资料，并不足以证明阳明已经形成了"致良知"学说，只是说阳明自龙场悟道以后，虽对"良知"两字已有一定的领悟，但还没有直接拈出"致良知"这一思想命题。1520年左右，阳明才开始自觉地宣扬他的"致良知"学说。相关资料很多，下面摘取几条：

6.1.3　先生尝曰："吾良知二字，自龙场已后，便已不出此意，只是点此二字不出。于学者言，费却多少词说。今幸见出此意，一语之下，洞见全体，真是痛快，不觉手舞足蹈。学者闻之，亦省却多少寻讨功夫。学问头脑，至此已是说得十分下落，但恐学者不肯直下承当耳。"又曰："某于良知之说，从千死百难中得来，非是容易见得到此。此本是学者究竟话头，可惜此理沦埋已久，学者苦于闻见障蔽，无入头处。不得已与人一口说尽，但恐学者得之容易，只把作一种光景玩弄，辜负此知耳。"（钱德洪：《刻文录叙说》，载《全

集》卷四十一,第 1575 页)

这里的记录有两条内容。我们相信钱德洪的这段记述应是出自阳明的口吻,但是这两段极其重要的阳明语录,却没有被采入《传习续录》或《阳明年谱》,而只是出现在钱德洪自己编刻《阳明文录》之际所撰写的《叙说》当中,有点不可思议。其中的第一段语录,曾出现在曾才汉《阳明先生遗言录》卷下第 24 条(即本书3.2.4 条)当中,而该《遗言录》却是钱德洪编辑《传习续录》的主要参考文本之一,这一点已如上述。由此合观,所以说我们有理由相信这条语录应是阳明语的实录。

阳明在这里表达了他当时发现良知宗旨的兴奋心情,一连用了这样一些特殊的表述方式:"洞见全体""直是痛快""手舞足蹈""学问头脑""十分下落""究竟话头""千死百难""一口说尽",等等。可以感受到阳明对于他的良知发现是自视甚高的。一则说,自他发现良知以后,担心"学者不肯直下承当";一则说,自他发现良知以后,担心"学者得之容易,只把作一种光景玩弄,辜负此知"。这里的两种说法表明,阳明一方面要求人们对于自己良知充满自信,做一番"直下承当"的体认;一方面要求人们充分注意良知本体不是一种外在的"光景"可以把捉玩弄的,而应当做切身的体验。总的旨意是一致的,亦即要求人们从自身出发去切实把握"良知"这一"学问头脑""究竟话头"。只是现在已经无法考证阳明说这番话的确切年代,大概是其晚年的回忆。

阳明还说:

6.1.4 区区所论"致知"二字,乃是孔门正法眼藏,于此见得真的,直是"建诸天地而不悖,质诸鬼神而无疑,考诸三王而不谬,百世以俟圣人而不惑!"知此者,方谓之知道;得此者,方谓之有德。异此而学,即谓之异端;离此而说,即谓之邪说;迷此而行,即谓之冥行。虽千魔万怪,眩瞀变幻于前,自当触之而碎,迎之而解,如太阳一出,而鬼魅魍魉自无所逃其形矣。尚何疑虑之有,而何异同之足惑乎!(《全集》卷五《与杨仕鸣·辛巳》,第 185 页)

6.1.5　致知之说,向与惟濬及崇一诸友极论于江西,近日杨仕鸣来过,亦尝一及,颇为详悉。(《全集》卷五《与陆原静·二·壬午》,第 189 页)

6.1.6　致知二字是千古圣学之秘。……此是孔门正法眼藏,从前儒者多不曾悟到,故其说卒入于支离。(《全集》卷五《与薛尚谦·癸未》,第 199—200 页)

须说明的是,在这几段资料中出现的"致知二字",其实都是特指"致良知",而非《大学》"格物致知"意义上的"致知"。

这里的辛巳、壬午、癸未,分别是 1521 年、1522 年、1523年。根据其中的说法,阳明是在"虔"(即江西)与其弟子"极论"这一问题的。据《年谱》载,阳明揭示致良知,事在 1521 年阳明50 岁时,然近来已有学者考证,当在 1520 年阳明 49 岁时,在此不复赘述。①这几封书信大致反映了当初阳明提出致良知说的感想。嘉靖四、五年(1525,1526)后,阳明仍经常这样说:

6.1.7　致良知之外,无学矣。自孔孟既没,此学失传几千百年。赖天之灵,偶复有见,诚千古之一快!百世以俟圣人而不惑者也。每以启夫同志,无不跃然以喜者,此亦可以验夫良知之同然矣。(《全集》卷八《书魏师孟卷·乙酉》,第 280 页)

①　参见陈来:《有无之境》,第 163—164 页。

6.1.8　某近来却见得良知两字日益真切简易。(《全集》卷六《答邹谦之·丙戌》,第 204 页)

在这里的两段论述中,可以看出阳明把良知看作是孔孟以来失传千年的儒家道统的真实内涵,而良知的重新发现乃是阳明"赖天之灵,偶复有见"的结果,而良知又是"百世以俟圣人而不惑"的普世真理。阳明说道,当他将自己的发现告诉"同志"以后,得到了大家"跃然以喜"的积极响应,由此可证良知是一种普遍存在。阳明还模仿孟子的"心之同然"的说法,用"良知之同然"来表述良知存在的普遍性、绝对性。

及至嘉靖六年即逝世前一年,阳明复出,起征广西的思恩、田州的所谓叛乱,在途中他写有一封家书,其中阳明对自己一生的讲学生涯做了这样的回顾总结:

6.1.9　吾平生讲学,只是"致良知"三字。(《全集》卷二十六《寄正宪男手墨二卷》,第 990 页)

这里,阳明用"致良知"三字来概括他一生的思想。应当说,结合阳明晚年特别是嘉靖初年居越以后的思想言论来看,的确,这一概括与阳明思想的真实状况实在是非常贴切的。

二　是非之心

以上我们对阳明"致良知"说的提出做了简单的回顾,那么,良知的内涵究竟是什么呢? 在这里我们将要了解阳明的良知概念首先是直接继承孟子而来的。在孟子的场合,他对良知的定义基本有两点:一是"不虑而知,不学而能",一是"是非之心,人皆有之"。前者是解释良知存在的根源,意同良知天赋说,并未涉及良知是什么,关于这层意涵稍后会讲到;后者则是对良知内涵所做的一个基本定义,意谓良知就是人心判断善恶的准则。

对于孟子所说良知的这一基本义,阳明亦是充分认同的,他再三指出:

> 6.2.1 良知只是个是非之心,是非只是个好恶。只好恶,就尽了是非;只是非,就尽了万事万变。又曰:"'是非'两字是个大规矩,巧处则存乎其人。"(《传习录》下,第288条)

> 6.2.2 孟子云:"是非之心,知也。""是非之心,人皆有之。"即所谓良知也。孰无是良知乎? 但不能致之耳。(《全集》卷五《与陆原静·二·壬午》,第189页)

> 6.2.3 尔那一点良知,是尔自家底准则。尔意念着处,他是便知是,非便知非,更瞒他一点不得。尔只不要欺他,实实落落依着他做去,善便存,恶便去。他这里何等稳当快乐! (《传习录》下,第206条)

> 6.2.4 是非之心,不虑而知,不学而能,所谓良知也。(《传习录》中《答聂文蔚》,第179条)

> 6.2.5 夫良知者,即所谓"是非之心,人皆有之",不待学而有,不待虑而得者也。人孰无是良知乎? 独有不能致之耳。(《全集》卷八《书朱守乾卷·乙酉》,第279页)

> 6.2.6 良知者,孟子所谓"是非之心,人皆有之"者也。是非之心,不待虑而知,不待学而能,是故谓之良知。(《全集》卷二十六《大学问》,第971页)

以上所述,意思一致,都以"是非之心"来定义良知。这显然是承孟子而来,似乎并无新意。但须看到,阳明的阐发更为细致深入。他明确指出,良知乃是判断是非善恶的道德标准,并且这个道德标准又是先天地存在于人心之中的,而不是通过后天学习得来的;良知是每个人的"自家准则",而不是外在的东西。可见,阳明特别强调了良知存在的两种基本特性:先天性、内在性。

更为重要的是，良知既是"心之本体"，同时也是"自家准则"，人作为道德实践的主体存在，在其内心深处先天地具有判断是非善恶的道德法则，意即道德主体与道德法则的自我同一。良知说所内含的这层意思，对于阳明的整个心学理论来说，相当重要。阳明想说的是，道德法则不是与己无关、客观外在的东西，而是根植于人的内心深处、与实践主体完全同一的本质存在。

上面所说的"心即理"这一命题所强调的实际上也正是此意，只是到了晚年，阳明通过将"良知"规定为"心之本体"，并进一步来规定"理"，这样良知就为"心即理"命题得以成立提供了最终依据。换言之，心理合一之原理必须由良知来加以保障。这是因为良知本身既是心体又是天理，这就意味着道德法则与道德主体的内在同一性。由此，心与理的合一也就不是内外两种存在的牵强打合在一起的"合一"。这也是阳明后来一再强调自己平生讲学"只是致良知三字"的原因所在。当然，我们不应误解为阳明自从提出致良知以后，便放弃了"心即理"说，而应当说："致良知"已经内含了"心即理"的题中应有之义，并且更具体地为人们的道德实践揭示了明确的方向以及可能的依据。

总之，良知首先是指人内心的"是非之心"，是每个人都先天具有的，不是通过"学"、通过"虑"而得到的，因此良知存在是先天的、内在的。并且良知既是行为的道德准则，更是"自家准则"。这是因为良知本身具有一种"他是便知是，非便知非"的道德判断力，而这种道德的直觉判断不同于一般意义上的感性知觉的判断，而是一种"自然会知"的根本知觉，用阳明的术语说，又叫作"自知"。我们可称其为"良知自知"理论。关于这一问题,阳明还有以下不少重要的说法。

三　良知自知

以上在讲"知行合一"问题时,曾引过一段资料:"良知自知,原是容易的。"(《传习录》下,第320条)在讲"心即理"问题时,也提到过一段资料:"知是心之本体,心自然会知。……此便是良知。"(《传习录》上,第8条)这里的"自然会知",意即"良知自知"。在阳明的良知学说中,"良知自知"这层意涵非常重要,受到特别强调,可谓是阳明良知学的基本特质之一。为何这么说呢?以下将结合阳明的论述来做具体分析,在此先提示一点:良知自知既是阳明良知学的基本要义之一,同时这个观点也带来一些理论问题。

阳明指出:

> 6.3.1　良知发用之思,自然明白简易,良知亦自能知得。若是私意安排之思,自是纷纭劳扰,良知亦自会分别得。盖思之是非邪正,良知无有不自知者。所以认贼作子,正为致知之学不明,不知在良知上体认之耳。(《传习录》中《答欧阳崇一》,第169条)

这段话从"思"的角度讲起,这个"思"概指人心意识。阳明认为"思"有两种:一为"良知发用之思",一为"私意安排之思"。由前者之"思",则"良知自能知得",意谓良知自知,即良知自会主导人心意识;由后者之"思",不免"纷纭劳扰",意指一般意义上的意识活动不免受外界影响而导致种种纷扰,然而即便如此,良知依然"自会分别"其中的是非对错,所谓"自会分别",也就是良知自会判断的意思。

要之,阳明强调良知的自知能力是分别人心意识之是非邪正的依据。因此,为学工夫的关键须"在良知上体认"。与此相同,阳明又说:

> 6.3.2 (良知)是乃天命之性,吾心之本体,自然灵昭明觉者也。凡意念之发,吾心之良知无有不自知者。其善欤,惟吾心之良知自知之;其不善欤,亦惟吾心良知自知之。是皆无所与于他人者也。(《全集》卷二十六《大学问》,第971页)

这里同样突出了良知自知理论的重要性。那么良知为何能"自知"呢? 阳明认为,这是由于吾心之本体是"自然灵昭明觉"的,所谓"灵昭明觉",亦即"虚灵明觉"之意,乃是良知的基本特征。阳明之意在于指出,"自知"的依据就在于"虚灵明觉",换言之,正是由于良知是"虚灵明觉"的,所以良知"无不自知"。凡是"意念之发",亦即一旦"意念"发动起来,良知随之启动而进行监控督察,马上就会觉察意念的善与不善。儒学或理学所讲的"克念"工夫便由"良知自知"作为保证,保证其得以按正确方向落实"克念"工夫。

那么,何以保证良知自知的方向永远正确? 何以说良知自知便可觉察念头的善与不善? 这是由于良知即吾心之本体,而吾心之本体就是天命之性,而天命之性则是无有不善的,亦即天命之性必然是至善的,所以良知之所以能判断是非善恶,端在于良知本身是一绝对至善的价值存在,它的道德判断力就建基于善的价值之上。良知自知理论意味着,只要能使我们的意识与行为都循其良知即可。也正由此,即便人的"七情"运动也可引至正确的方向,情感本身并不必然是"恶"的,重要的是须由良知来引领主导。阳明指出:

6.3.3　七情顺其自然之流行，皆是良知之用，不可分别善恶，但不可有所着。七情有着，俱谓之欲，俱为良知之蔽。然才有着时，良知亦自会觉。觉即蔽去，复其体矣。此处能勘得破，方是简易透彻功夫。(《传习录》下，第 290 条)所谓"七情"，一般是指"喜怒哀惧爱恶欲"(《礼记·礼运》)，在儒学的语境中，"七情"是往往与"四端"相对而言的。相对于"恻隐、羞恶、是非、辞让"之"四端"是人心向善之表征而言，"七情"则往往被认为是沦为"恶"的罪魁祸首。

然而阳明认为，人的情感欲望的发动有两种情况：一是顺其自然之流行而发动，一是"有所着"而发动。阳明强调情之发动之本身是无所谓善恶的，若由前者之发动，则无不是"良知之用"，意谓"七情"若是"良知之发"，则人之七情便有可能是正当的。但情感毕竟不是良知自身，它的发动也有可能偏离方向，此即所谓"有所着"，一旦"有所着"，则人心便会产生偏离正确的方向，而这种发动便不是顺其良知之发动。这里的关键词是"着"，意即有所执着，一般是指人心意识的某种偏执，例如"饮食男女，人之大欲"，其本身是正当的，但过度追求美味食色，整天要求山珍海味，这就叫作"有所着"，就有可能沦入"恶"的深渊。依阳明的说法，这是"良知之蔽"所导致的，人心良知已失去了方向。不过即便如此，阳明认为"良知自觉"(即"良知自知")的能力永远存在，故说"然才有着时，良知亦自会觉。觉即蔽去，复其体矣"。

可以看出，有关良知自知、良知自觉的观念表述，对于阳明的良知教来说相当重要。由于这种自知自觉的能力是"不学而能，不虑而知"的，是得诸天赋的，所以良知自知又是"自然"的，非人为意识所能强制的，我们不妨可称之为良知本体的"自然

性"特征。因其自然,故能自知,若非自然,无由自知。良知学的
这层含义亦十分重要。阳明说:

6.3.4 戒慎不睹,恐惧不闻,是心不可无也;有所恐
惧,有所忧患,是私心不可有也。尧舜之兢兢业业,文王之
小心翼翼,皆敬畏之谓也,皆出乎其心体之自然也。出乎心
体,非有所为而为之者,自然之谓也。(《全集》卷五《答舒国
用·癸未》,第 190—191 页)

这里说"心体之自然",是从本体的角度而言的。所谓"心体",意
同良知,故有良知心体之说。阳明在这里指出,"尧舜之兢兢业
业,文王之小心翼翼"这类敬畏之情,都是"出乎其心体之自然"
的。重要的是,阳明所谓的"自然",是就心体而言的,其基本定
义是"非有所为而为之者"。换种说法,也就是由心体出发而不
得不然的一种行为抉择,这就叫作"自然"。那么,阳明为何要特
别强调心体是自然的呢? 这又与"天理自然"的观念有关,故阳
明又说:

6.3.5 盖良知只是一个天理自然明觉发见处,只是一
个真诚恻怛,便是他本体。(《传习录》中《答聂文蔚·二》,
第 189 条)

6.3.6 天理只是一个,更有何可思虑得? 天理原自寂
然不动,原自感而遂通。学者用功,虽千思万虑,只是要复
他本来体用而已。不是以私意去安排思索出来。……若以
私意去安排思索,便是用智自私矣。何思何虑,正是工夫在
圣人分上,便是自然的;在学者分上,便是勉然的。(《传习
录》中《启周道通书》,第 145 条)

事实上,"天理自然"(或"天道自然")本是宋儒的固有观点,
而阳明特别喜欢使用的"明觉自然"或"自然明觉",其实早在程

颙那里已有表述,程颢是用"明觉自然"来反对"自私用智"(参见《定性书》)。从某种意义上可以说,以"自然"言"天理"乃是宋明儒者的共识,天理若非自然,这是不可设想的。然须指出,由天理这层意义上所说的自然,其实意思接近必然。正因为天理是自然的,所以天理是超越的,不以人的意志为转移。

到了阳明那里,由于心即是理,天理就是心之本体,良知也是心之本体,因此良知心体也必定是"自然"的。这个"自然"表现为良知的判断方式,就是良知的自知自觉,所以良知自知的能力也就具有了"自然"的特性,阳明称之为"自然灵昭明觉"。也就是说,由本体之自然决定了工夫之自然;天理存在不用安排,同样工夫亦不用安排。当人的意念一旦启动,良知也"自然"地同时启动。这里所说的"同时",意谓良知与意念、人心与意识之间不存在丝毫的间隙,良知必然"同时"地——亦即"自然"地存在于人的意识活动的整个过程之中,而不是说良知须等待或倚靠人的意念去发动,然后再回头来去察识意念的是非善恶。这就是阳明的良知自知理论的一项重要内涵。这一理论的意义在于:它为人的迁善改过、为善去恶的道德实践提供了本体论的依据。

阳明在与弟子南大吉讨论"改过"问题时,就涉及"改过"须先"知过"而"知过"的依据何在的问题,阳明指出"知过""改过"其实是由良知自知得到保证的:

6.3.7　郡守南大吉以座主称门生,然性豪旷,不拘小节。先生与论学有悟,乃告先生曰:"大吉临政多过,先生何无一言?"先生曰:"何过?"大吉历数其事。先生曰:"吾言之矣。"大吉曰:"何?"曰:"吾不言,何以知之?"曰:"良知。"先生曰:"良知非吾常言而何?"大吉笑谢而去。居数日,复自数过加密,且曰:"与其过后悔改,曷若预言不犯为佳也?"先生曰:"人言不如自悔之真。"大吉笑谢而去。居数日,复自数过益密,且曰:"身过可勉,心过奈何?"先生曰:"昔镜未开,可得藏垢。今镜明矣,一尘之落,自难住脚。此正入圣之机也。勉之!"(陈荣捷:《传习录拾遗》第 46 条)①

这条语录说得非常恳切生动。因良知自知,故知为己知、独知而他人莫知。因良知自知,他人莫知,故不必也无须依赖他人。由此,良知自知便可引申出良知自救的结论,不妨可称之为"良知自救理论"。

然而不论是良知自知还是良知自救,都涉及良知的客观化如何可能的问题。设想一个人只要宣称自己的所作所为都是由自己的良知出发而付诸施行的,于是这个行为的对错是非只有行为者自己知道而他人根本无由判断。那么良知心体的是非标准变成了一种私人化的标准,如何能够成为他人以及社会亦能普遍认同的一种客观化存在,则是不无疑问的。也就是说,如果忽视了良知既是一种主体存在、自律力量,同时也是一种客观的、普遍的存在,那么良知自知自救理论适有可能导致价值判断的相对化。从阳明学发展到阳明后学,这一问题便渐渐凸显出来,成为心学末流各种弊端的思想根源之一。②

---

① 录自《阳明年谱》嘉靖三年正月。按,刘蕺山《人谱·人谱杂记二》以此作为迁善改过的范例,参见《刘宗周全集》第 1 册,浙江古籍出版社,2007 年,第 118 页。

② 笔者曾将良知自知自救理论与良知是否是一把"双刃剑"的问题结合起来进行考察,参见拙文:《"证人社"与明季江南士绅的思想动向》,载《中华文史论丛》2008 年第 1 期,上海古籍出版社,2008 年,第 123—199 页;后收入拙著:《明末清初劝善运动思想研究》,台湾大学出版中心,2009 年。

四　良知独知

良知自知、良知自救又与良知独知有着理论关联。事实上，良知独知亦是阳明良知教的要义之一。阳明曾以赋诗的形式，对良知独知有过一番充满诗意的抒发：

> 6.4.1　良知即是独知时，此知之外更无知。
>
> 谁人不有良知在，知得良知却是谁？
>
> 6.4.2　知得良知却是谁，自家痛痒自家知。
>
> 若将痛痒从人问，痛痒何须更问为！
>
> （《全集》卷二十《答人问良知二首》，第 791 页）
>
> 6.4.3　无声无臭独知时，此是乾坤万有基。
>
> 抛却自家无尽藏，沿门持钵效贫儿。
>
> （《全集》卷二十《咏良知四首示诸生》，第 790 页）

这几句诗在阳明门下流传甚广，脍炙人口。多处使用"独知"一词，然究其意，却与"自知"一词无异，无非是在强调良知便是"自家知"。那么何谓"独知"呢？不用说，在儒家经典《大学》《中庸》均曾出现过这个概念。朱熹释之曰"人所不知而己所独知"，阳明对此亦表示赞同：

> 6.4.4　所谓"人所不知而己所独知"者，此正是吾心良知处。（《传习录》下，第 317 条）

"独"这一概念出自《中庸》，朱熹将此解释为"独知"：

> 独者，人所不知而己所独知之地也。言幽暗之中、细微之事，迹虽未形而几则已动，人虽不知而己独知之，则是天下事无有著见明显而过于此者。（《中庸章句》第一章）

可见，"独知"是指每个人所独自占有的内心世界、心理活动。当一人独处之时，其心理活动是不为他人所知的，而只有自己知道。人们应该如何在这种"幽暗"("独处")的环境中，立即察识一念之发的是非善恶，然后谨慎其事，这就是"慎独"工夫的开始。其中"独知"所起的作用非常关键。

阳明基本接受了朱熹对"独"字的解释，但是朱熹的说法显然有所欠缺，他并没有点出"独知"即是良知，因而此"知"就有可能成为单纯意义上的认知。阳明对"独知"却有新的发现，他明确地将其定义为良知，亦即"道德知"。在阳明看来，不论"善恶"的行为或念头是如何隐蔽而不为他人所知，它们都必然曝光在独知的面前。而且不论是"无事"时的一人独居，还是在"有事"时的应酬活动，独知随时都将起着监视的作用。这样一来，独知的内涵被充实扩大，不再是单纯的内心世界的心理活动或认知活动，而被提升为道德判断原则。阳明指出：

6.4.5 无事时固是独知，有事时亦是独知。……此独知处便是诚的萌芽。此处不论善念恶念，更无虚假，一是百是，一错百错。正是王霸、义利、诚伪、善恶界头。于此一立立定，便是端本澄源，便是立诚。古人许多诚身的工夫，精神命脉，全体只在此处。真是莫见莫显，无时无处，无终无始，只是此个工夫。今若又分戒惧为己所不知，即工夫便支离，亦有间断。既戒惧，即是知。己若不知，是谁戒惧？如此见解，便要流入断灭禅定。（《传习录》上，第120条）

由于良知独知是时刻都存在的，因此不论是有事时还是无事时，人们须要应对的"立诚""诚身"乃至"戒惧"等一系列工夫手段都将有赖于良知独知。反过来说，正是由于良知独知，故能为平时的一切实践工夫提供保证。其中的一句设问："己若不知，是谁戒惧？"答案自然是"独知"，亦即良知。换言之，戒惧等功夫不能像无头苍蝇一样胡乱行事，必须而又自然地由独知来主导和引领。

诚然,从字义上说,"独"首先具有独自的含义,而在"知"字前加上一个"独"字,并将其与良知结合起来,这是阳明为了突出良知作为道德法则的独立意义,同时也是为了阐明良知的自律特征。也就是说,良知具有超越的、普遍的特性,同时也具有约束和规范自我的能力。"知得良知却是谁?"其中的"谁",指的就是自己。阳明有时又称之为"真己",以区别于"躯壳的己"(《传习录》上,第122条)。答案就是"自家痛痒自家知"。这个说法又见诸《传习录》中《启周道通书》,可见是阳明的一贯主张。

总之,阳明指出良知具有"独"的性格,目的是为了强调良知是内在于每个人心中的、"他人总难与力"(《传习录》中,第144条)的"自家准则"。这个观点突出了良知是一种内在的道德能力,外在的礼仪规范都须经由内化的良知加以审视之后才能成立,这就极大地提升了良知的自主性地位。然而,在强调良知独知的同时,如何防止良知独知理论成为个人逞一己之私的借口,却是阳明良知学所面临的重大理论问题。及至明代末年,有不少学者在反省和批判心学之际,就观察到心学末流有一种严重流弊,即往往以个人一己之"情识"视同"良知"。究其根源,就是良知自知而他人莫知的观念在作祟。

然须指出的是,这些批评基本上是来自良知心学之外的外部批评,是否符合阳明良知学的内在义理,尚有另做分疏的必要。在我们看来,良知自知、良知独知固然重要,但是阳明同时也强调良知具有超越性、普遍性之特征,具有天下公共之理的品格,绝非一己之私所能局限。阳明再三强调"良知即天理""人心即天渊",其目的就在于试图解决良知的客观化问题,认为通过将良知提升至"天理"的高度,便可从理论上解决良知作为善恶是非之标准,不仅是属于个人的,而且还是属于整个文化历史的。

第七讲 良知当下呈现

　　由上所述，我们已大致了解良知概念的内涵及其特征是什么，它是心之本体、是非标准，它是先天赋予的、不学不虑的，它又是自知的、自觉的、独知的。

　　然而良知本体之在人心，它是否仅是一种抽象的观念预设，还是当下即刻必然呈现。不用说，阳明的立场在于后者，亦即他强调良知不是一种观念假设，更是一种无时无刻不在生活世界中"发用流行"的具体存在。正因如此，故良知不是一种逻辑的假设，而是一种真实的存在。阳明用"见在""当下""发见"等用语来表述良知呈现这层含义，值得引起我们关注。可以说，这是我们把握阳明良知学的关键所在。因为自孟子以后，"良知"作为一种概念，儒家学者几乎人人都能言之，然而将"良知"之本质理解为"发见流行处当下具足"的呈现，恐怕唯有阳明能如此说。

　　当代新儒家对阳明学的良知当下呈现颇为重视，例如熊十力（1885—1968）指出："良知是真真实实的，而且是个呈现，这须要直下自觉，直下肯定。"（引自牟宗三：《五十自述》，《牟宗三先生全集》第 32 册，联经出版事业公司，2003 年，第 78 页）牟宗三对此更是屡屡言之，其晚年著《圆善论》仍在强调此义，且将此提升至孔孟立教的高度来加以肯定：

第七讲　良知当下呈现

> 孔孟立教皆是认为此本心之实有是可以当机指点的;其所以可当机指点乃因其可当下呈现也。如当下不能呈现,还指点什么呢? 因可当下呈现,故又操存而培养之,工夫有落实处。(牟宗三:《圆善论》,台湾学生书局,1985 年,第 36 页)

在本讲中,我们在关注良知见在与发用流行之问题的同时,还将讨论与见在发用相关的其他问题。例如:良知见在而又无所不在;良知见在,故而无所不知;然就本体言,良知却又"无知";最后,还要关注良知见在与"千古见在"的天地鬼神万物又有何种关系等问题。

一　见在与发用

在阳明心学的义理系统中,"良知见在"主要意指作为良知本体既是超越的本体存在,同时也必然是现实中的真实存在,这层含义对于阳明良知学而言,至关重要。及至阳明后学如王畿更据此拈出"见在良知"或"现成良知",以证成良知的本体义、遍在义、当下义、呈现义①,并由此而引发了与阳明后学中的"归寂派"代表人物聂豹和罗洪先之间的激烈争议(详见后述)。对于这段晚明心学史上的著名案例,牟宗三有一基本的判定,维护了阳明—王畿的良知见在说,而对聂豹的批评良知见在做出了反批评:

> 所谓现成良知,见在具足,是就呈露的良知自身说,并不是说人在随时不自觉地混杂呈现这个现实状态中就是圣

---

① 参见拙著《阳明后学研究》序章"现成良知"。并参见林月惠:《王龙溪"见在良知"释疑》,载其著:《诠释与工夫:宋明理学的超越蕲向与内在辩证》,台湾"中央研究院"中国文哲研究所,2008 年。

人。现成具足不是就这个现实状态说。……聂双江把就良
知自身说的"见在具足"与一个人现实状态混而为一，视此
现实状态为现成具足，因而遂致疑见在具足的良知，而说无
现成的良知，此大误也。人的现实状态可不具足，而见在良
知可具足。无现成的圣人，但并非无现成的良知。两者焉
可混同视之而混乱致疑？（牟宗三：《从陆象山到刘蕺山》，
台湾学生书局，1979 年，第 345 页）

这是说，良知见在、当下具足是就本体立论，而不是就现实状态
而言，因此切不可将良知的见在具足与人的现实状态混同为一，
此论甚是。以下通过我们的分析，可以看出良知见在或见在具
足之命题，既有本体义又有工夫义。

其实，从语义上说，"见在"一词，原是一种口语表述，本无深
意，概指"现在"。在古代汉语中，"见"又读作"现"。与"见在"
一词相类，又有"见成"（又可作"现成"）或"当下"，大致都是表
达与时间有关的描述语。这里所列举的"见在""见成""当下"三
词，在阳明心学中都具有一定的思想内涵，笔者曾在旧著《阳明
后学研究》序章"现成良知"中有过讨论，有兴趣者可以参看，这
里仅做简单提示。"见在"或"现在"作为记述文字的出现，似与
早期翻译佛经有关，如玄藏所译《具舍论》卷二十有这样一句：
"有作用时，名为现在。"意谓现世存在，这个说法具有哲学的含
义，在佛经中通常意指"三世"（过去，现在，未来）之一。自唐宋
禅宗盛行以降，这一口语表述渐被广泛使用，涵指不假造作安
排，现今成就。（以上参见丁福保：《佛学大辞典》"现成"等条）

有趣的是，在朱陆之辩的过程中，象山有"主张见在"的思想
倾向，朱熹对此则有严厉批评，他指出象山之学主张"当下便
是"，便于"许多道理切身要紧去处不曾理会"，并讥讽象山"实见

得个道理恁地,所以不怕天、不怕地,一向胡叫胡喊"(《语类》卷一二四,第2981页)。可见,在朱陆时代,围绕"主张见在""当下便是"等说已有思想上的争论,这一争论在阳明时代亦留下了影响的痕迹。[①]

现在来看几段阳明有关"良知见在"的表述:

7.1.1　只存得此心常见在,便是学。过去、未来事,思之何益? 徒放心耳。(《传习录》上,第79条)

7.1.2　良知无前后,只知得见在的几,便是一了百了。(《传习录》下,第281条)

7.1.3　吾辈致知,只是各随分限所及。今日良知见在如此,只随今日所知,扩充到底。明日良知又有开悟,便从明日所知扩充到底。如此方是精一功夫。(《传习录》下,第225条)

这里有三个表述:"此心常见在""见在的几""今日良知见在如此",三个"见在"都是表达与"过去""未来"相对而言的时间概念。阳明之意在于强调,与其对过去、未来之事冥思苦想,不如把握即刻当下的良知更为重要。从"今日良知见在如此"的表述中,可以合理地推出"良知见在"或"见在良知"这层意涵。

须指出的是,在《传习录》中关于"良知见在"这一概念的理论阐发并不多见,仅见上述三条。但是这不等于说,"见在"观念对阳明而言并不重要,恰恰相反,"良知见在"是良知当下呈现的

[①]　以上参见拙著:《阳明后学研究》,第1—4页。顺便指出,阳明再传弟子周汝登(号海门,1547—1629)评朱子此言曰:"观晦庵之言,句句说着。夫心外更有何物,心外更有何事哉? 孟子而后要个能不怕、能叫喊者,陆子一人而已。"(《东越证学录》卷三《武林会语》,台湾文海出版社"明人文集丛刊"影印万历三十三年刻本,第243页)

一个重要依据,因为良知若非"见在",便不可能在即刻当下的生活世界中得以呈现。关于这层意涵,阳明弟子王畿有独到精辟的观察,他断然指出:

> 先师提出良知二字,正指"见在"而言。见在良知与圣人未尝不同,所不同者,能致与不能致耳。(《王畿集》卷四《与狮泉刘子问答》,第81页)

只是王畿在这里将"良知见在"的问题与"圣人良知"同与不同关联起来展开了论述,关于这一问题,这里不宜详谈。要之,在王畿看来,"良知见在"或"见在良知"是一个本体论问题,当他说良知是"见在"的,意谓良知既是现实存在,也是先天存在。故在王畿,"良知见在"这一概念具有"遍在性"与"先天性"的双重意涵。应当说,这是王畿对其师说的继承和发挥。顺便指出,在阳明后学中,"见在良知"被引申出"见成良知"(又称"现成良知")这一概念,遂引发出一场思想大辩论。如罗洪先(号念庵,1504—1564)便针对王畿之说而断然指出:

> 世间那有现成良知? 良知非万死工夫,断不能生也,不是现成可得。(《念庵罗先生文集》卷八《松原志晤》,清雍正元年刻本,第38页下)

这一批判显然是从工夫论角度出发的,与王畿从本体论角度强调"良知见在"的说法并不一致。当然,从理论上看,罗洪先的这一表述并不严密,他以为良知需要"万死工夫"然后能"生",这个说法不免与阳明所强调的"不虑而知"这一良知根本义有违。然而也须看到,罗洪先此说的真实用意在于指陈人总是一具体的存在,而落在人之现实状态中的良知并不能直接等同于观念实在的良知本体,否则的话,人就再也没有必要做一番工夫的努力,去实现这个良知。从这个角度看,罗洪先断然指出"世间那有现成良知",其良苦用心是可以理解的。只是罗洪先与王畿所发生的这场争论涉及本体与工夫的关系究竟应当如何理解等义理上的问题,显然已逸出了这里的主题,暂置勿论。

我们再回到阳明那里,当阳明指出"良知无前后,只知得见在的几",其实这个"无前后"的说法,如同"无动静""无内外""无去来"等说法一样,已蕴含了良知存在是超越时间的这层含义。因此"良知见在"既可指良知是当下存在,同时又可指良知是人人同具、当下圆满而无一毫亏欠。在后一层意义上,"见在"与"见成"确有相通之处。重要的是,阳明拈出"见在"一词,还另有深意。他是想强调良知既是不学不虑的先天存在,是由天命赋予吾心的本体存在,但良知同时又是即刻当下的现实存在,原因在于良知乃是一"发用流行"的具体存在。归结而言,所谓良知本体既是超越存在而又是具体存在,用当代新儒家的惯用说法,此即良知本体的既超越而又内在的存在品格。如阳明所说:

7.1.4 盖日用之间,见闻酬酢,虽千头万绪,莫非良知之发用流行。除却见闻酬酢,亦无良知可致矣。(《传习录》中《答欧阳崇一》,第168条)

7.1.5 盖良知只是一个天理自然明觉发见处,只是一个真诚恻怛,便是他本体。……良知只是一个,随他发见流行处当下具足,更无去来,不须假借。然其发见流行处却自有轻重厚薄,毫发不容增减者,所谓天然自有之中也。虽则轻重厚薄毫发不容增减,而原又只是一个。虽则只是一个,而其间轻重厚薄,又毫发不容增减。若可得增减,若须假借,即已非其真诚恻怛之本体矣。此良知之妙用所以无方体、无穷尽,"语大,天下莫能载;语小,天下莫能破"者也。(《传习录》中《答聂文蔚·二》,第189条)

7.1.6 先生曰:"亦是天地间活泼泼地无非此理,便是吾良知的流行不息。致良知便是必有事的工夫,此理非惟不可离,实亦不得而离也。无往而非道,无往而非工夫。"(《传习录》下,第330条)

可以看出,阳明在这里非常突出地强调了"发用流行""发见流行""活泼泼地""流行不息"等良知存在的基本特性,其用意何在呢?事实很显然,阳明无非就是为了突出强调良知存在不能脱离"日用之间,见闻酬酢"的日常生活世界,而这正是阳明重新发现"良知"二字是圣学"口传"之时,既已体悟到的一层重要含义,如其所云:

7.1.7 绵绵圣学已千年,两字良知是口传。……不离日用常行内,直造先天未画前。(《全集》卷二十《别诸生》,第791页)

这一脍炙人口的诗句已经道出了良知本体是超世间而又即世间的当下存在这层道理。

对于阳明良知教来说,良知本体"发用流行"这层含义极为重要,这告诉人们良知不是悬空抽象的存在物,而是即刻当下、见在具足的存在,因此致良知工夫就不能执着于本体上,而应落实在"发用"上去做。当然这并不是说,工夫可以脱离本体,而是说本体必落实为工夫。故在阳明心学那里,又有"即用求体"这一重要的方法论主张。笔者在旧著《阳明后学研究》中对此问题曾有抉发,这里仅撮其要点而言之。

关于"即用求体"的问题,我们可以结合"中和"问题来谈。阳明与其弟子黄以方曾围绕《中庸》"致中和"问题有一段问答,黄以方问:"戒慎恐惧是致和,还是致中?"阳明答:"是和上用功。"继而黄以方又问:"《中庸》言致中和,如何不致中?却来和

上用功?"对此,阳明指出:

> 7.1.8　中和一也,内无所偏倚。少间发出,便自能无
> 乖戾。本体上如何用功? 必就他发处,才著得力。致和便
> 是致中。

> 7.1.9　子思说发与未发,正要在发时用功。(《传习录
> 拾遗》,第 24 条)

这里涉及《中庸》"喜怒哀乐未发谓之中,发而皆中节谓之和"的
中和问题。这是说,"中"是未发之体,"和"是已发之用,本体上
无法用功,故唯有就发用处"致和",通过"致和"便能实现"致
中"。此即阳明的"即用求体"说。这一工夫论主张显然是建立
在良知见在,发用流行的观念之上的。

然而,刘蕺山对此却批评道:

> ……故文成本之曰:"《大学》之道,诚意而已矣。"极是!
> 乃他日解格致,则有"意在乎事亲"等语,是亦以念为意也。
> 至未起念以前一段工夫,坐之正心位下,故曰:"无善无恶者
> 心之体,有善有恶者意之动。"夫正心而既先诚意矣,今欲求
> 无善无恶之体,而必先之于有善有恶之意而诚之,是即用以
> 求体也。即用求体,将必欲诚其意者,先修其身,欲修其身
> 者,先齐其家,又先之治国平天下,种种都该倒说也。此亦文成
> 意中事。……至以之解《中庸》亦曰:"致中无工夫,工夫专在致
> 和上。"(《刘宗周全集》第 2 册《学言·中》,第 422—423 页)

可见,在蕺山看来,"即用求体"是阳明的一个重要主张,这是无
可怀疑的。其实,蕺山之所以不满于"即用求体",原因在于他的
诚意慎独哲学极力主张工夫必须立足于"意体""独体",这就与
阳明主张须立足于"当下""见在"发生分歧。由此透露出一个重
要信息,阳明的良知见在说与即用求体说是互为关联的,并引起

了后世儒者的极大关注,有肯定也有批评。[1]

　　总之,良知并不是只存有而不活动的死理,良知必然在现实世界、日常生活中不断地"发用流行"、当下呈现。因为良知是当下见在、即刻圆满的本体存在,所以良知与日用,不但"不可离",而且"不得离"。而致良知必落实在当下的生活世界中,此即孟子所说的"必有事"之意。换言之,如果脱离"见闻酬酢"等现实生活,那么致良知也就无从谈起;如果只在语言上谈论良知,纵然讲得十分清楚周到,其结果却必然是"转说转糊涂"(《传习录》下,第 280 条)。应当说,良知见在便是致良知工夫的本体论依据,在阳明良知学的义理系统中具有十分重要的意义,若抽去这一观点,那么阳明的良知学便无由确立。

二　无所不在

　　与"良知见在"有关,阳明还有"良知遍在"的重要观点,用他的话来说,即"良知无所不在"。如果说"良知见在"强调的是良知的当下性、即世间性,那么"良知遍在"则是强调良知的普遍性、超时空性——亦即超越性。当然,这两层意涵在阳明的良知

---

① 顾宪成指出:"阳明生平之所最吃紧只是良知二字,安得遗未发而言?只缘就《大学》提宗,并举心意知物,自不得不以心为本体。既以心为本体,自不得不以无善无恶属心;既以无善无恶属心,自不得不以知善知恶属良知。参互观之,原是明白,念庵恐人执用而忘体,因特为拈出未发。近日,王塘南先生又恐人离用而求体,因曰:'知善知恶乃彻上彻下语,不须头上安头。'此于良知并有发明,而于阳明全提之指,却似均之契悟未尽也。"(《小心斋劄记》卷十八,第 418—419 页)这里所说的罗洪先"恐人执用而忘体",王时槐"恐人离用而求体",都是在阳明的"即用求体"这一问题意识下所产生的不同观点,可见,阳明的"即用求体"说在晚明思想界是有很大反响的。至于蕺山的上述批评,这里不及细细分疏,请参见拙著:《阳明后学研究》,第 26—29 页。

学当中是缺一不可的。阳明说：

> 7.2.1　良知者，心之本体，即前所谓"恒照"者也。心
> 之本体，无起无不起。虽妄念之发，而良知未尝不在，但人
> 不知存，则有时而或放耳；虽昏塞之极，而良知未尝不明，但
> 人不知察，则有时而或蔽耳；虽有时而或放，其体实未尝不
> 在也，存之而已耳；虽有时而或蔽，其体实未尝不明也，察之
> 而已耳。若谓良知亦有起处，则是有时而不在也，非其本体
> 之谓矣。（《传习录》中《答陆原静书》，第 152 条）

阳明在这里强调了"良知未尝不在""良知未尝不明"，意谓在人的意识过程中，良知是"无所不在"的。须注意的是，这个说法是针对心体发动而言的。阳明指出，"虽妄念之发""虽昏塞之极""虽有时而或放"，不管何种情况，良知都是存在的，良知都会明察秋毫，如果说良知有时而起或"有时而不在"，那是对良知本体的误解。依阳明，良知在人的意识活动、行为过程当中是无视不在的。这是阳明所说的"良知无所不在"的一层含义，亦即这里所说的"恒照"，意谓永远普照。

然而阳明又说"无起无不起"，这个说法主要是就人的意识活动而言的。这里面有两层含义：良知本体既是"无不起"的，同时又是"无起"的。如何来理解呢？说良知"无不起"，意即良知未尝不在，良知未尝不明，这一点容易理解，无须赘言；说良知"无起"，则另有深说。简单地说，"无起"亦即就良知本体而言，它是超越"起"与"不起"的绝对存在，在这个意义上，不能用"起"来界定良知，故说良知"无起"。借用动静这对概念来说的话，良知既然是超越于经验现象界的动静之上的，因此可以说良知是无动无不动的。所谓"无起无不起"，意即"无动无不动"。那么，为什么要强调"无起"呢？质言之，从"无起"的角度来言说

173

良知,其目的在于强调良知无所不在这一良知本体的绝对性、超越性特征。

关于这一点,我们可从以下阳明的话中得到进一步的了解:

7.2.2 盖良知之在人心,亘万古,塞宇宙,而无不同。(《传习录》中《答欧阳崇一》,第171条)

7.2.3 自圣人以至于愚人,自一人之心以达于四海之远,自千古之前以至于万代之后,无有不同。是良知也者,是所谓“天下之大本”也。致是良知而行,则所谓“天下之达道”也。(《全集》卷八《书朱守乾卷·乙酉》,第279页)

这里出现了“无有不同”的表述方式,并以“亘万古,塞宇宙”“自圣人至于愚人”“自一人之心以达于四海之远”“自千古之前以至于万代之后”等说法来表明良知之在人心的存在事实是永远不变的,良知是超越“万古”“宇宙”“四海”等时空限制的永恒存在。这如同说,尧舜之心、孔孟之心是永恒的,永远活在当今世界,不能想象说孔孟的心与我们的心是根本不同的。在这个意义上说,良知具有遍在性、超越性之特征。正是由于良知是无所不在、永恒超越的,所以良知又是“与物无对”的,意谓良知是绝对的存在。

阳明还说:

7.2.4 良知是造化的精灵。这些精灵生天生地,成鬼成帝,皆从此出。真是与物无对。人若复得他完完全全,无少亏欠,自不觉手舞足蹈,不知天地间更有何乐可代!(《传习录》下,第261条)

这个“与物无对”的说法,见于程颢《识仁篇》“此理与物无对”,“无对”意同“无待”,意即超越相对的“绝对”。在理学中,唯有“理”才能说是“无对”的。现在阳明以“与物无对”来描述良知的超越性,意在指出良知存在不受任何条件的局限,就在宇宙的"造化"过程中,无不有良知的存在。

开头一句"良知是造化的精灵"以及"成鬼成帝,皆从此出"的说法亦值得注意,这似乎是主张良知是造物主,其实应这样理解:与其说良知是万物生成的根源,还不如说良知是遍在于宇宙万物中的本体存在。阳明的这一思路与宋代理学的"理一分殊"说颇为相似。抽象的"理"既是唯一的绝对存在,同时也是散在万殊的普遍存在。正是在此意义上,故而又可说"良知即是天理""良知即天"或"天即良知"。实际上,也就是宣扬良知"真是与物无对"的本体存在。也就是说,良知已不仅仅是道德意识,更是指向存在界的本体,是物我同根的本体存在。阳明后学王畿对此层含义也颇有领会,他的以下解释可谓是对阳明良知的存在义的一种洞悉,其云:"良知是造化之精灵,吾人当以造化为学。造者,自无而显于有;化者,自有而归于无。……吾之精灵生天生地生万物,而天地万物复归于无,无时不造,无时不化,未尝有一息之停。"(《王畿集》卷四《东游会语》,第85页)

重要的是,在阳明看来,良知也是高高在上的天理,是超越永恒的,同时良知又是存在于"千头万绪"的"见闻酬酢"的现象世界当中,前者可称为"良知遍在",后者可称为"良知见在"。如果只认同良知的超越性,把良知看作是与人伦生活无关的普遍存在,甚至认为良知是可以脱离"人情物理"而存在的,这类观点正是阳明所深深担忧的,他指出:

7.2.5　今时同志中,虽皆知得良知无所不在,一涉应酬,便又将人情物理与良知看作两事,此诚不可以不察也。(《全集》卷六《答魏师说·丁亥》,第217页)

我们说,阳明上述的种种说法看似深奥,其实也并不难解。

一句话,正是由于良知是"无所不在"的,它存在于人的意识活动的全过程,因此良知这一存在事实绝非观念假设,它必然透过每时每刻的日用生活呈现出来。阳明之所以强调良知见在而又无所不在,其用意即在于此。

三 无知无不知

在上一节引文中,曾出现"无起无不起"一语,就表述方式看,与这里的"无知无不知"很相似。其实,我们在"良知自知""良知独知"这两节中已经看到,良知自会"知是知非""知善知恶",要之,良知是无所不知的。

然而在这里我们却要探讨阳明良知学的又一重要命题:"无知无不知。"(《传习录》下,第 282 条)先来看两段阳明语录:

7.3.1 良知不由见闻而有,而见闻莫非良知之用,故良知不滞于见闻,而亦不离于见闻。孔子云:"吾有知乎哉?无知也。"良知之外,别无知矣。故致良知是学问大头脑,是圣人教人第一义。今云专求之见闻之末,则是失却头脑,而已落在第二义矣。(《传习录》中《答欧阳崇一》,第 168 条)

7.3.2 先生曰:"孔子有鄙夫来问,未尝先有知识以应之,其心只空空而已。但叩他自知的是非两端,与之一剖决,鄙夫之心便已了然。鄙夫自知的是非,便是他本来天则,虽圣人聪明,如何可与增减得一毫?他只不能自信。夫子与之一剖决,便已竭尽无余了。若夫子与鄙夫言诗,留得些子知识在,便是不能竭他的良知,道体即有二了。"(《传习录》下,第 295 条)

这两段话涉及良知与知识的关系问题,虽非我们这里将要讨论的主题,但还是有必要略述几句。在阳明看来,良知不等同于

"见闻之知"(即"知识"),这是不容怀疑动摇的;但见闻知识又莫非"良知之用",这一点也同样重要,原因就在于"良知不滞于见闻,而亦不离于见闻"。这与上述"见在与发用"一节中所揭示的良知是当下存在这层意思相近,良知既然不能脱离日常生活,同样也不能与见闻知识完全隔绝,而应做到见闻知识为良知所用。这是上述两段语录的大旨所在。

　　然而值得注意的却是阳明采用的同一个事例:即孔子所说的"吾有知乎哉?无知也"。阳明的意图在于:欲以孔子"无知"一词,来反对不顾良知而一味追求见闻知识的为学取向。为了实现这个意图,就需要对孔子所说的"无知"做出必要的诠释。(按,孔子语见《论语·子罕》:"子曰:'吾有知乎哉?无知也。有鄙夫问于我,空空如也,我叩其两端而竭焉。'")关于这里的"无知"一词,在宋明理学史上,历来以朱熹的训释为典范,他说:"孔子谦言己无知识。"(《四书章句集注》,第111页)这是说,"无知"就是缺乏知识之意,而这只是孔子的自谦之词,别无深意。然而,对于孔子所言的"无知",却在阳明后学当中引发了各种解释及争论。如罗汝芳(号近溪,1515—1588)便针对朱熹的这一解释公然提出挑战,他断然指出孔子自称"无知"绝非"谦词",乃是"圣人实说",讲的是"心本无知"这层良知心学意义上的道理。①显然,近溪的这个诠释正是以阳明的"无知无不知"为前提的。

---

① 《近溪罗先生一贯编·论语上》,《四库全书存目丛书》子部第86册所收中国社会科学院图书馆藏明长松馆刻本,第258页。关于"无知无不知"的义理问题及其在阳明后学中所引发的思想纠葛等问题,参见拙著:《罗汝芳评传》第三章第三节"良知说"之三"无知无不知",南京大学出版社,2005年,第275—289页。

再来看上引的 7.3.2 这段话,其云:"孔子有鄙夫来问,未尝先有知识以应之,其心只空空而已。"这里有一问题须注意:亦即依《论语》原文"空空如也"来看,一般认为"空空"是指"鄙夫"而言,然而依此处阳明之语脉,"空空"变成了孔子自称。本来,阳明把"无知"理解为"有知"的反义词,其中的"知"仅指"见闻知识",这是字面上的直接解释;然而若说"无知"是心体"空空"之状态,其中则别有深意。依阳明,良知之"知"绝非"见闻之知",从根本上说,良知具有"不学不虑"之特征,这是良知之"无"的存在面相,然从现实的角度看,良知本体必落实在当下世界,也必然指向伦理价值之"有",此即"不离于见闻"之意。重要的是,"无知"除了含指缺乏知识以外,更是指心体的一种"空空如也""不滞于见闻"的存在向度。显然,这是阳明对孔子"无知"所做的创造性诠释。不难看出,阳明之所以这样重新诠释孔子"无知",其因在于阳明欲以"无知"来指明良知本体的一种重要特质,也就是说,阳明意图揭示出"无"乃是良知本体的一个存在向度。

因此重要的是,在阳明看来,"无"并不是单纯地意味着没有,而是意味着对一般意义上的经验知识的搁置或掏空,以使这种外在的经验知识对心体良知的干扰接近于零的状态,这就叫作"无",也就意味着接近于良知的本来状态。换言之,良知作为一种价值存在,虽必然指向"有"的世界,而且也不能完全与见闻知识隔离,然而就其本真状态而言,却不能偏执于"有"、滞于见闻,而应向"无"回归。正是在这个意义上,阳明强调孔子所言的"无知"意谓"空空如也",是知的一种理想状态。假设孔子"留得些子知识在",便不能激发起"鄙夫"的良知。很显然,"无知"并不是对"知识"的一种单纯否定,而是对偏执于"知识"的那种姿态或趋向的否定,通过这种否定才能使人心呈现出"不滞于见闻"的真实良知。

及至阳明后学，人们在理解和诠释阳明学中"无"的问题时，开始意识到有必要从儒家原典中寻找文本的依据。于是，《论语》所提供的上述记录，适以成为支持心学家论证良知之无、心体之无等问题的理论依据。王畿便是其中的典型人物之一，他以"圣人无知"或"圣人无心"之说来直接印证自己的"四无说"①，他的一个诠释策略便是借孔子"无知"来阐发自己的观点。又如，阳明再传弟子王时槐（号塘南，1522—1605）对阳明所言"无知无不知"也很欣赏，他指出：

圣门未尝讳空。如孔子空空，颜子屡空，是也。……朱子恐其近于禅，故以空空归鄙夫，屡空为空乏，盖讳言空也。（《友庆堂合稿》卷四《三益轩会语·甲申》，《四库全书存目丛书》集部第 114 册收清光绪三十三年重刻本，第 254 页）

孔子之无知乃真知也。阳明先生所指良知，盖如此。彼以情识为良知者，远矣。（同上书，第 259 页）

在塘南的理解中，"空空"是孔子自称，由于朱熹讳言"空"字，故朱熹把"空空"二字归诸"鄙夫"（参见《论语集注》卷五《子罕第九》）。然而按塘南的观察，在儒学历史上，"圣门未尝讳空"，孔子所说的"无知"便是"空空"之意，而这也正是阳明所说的"良知"，因为"无知乃真知"。重要的是，在塘南看来，以无知来指明良知，更能从根本上杜绝心学末流所存在的"以情识为良知"的错误观点。②可见，阳明从良知学的立场出发，对孔子"无知"的重新诠释，在阳明后学中引起了积极的回应，在心学史上产生了

---

① 关于"四无说"，参见《王畿集》卷一《天泉证道纪》等。关于王畿之论孔子"无知"，详参《王畿集》卷七《新安斗山书院会语》等。

② 按，关于王时槐，参见拙著：《聂豹·罗洪先评传》附论"王时槐论"。

重要的影响。

但是在晚明思想界，针对阳明及其后学将孔子所言"无知""空空"解读为圣人之心本来"无知"、本来"空空"的观点，也有不少严厉的批评意见，值得注意。如冯从吾（号少墟，1556—1627）便指出：

> 问："空空如也，当作圣人看否？"曰："不可。鄙夫惟空空，才能领受圣教，不然圣言未毕，必有龃龉不相投处。圣人必不能尽言，又安得竭两端哉？夫子说鄙夫空空，正见得他受教有地。……若说夫子空空，颜子屡空，是学别有所宗，特援圣言以为证耳。"（《少墟集》卷二《疑思录·三·读论语上》，四库全书珍本五集，第58—59页）

这个批评非常尖锐。他说故意将"空空"解释成孔子本人的"无知"状态，乃是"别有所宗"的异端之说，是借圣言以为己说之论据而已。这显然是指心学末流意欲别立宗旨，因此故意扭曲了经文原意。

可见，围绕《论语》"无知""空空"这一案例，在阳明时代已表现出两种不同的诠释方向，这两种诠释所内含的问题却很重要。少墟之说且不论，塘南之见显然与如何理解阳明所揭示的"良知本无知""无知无不知"这一思想命题有关。事实上，我们将从以下的阳明语录当中，能够更进一步体会到阳明是从"本体原来如此"这一本体论的高度来强调"良知本无知"的。阳明指出：

7.3.3　无知无不知，本体原是如此。譬如日未尝有心照物，而自无物不照。无照无不照，原是日的本体。良知本无知，今却要有知；本无不知，今却疑有不知。只是信不及耳。（《传习录》下，第282条）

7.3.4　知来本无知，觉来本无觉。（《传习录》下，第

213 条)

为何一方面说"本无知",另一方面又说"本无不知"？表面看来,这类说法不免吊诡,然而其中却含有深刻的思想意蕴。这是阳明对良知本体问题的更进一层的解说,其中涉及良知之于"有无"的关系问题。他用太阳"无照无不照"作为比喻,用以说明良知本体原是"无知无不知"的,其论证思路是：太阳是无所不照的,在时间上不会停息,在空间上普照天下,这是常识,但是太阳之能"照"是其本性(亦即本体)使然,而不能说太阳"有心照物"；同样,良知是自会知、自会觉的,但是良知之知也不是"有心"去知,而是良知本身必然自知自觉的特性所决定的。这里涉及"有心"与"无心"的关系问题。当阳明说太阳之"照"是无心的,其意在于强调良知之"知"原是"无知"的。

关于"无心"的说法,在中国哲学史上是有来由的,仅就宋代理学而言,例如程颢《定性书》有一句明言：

> 夫天地之常,以其心普万物而无心；圣人之常,以其情顺万物而无情。故君子之学,莫若廓然而大公,物来而顺应。(《河南程氏文集》卷二《答横渠张子厚先生书》,《二程集》,第 460 页)

阳明所说"无照无不照",基本上就是"(天地之)心普万物而无心"的意思。事实上,不仅是程颢,即便是朱熹,他也认同"天地无心""天道无为"的观点。这些看法都与一个基本观念有关,那就是上面也曾提到的,亦即"天理自然",因其"自然"故而"无心"。这里的"无心"意谓对后天人为意识的排斥。

同样,在天理自然、天地无心这个问题上,阳明的观点基本与宋儒一致。只是到了阳明那里,他所说的"无心"或"无知",则有了另一种理论企图,他是为了从本体论上来证明良知本体原是"无知"的观点。显而易见，当阳明从良知本体的角度，由太阳本体"无照无不照"推出良知本体"无知无不知"，则是前无古人的独创见解。他的旨意很简单明了，良知是"先天未画前"的一种创造动力，既然是创造就不能从"有"创造出"有"（从有到有，只能说制造），而必须是从"无"才能创造出一个新的"有"。

阳明有一句话，点出了其中的奥妙，很值得回味，但这句话向来不为学界所注目，他说：

7.3.5　我此论学，是无中生有的工夫，诸公须要信得及。（《传习录》上，第 115 条）

"信得及"三字，在阳明的语言当中绝非仅具有修辞学意义，而是有相当重要的哲学含义，往往是指向本体问题而言的，是阳明惯常使用的一口道破语、当头棒喝语，而绝非是泛泛之言。①用今天的话说，"信得及"相当于信念或信仰，而非泛指"相信"（"相信"可指"此事确凿"之类的知识认同）。到了王门后学，"信得及"几乎成了同门之间对师说是否认同的一个重要标识。②结合阳明此处所言来看，他是说应将"无中生有"作为一种信念来"信"之。

---

① 举三个例子，如："须信得本体"（《传习录》下，第 266 条），"信得良知过"（同上，第 311 条），"我今信得这良知真是真非"（同上，第 312 条）。至于"自信"一词在《传习录》中亦屡被强调，从某种意义上可以说，阳明学最为强调为学工夫以及为人行事，都要对良知充满"自信"。顺便提一句，二程亦曾论"信"，并将此提到"觉悟"的高度，其云："觉悟便是信。"（《河南程氏遗书》卷六，《二程集》，第 82 页）

② 例如，"信得"或"自信"在王畿那里简直到了俯拾皆是的地步，而且被提到了"圣贤之学惟自信得此"（《王畿集》卷四《答退斋林子问》，第 82 页）的高度，显然已有了更为浓厚的"信仰"的意味。据《龙溪会语》卷三《东游问答》所引耿定向语，他对阳明"无善无恶"宗旨自谓"颇信得及"（《王畿集》附录二，第 721 页）。

那么,何谓"无中生有"呢?此"生"字绝非是实际的"生",亦即不是宇宙生成论意义上的"生",也不是上帝由"无"创造出万物这一意义上的"生",我们只有将此放在良知的论域中才能对阳明所言"无中生有"做出相应的了解,此"生"应当是指一切现实世界中的"有"都是根源于良知本体的"无"。依阳明,现实之有,可称作良知之用;良知之无,可称作"良知本无知";而致良知工夫便是立足于"无知"而指向"无不知",这一指向的过程便是"生"。换言之,此"生"字并不是如"鸡生蛋"那样一种实际的"生",而是意谓由良知本体必然指向致良知工夫的过程。①

阳明又以"太虚无形"来表述"良知之无",同时又强调良知就在"太虚无形"中"发用流行",他指出:

> 7.3.6　良知之虚,便是天之太虚;良知之无,便是太虚之无形。日月风雷、山川民物,凡有貌象形色,皆在太虚无形中发用流行,未尝作得天的障碍。圣人只是顺其良知之发用。天地万物,俱在我良知的发用流行中,何尝又有一物超于良知之外,能作得障碍?(《传习录》下,第269条)

这里所说的"良知之虚""良知之无",其实就是"良知本无知"的另一种表述方式。意思是说,太虚本无所有,而一切之"有"即存在于太虚之中,一切"貌象形色"无不在"太虚无形中发用流行"。同样,良知本体本无所有,然而"天地万物,俱在我良知的发用流行中"而又不能成为良知本体的障碍。必须看到,在阳明的这一论述中,其实存在着一个非常重要的观念,亦即"无"绝不是单纯

---

① "无中生有"在阳明后学的思想展开过程中被不断讨论,请参见拙著:《阳明后学研究》第七章"王龙溪论"第三节"无中生有"以及第八章"耿天台论"第五节"不容已",其中涉及"从无达有""从无入有"以及"从有入无"等义理上的分辨与争议。关于"无"的问题,另见本书第十讲。

的什么也没有的意思,正是在这个"无"中,包含着一切的"有",蕴涵着一切"有"的可能性。反过来说,一切的"有"必然内含于"无"之中,然而却不能成为"无"的障碍。关于这层义理,在下面一段略显冗长的论述中,阳明又有更为明确的表述:

> 7.3.7　夫惟有道之士,真有以见其良知之昭明灵觉,圆融洞彻,廓然与太虚而同体。太虚之中,何物不有? 而无一物能为太虚之障碍。盖吾良知之体,本自聪明睿知,本自宽裕温柔,本自发强刚毅,本自斋庄中正文理密察,本自溥博渊泉而时出之,本无富贵之可慕,本无贫贱之可忧,本无得丧之可欣戚、爱憎之可取舍。盖吾之耳而非良知,则不能以听矣,又何有于聪? 目而非良知,则不能以视矣,又何有于明? 心而非良知,则不能以思与觉矣,又何有于睿知? 然则,又何有于宽裕温柔乎? 又何有于发强刚毅乎? 又何有于斋庄中正文理密察乎? 又何有于溥博渊泉而时出之乎? 故凡慕富贵,忧贫贱、欣戚、得丧、爱憎、取舍之类,皆足以蔽吾聪明睿知之体,而窒吾渊泉时出之用。若此者,如明目之中而翳之以尘沙,聪耳之中而塞之以木楔也。其疾痛郁逆,将必速去之为快,而何能忍于时刻乎? 故凡有道之士,其于慕富贵,忧贫贱、欣戚、得丧而取舍爱憎也,若洗目中之尘而拔耳中之楔,其于富贵、贫贱、得丧、爱憎之相,值(直)若飘风浮霭之往来变化于太虚,而太虚之体固常廓然其无碍也。

(《全集》卷六《答南元善·丙戌》,第 211 页)

这段语录涉及良知之无、良知之虚的本体问题以及境界问题。阳明指出,良知是昭明灵觉、圆融洞彻的,其体犹如太虚一样,本无所有;然而如同太虚之中无所不有一般,良知本体却拥有各种特性:例如聪明睿智、宽裕温柔、发强刚毅、斋庄中正、文理密察、溥博渊泉而时出之，等等。另一方面，良知本体又在本来意义上没有那些世俗常态中的"有"相：例如爱富贵，忧贫贱、欣戚、得丧、爱憎、取舍，等等。阳明进而将这些世俗状态中的"有"相，比作"明目之中而翳之以尘沙，聪耳之中而塞之以木楔"，其结果必然是使原本如同太虚一般圆融洞彻的"明目"和"聪耳"反而引发"疾痛郁逆"。因此，"将必速去之为快"而容不得有一丝一毫的容忍与等待。阳明在这里的长篇大论所要表明的一个主旨就是：从本体上说，良知犹如太虚一般，本来无有而有何物不有，重要的是，"有"不能成为"无"的障碍，所以"有道之士"若能立足于良知本体来落实修养实践，就能抛开这些世俗常态之"有"相的干扰，在任何情况下都能保持心体"本无"的本来状态，如此就能实现"与太虚同体"的精神境界。

　　须指出，这里的"太虚"一词显然借助于张载哲学，本来属于"气"的概念领域。具体而言，阳明在这里沿袭了"太虚无形，气之本体"这一张载的标志性观点。不过，阳明并未由此而提出一套"气"的理论，他的用意却在于强调有无是互涵互摄的，彼此不能成为对方的障碍，并用太虚与万物的关系作为比喻，意在指出良知本体既有"无"的存在向度，又有指向"有"的必然趋势，两者是可以互相转换的。这就叫作"良知本无知""无知无不知"。用阳明的另一个说法，又叫作"有而未尝有""无而未尝无"（《全集》卷七《见斋说》，第 262 页）。任何对"有无"的偏执，均不可取。

　　那么阳明为什么要从"有无"两个方面来解释良知呢？阳明认为，"有"虽是良知之本质规定，但不可执着于"有"，因为就良知之本然状态看，乃是"无"。同样，"无"虽是良知本体的本然特性，但也不能因为"无"而忘却了良知之有的价值存在。因此，从工夫的层面看,不可偏执于"无"或"有",而应当做到"顺其良知之发用",亦即顺应良知之本然特性、作用方式,庶可把握良知的本来面貌。

总之,阳明之论良知"本无知",是为了避免在致良知工夫上执定于"有",更是为了防止人们把良知视同一物或把良知视同知识;反过来说也一样,是为了预防将知识视作良知的偏向,在这个叙述中,贯彻着阳明的"知识技能非所与论"(《传习录》中《答顾东桥书》,第 142 条)的一贯立场。阳明所担忧的是:以为追逐知识便是致良知工夫,或是以为致良知工夫将有赖于知识的积累。阳明认为,这些错误观点的根源之一就在于,误将知识认作良知。为了打破这类成见,故有必要重提孔子的"无知",以此作为"良知本无知"的经典依据。

当然另一方面,阳明也要强调良知"无不知",这是由于良知本体具有"自会知""自会觉"的本质特征之故。概而言之,良知之无只是良知本体的存在形式,而良知之有才是良知本体的本质内涵。重要的是,既要知道良知本体无时无刻不在"发用流行"的道理——良知之有,也要充分了解"知来本无知"——良知之无。究极而言,阳明的致良知教所欲达致的最高境界便是有无合一、内外合一。所谓"天地万物,俱在我良知的发用流行中,何尝又有一物超于良知之外,能作得障碍?"这并不是一种宇宙论叙述,而是指破除物我对待之后而达致的境界。关于良知与境界的问题,我们将在下一讲再来讨论。

四 我的灵明

以上在讲良知有无问题时,曾出现太虚与万物的关系问题,阳明表达了这样的观点:太虚空无一物而万物即在太虚之中。

同时,我们也注意到其中"天地万物俱在我良知的发用流行中"这一提法,这里良知被喻作本无一物的太虚,其意则在于表明良知本体本无一物而万物即在良知的发用流行中。在这个观点当中,内含了良知与万物的关系问题,这个问题类似于"心外无物"的心物关系问题。

不过,自阳明提出致良知教以后,心物问题的讨论往往被转化为良知与万物的问题。关于这个问题的讨论虽然延续着"心外无物"这一阳明学的固有思路,然而由其言论方式看,显然阳明更为关注的问题是,良知除了是人的存在之依据这层含义以外,良知作为无所不在的普遍存在,能否成为万物之所以存在的依据?《传习录》中有一条有关这一问题的重要记录:

7.4.1　朱本思问:"人有虚灵,方有良知。若草木瓦石之类,亦有良知否?"先生曰:"人的良知,就是草木瓦石的良知。若草木瓦石无人的良知,不可以为草木瓦石矣。岂惟草木瓦石为然? 天地无人的良知,亦不可为天地矣。尽天地万物,与人原是一体,其发窍之最精处,是人心之一点灵明。风雨露雷、日月星辰、禽兽草木、山川土石,与人原只一体。故五谷禽兽之类,皆可以养人;药石之类,皆可以疗疾。只为同此一气,故能相通耳。"(《传习录》下,第274条)

这条语录的含义,素称难解。首先,朱本思提到的"人有虚灵"的"虚灵"一词,其实也是阳明经常使用的一个概念,例如他常以"虚灵明觉"来界定良知。然而若就宋明理学的概念史来看,"虚灵"一词本来含指"心"的功能特征,最为明显的例子就是朱熹,他有"心之虚灵知觉,一而已矣"(《中庸章句序》,《四书章句集注》,第14页)之说,又说"虚灵自是心之本体。……若心之虚灵,何尝有物!"(《语类》卷五,第87页)这里所说的"虚灵"既指"气"而言，也是指"心"而言。关于"虚灵"一词的语义，阳明并没有做更多的说明，但他曾明确使用过朱熹的一个说法，这就是上面在讲"心外无物"时已引用过的一段话，即"虚灵不昧，众理具而万事出"。可见，阳明不但非常熟悉而且也基本赞同宋儒以来以"虚灵"言"心"的那套固有说法。不过，在阳明那里，他大多用"虚灵"来描述心体或良知的本来状态，意谓心体具有无形无象、无方无所之特征，亦可用"无"来表述，主要指向心之本体的层面。

然而重要的是，朱本思却以"人有虚灵，方有良知"作为前提，进而推出一个问题："若草木瓦石之类，亦有良知否?"显然，在朱的思路中，"人有虚灵"的"虚灵"乃是实指而非状态描述语，这个"实指"当是指"气"而言。如此，这个说法就变成人之有良知是由于人之有"气"的缘故，换言之，良知与气形成了某种结构关系。至于良知与气的关系问题对于建构心学理论有何重要性，阳明并没有过多的论述，但从阳明以下的回答中可以看出，他对万物与人原是"一体"的论述却是从"同此一气"的角度来讲的。因此，尽管从阳明心学的整个义理系统看，"气"的问题并没有显题化，也就是说，"气"并不构成阳明心学的理论关注之焦点，但不容否认阳明欲以良知本体为立论基础，以此推论出万物一体的理论，就不可避免地涉及"气"的问题。因为事实很显然，一旦讲到物的层面，就无法忽视理气结构问题，甚至就人身而言，也有理气结构问题。当然，阳明所关注的并不是这个结构论，而是如何紧扣良知本体以证成物的存在依据亦在于良知这一本体论问题。

事实上，朱本思的问题颇类似于宋代理学曾讨论过的"枯槁有性否"的问题。这个问题原是从佛学而来，不过在理学发展史上,特别是在朱熹哲学那里,这又是一个不得不面对的理论问题。由于"性"字的含义往往容易发生滑转,即可指"本然之性",又可指"气质之性",甚至可以直接与"理"画上等号,而"理"又有"分理"与"总理"(太极)之分,所以有关"枯槁有性"的问题讨论颇显曲折。要之,这个问题在朱熹哲学中表现为人物理气同异的问题,主要是回答人物之性的同异问题。朱熹宣称人物之性都是禀受天地之理而来,以便为人性确立宇宙本体的依据,于是,仁义礼智便普遍而无差异地内在于人和物之中。①朱本思的草木瓦石亦有良知否的问题,实际上就是在质问良知能否成为宇宙的本体?

对此,阳明的回答与朱熹不同,他自有一套思路。我们须注意"若草木瓦石无人的良知,不可以为草木瓦石矣。……天地无人的良知,亦不可为天地矣"这个断然直截的说法,若以常识观之,似乎颇为难解,然而这显然是阳明的"意之所在便是物"这一论点的延伸和拓展,也是阳明"心外无物"这一心物论的一种变相说法。如同物是意之所在物一样,天地也同样是意之所在的天地,推而论之,则草木瓦石也是意之所在的草木瓦石,如果没有人的意向所指,则天地草木瓦石的存在就无法得以确认。所以,"天地无人……"这个说法表明,天地与人是不可分割的一个整体,而连接这一整体的关键性因素便是"人的良知"。另一方面,"不可以为……"这一说法表明,若无人的良知,则草木瓦石何以呈现其意义便无法确认,所以人的良知就是草木瓦石得以

---

① 关于朱熹"枯槁有性"的讨论,参见《朱子文集》卷五十八《答徐子融》第3书、卷五十九《答余方叔》各书。另参见陈来:《朱子哲学研究》第六章第四节"枯槁有性",华东师范大学出版社,2000年,第136—143页,尤其是第142页。

呈现其意义的依据。很显然,这个说法如同上述"南镇观花"的例子一样。若离开了人的存在,花在山中自开自落只是一个事实存在而不是一个价值存在,花开花落的意义只有融入人的世界之中,然后才能展现出来。同样,草木瓦石乃至于风雨露雷、日月星辰、禽兽草木、山川土石等一切自在之物的存在,无一不与人息息相关,而与人构成一整体世界。所谓"与人原只一体",亦可表述为"万物一体"(关于这一点,第九讲就会有专题讨论),在这个"一体"的世界里,人与物是可以彼此相感相通的,尽管其形式是以"气"作为沟通的中介。

有关良知与万物的关系问题,阳明还有一段更为著名的对话:

> 7.4.2　先生曰:"你看这个天地中间,甚么是天地的心?"对曰:"尝闻人是天地的心。"(《礼记·礼运》)曰:"人又甚么教做心?"对曰:"只是一个灵明。""可知充天塞地中间,只有这个灵明。人只为形体自间隔了。我的灵明,便是天地鬼神的主宰。天没有我的灵明,谁去仰他高?地没有我的灵明,谁去俯他深?鬼神没有我的灵明,谁去辩他吉凶灾祥?天地鬼神万物离却我的灵明,便没有天地鬼神万物了。我的灵明离却天地鬼神万物,亦没有我的灵明。如此便是一气流通的,如何与他间隔得!"又问:"天地鬼神万物,千古见在,何没了我的灵明,便俱无了?"曰:"今看死的人,他这些精灵游散了,他的天地万物尚在何处?"(《传习录》下,第336条)

不用说,"我的灵明"意即"我的良知",所谓"灵明",与上述"虚灵"一词基本同义。在这里,阳明以一种"截断众流"的语气,断言:"天地鬼神万物离却我的灵明,便没有天地鬼神万物了。"

显然,这与上述"若草木瓦石无人的良知,不可以为草木瓦石矣。……天地无人的良知,亦不可为天地矣"的意思完全一致,但语气更为坚决果断,让我们感到有一种震撼力。阳明无疑是在宣称,良知才是宇宙万物、天地鬼神之所以存在的最终依据,质言之,良知也就是宇宙本体。

尽管如此,阳明还是遇到物质自在与人何干这一传统观念的挑战。对此,阳明的回答道出了良知与万物、人与物何以是一体之存在的一个基本且重要的思路:"今看死的人,他这些精灵游散了,他的天地万物尚在何处?"这句反问蕴含着一个肯定的答案:天地万物的价值和意义,必定随着人的存在而存在。在这里,万物的自在问题被万物的价值问题所化解,既然世界是一个有价值的存在,那么它必然是指向人的存在而言,而人是一种德性的存在,是有道德心、价值感的现实具体的存在,因此人的存在决定并赋予现实世界以价值和意义。这便是儒家为何公认"人是天地的心"这一观念的缘由。总之,天地万物之所以是一种对人敞开的意义世界,其依据端在于"我的灵明"而非其他。

最后要指出的是,上面出现的"虚灵""灵明""精灵"等用语并不仅指良知,往往含有"气"的含义,这里就涉及良知与气的关系问题,在此略做分疏。阳明曾说:

　　7.4.3　夫良知一也,以其妙用而言谓之神,以其流行而言谓之气,以其凝聚而言谓之精。(《传习录》中《答陆原静书》,第154条)

他认为良知具有"妙用""流行""凝聚"三大特征,分别可以"神、气、精"来加以描述。然而神、气、精(即精气神),原本乃是道家的概念,后来成为道教内丹术的一种专门术语,并归纳出一套"炼精化气、炼气化神、炼神返虚"的内丹功法,这里不必赘言。

阳明运用精气神这套概念来描述良知,很引人注目。

然而,气之妙用谓之神,乃是《易传》"阴阳不测之谓神"的翻版,何以说良知亦有妙用? 良知固有发用流行,但何以"谓之气"? 气可以言凝聚,良知何以亦可言凝聚? 事实上,阳明在这里所说的良知已经超出了人之德性的范畴,而是指宇宙天地之精神,类同于"天地之心"。而气作为一种功能存在,为良知——天地精神提供某种介在作用,换言之,良知在表现形式上可以气的妙用、流行、凝聚等形态出现。当然归根结底,"天地之心"也就是"人之心",因为天心与人心的同质性就在于良知,如同天人合一、物我一体的依据在于良知一样。

总之,气具有载体的功能,能为良知的发用流行提供一种外源性的助力,因此也有积极的一面,所谓"同此一气""一气流通"亦可如此看。就此而言,在阳明的思维方式中亦有朱熹"理本气具"的影子。但在阳明看来,气的存在是有消极性的,当它落在人身上讲的时候,气往往是心念意识、心理情绪等发生偏差的根源,故而阳明常常告诫弟子要注意做到心中勿"动气",并提出了"循理便是善,动气便是恶"(《传习录》上,第 101 条),"学者信得良知过,不为气所乱,便常做个羲皇已上人"(《传习录》下,第311 条)等观点,这里"气"便是一个应加以克治的对象。要之,作为"我的灵明"的良知不就是气,气构成宇宙万物的要素条件,它充满宇宙,但气不能决定良知的存在,否则便近乎理为气所决定的气本论。在阳明,良知才是气乃至于万物之中的本体存在。

第八讲 良知存在的境界

　　一般说来，对于孟子的良知概念，有这样一种理解的向度：良知即良心。良心意谓人的道德意识，换言之，良知首先是一种道德意识。这一理解固然是正确的。由上所述，我们可以看出阳明亦往往从心之虚灵明觉这一层面来解说良知，而且阳明也继承了孟子的良心说，将良知界定为是非之心。然而对于阳明心学而言，良知既是如同良心一般的道德意识，能够知是知非，同时良知作为一种本体存在，也自然是生天生地的一种依据。因此良知必然要由意识走向存在。因此，一方面，良知是人的一种本质存在，人的生命价值和意义得以实现的依据也就在于人心的一点良知；与此同时，良知又是宇宙本体，是亘万古、塞宇宙的天地精神之存在。对于人的存在来说，通过致良知工夫，便可实现人的价值和意义，提升人的道德人格以实现终极的精神境界，这种精神境界必然通向与天地往来之精神的合一。

　　精神境界与良知存在有着内在关联，但境界更多与主体的精神状态有关，所以它可以有不同的内涵。儒学所追求的成圣境界，与佛老所追求的出世超生之境界就有不同。从宋明理学的历史来看，周敦颐开创的"洒落"境界就与程朱为代表的"敬畏"境界有所不同。

如所周知,冯友兰有四种境界说,即自然境界、功利境界、道德境界、天地境界(见冯友兰:《新原人》,载《贞元六书》,华东师范大学出版社,1996年),唐君毅则有"心灵九境"说(见唐君毅:《生命存在与心灵境界》,中国社会科学出版社,2006年)。杨国荣认为,阳明心学强调物我无间的思想颇近于天地境界,但就其总体看,其内在精神更合乎道德境界(杨国荣:《杨国荣讲王阳明》,第47页)。陈来则认为,阳明心学所追求的是,以有为体,以无为用,有无合一的"终极境界"(陈来:《有无之境》,第275页)。①在我们看来,阳明良知学所追求的精神境界乃是由良知存在展现出来的内外两忘、心事合一、浑然一体的天地境界。

关于阳明学的境界问题,还须结合下一讲"万物一体的创建"来谈,这里仅就"浑然一体""精金喻圣""满街圣人"三个角度来窥看阳明学有关人何以成圣的依据以及途径等问题。

一 浑然一体

阳明常说世儒喜"分析",里面含有几分讥讽的意味,大致用以批评以程朱为代表的"近世格物说",特别反对朱熹"析心与理为二"的观点。而阳明自己则断然主张:"此理岂容分析!""圣人说精一自是尽。"(《传习录》上,第35条)由此已可看出,在阳明的审视之下,宋儒的学问乃是一种支离分析之学,而他自己的学问则是"合一"之学。近代以来,有一种观点认为,讲究分析是符合理性及科学之精神的,讲究"合一"则是属于"直觉"的思维方

---

① 按,这个"终极境界"的说法,意不甚明,窥其旨意,概指既含道德境界,又"包含天地境界(仁者以天地万物为一体)"。

式而未免违反理性及科学的。这一看法并不准确，理性既讲分析，又何尝不讲综合。阳明所说的"合一"，并非是反理性主义的主张。

当阳明提出良知学说以后，对良知概念如何理解，在其门下可谓众说纷纭。阳明弟子陆澄结合《中庸》"未发已发"、《周易》"寂然感通"等说，要求阳明对良知概念做出更为清晰的分解式说明。对此，阳明指出：

> 8.1.1　未发之中，即良知也。无前后内外，而浑然一体者也。有事无事，可以言动静，而良知无分于有事无事也；寂然感通，可以言动静，而良知无分于寂然感通也。动静者所遇之时。心之本体固无分于动静也。理无动者也，动即为欲。循理则虽酬酢万变，而未尝动也；从欲则虽槁心一念，而未尝静也。动中有静，静中有动，又何疑乎？有事而感通，固可以言动，然而寂然者未尝有增也；无事而寂然，固可以言静，然而感通者未尝有减也。动而无动，静而无静，又何疑乎？无前后内外而浑然一体，则至诚有息之疑，不待解矣。未发在已发之中，而已发之中未尝别有未发者在；已发在未发之中，而未发之中未尝别有已发者存。是未尝无动静，而不可以动静分者也。（《传习录》中《答陆原静书·又》，第157条）

其中的核心观点无疑就是"无前后内外而浑然一体"，这个观点表明的正是阳明"此理岂容分析"的立场。在这里，阳明从良知本体的角度出发，极力反对用未发已发、前后内外、寂然感通、有事无事、有动有静等一切分解式概念来描述或定义良知。在他看来，良知便是"浑然一体"的存在，不论未发还是已发，不论前后还是内外，不论寂然不动还是感而遂通，总之一切时间上或空间上发生的断裂分离,都与良知本体的真实存在状况不符。换言之,良知本体作为本来如是的"浑然一体"之存在,它整体地存在于任何对象的世界之中。阳明的这个思想点出了良知的不可分节性。

一般说来,人们对于外界事物往往免不了用分节性的观点或立场去加以观察,不仅将对象分节化,而且由此形成的概念或意识也导致种种分节的结果。若追溯其根源的话,可能与我们的语言有关。由语言的有限性所左右的意识及其形成的概念,不能用来描述或定义绝对存在,这是老庄道家已有的智慧,例如道为"强名"等,这里不用细说。①

在阳明看来,最为严重且最为根本的分节性思维莫过于朱熹理学的将心与理"析而为二"之说。从某种意义上说,阳明哲学的出发点就在于打破朱熹理学以来将心理分节的理解态度及其立场。良知存在"浑然一体"便是阳明用以批判程朱理学的有力口号,用他的另一个表述,就叫"人心天理浑然"(《传习录》上,第 20 条)。如后所述,在阳明的"万物一体"论中,他更是将"一体"观融入有关社会伦理、政治秩序如何重构的论述当中,以人己不分、物我无间、圣愚一致等观点来贯彻他的良知"浑然一体"的哲学立场。

良知的浑然一体性、不可分节性,不仅是本体论的,而且还是工夫论的重要命题。阳明认为对良知的把握应该是超越"睹

---

① 所谓"分节",意指区分、分割、区划。关于"分节化"问题,笔者有取于日本哲学家井筒俊彦的论著:《意识の形而上学——〈大乘起信论〉の哲学》第一部第六节"言语の意味分节・存在分节",中央公论社,1993年初版,1994 年第 6 次印刷,第 28~44 页。另参见其著:《意识と本质——精神の东洋を索めて》,岩波书店,1983 年。

第八讲　良知存在的境界

闻思为"的,因为良知本体本无所谓"睹闻思为""原是无动无静的",他指出:

　　8.1.2　理无动者也。常知、常存、常主于理,即"不睹不闻""无思无为"(《周易·系辞上传》)之谓也。不睹不闻、无思无为,非"槁木死灰"(《庄子·齐物论》)之谓也。睹闻思为一于理,而未尝有所睹闻思为,即是动而未尝动也。所谓"动亦定,静亦定"(程颢《定性书》),"体用一原"(程颐《易传序》)者也。(《传习录》中《答陆原静书·又》,第156条)

　　8.1.3　故迩来只说致良知。良知明白,随你去静处体悟也好,随你去事上磨炼也好。良知本体,原是无动无静的,此便是学问头脑。(《传习录》卷下,第262条)

　　第一段话谈到"理"的问题,而没有出现良知概念,其实所谓"常知,常存,常主于理"的说法,无疑就是阳明晚年致良知教的另一种说法而已,而非宋儒所理解的"穷理"说。阳明所说的"睹闻思为一于理",其实也就是要求"循其良知""依着良知"来展开睹闻思为的活动(详见以下两条)。

　　而在8.1.3条当中,阳明更为明确地坦言,致良知工夫其实是即动即静而不能以动静来加以局限的。表面上看,"随你去静处体悟也好,随你去事上磨炼也好"这一表述方式未免让人难以捉摸。事实上,这个说法表明,致良知工夫既贯穿于"静处"(即无事时),也落实在"事上"(即有事时),是打通动静、合动静为一的一种根本工夫。诚然,在一个人的日常生活中,不免遇到"有事"或"无事"、"有动"或"有静"等不同状况,但是就良知本体而言,任何现象界的有动有静或无动无静,都无法局限良知本体的无所不在的根本特性。因此,只要充分了解良知本体"原是无动无静"的这一"学问头脑",那么就可以使人在任何生活状况

197

中都能切实地按照良知去做。

所谓按照良知去做,也就是上面提到的"循其良知""依着良知",关于这一点,阳明又说:

> 8.1.4 学者学循此良知而已,谓之知学,只是知得专在学循良知。(《传习录》中《答陆原静·又》,第 165 条)

> 8.1.5 吾儒养心,未尝离却事物,只顺其天则自然,就是功夫。(《传习录》下,第 270 条)

所谓"循良知"①,在阳明,意与"一于理"同,质言之,也就是一切按良知办事、率良知而行。只要做到这一点,那么一切意识思虑、行为举措的分歧差别便自会克除。

但问题是,在做到"循良知""一于理"之前,还必须首先认得"良知明白",或者说首先要做到"常知,常存,常主"。换句话说,良知存在在时间上先于致良知工夫,那么又如何能做到在实施致良知工夫之前认得"良知明白",若要认得"良知明白",只有等到开始实施致良知工夫之后或同时。这个问题就涉及本体与工夫孰先孰后的关系问题,我们将在下面第三节"本体工夫论"再来讨论,这里只需提示一点:所谓"良知明白",其实与上面第六讲所说的"良知自知""良知自觉""良知独知"的道理一样,它是致良知工夫的依据而非致良知工夫的条件。

阳明又说:

> 8.1.6 一友问:"功夫欲得此知时时接续,一切应感处反觉照管不及。若去事上周旋,又觉不见了。如何则可?"先生曰:"此只认良知未真,尚有内外之间。我这里功夫,不由人

---

① 关于阳明主张"循良知""依良知"及其在阳明后学中的反响等问题,参见拙著:《阳明后学研究》第六章"欧阳南野论",第 292—298 页。

急心。认得良知头脑是当,去朴实用功,自会透彻。到此便
是内外两忘,又何心事不合一?”(《传习录》下,第263条)
这里的问题与上述本体与工夫孰先孰后的问题有点类似,在工
夫过程中,常常会遇到本体迷失的现象,或是“照管不及”或是
“又觉不见”,亦即本体的迷失。那么,良知何以会迷失呢? 阳明
对此的答案是,这是“认良知未真”的缘故。反过来说,就是要求
认得“良知明白”,也就是这里所说的“认得良知头脑是当”,若此
便能做到“内外两忘”,而不会因工夫或内或外而苦恼。

“内外两忘”原是程颢语,其在《定性书》中指出:

与其非外而是内,不若内外之两忘也。两忘则澄然无事
矣。无事则定,定则明,明则尚何应物之为累哉?(《河南程
氏文集》卷二《答横渠张子厚先生书》,《二程集》,第461页)
在这里,“内外两忘”是程颢“定性”说所强调的境界语。阳明所
谓“内外两忘”无疑有取于程颢。不过,在阳明,他认为根据致良
知工夫,便可实现“内外两忘”“心事合一”的境界,而无须采用程
颢所说的“定性”工夫,这是阳明有进于程颢的创新之处。

阳明认为,日常工夫时接时续,照管不及,不免在事上周旋,
这类问题的发生是由于“认良知未真”,未能循其良知“朴实用
功”的缘故。在他看来,要解决上述常见的疑惑,只要“认得良知
头脑是当”即可。换言之,良知便是实现“内外两忘”“心事合一”
的保证。由此可见,良知存在“浑然一体”不仅是本体论的预设,
同时也必然指向境界。由“浑然一体”而取消分节意识,便可在
工夫上做到超越外物以及自身意识的差别对待,最终就能实现
心事合一、心理合一的精神境界。

最后须指出的是,由于良知存在是浑然一体的,所以致良知
工夫也要做到“合一”。也就是说,“浑然一体”不仅是就本体言

而且也是就工夫言。阳明指出：

8.1.7 此学如立在空中，四面皆无倚靠，万事不容染着，色色信他本来，不容一毫增减，若涉些安排，着些意思，便不是合一功夫。（《全集》卷五《与杨仕鸣·辛巳》，第 185 页）①

这里的"立在空中，四面皆无倚靠，万事不容染着，色色信他本来，不容一毫增减"等措辞，既是对良知存在的本体论表述，同时又是从工夫论角度出发，对我们把握良知的方式提出了要求。从本体论上讲，良知存在是"皆无倚靠""不容染着"的，从工夫论上说，必须做到"信他本来""不容增减"。这是由于本体是"浑一"的，所以工夫也是"合一"的。总之，不论是"内外两忘"还是"心事合一"，阳明良知学的这些主张所指向的最终目标乃是实现人己不分、物我无间、万物一体的精神境界。

二 精金喻圣

我们知道，儒家的理想人格、至上境界就是成就圣人。所谓圣人，孟子有一个界定："圣人，人伦之至也。"（《孟子·离娄上》）意谓圣人是最高人格的实现。用现代的话说，就是德性的完美实现。而且孟子还揭示了一条真理："人皆可以为尧舜。"（《孟子·告子下》）这句话在中国历史上不知激发了多少年轻学子的雄心壮志。

事实上，北宋道学兴起之初，周敦颐传二程之学，其中就有一条重要内容："圣人可学而至。"（参见《河南程氏文集》卷八《颜子所好何学论》）②周敦颐自己则说："圣可学。"（《通书·圣

---

① 按，此段为阳明引杨仕鸣语，但阳明亦表赞赏，称"足可喜矣"，故亦可视作阳明的观点。

② 张载有证言："二程从十四岁时便锐然欲学圣人。"（《经学理窟·学大原上》，《张载集》，中华书局，1978 年，第 280 页）

学》）可以说,圣人之可学,为学以成圣,这正是由宋代道学揭示出来的作为儒者所应持有的共同期许与志向。少年阳明亦然,据传其在 12 岁时,就已树立了"欲做圣贤"的宏伟之志。

不过,成圣的愿望固然美好,然而成圣的依据何在呢? 对这一问题的追问与解答,这是阳明心学所面临的课题。当然在阳明之前,儒者亦多有论及,如二程曾说:"人自孩提,圣人之质已完。"(《遗书》卷六,《二程集》,第 81 页)这是将成圣的依据诉诸先天的人性,这一点也应是宋明儒者的共识。然阳明的特色则在于:他将成圣依据诉诸内心良知。他说:

> 8.2.1　愚不肖者,虽其蔽昧之极,良知又未尝不存也。苟能致之,即与圣人无异矣。(《全集》卷八《书魏师孟卷·乙酉》,第 280 页)

这是说,良知是普遍存在的,是没有贤愚之分的,即便是愚昧之极,良知亦未尝不存,只要能做到致良知,即能成圣。他又说:

> 8.2.2　夫学者既立有必为圣人之志,只消就自己良知明觉处朴实头致了去,自然循循日有所至。(《全集》卷五《答刘内重·乙酉》,第 196 页)

这是说,首先必须立定成圣的志向,然后只须按照自己良知朴实地去做即可。由此可见,良知是成圣的最终依据,致良知是成圣的唯一途径。

阳明甚至还将圣人概念符号化,将此与心之良知等同起来。他提出了这样一个重要命题:

> 8.2.3　心之良知之谓圣。(《全集》卷六《书魏师孟卷·乙酉》,第 280 页)

> 8.2.4　善即良知,言良知则使人尤为易晓。故区区近有"心之良知是谓圣"之说。(《全集》卷六《答季明德·丙

戌》,第 214 页)

应当说,"心之良知是谓圣"是阳明晚年的又一重大发现。这个命题被认为直接来源于象山弟子杨简(号慈湖,1140—1226)"心之精神是谓圣"[1],而杨简此说则来源于《孔丛子》卷二《记问》五所载孔子的一句话:"心之精神是乎圣。"《孔丛子》是否为汉儒之伪托(按,朱熹已有此说),这里且不论。要之,这句话经杨简的抉发,已被赋予了心学的意义[2],而阳明以"心之良知"来诠释"圣人",显然别另创意。在他看来,"圣人"已然不是指一千年前的孔子或孟子的具体指称,而是理想人格的一种象征符号。换言之,他将孔孟以来的最高理想人格——圣人化为了内心的良知,由于良知是人人见在的,所以圣人也就是每个人心中的必然存在。

一言以蔽之,阳明要把"圣人"内在化、普遍化。也就是说,一方面将"圣人"内化为良知存在,从而良知被提升为圣人境界;另一方面由于良知是亘古至今、无所不在的普遍存在,所以人人心中自有圣人,正如阳明所言"个个人心有仲尼,自将闻见苦遮迷"(《全集》卷二十《咏良知四首示诸生》,第 790 页)。若究极而

---

[1] 杨简语参见《慈湖遗书续集》卷一《炳讲师求训》。日本学者楠木正继认为阳明语出自杨简,参见其著:《宋明时代儒学思想的研究》第一章第四节"陆门"附注,广池学园出版部,1962 年。

[2] 例如杨简指出:"至道在心,奚必远求?人心自善,自正,自无邪,自广大,自神明,自无所不通。孔子曰:'心之精神是谓圣。'"(《慈湖遗书》卷一《诗解序》)这一说法与"心即道"或"心即理"的观点已然无异。明儒湛若水批评此说为"异教宗旨"(湛甘泉《杨子折衷》)。关于杨简思想及其在明代的影响,参见吴震:《杨慈湖在阳明学时代的重新出场》(原载日本东方学会《东方学》第 97 辑,1999 年),载吴震、吾妻重二主编:《思想与文献:日本学者宋明儒学研究》,华东师范大学出版社,2010 年。

言,外在圣人已不存在,内在良知就是"圣人"。故阳明逝世前一年在出征途中赋诗一首,抒发了这样一种胸怀:历史上存在的各种圣人已是过眼云烟,而唯一真实的圣人存在乃是作为"吾师"的良知,他说:

> 8.2.5　乾坤由我在,安用他求为? 千圣皆过影,良知乃吾师。(《全集》卷二十《长生》,第796页)①

若将这句诗与上述《咏良知》一句合观,则可看出阳明的良知学在圣人境界的问题上已得出了一个重要结论:由于良知即圣人,而人人都有良知,所以人人都是圣人。

那么,人心中自有"仲尼"究竟是潜在地"有"还是现成当下的"有"? 换言之,人之成圣是潜在的可能性,还是当下的现实性? 这个问题对于阳明学来说至关重要,这里我们不妨通过阳明的一个比喻(即"精金喻圣"),来考察一下阳明有关这个问题的观点。以下分两段录出:

> 8.2.6　希渊问:"'圣人可学而至(程颐《颜子所好何学论》),然伯夷、伊尹于孔于才力终不同,其同谓之圣者②安在?"先生曰:"圣人之所以为圣,只是其心纯乎天理,而无人欲之杂。犹精金之所以为精,但以其成色足而无铜铅之杂也。人到纯乎天理方是圣,金到足色方是精。然圣人之才力,亦有大小不同,犹金之分两有轻重。尧、舜犹万镒,文王、孔子犹九千镒,禹、汤、武王犹七八千镒,伯夷、伊尹犹四五千镒。才力不同而纯乎天理则同,皆可谓之圣人。犹分两虽不同,而足色则同,皆可谓之精金。以五千镒者而入于

---

① 据《年谱》,系此诗于嘉靖六年丁亥九月戊戌条。

② 按,"同谓之圣"系指孟子:"伯夷,圣之清者也;伊尹,圣之任者也"(《孟子·万章上》)。

万镒之中，其足色同也；以夷、尹而厕之尧、孔之间，其纯乎天理同也。盖所以为精金者，在足色而不在分两；所以为圣者，在纯乎天理而不在才力也。

8.2.7　故虽凡人，而肯为学，使此心纯乎天理，则亦可为圣人。犹一两之金比之万镒，分两虽悬绝，而其到足色处，可以无愧。故曰'人皆可以为尧舜'者以此。学者学圣人，不过是去人欲而存天理耳，犹炼金而求其足色。金之成色所争不多，则锻炼之工省而功易成，成色愈下则锻炼愈难；人之气质清浊粹驳，有中人以上，中人以下，其于道有生知安行，学知利行，其下者必须人一己百，人十己千，及其成功则一。后世不知作圣之本是纯乎天理，却专去知识才能上求圣人。以为圣人无所不知，无所不能。我须是将圣人许多知识才能逐一理会始得，故不务去天理上着工夫，徒弊精竭力，从册子上钻研，名物上考索，形迹上比拟，知识愈广而人欲愈滋，才力愈多而天理愈蔽。正如见人有万镒精金，不务锻炼成色，求无愧于彼之精纯，而乃妄希分两，务同彼之万镒，锡铅铜铁杂然而投，分两愈增而成色愈下，既其梢末，无复有金矣。"时曰仁在傍，曰："先生此喻足以破世儒支离之惑，大有功于后学。"先生又曰："吾辈用功只求日减，不求日增。减得一分人欲，便是复得一分天理；何等轻快脱洒！何等简易！"（《传习录》上，第99条）

一般说来，"金"自有"分量"与"足色"之别。阳明把传说中的古代圣人尧舜喻为"万镒"（按，"镒"为古代的重量单位，一镒为二十两或二十四两），把文王孔子喻为"九千镒"，又把禹汤武王等分别喻为七八千镒不等，并指出这些古圣人虽然"才力"各有不同，"而纯乎天理则同，皆可谓之圣人"。

第八讲　良知存在的境界

阳明通过此喻,意在证明这样一点:"圣人之所以为圣,只是其心纯乎天理,而无人欲之杂",就好比"足色"之金(又称"精金"),其所以为"精",是因为"成色足而无铜铅之杂"的缘故。同样,因为"金到足色方是精",所以"人到纯乎天理方是圣"。在阳明看来,就"分量"而言,虽有轻重之不同,然而尧舜周孔之心"纯乎天理则同",这是就"足色"而言。若以"足色"言之,虽"分量"相差"悬绝",总之是"金"则无不同。因此,重要的是看"足色"如何,其中是否杂有"锡铅铜铁",使得本质上发生变异;反之,如果只在"分量"上斤斤计较,犹如世儒喜于知识才能上"毕精竭力"一样,纵然"分量愈增"("知识愈广"),却使"成色愈下"("人欲愈滋"),最终"无复有金矣"(意谓"丧失本心")。总之,阳明的意图在于强调:人人有"足色"之金,"故曰'人皆可以为尧舜',以此",更不必"妄希分量"。如何使得自己的"足色之金"(喻指"良知本体")能够永远保持不变,这才是人们应该关注的重要课题。

按我们的理解,阳明把"精金"喻作圣人,同时也喻作良知,而把金子的"分量"喻作人的"才力",进而指出,人人才力不同,犹古代圣人"精金"的"分量"不同一样,这是有差别的。重要的是,虽分量有异,但圣人"精金"的足色是完全一样的,犹如人之才力虽不同,但人人心中具备"足色之金"(良知心体)则无不同。根据这个说法推论下去,就必然得出结论:人人即圣人。这就意味着每个人都是现实的圣人。理由是,圣人具备足色的"精金",人也同样具备足色的"精金",因为"精金"就是良知,不能说圣人有良知,众人没有良知。

于是,问题就出现了:如果说众人都是现实的圣人而不是潜在的圣人,那么众人就没有必要做"成圣"的工夫努力了。这样一来,问题就更为严重,阳明果真是否认成圣努力之必要吗？其实,如果我们注意到上述第二段引文,就会发现事实并非如此。阳明所强调的是:"故虽凡人,而肯为学,使此心纯乎天理,则亦可为圣人。"其意至为明显,心存天理,但不等于此心在现实状态中也永远保持"纯乎天理"。这是因为"人之气质清浊粹驳,有中人以上,中人以下,其于道有生知安行,学知利行",故有必要做一番"存天理,去人欲"的工夫。可见,在这里阳明表达的思路与朱熹的思路非常相似,我们可以称之为气禀遮蔽说,亦即人生受气禀之影响而未免使自己原本得诸天命的人性受到污染和遮蔽。

可见,在人欲源于气禀这一点上,朱、王并无不同,但是阳明认为"人欲益滋"在于"知识愈广",这与朱熹立场便有很大不同。由此出发,阳明认为祛除障蔽是不必在"知识才能上""册子上""名物上""形迹上"去做的,如同不必去追求"精金"的分量一样,而只须做"减"字工夫。因为人欲气禀的污染,对人心来说,是后天的增加上去的,所以"减得一分人欲,便是复得一分天理",其结果就必将恢复足色之金,也就意味着成就圣人。可见,阳明虽十分强调每个人都有"精金",如同良知之在人心一样普遍,但现实中的人并不等于就是圣人,欲成就圣人仍须做一番工夫实践的努力。所谓"个个人心有仲尼""心之良知之谓圣",也只是说良知构成了人的本质,因而人人都有成圣的可能,并不是说人人已是现实的圣人。

这里还有一个问题值得思考:亦即可能性与现实性的问题,意同荒木见悟揭示的"本来性与现实性"的问题。①这个问题的

---

① 参见其著:《佛教と儒教——中国思想を形成するもの》序论"本来性と现实性",平乐寺书店,1963 年出版;研文出版,1993 年再版。

实质在于:既然良知是人人具足、本来圆满的,何以不能说圣人就是人的现实状态? 令人注目的是,这个问题曾不断引起阳明后学的讨论乃至争议。①清初学者王嗣槐(号桂山,生卒不详)对阳明学甚至有这样的批评:

> 阳明之致良知,也是从现成说的,去人欲,也是从现成说的。不但从圣人说,也是个现成的圣人,从孩提说,也是个现成的孩提,即从庸众人说,也是个满街都是现成的圣人。②

这个批评非常尖锐。但不得不说,这只能适用于对阳明后学某些思想倾向的批评,而与我们以上通过对"精金喻圣"的分析所看到的阳明良知学之思想实质并不相符。

三　满街圣人

与上述问题有关,这里我们来讨论王门中的一场对话,其中出现了"见满街人都是圣人"这一非常著名的说法:

8.3.1　先生锻炼人处,一言之下,感人最深。一日,王汝止(按,即王艮)出游归,先生问曰:"游何见?"对曰:"见满街人都是圣人。"先生曰:"你看满街人是圣人,满街人到看你是圣人在。"又一日,董萝石(按,即董沄)出游而归,见先生曰:"今日见一异事。"先生曰:"何异?"对曰:"见满街人都是圣人。"先生曰:"此亦常事耳,何足为异!"(《传习录》下,

---

① 按,"精金喻圣"引起了王门弟子的注意,有人曾提出"精金"与"分量"的划分有何依据的问题,参见《传习录拾遗》第37条,此不赘述。

② 《桂山堂读传习录辨》卷一《事物辨》一,引自荒木见悟:《中国心学的鼓动与佛教》第五章《毛稚黄的欲望格去说》,中国书店,1995年,第240页。

第 313 条）

这个"满街人都是圣人"的说法，其实就是对上述可能性与现实性之问题的一种答案。王艮（号心斋，1483—1541）和董沄（号萝石，1457—1533）都认为，人人都能成圣的可能性已成为现实，因此在他们的眼里，人人都是"现实"的圣人。上引王嗣槐所言"即从庸众人说，也是个满街都是现成的圣人"，便是针对于此，故"满街圣人"说又可称之为"现成圣人"说。

引起我们关注的是，阳明对王、董的评断并不相同，他批评王艮而认同董沄，尽管王、董所说完全一致。那么，个中缘由何在呢？首先须指出，不论是"满街圣人"还是"现成圣人"，都非阳明之所言，但却是阳明所能言而不欲言（详见后述）。因此，"满街圣人"说虽非阳明的说法，但却可以视作阳明学的一种观点，则是可以的。也就是说，从阳明的良知理论必然会推导出"满街圣人"说。事实上，所谓"满街圣人"无非就是阳明的"圣愚无间"的另一种表述而已。

重要的是，"满街圣人"不是一时兴起而随便说说的，而是有一定的义理深度的，因此须要做一番理论上的分殊。阳明批评王艮所见无非是自以为圣人的一种偏执孤傲之见，这就表明阳明对于"满街圣人"说也是有所警觉的，从中透露出阳明有一个重要想法：一方面必须树立起良知具足、时刻圆满的信心，另一方面也要切忌自以为是的那种狂妄自大癖，因为良知具足并不意味着人在现实状态中就可置工夫于不顾。

然而，当阳明说满街圣人"此亦常事"，这显然是就"良知见在"这一良知本体论的预设立场而言的。从良知学的预设立场看，"个个心中有仲尼"，乃是不容置疑的事实而非假设，但是若从现实的人心状况看，"有仲尼"并不等于说"是仲尼"，这层义理上的分殊对于阳明而言相当重要。也就是说,对于"有"这一存在事实与"是"这一当下肯定,应当完整地理解而不能偏执一方。例如阳明以下所言,便透露出这个见解:

8.3.2 良知良能,愚夫愚妇与圣人同。但惟圣人能致其良知,而愚夫愚妇不能致,此圣愚之所由分也。(《传习录》中《答顾东桥书》,第139条)

这是说,从良知见在的这一存在事实看,圣愚是一致的,但从致良知工夫的角度看,圣愚却有很大不同,而不能无条件地做出"是"的肯定。所谓"圣愚之所由分",不是本体义之"分"而是现实义之"分"。这其实便是儒学的"百姓日用而不知"的一贯说法,并非不可理解。

然而阳明的良知学有一个特别之处而不同于以往儒家之偏重下学工夫的言说方式,亦即阳明为了将下学工夫置于良知本体的基础之上。所以他特别强调良知的见在性、遍在性、普遍性,这是他一贯极力主张工夫须有"头脑"这一思想立场的表现。故他在论述良知本体与致良知工夫之关系时,就必然地强调"个个人心有仲尼",目的就是为了使人从"自将闻见苦遮迷"的状态中解救出来。甚至可以说,阳明创建良知教的整个工作重心就在于打破宋儒以来造成的这一"遮迷"状态。正是由此出发,故在阳明看来,如何激发起人们对自己良知的信心,比任何其他说教都要来得重要。所谓"良知见在""良知自知""心有仲尼"等说法,其实都是为了这个工作的核心任务而服务的。同样地,他提出"圣愚无间"的观点,并对正统和异端的传统看法提出新解,亦是为此而发。他指出:

8.3.3 良知之在人心,无间于圣愚,天下古今之所同也。(《传习录》中《答聂文蔚》,第179条)

8.3.4　或问异端，先生曰："与愚夫愚妇同的，是谓同德；与愚夫愚妇异的，是谓异端。"（《传习录》下，第271条）

8.3.5　自己良知原与圣人一般，若体认得自己良知明白，即圣人气象不在圣人，而在我矣。（《传习录》下《启周道通书》，第146条）

可以看出，阳明非常强调"我"或"自己"，他要求愚夫愚妇从"我"的立场去看"圣人"，同时也要求大家都从"自己"的立场出发，便可消除圣愚之间的差别，以至于正统与异端之间的对立亦可发生根本的扭转。从哲学上说，阳明所言"我""自己"，应是实践主体之意。在阳明，这是特指"自己良知"（又称"真己"），即良知存在的绝对性。

与记录"满街圣人"的那段故事情节不同，阳明在与弟子的一次对话中，则从上述良知存在的绝对性之角度出发，说出了几乎与"满街圣人"意思相同的话：

8.3.6　在虔与于中、谦之（按，即邹守益）同侍，先生曰："人胸中各有个圣人。只自信不及，都自埋倒了。"因顾于中曰："尔胸中原是圣人。"于中起，不敢当。先生曰："此是尔自家有的，如何要推？"于中又曰："不敢。"先生曰："众人皆有之，况在于中？ 却何故谦起来？ 谦亦不得。"于中乃笑受。又论："良知在人，随你如何，不能泯灭。虽盗贼，亦自知不当为盗，唤他做贼，他还忸怩。"于中曰："只是物欲遮蔽，良心在内，自不会失；如云自蔽日，日何尝失了！"先生曰："于中如此聪明，他人见不及此。"（《传习录》下，第207条）

这段对话值得回味，含义更显周到。首先可看出对话场景与"满街圣人"的那场对话不同，阳明没有说"满街圣人"，但他却强烈要求于中、谦之对"圣人"做出直接的自我认同，结果于中"乃笑受"。阳明如此说的前提很显然,即"人胸中各有个圣人",若依此推论下去,则必然得出"满街圣人",这是符合逻辑的。相反,如果说张三有"圣人"而李四没有"圣人",则不合逻辑。阳明举了"盗贼"的极端例子,指出"虽盗贼,亦自知不当为盗,唤他做贼,他还忸怩",其中亦含深意。这是说,良知存在是普遍的,是不分圣愚等级的。

然而良知在人虽"不能泯灭",但是否意味着每个人都是现成的圣人呢?在那场对话的最后一段——亦即阳明称赞"于中如此聪明"的那段话,其实也正表明了阳明的一个观点:虽说"良心在内,自不会失",这是良知存在的事实,但人是容易受到"物欲遮蔽"的。所以关键还在于祛除"遮蔽",以便恢复人心的本来状态。这里所出现的遮蔽说,同样不可忽略。

表面看来,良知在人不能泯灭与良知在人常受遮蔽,构成了一对相反的命题。前者是良知存在的本来性,后者是良知存在的现实性,两者不免互相纠缠,难以消解。事实上,在阳明看来这个纠缠局面是不难解决的,前者属于信念问题,后者属于工夫问题,只要坚定信念,则工夫问题便可迎刃而解。上引"人胸中各有个圣人,只自信不及,都自埋倒了",其中"自信不及"已道出了这层道理。他还指出:

> 8.3.7　人若知这良知诀窍,随他多少邪思枉念,这里一觉,都自消融。真个是灵丹一粒,点铁成金。(《传习录》下,第 209 条)

这里"灵丹一粒,点铁成金"虽是道教话头,但在阳明用来形容"良知诀窍",可谓非常贴切。因为良知必然是能够战胜一切的,关键在于"觉"与"不觉"、"信"与"不信"。人们必须相信以及自觉到良知具有绝对的力量,是道德实践的动力源泉,在良知的指引下,所有遮蔽现象自会消融殆尽,犹如太阳一出而魍魉尽消一般。①

总之,突出主体自我的绝对性,乃是阳明良知学之精髓所在。正是从良知的立场出发,故不得不说"无间于圣愚""原与圣人一般"。换言之,不如此说则良知存在的普遍义、绝对义便不能确立。也正是在这个意义上,"满街圣人"亦为阳明所能言。然而阳明却不欲言,其因在于阳明已有理论上的预见,即有必要预防良知教流入狂荡一路。诚然,从学理上说,既然人心良知无间于圣愚乃为古今所同之事实,那么"满街圣人"又何尝不可言?然从现实上看,人心之有良知,胸中之有圣人,并不等于人人无须致良知便能永远保持良知的本来状态而与圣人一般无异。也就是说,不从本体论而从工夫论,不从本来性而从现实性的角度说,圣愚之有差别亦是事实而不能视若不见。

然而事实上,在阳明后学中,纷纷出现了"圣凡平等""圣愚一律""圣人即常人""常人即圣人"乃至于"无圣无凡"等观点主张。②与此同时,也有不少学者对"满街圣人"说提出批评,如聂

---

① 参见《全集》卷五《与杨仕鸣·辛巳》。

② 王畿指出:"善与人同,是圣凡皆是平等。如今才说作圣,便觉与人异。若看圣人愚夫愚妇稍有不同,即非圣人之学矣。"(引自《念庵罗先生文集》卷五《冬游记》,第10页上下)连"作圣"意识也一并加以否定。罗汝芳则指出"圣人即是常人""常人本是圣人"(《明道录》卷七《会语》,中文出版社刊和刻近世汉籍丛刊本,第306页),甚至提出了"举世皆圣人"之说(引自《天乐鸣空集》卷中"举世皆圣人"条)。李贽(号卓吾,1527—1602)则说:"孔子直谓圣愚一律,不容加损。……所谓万物皆吾同体是也。"(《焚书》卷一《答耿司寇》)刘宗周亦云:"良知即太极,无圣无凡。"(《刘宗周全集》第3册文编上《答履思六·壬申》,第313页)"须知良知无圣凡、无大小、无偏全、无明昧。"(同上书,第314页)当然,刘的思想立场与王、罗、李并不一致,不可同日而语。

豹(号双江,1487—1563)断之以"侮圣"(《双江聂先生文集》卷十一《答王龙溪》,明刊云丘书院藏本,第37页下),罗洪先更是断言"千古未有开手圣人"(《念庵罗先生文集》卷三《与谢维世》,第78页上),这个观点是建立在"世间那有现成良知"(同上书卷八《松原志晤》,第38页下)这一思想立场之上的。顾宪成(号泾阳,1550—1612)则认为与其直接否认"现成良知","究竟不如说个'世间无现成圣人'较稳当,免得惹人吹求"(《顾端文公遗书·当下绎》)。①从罗的说法及顾的建议中可以看出,"现成圣人"说不是无缘无故的,这是从"现成良知"理论推导出来的一个必然结论。

　　晚明关中学者冯从吾(号少墟,1556—1627)对"满街圣人"说有一分疏,颇见精彩,他说:"'满街皆是圣人',其言甚是警策",但是"第此言是论本体,非论功夫;是论大家,非论自己耳。若不下功夫,而自家便认做圣人,则狂病甚矣"(《冯少墟集》卷十五《答朱平涵同年》)。这是说,"满街圣人"是本体论而非工夫论,是一般论而非具体论,若不做工夫便自认为圣人,则将导致"狂病甚矣"。冯的思想立场究竟如何,在此无暇深究。要之,其思想倾向于东林学派,对阳明后学之批评是非常严厉的。不过,就此论点来看,应承认其对阳明良知学是有一定程度的同情了解的。的确,"满街圣人"是就良知本体的层面立论,不是从良知工夫的角度而言的。因为若从工夫上说,如果已是圣人,那么工夫便无可说。但须指出的是,在阳明学的理论系统中,"满街圣人"既是本体论命题,同时也有工夫论意义,此意义就表现为:若致良知工夫缺乏对良知本体当下具足、当下呈现的信念,则其工

---

① 关于"现成圣人"的问题,参见拙著:《阳明后学研究》序章"现成良知"。

夫必不可能。

最后须指出，若以本体与工夫析论良知，则将有失阳明论学之宗旨。良知见在、圣愚无间、满街圣人，既是本体论的命题，亦是富有现实意味的思想命题，尤其是在唤醒人心自信自觉这一点上，其所具有的现实意义实不容低估。诚然，我们可以把"心有仲尼""满街圣人"看作是一种"强说"、一种"喻指"，然而却不宜忽视当阳明将"仲尼""圣人"等外在偶像内化为人心良知之时，对人们的精神及观念所造成的冲击与鼓舞是不容否认的。由此人们开始逐渐接受观念上的一个重要变化："圣人"已不再是远离现实、仅存于历史中的抽象人格，而是活生生地存在于人们心中的本来面目；良知也不再是一种抽象的概念，它是活生生的当下存在，而且是每个人都可实现的精神境界。

第九讲　万物一体的创建

在中国思想史上,以孔子的"践仁知天"、孟子的"万物皆备"为主要表述形式的"天人合一""万物一体"之观念对于中国传统思想具有重要的形塑作用。宋儒程颢甚至有"天人本一,不必说合"之说,这个说法表明"天人合一"对于儒者来说几乎已是不证自明的命题。不过,就宋明理学史而言,明确提出"万物一体"思想的则是程颢。他在《识仁篇》等处强调提出的"仁者,浑然与物同体""仁者,以天地万物为一体"的著名观点,将万物一体置于"仁学"的问题领域来加以思考,故不妨可称为"仁学"的万物一体论(《河南程氏遗书》卷二上,《二程集》,第16—17页)。程颢的这一万物一体理论表明人的存在就是"天地万物之关系中的存在",是与"其他人物相感通"的存在(唐君毅:《中国哲学原论·原道篇》,台湾学生书局,1986年,第134页),因而它既具有儒学的境界说的意义,同时又是一种社会理论。

对程颢思想有所继承的王阳明则以"良知之明,万古一日""天下人心,皆吾之心"这一心学观念为依据,将万物一体的观念融入良知心学的义理系统当中,不妨称其为心学的万物一体论。对阳明来说,万物一体不仅是宇宙的存在模式、仁者的精神境界,更是实现"一体同善"的社会理想,其基本构想是要建立这样一种大同社会:"人己之分,物我之间"已然消除,建构起人与自然、人与社会的休戚相关、和谐共存的关系。

历来说到阳明心学,较多关注其"致良知教"的义理内涵,相对来说,对其万物一体论的含义及其意义缺乏必要的关注。本讲主旨在于揭示这样几点:在阳明心学的理论体系中,"万物一体"既是一种哲学观念,又是一种社会理论、实践理论,是有关建构理想社会的重要理论表述;阳明运用万物一体观念来重新解释《大学》经典,推导出"明德新民合一"论这一重要观点,这是阳明对儒学理论的重要贡献;王阳明以"万古一心"这一良知心学理论为逻辑起点,以建构"万物一体"之社会为重要关怀,将宇宙与人生等生命价值置于彼此关联、互相感通的关系中来加以考察和定位;在万物一体论的相关论述中,体现出王阳明对于当代知识已陷入支离破碎的分化状态痛心疾首,而且对于社会人伦、物我人己之关系已陷入互不联属的割裂状态怀有十分强烈的批判精神,在此意义上,万物一体论又是一种批判理论;阳明心学的万物一体论明确表达了旨在建构宇宙与社会、自然与人生和谐并存、休戚与共的人类共同体这一远大理想;万物一体论是王阳明将其良知学说在人伦社会乃至政治文化领域进一步拓展和落实的理论结果,充分展现出阳明心学的社会政治含义。总之,通过对万物一体论之思想内涵的深入探讨,不唯能使我们对阳明心学的整体理论建构及其思想意义有一个较为全面的把握,而且能使我们对阳明心学获得这样一种新看法:阳明心学固然可以"致良知教"来归纳其主要特质,然而"致良知教"毕竟只是一种教法,阳明心学的最终目标却在于实现万物一体的理想社会。

阳明在其早年及中年时期,就曾关注程颢"仁者以天地万物为一体"的思想,并且深受鼓舞,这一点我们在"思想遍历的轨迹"一讲中已有述及。较早的文献记录是作于 1514 年的《书王嘉秀请益卷·甲戌》(《全集》卷八),整篇以程颢《识仁篇》万物一体说为论述脉络,显示出阳明中年时期对万物一体说已有深入的了解。但阳明自己以明确的理论形态来表述"万物一体"思想则在致良知教提出以后。据《年谱》载,嘉靖三年(1524)南大吉辟"稽山书院",常聚集"八邑彦士"会讲其中,阳明"临之,只发《大学》万物同体之旨"(《全集》卷三十五,第 1290 页)。较为集中反映万物一体之观点的文字有《亲民堂记》、《重修山阴县学记》、《答顾东桥书》(按,以上三篇均作于 1525 年)、《答聂文蔚》(1526 年)以及《大学问》(1527 年)等。由于这些篇章的文字大都非常长,且语义有所重复,因此我们仅从后三篇中摘其要者,以做集中的讲解。不过在此之前,有必要就万物一体论的思想渊源及其问题由来略做一番考察。

一　问题由来

我们在上面"我的灵明"及"浑然一体"等小节中,已提到"万物一体"的问题。为进一步了解此一问题的义理进路及其思想来源,有必要从三个方面来谈:一是孟子的"万物皆备于我",一是张载的"民胞物与",一是程颢的"仁者以天地万物为一体"。

《孟子·尽心上》"万物皆备于我"章共有三句:

> 万物皆备于我矣。反身而诚,乐莫大焉。强恕而行,求仁莫近焉。

这段话应以整体视之,构成了孟子有关"物—我"的理论架构。

后二句皆从上一句而来①，强调了"诚身""强恕"是实现"大乐"境界以及"求仁"的重要方法②。这个"身"字非肉体之意，而应理解为人的生命（内含道德意涵），"诚"须落在"身"上讲，意谓"诚"的工夫须紧扣人的道德生命活动。因此"诚身"工夫的完成就意味着生命价值的实现，正是在此意义上可以说"乐莫大焉"。

依朱熹的理解，"大乐"是承第一句而来，是"见得万物与我为一，自然其乐无涯"（《语类》卷六十，第1436页）。我们不能确知朱熹是不经意还是有意识地用庄子来诠释孟子，上述"万物与我为一"即是取自庄子的著名言论"天地与我并生，万物与我为一"（《庄子·齐物论》）。且不论孟子所言是否即是庄子之意，要之，朱熹是把孟子的"万物皆备"理解为"物我为一"或"万物一体"。这个解读是有道理的，"万物皆备"确可理解为"万物一体"。然须指出，同样是讲物我为一、万物一体，在孟子，是指道德生命的提升，其间须有"诚身""强恕"等道德实践工夫，在庄子，则是指泯灭差别对待而与天地自然的合一。两者之间的差异是根本性的，故用庄子此语释孟子，是不够审慎的。③

---

① 按朱熹的说法，他称孟子此章为三段五句，他指出："（后面）四句二段，皆是蒙上面一句。"（《语类》卷六十，第1436页）又云："'万物皆备于我'，下文'反身''强恕'，皆蒙此句为义，不可只说一截。所谓'反身而诚'，乃穷理力行功夫成就之效，贯通纯熟，与理为一处，不可以'敬'字尽之也。"（《朱子文集》卷四十五《答廖子晦》，《朱子全书》第22册，第2090页）

② "诚身"是孟子工夫论的一个重要观点，其曰："诚身有道，不明乎善，不诚其身矣。"（《孟子·离娄上》）《中庸》第二十章亦引此语，并有进一步的发挥。可见"诚身"乃是思孟学派的一个重要传统。

③ 日本学者岛田虔次认为程颢的"万物一体"说极有可能受到了庄子"万物与我为一"的启发。参见岛田论文：《关于中国近世的主观唯心论——论万物一体的仁的思想》，京都大学人文科学研究所《东方学报》第28册，1958年。这个论断对于儒道两家不同的思想取向未免有所忽略。

　　那么,首句"万物皆备于我"应如何解读呢? 一般而言,物与我属于两种界域的存在,物指某种"客观的"实在,我则是指"主观的"存在,因此物我应是两种异质的存在领域。外在的客观的东西如何能"备"(应作"具备"解)于内在的主观的存在领域? 比如山川草木如何可能在"我"中"具备"? 所以,孟子"万物皆备"说素称难解。朱熹认为须用添字法才能合理解释"万物皆备于我",亦即在"万物"后添一"理"字,变成"万物之理皆备于我",庶能讲得通,故其释"万物皆备"云:"此言理之本然也","其当然之理,无一不具于性分之内也"(《孟子集注》卷十三,《四书章句集注》,第350页)。[①]显然,这是朱熹以理学释孟子,若从哲学诠释学允许做出创造性诠释这一角度看,朱熹的解释并非不合法,但是否与孟子"万物皆备"之原意相合则恐怕未必。例如,若依朱熹的上述解释思路,他还可以将周敦颐的"太极散为万物,而万物各具太极"之说解释为与"万物皆备之说相合"(《朱子文集》卷四十六《答黄直卿》,《朱子全书》第22册,第2156页),这就与孟子原意相距甚远。

　　在我们看来,与其用"理"或"太极"来解释"万物皆备",还不如采用阳明的南镇观花这一案例,或能做出贴切的解释。正如上述,南镇观花揭示出物我属于同一的意义结构、感通关系,在

----

①　所谓添字诠释法,用朱熹的话说,叫作"添语言"(《语类》卷五十九,第1376页),这是朱熹经常使用的一种诠释策略。用清儒的说法,又可叫作"以理释经",以别于乾嘉学的"以经释经"。但是在诠释学而非训诂学的意义上说,这种做法并非不合法,而且与心学传统中的主张"得口气"(罗汝芳语)的诠释法可谓殊途同归,因为这两种诠释方法均反对拘泥文字而主张要在领会文字背后的思想意义。当然,心学的经典诠释在策略上反对添字而主张悉从古本。参见拙著:《罗汝芳评传》,第334—335页,第346—347页。

这样的意义结构中,物与我的生命处于同体之存在,彼此相感相应,连成一体。阳明心学的这一智慧可以为孟子"万物皆备于我"提供一个好的注脚。向来认为,阳明的万物一体论与孟子学有着理论上的关联,亦应从这样的角度来理解。

张载《西铭》①中的"民吾同胞,物吾与也"思想,向来被认为是宋明理学中"天人合一""万物一体"之思想的典型反映,因而受到各派理学家的高度重视和赞赏。二程就竭力称赞《西铭》是孟子后的第一篇文字,认为其理论价值远在韩愈《原道》之上。二程弟子杨时则怀疑张载《西铭》"万物一体"说有混同墨家"兼爱"之嫌,对此,程颐以"理一分殊"来解释二者间的重大区别(参见《二程集》,第609页)。《西铭》云:"乾称父,坤称母""天地之塞,吾其体;天地之性,吾其性",将整个宇宙以及人类社会看作是一个共同体,犹如大家庭一般的一体存在。所以人们就应当"尊高年""慈孤弱",视"天下疲癃残疾、茕独鳏寡"的弱势群体都是"吾兄弟之颠连"者而加以关爱。这就把中国传统哲学中的"天人合一"以及儒学传统中的"大同"思想发展到了一个新境地。这一将宇宙人类、天下国家视作"大同""一体"之存在的理想曾激励了无数传统知识分子勇于担当社会,以天下为己任,置生死利害于度外。朱熹虽对程颢的"万物一体"论颇有微词,但他却承认"《西铭》首论天地万物与我同体之意"(《朱子文集》卷四十九《答廖季硕》第1书,《朱子全书》第22册,第2285页),并对《西铭》一书做了详尽注解,竭尽赞美之辞,他援引《礼记》之语,称赞《西铭》发扬了儒学传统中"天下一家,中国一人"的社会

---

① 《西铭》原是《正蒙·乾称篇》中的一段文字,后被抽出独立成篇,又称《订顽》,今载《张载集》。

理想(《西铭论》),这个评价是妥当的。

程颢《识仁篇》提出了著名的"万物一体"论:

> 学者先须识仁,仁者浑然与物同体。义、礼、智、信皆仁也。识得此理,以诚敬存之而已,不须防检,不须穷索。若心懈,则有防;心苟不懈,何防之有!理有未得,故须穷索;存久自明,安待穷索!此道与物无对,"大"不足以明之。天地之用,皆我之用。孟子言"万物皆备于我",须"反身而诚",乃为大乐。若反身未诚,则犹是二物有对,以己合彼,终未有之,又安得乐!《订顽》(按,即《西铭》)意思,乃备言此体,以此意存之,更有何事!(《遗书》卷二上,《二程集》,第 16—17 页)

这段话乃是程颢"识仁"宗旨,其云"与物同体"实即"万物一体"之意。值得注意的是,程颢还直以孟子"万物皆备"及张载《西铭》作为己说的印证,显示出其"万物一体"思想与孟子、张载的承继关系。

那么,"仁者"何以能实现"浑然与物同体"? 程颢在另处指出:

> 所以谓万物一体者,皆有此理,只为从那里来。"生生之谓易",生则一时生,皆完此理。(《遗书》卷二上,《二程集》,第 33 页)

这是从"生"的角度释"仁",同时也指明"生生之理"便是仁者所以能实现"与物同体"的依据。其实,以"生"释"仁"之思路源自周敦颐,周曾指出"生,仁也"(《通书·顺化》),即从"生生"这一宇宙观的角度来理解"仁"。受此影响,程颢亦以"生之理"释"仁"。程颐亦说:"心譬如谷种,生生之理便是仁也。"(《遗书》卷十八,《二程集》,第 184 页)要之,在二程看来,人心之有生意乃是宇宙"生生之理"的表现,这便是"仁"。"仁"作为一种人之道德本性,它不是外在的道德法则,而是内在于人心之中的具有"生意"的本质存在。

程颢认为,人的这种"生生之理"是可以与"万物生意"相通的,他说:

> "天地之大德曰生","天地絪缊,万物化醇","生之谓性",告子此言是,而谓犬之性犹牛之性,牛之性犹人之性,则非也。万物之生意最可观,此元者之长也,斯所谓仁也。人与天地一物也,而人特自小之,何耶?"(《遗书》卷十一,《二程集》,第 120 页)

意谓人能够从万物之生长过程,体验天地万物一体之仁。重要的是,人不能"自小",而必须通过人心之"觉"去"识仁""观仁",由此便"可以得仁之体"(同上书卷二上,《二程集》,第 15 页),也就达到了"至仁"的圣人境界。其曰:"若夫至仁,则天地为一身。……圣人,仁之至也,独能体是心而已。"(同上书卷四,《二程集》,第 74 页)①强调的就是这个意思。其中"体是心"一说值得注意,这无疑是说在心上体认乃是实现"至仁"境界的关键,可以看出,其中已有了心学思想的因素。

要之,程颢从"生生之理"这一观念出发,把作为"生之理"的"仁"内在化为人的主体存在,进而推之于天地万物,得出人和万物本是一体的结论。与此同时,在物与我的关系中,"心"的存在亦极为关键。因为人之与物的根本不同就在于人心有"觉",由心之"觉"才能把握与物同体之"仁",消除人己的对立,实现物我

---

① 按,《遗书》卷四为"二先生语",然此条有医书以麻痹喻指不仁之说,当是程颢之言。

的和谐统一。①可以说,这就是程颢"万物一体"论的思想实质及其理论意义之所在。阳明的"万物一体"论应是直接来源于程颢,但阳明在理论上又有独到的展开,建立了心学意义上的"万物一体"论。

二　拔本塞源

余英时在《朱熹的历史世界》中曾指出,宋初以来儒家学者普遍存在着"回向三代"的理想,其要点有二:亦即欲从"治道"与"学术"(略同今天所谓的政治与文化)两个方面"回向三代"。他们以复古为形式,其目标则是依照他们想象的三代之治的理念来重建当今社会秩序,因此"三代"其实只是秩序重建的象征符号(余英时:《朱熹的历史世界——宋代士大夫政治文化的研究》,生活·读书·新知三联书店,2004 年,第 184—198 页)。我们在王阳明的有关万物一体的论述中,也发现"三代"竟然是其建构万物一体论的一个出发点。阳明力图通过对三代社会的描述,以证明三代社会其实就是一个万物一体的理想社会,并指出孔孟以降,这样的理想社会已遭破坏,这种社会状况一直延续到他生存的明代。在有关社会变迁的描述过程中,阳明表现出了十分强烈的批判精神以及悲世悯人的人文情怀,他坚信若要展望未来,就必须以他的人心同然、万古一心的理论来重构理想

---

① 程颢以"觉"释仁,强调的是人心所具的感通能力是实现物我一体的重要条件,反之,人心若无知觉,便如医学所谓"麻木不仁",何以"识仁"?他指出:"医家以不认痛痒谓之不仁,人以不知觉不认理为不仁,譬最近。"(《河南程氏遗书》卷二上,《二程集》,第 33 页)"医书言手足萎痹为不仁,此言最善名状。仁者以天地万物为一体,莫非己也。……如手足不仁,气已不贯,皆不属己。"(同上书,《二程集》,第 15 页)

的三代社会,而这样的理想社会也就是万物一体之社会。

如所周知,阳明有关"万物一体"的理论阐发莫详于《拔本塞源论》这篇文字。该文原是嘉靖四年《答顾东桥书》中的末尾一段,开篇云"夫拔本塞源之论不明于天下",故后人称之为《拔本塞源论》。"拔本塞源"一词见于《左传·昭公九年》,原意为拔起树根,塞住水源,比喻防患除害要从根本上着手。这篇文字长达二千余字,纵论古今,气势磅礴,充满激情,读来令人荡气回肠,感奋不已。刘宗周盛赞该文为孟子而后"仅见此篇"的大手笔,从中可见"(阳明)先生一腔真血脉,洞彻万古"(《刘宗周全集》第 5 册《阳明传信录》二,第 51 页)。

《传习录》将"拔本塞源之论"分作两条,这里先将第一条分段录出:

9.2.1 夫"拔本塞源"之论不明于天下,则天下之学圣人者将日繁日难,斯人沦于禽兽夷狄,而犹自以为圣人之学。吾之说虽或暂明于一时,终将冻解于西而冰坚于东,雾释于前而云滃于后,呶呶焉危困以死,而卒无救于天下之分毫也已!

9.2.2 夫圣人之心,以天地万物为一体,其视天下之人,无外内远近,凡有血气,皆其昆弟赤子之亲,莫不欲安全而教养之,以遂其万物一体之念。天下之人心,其始亦非有异于圣人也,特其间于有我之私,隔于物欲之蔽,大者以小,通者以塞,人各有心,至有视其父子兄弟如仇雠者。圣人有忧之,是以推其天地万物一体之仁以教天下,使之皆有以克其私,去其蔽,以复其心体之同然。

9.2.3 其教之大端,则尧、舜、禹之相授受,所谓"道心惟微,惟精惟一,允执厥中"。而其节目则舜之命契,所谓

第九讲　万物一体的创建

"父子有亲,君臣有义,夫妇有别,长幼有序,朋友有信"五者而已。唐虞三代之世,教者惟以此为教,而学者惟以此为学。当是之时,人无异见,家无异习,安此者谓之圣,勉此者谓之贤,而背此者,虽其启明如朱(《尚书·尧典》,"朱"谓尧之子丹朱),亦谓之不肖(《孟子·万章上》)。下至闾井田野、农工商贾之贱,莫不皆有是学,而惟以成其德行为务。何者? 无有闻见之杂、记诵之烦、辞章之靡滥、功利之驰逐,而但使之孝其亲、弟其长、信其朋友,以复其心体之同然。是盖性分之所固有,而非有假于外者,则人亦孰不能之乎?

9.2.4　学校之中,惟以成德为事,而才能之异,或有长于礼乐、长于政教、长于水土播植者,则就其成德,而因使益精其能于学校之中。迨夫举德而任,则使之终身居其职而不易。用之者惟知同心一德,以共安天下之民,视才之称否,而不以崇卑为轻重,劳逸为美恶;效用者亦惟知同心一德,以共安天下之民,苟当其能,则终身处于烦剧而不以为劳,安于卑琐而不以为贱。当是之时,天下之人熙熙皞皞,皆相视如一家之亲。其才质之下者,则安其农工商贾之分,各勤其业,以相生相养,而无有乎希高慕外之心。其才能之异,若皋、夔、稷、契(按,四人均为舜之臣,皋掌执法,夔为乐官,稷司农业,契掌教育。事见《尚书·舜典》)者,则出而各效其能,若一家之务,或营其衣食,或通其有无,或备其器用,集谋并力,以求遂其仰事俯育之愿,惟恐当其事者之或怠而重己之累也。故稷勤其稼,而不耻其不知教,视契之善教,即己之善教也;夔司其乐,而不耻于不明礼,视夷(按,指伯夷,相传通晓祭天神、人鬼、地祇之礼,事见《尚书·舜典》)之通礼,即己之通礼也。

225

9.2.5　盖其心学纯明，而有以全其万物一体之仁，故其精神流贯，志气通达，而无有乎人己之分，物我之间。譬之一人之身，目视、耳听、手持、足行，以济一身之用。目不耻其无聪，而耳之所涉，目必营焉；足不耻其无执，而手之所探，足必前焉；盖其元气充周，血脉条畅，是以痒疴呼吸，感触神应，有不言而喻之妙。此圣人之学所以至易至简，易知易从，学易能而才易成者，正以大端惟在复心体之同然，而知识技能非所与论也。（《传习录》中《答顾东桥书》，第142条）

在这里，阳明将"拔本塞源之论"与他自己的良知学说结合起来，明确指出如果"拔本塞源之论不明于天下"，则"吾之说"亦将无法行于天下。因此为了避免"吾之说"落入"冻解于西而冰坚于东"的尴尬境地，重要的是急需将"拔本塞源之论"重新揭示于天下。可见，拔本塞源论是致良知学说的重要理论补充。

那么，何谓"拔本塞源之论"呢？阳明在接下来的大段论述中，首先从儒家圣学的角度，对万物一体有这样一些重要的观念表述："夫圣人之心，以天地万物为一体"，圣人"是以推其天地万物一体之仁以教天下"，"心体之同然""同心一德""一家之亲""有以全其万物一体之仁""无有乎人己之分，物我之间""大端惟在复心体之同然，而知识技能非所与论也"，等等。从中可以看出，《拔本塞源论》的立论基础乃是"心体同然"这一心学观念，其主旨则在于揭示中国上古时代（"三代之世"）原是一派"万物一体""心体同然"之景象，没有"人己之分，物我之间"，人人"同心一德"，彼此犹如"一家之亲"。按照阳明的心学理论，这样的时代可以定位为"心学纯明"的时代。

诚然，阳明对中国上古时代的这种描述与其说是一种史学表述，还不如说一种观念表述。在这当中，"三代"成了"万物一体""心体同然""心学纯明"的时代象征。可以说,对阳明而言,"三代"既是理想社会的象征符号,也是批判现实、安排秩序、建设未来的思想寄托。从其论述形式看,阳明采用的是一种回溯法,似乎说当今时代是可以向"三代"追溯的,然而这个说法的实质却是着眼未来,是为了唤起人们的信心:理想社会最终是可以实现的。

依阳明心学,现实人心不免处在失落状态,但是只要坚定人心良知是"亘万古、塞宇宙、无不同"的这一信念,并加以切实的致良知之工夫,便可使人心重新恢复"本来如是"的光明;同样,现实社会正处在严重失序的状态,但我们必须树立起这样一种信念:"心体同然"的"三代"社会不仅仅是历史存在,而且通过努力完全可以重建"心学纯明"这一理想社会。至于这一理想社会的形态,阳明的描绘主要有这样几点:"万物一体之仁"得以全面展现,人与人之间"精神流贯,志气通达",没有"人己之分,物我之间",此即"心学纯明""三代之世"的时代特征。

那么,这个"心学纯明"的理想社会是在什么时候开始发生堕落蜕变的呢? 阳明指出,那是在"三代之衰""孔孟既没"之后,他说:

> 9.2.6　三代之衰,王道熄而霸术焻,孔孟既没,圣学晦而邪说横,教者不复以此为教,而学者不复以此为学。霸者之徒,窃取先王之近似者,假之于外,以内济其私己之欲,天下靡然而宗之,圣人之道遂以芜塞,相仿相效,日求所以富强之说,倾诈之谋,攻伐之计,一切欺天罔人,苟一时之得,以猎取声利之术,若管、商、苏、张(按,即管仲、商鞅、苏秦、张仪)之属者,至不可名数。既其久也,斗争劫夺,不胜其祸,斯人沦于禽兽夷狄,而霸术亦有所不能行矣。世之儒

者,慨然悲伤,蒐猎先圣王之典章法制,而掇拾修补于煨烬之余。盖其为心,良亦欲以挽回先王之道。

9.2.7　圣学既远,霸术之传积渍已深,虽在贤知,皆不免于习染,其所以讲明修饰,以求宣畅光复于世者,仅足以增霸者之藩篱,而圣学之门墙遂不复可睹。于是乎有训诂之学,而传之以为名;有记诵之学,而言之以为博;有词章之学,而侈之以为丽。若是者纷纷籍籍,群起角立于天下,又不知其几家,万径千蹊,莫知所适。世之学者,如入百戏之场,欢谑跳踉,骋奇斗巧,献笑争妍者,四面而竞出,前瞻后盼,应接不遑,而耳目眩瞀,精神恍惑,日夜遨游,淹息其间,如病狂丧心之人,莫自知其家业之所归。时君世主亦皆昏迷颠倒于其说,而终身从事于无用之虚文,莫自知其所谓。间有觉其空疏谬妄,支离牵滞,而卓然自奋,欲以见诸行事之实者,极其所抵,亦不过为富强、功利、五霸之事业而止。圣人之学日远日晦,而功利之习愈趋愈下。其间虽尝瞀惑于佛老,而佛老之说卒亦未能有以胜其功利之心;虽又尝折衷于群儒,而群儒之论终亦未能有以破其功利之见。

9.2.8　盖至于今,功利之毒沦浃于人之心髓,而习以成性也几千年矣。相矜以知,相轧以势,相争以利,相高以技能,相取以声誉。其出而仕也,理钱谷者则欲兼夫兵刑,典礼乐者又欲与于铨轴,处郡县则思藩臬之高,居台谏则望宰执之要。①故不能其事,则不得以兼其官;不通其说,则不可以要其誉;记诵之广,适以长其傲也;知识之多,适以行其

---

①　铨轴:铨谓选官,盖指吏部;轴谓要位。藩臬:藩谓藩司,各地执掌行政之官;臬谓臬司,执掌惩治官员之职。台谏:指御史台及谏议大夫。宰执:宰相之执,掌一国之政。

恶也;闻见之博,适以肆其辩也;词章之富,适以饰其伪也。
是以皋、夔、稷、契所不能兼之事,而今之初学小生皆欲通其
说、究其术。其称名借号,未尝不曰吾欲以共成天下之务;
而其诚心实意之所在,以为不如是则无以济其私而满其
欲也。

这里的"三代之衰""孔孟既没"概指春秋战国时代,"圣学既远"
概指汉魏唐宋,"盖至于今"则是指阳明生活的时代。在阳明看
来,战国时代以"霸术昌"为特征;由汉及宋的时代特征则表现
为:"训诂之学""记诵之学""词章之学"倡行天下,佛老之说、功
利之习大行其道,而世人不复知有圣人之学。及至当今之世,
"功利之毒"已经"沦浃于人之心髓",人人相矜、相轧、相争、相
高、相取于知识、权势、私利、技能、声誉,简直就是私欲流行的一
片黑暗时代,人己物我已经完全割裂,而和谐共生的人文精神也
已丧失殆尽。可以看出,在阳明有关万物一体的表述中,充满着
历史的和现实的批判精神。在这个意义上说,阳明心学的万物
一体理论又是社会批判理论。的确,没有对现实的批判和对历
史的反省,理想社会就无法重建。

　　然而,面对"三代之衰""孔孟既没""圣学既远""盖至于今"
的社会历史之深刻变迁,我们又当如何应对? 阳明发出了深深
的感叹:

　　9.2.9　呜呼! 以若是之积染,以若是之心志,而又讲
之以若是之学术,宜其闻吾圣人之教,而视之以为赘疣枘
凿,则其以良知为未足,而谓圣人之学为无所用,亦其势有
所必至矣! 呜呼! 士生斯世,而尚何以求圣人之学乎! 尚
何以论圣人之学乎! 士生斯世而欲以为学者,不亦劳苦而
繁难乎! 不亦拘滞而险艰乎! 呜呼! 可悲也已! 所幸天理

之在人心，终有所不可泯，而良知之明，万古一日，则其闻吾
"拔本塞源"之论，必有恻然而悲，戚然而痛，愤然而起，沛然
若决江河而有所不可御者矣！非夫豪杰之士无所待而兴起
者，吾谁与望乎？（同上书，第143条）

从中可见，阳明坚信天理之在人心终不可泯，良知之明，万古一
日，因此士生斯世必有"恻然而悲""戚然而痛""愤然而起"者，
最后阳明道出了壮志宏愿："非夫豪杰之士无所待而兴起者，吾
谁与望乎？"这句话所透露出来的思想精神颇类似于孔子的"吾
非斯人之徒与而谁与！"这也就是儒学传统的人文主义精神。不
过，在阳明，"斯人之徒"已有了特定的内涵，是那些用良知理论
武装起来的、勇于担当社会之重任的"豪杰之士"。

须指出，从孟子的"万物皆备"、张载的"民胞物与"、程颢的
"仁者浑然与物同体"，再到阳明的"拔本塞源之论"，他们的核心
观念都是"万物一体"，然而唯有阳明之论堪称畅快淋漓，他的历
史观察、社会批评非常犀利、深刻而又沉痛，其中充满着对社会
历史以及现实人心的痛切忧患。他通过万物一体的理论表述，
无疑表明他的核心关怀不仅在于改造一人之心，更在于拯救天
下。质言之，阳明欲以万物一体论重新安排秩序。此所谓"秩
序"，既指人心世界，更是指向宇宙的、社会的。

三 秩序重建

由上可见，阳明的万物一体论显然含有秩序重建的意味。
若以"内圣外王"这一概念架构来分析，则阳明以心性本体之良
知为立论基础，这是重"内圣"的表现，然而依阳明，必由个人良
知之扩充推广而至于"万物一体之仁"的实现，则可说是"外王"
事业之达成。在某种意义上说，重新安排秩序、建设理想社会乃

是阳明心学的终极关怀。①

　　阳明认为若按"一体之仁""良知之学"这一儒学的传统观念，就能彻底扭转学术（知识取向）、人心（价值取向）的错误走向，进而改变社会、政治、文化等各方面的失秩状态，以实现人与社会、人与自然的和谐共存的理想状态。同时他认为，在将"一体之仁"付诸实践的过程中，就个人而言，"明明德"的内圣工夫应与"亲民"的社会政治实践互相结合，犹如知行关系一样，两者的合一尤为重要。这是阳明有关"内圣外王"为一连续体的独到理解。关于明德与亲民的关系问题，这是阳明《大学问》揭示的主题，容后详述。

　　除《拔本塞源论》以外，阳明的《答聂文蔚》一书亦集中阐述了"万物一体"问题。《答聂文蔚》晚于《拔本塞源论》一年，该书录入《传习录》时被分成 7 条，除去前后两条语涉寒暄以外，共有 5 条讨论了万物一体的问题，以下摘其要者录出：

　　9.3.1　夫人者，天地之心。天地万物本吾一体者也。生民之困苦荼毒，孰非疾痛之切于吾身者乎？不知吾身之疾痛，无是非之心者也。是非之心，不虑而知、不学而能，所谓良知也。良知之在人心，无间于圣愚，天下古今之所同也。世之君子惟务致其良知，则自能公是非，同好恶，视人犹己，视国犹家，而以天地万物为一体，求天下无治，不可得矣。古之人所以能见善不啻若己出，见恶不啻若己入，视民之饥溺，犹己之饥溺（《孟子·离娄下》），而一夫不获，若己

---

①　按，余英时曾指出儒学思想的核心关怀就在于"全面重建人间秩序"或"全面安排人间秩序"，支撑这一核心关怀的基本预设则是"内圣外王"是一连续体。参见余英时：《朱熹的历史世界》第六章以及附论三，第912—928 页。

推而纳诸沟中(《孟子·万章上》)者,非故为是而以蕲天下之信己也,务致其良知,求自慊而已矣。尧、舜、三王之圣,言而民莫不信者,致其良知而言之也;行而民莫不说者,致其良知而行之也。是以其民熙熙暤暤,杀(按,一本作"死")之不怨,利之不庸,施及蛮貊,而凡有血气者莫不尊亲,为其良知之同也。呜呼!圣人之治天下,何其简且易哉!(《传习录》中《答聂文蔚》,第 179 条)

9.3.2 后世良知之学不明,天下之人用其私智以相比轧,是以人各有心,而偏琐僻陋之见,狡伪阴邪之术,至于不可胜说。……自其一家骨肉之亲,已不能无尔我胜负之意,彼此藩篱之形,而况于天下之大,民物之众,又何能一体而视之?则无怪于纷纷籍籍,而祸乱相寻于无穷矣!(同上书,第 180 条)

9.3.3 仆诚赖天之灵,偶有见于良知之学,以为必由此而后天下可得而治。是以每念斯民之陷溺,则为之戚然痛心,忘其身之不肖,而思以此救之,亦不自知其量者。天下之人见其若是,遂相与非笑而诋斥之,以为是病狂丧心之人耳。呜呼!是奚足恤哉?吾方疾痛之切体,而暇计人之非笑乎!……呜呼!今之人虽谓仆为病狂丧心之人,亦无不可矣。天下之人心皆吾之心也,天下之人犹有病狂者矣,吾安得而非病狂乎?犹有丧心者矣,吾安得而非丧心乎?(同上书,第 181 条)

9.3.4 昔者孔子之在当时,有议其为谄者,有讥其为佞者,有毁其未贤,诋其为不知礼,而侮之以为东家丘者,有嫉而沮之者,有恶而欲杀之者。晨门、荷蒉之徒,皆当时之贤士,且曰:"是知其不可而为之者欤!"(《论语·宪问》)"鄙哉硁硁乎,莫己知也,斯己而已矣!"(《论语·宪问》)虽子路在升堂之列,尚不能无疑于其所见,不悦于其所欲往,而且以之为迂,则当时之不信夫子者,岂特十之二三而已乎? 然而夫子汲汲遑遑,若求亡子于道路,而不暇于暖席者,宁以蕲人之知我信我而已哉? 盖其天地万物一体之仁,疾痛迫切,虽欲已之,而自有所不容已。故其言曰:"吾非斯人之徒与而谁与?"(《论语·微子》)"欲洁其身,而乱大伦。"(《论语·微子》)"果哉,未之难矣!"(《论语·宪问》)呜呼,此非诚以天地万物为一体者,孰能以知夫子之心乎! 若其"遁世无闷"(《周易·乾卦·文言》),"乐天知命"(《周易·系辞上传》)者,则固"无入而不自得"(《中庸》第十四章),"道并行而不相悖"(《中庸》第三十章)也。(同上书,第182条)

9.3.5　仆之不肖,何敢以夫子之道为己任? 顾其心亦已稍知疾痛之在身,是以彷徨四顾,将求其有助于我者相与讲去其病耳。今诚得豪杰同志之士,扶持匡翼,共明良知之学于天下,使天下之人,皆知自致其良知,以相安相养,去其自私自利之蔽,一洗谗妒胜忿之习,以济于大同(《礼记·礼运》),则仆之狂病,固将脱然以愈,而终免于丧心之患矣,岂不快哉! 嗟乎! 今诚欲求豪杰同志之士于天下,非如吾文蔚者而谁望之乎? 如吾文蔚之才与志,诚足以援天下之溺者。今又既知其具之在我而无假于外求矣,循是而充,若决河注海,孰得而御哉? 文蔚所谓"一人信之不为少",其又能逊以委之何人乎? (同上书,第183条)

以下,我们对上述这段论述略做分析。首先可以看出,整段论述的主旨与《拔本塞源论》相同,然其论述角度却与之有异。他不再将讨论重点放在复其心体之同然的心学与追逐外在知识

的支离之学之间的本末同异之辩，而是突出强调了良知之学与
圣人之治的必然关联，特别是良知这一概念的高频率出现尤为
瞩目，这表明良知才是圣人之治得以实现的最终依据。如果说
致良知属于"内圣"之学，实现"圣人之治"属于"外王"之学，那
么阳明在这里所表达的观点正可引证上述余英时的说法，"内圣
外王"是一连续体的实践活动。

那么，为何论述之角度有异？我猜想《拔本塞源论》的叙述
对象为朱熹理学的信奉者顾东桥，故阳明觉得有必要首先分辨
清楚心体同然之学为本而见闻知识之学为末的问题。而在《答
聂文蔚》中阳明再三强调良知之学的重要性，显然这是由于阳明
希望门下弟子都以良知之学为行动指南，去推动以天地万物为
一体的社会实践。所以，他在全书末尾一则说"非如吾文蔚者而
谁望之乎"，一则说"今又既知其具之在我而无假于外求矣，循是
而充，若决河注海，孰得而御哉"。前者表明阳明寄厚望于聂豹，
后者表明阳明要求弟子（按，虽然聂豹其时尚未入门）按照"具之
在我"者的良知去付诸行动，即可收到"决河注海，孰得而御"的
巨大效果。可见，无论是良知理论还是万物一体说，终极而言，
都是行动理论而非概念设定而已。

值得注意的是，阳明对于他人斥其为"丧心病狂"并不推辞，
相反，他表达了这样一个信念：只要当今之世尚有"丧心病狂"者
在，那么他自甘充当"狂病"的角色，以拯救天下"丧心之患"者为
己任，以"共明于良知之学于天下""以济于大同"为毕生志愿。
据此亦可看出，阳明之论"万物一体"并不是单纯的概念讨论，主
要反映了阳明良知学所指向的终极理想乃是建立"天地万物为
一体"的理想世界。也正由此，可以说阳明的"万物一体"论具有
政治文化的意义。

第九讲　万物一体的创建

那么,在阳明的心目中,"天下万物为一体"的理想国是怎样的呢? 阳明认为,上古之世,人人都坚信良知无间于圣愚,"世之君子惟务致其良知"。所谓"君子",可指与小人相对而言的"君子",然在先秦时代的语境中,主要是指"格君心之非"的"君",即指帝王。他在后面所引的孟子的两段话:"视民之饥溺,犹己之饥溺",一夫不获"若己推而纳诸沟中"者,也都是指向上层统治者而言。指出这一点是有必要的。由此就可理解阳明为何说"致其良知"就"自能公是非,同好恶,视人犹己,视国犹家,而以天地万物为一体",结果必然是"求天下无治,不可得矣"。换言之,良知并不是一己之私的存在,更是一种普遍的社会存在,所以通过社会上人人实行致良知工夫,便可实现万物一体、天下之治。从社会治理的角度看,则须要上层统治者由自我的精神修养做起,最终必能实现"外王"理想。很显然,阳明把良知之学看作是实现万物一体之治的观念依据,但他对"内圣外王"的连续性又有独到理解,特别强调良知应起到统率主导的作用。这有点像阳明讨论知行关系时所主张的观点那样,即唯有以良知统领知行庶能使其合一。

在阳明看来,上古三代之世,"圣人之治天下"所以能做到"简且易",其实原因很简单,就是两条:"言而民莫不信者,致其良知而言之也;行而民莫不说者,致其良知而行之也。"这个说法可谓是对孔子"听其言而观其行"(《论语·公冶长》)的一个全新解释,他把言行合一置于"致其良知"的前提之下,而"听言观行"实质上也就成了"知行合一"的另一表述,应当说这是阳明对儒学理论的一大贡献。重要的是,阳明以此为审视角度,来观察"尧、舜、三王之圣",得出上述结论,这就表明万物一体论其实与知行合一及致良知教是一整体的构想,构成了阳明心学理论的系统性、整体性。而万物一体论既是阳明用来评估历史文化、社会政治的一把尺度,同时又是阳明推广实行致良知、知行合一之理论的一个目标设定。他强调三代之世、圣人之治这一万物一体之社会理想之所以可能,便是由于人人都能真切地做到"致其良知而言之""致其良知而行之"。换言之,致良知、知行合一与万物一体这三者之间密不可分,构成一共同的理论整体。

阳明在论述万物一体的过程中,以"昔者孔子之在当时"遭人冷遇为例,以与自己发明良知之学后亦遭世人诽谤的情形相比附,很值得关注。他指出尽管"当时之不信夫子者,岂特十之二三而已乎",然而却能以"汲汲遑遑""席不暇暖"的行为坦然应对,原因便在于孔子怀有"天地万物一体之仁",因此如果"非诚以天地万物为一体者,孰能知夫子之心乎?"至此已很明显,阳明旨在揭示并强调"天地万物一体之仁"正是孔子以来儒学传统的根本精神,这一精神表现为"吾非斯人之徒与而谁与"的人文关怀,而阳明自身将讲学视为一生重要的事业,也与这一认识有着莫大的关联。因此在他看来,结交朋友、推广讲学、宣扬心学,便是具体落实"万物一体"论的一种实践方式,也是最终实现"万物一体"之理想社会的一个重要途径。

须指出,当阳明将自己的思想时代状况与孔子的时代相比附之际,给人以一种强烈的观念上的冲击,明代中叶简直与春秋战国时代相仿佛,"万物一体"完全可以从孔子时代找到精神根源。可以说,在阳明的观念中,万物一体之仁绝不仅仅是个人精神境界的预设——尽管从境界上说,万物一体是应然如此的;更是儒学传统具有普世意义的价值观,其思想源头就在孔子。同时,根据阳明的心学理论,万物一体论又是良知心体的必然要求,其观念依据就在于良知。他坚信,万物一体的观念正是建构大同社会的力量源泉，也是儒学主张担当社会、安排秩序的精神资源。尽管为了实现大同社会的理想，未免在行为表现上显得"丧心病狂"，但这种丧心之患不仅是可以通过万物一体的实践而治愈的，而且最终会达到"岂不快哉"的精神境界。所以归结而言，万物一体论既是一种理论预设，更是一种行为方式、实践理论，其最终指向在于建构他人之疾痛即我之疾痛这一共生共感的理想世界。

至此应可看出，阳明的万物一体论往往与其"三代"论述密切相关，这充分说明阳明的万物一体理论是含有历史文化之含义的。而阳明的三代论述其实是"回向三代"这一儒学复兴运动的历史延长线上的一个关节点，在总体精神上，亦即在指向秩序重建这一点上。阳明与宋儒"回向三代"的取向是一致的，只是阳明的论述角度及立论基础显然与宋儒已有很大不同，他是用良知之学、一体之仁为核心价值，来贯穿他对"三代之治"的诠释以及对未来大同社会的展望。而阳明对于大同社会或三代社会之特征的描述主要就集中在这样一点：人人具有"同然之心"，因而就能在具有普遍意义的良知之学的基础上，建构起共生同感、休戚与共的社会共同体。他的这些描述在形式上是往古追溯，但在实质上却是指向未来的。

四 一体之仁

谈到阳明的万物一体论，不得不说他的《大学问》。这篇文字是阳明逝世前一年付托给钱德洪的遗著，后由钱整理编入《全书》，是代表阳明晚年思想的一部论著。在这篇文章中，阳明一方面用万物一体论来解释《大学》，另一方面又用《大学》来解释万物一体论，构成了一个非常重要的诠释循环，其中贯穿着一个主题:即"一体之仁"如何实现的问题。

的确,良知作为人的德性,致良知与个人德性修养有关,如何使致良知工夫在社会政治领域得以施展,这应是阳明晚年所关心的一大课题。我们认为阳明晚年之所以津津乐道于"万物一体"的问题,把良知问题与"回向三代"的社会政治理想联系起来思考,其中必有思想上的缘由。依阳明的想法,他的良知学具有普世意义,完全适用于处理当下社会任何领域的问题,可以打通"内圣"与"外王"的分界,上述《答聂文蔚》已清楚地表明圣人之治的外王实现是由于圣人能"致其良知"(内圣工夫)所使然。而阳明在《大学问》中,则进一步将内圣外王的合一表述为明德亲民的合一。

正如上述,良知学说绝非是概念设定而已,它在本质上是一种实践理论。既然良知必然付诸行动,那么良知也就必然在社会政治等层面上得以落实,而万物一体论所指向的目标正是社会政治的理想秩序之实现,如"济于大同",又如"公是非,同好恶,视人犹己,视国犹家"。因此可以说,良知学与一体论犹如鸟之双翼、车之两轮,形成了恰当的互补关系,一体论不能脱离良知而谈,良知学也必然指向万物一体的最终实现。至此我们也就不难理解为何阳明在其最晚年开始关注万物一体之问题的缘由了,这是其思想发展之必然归趣。

《大学问》全文共分六章,第一章论"明明德",第二章论"亲民",第三章论"止至善",第四章论"定静安虑得",第五章论"本末始终之说",第六章论"修身正心诚意致知格物"。特别是阳明以"万物一体之仁"思想来贯穿前三章《大学》三纲领"明明德""亲民""止至善"的诠释,这在《大学》诠释史上可谓是独步古今的创造性诠释。我们的讨论将集中于前三章。

第九讲　万物一体的创建

我们知道"大学者，大人之学也"（朱熹《大学章句》第一章），这是宋明儒的通义。此处"大人"之本义，乃指"十有五年"始入"大学"的成年人，别无深意。然阳明则将"大人"与万物一体关联起来说，他在《大学问》劈头一句便强调：

> 9.4.1　大人者，以天地万物为一体者也，其视天下犹一家，中国犹一人焉。（《全集》卷二十六《大学问》，第968页。按，以下凡引此篇，均见该书第968—972页，不再注明页码）

这个说法非常重要，这里须略赘几句。首先令人联想起程颢《识仁篇》的开头一句："学者须先识仁，仁者浑然与物同体。"这是程颢以"与物同体"释"仁"的著名言论，而阳明则以"万物一体"释"大人"，当是承接程颢而来。此外，阳明以"天下犹一家，中国犹一人"释万物一体，这句话出自《礼记·礼运》①，原意是说圣人治理天下国家能达到"以天下为一家，以中国为一人"的理想境地。朱熹曾援引此说，以"天下一家，中国一人"八个字来为张载《西铭》"万物一体"思想定位（参见《朱子全书》第13册《西铭解》，第142、145页）。阳明则有可能是同时接受了《礼记》和朱熹的说法，他用来解释"大人者"所能达致的"治国平天下"的理想境界，他认为万物一体所指向的正是"天下一家，中国一人"的理想社会。

阳明接着又以"一体之仁"的观念来阐释"大人之能以天地万物为一体"的原因，其中涉及"大人之心"与"小人之心"的同异问题，最后对"明明德"做了解释，他这样说道（分四段录出）：

---

① 《礼记·礼运》："故圣人耐以天下为一家，以中国为一人者，非意之也。"按，又见《孔子家语》卷七。

9.4.2 若夫间形骸而分尔我者，小人矣。大人之能以天地万物为一体也，非意之也，其心之仁本若是，其与天地万物而为一也。岂惟大人，虽小人之心亦莫不然，彼顾自小之耳。

9.4.3 是故见孺子之入井，而必有怵惕恻隐之心焉，是其仁之与孺子而为一体也；孺子犹同类者也，见鸟兽之哀鸣觳觫，而必有不忍之心焉，是其仁之与鸟兽而为一体也；鸟兽犹有知觉者也，见草木之摧折而必有悯恤之心焉，是其仁之与草木而为一体也；草木犹有生意者也，见瓦石之毁坏而必有顾惜之心焉，是其仁之与瓦石而为一体也。是其一体之仁也，虽小人之心亦必有之，是乃根于天命之性，而自然灵昭不昧者也，是故谓之"明德"。

9.4.4 小人之心既已分隔隘陋矣，而其一体之仁犹能不昧若此者，是其未动于欲，而未蔽于私之时也。及其动于欲，蔽于私，而利害相攻，忿怒相激，则将戕物圮类，无所不为，其甚至有骨肉相残者，而一体之仁亡矣。是故苟无私欲之蔽，则虽小人之心，而其一体之仁犹大人也；一有私欲之蔽，则虽大人之心，而其分隔隘陋犹小人矣。

9.4.5 故夫为大人之学者，亦惟去其私欲之蔽，以自明其明德，复其天地万物一体之本然而已耳，非能于本体之外而有所增益之也。

如所周知，阳明心学在哲学层面上具有强烈的存有论关怀，所以他强调"大人之能以天地万物为一体也"，这不是"意之"的结论，而是由于大人"其心之仁本若是，其与天地万物而为一也"。所谓"心之仁本若是"，亦即说心之本体原是如此，意同"仁是心之本体"。这是说，"大人"之所以能与万物同体，原因就在于"大人"之心体为仁,故能"与天地万物而为一也"。显然阳明的思路很明确,他是从心之本体这一存有论的角度来阐释"大人"所以能"以天地万物为一体"的原由。重要的是,若从存有论讲,那么"岂惟大人,虽小人之心亦莫不然",意谓心体之仁是普遍的,大人和小人原无差别,都是具足圆满的。不用说,这是阳明心学的一贯立场,如同他说良知本体的见在性、遍在性之特征一样,原不存在大人与小人之差异,《拔本塞源论》所言"无间于圣愚"亦即此意。

接着阳明又对"一体之仁"在不同场合境遇中的表现做了描述,例如:"见孺子之入井""见鸟兽之哀鸣觳觫""见草木之摧折""见瓦石之毁坏"等,都能油然生起一股恻隐之心、不忍之心、悯恤之心、顾惜之心,这些同情共感之所以可能,都是因为源自人的"一体之仁",亦即与对象合为一体之仁心。从人类到动物、植物,一直到既无"知觉"又无"生意"的瓦石之类的物质,"一体之仁"都能贯通。这是因为在阳明看来,所有的存在都与人的生命存在休戚相关,都表现出"一体之仁"生生不息的特征,而"一体之仁"乃是"根于天命之性而自然灵昭不昧者也,是故谓之'明德'"。至此我们终于了解所谓"一体之仁"亦即"明德",而所谓"自然灵昭不昧",在阳明的思想词汇中即指良知而言。尽管从本来性的角度讲,"明德"无间于大人与小人,然而从现实性的角度看,大人或小人之心都容易受私欲障蔽而导致"明德"的丧失,所以作为"大人之学"的"明其明德"之工夫其实就在一点:"惟去其私欲之蔽"即可。若能做到"明其明德",则"复其天地万物一体之本然而已耳",意谓万物一体便是"明明德"之工夫的最终归趣。

据此看来,阳明对《大学》第一章开首的几个关键性概念——"大学""明德"以及"明明德"的理解和诠释有一个基本出发点,这就是"万物一体之仁"。这样的诠释思路在《大学》诠释史上是绝无仅有的。那么,这一解释有何理论意义呢?在我们看来,至少有一点是可以肯定的,阳明以"一体之仁"释"明德",以"复其天地万物一体之本然"释"明明德"。这充分表明在阳明的理解中,作为本体存在的"明德",尽管与个体的精神状态及其修养行为密不可分,但"明德"更是与天地万物融为一体的存在,"明明德"亦可通向"天下一家,中国一人"的理想社会的实现。也就是说,阳明对"明德"不仅有哲学的理论解释,同时也有一种社会政治学意义的现实解读。

在"明德"问题之后,自然是"亲民"问题。[①]按《大学》经文看,首章"在亲民"是顺着"明明德"而讲的,然后通向"止于至善"。换言之,明明德须落在亲民实践上,才可实现"止至善"。阳明对明明德与亲民的关系做了非常明确的界定:

> 9.4.6 明明德者,立其天地万物一体之体也;亲民者,达其天地万物一体之用也。故明明德必在于亲民,而亲民乃所以明其明德也。

应注意的是,这里阳明虽用"体用"这对概念来解释明明德与亲民的关系,但不是说明明德为体,亲民为用,而是说"体"是"万物一体之体","用"是"万物一体之用"。这个说法与朱熹的解释有重大区别。朱熹曾说"明德为本,亲民为末"(《大学章句》第一章),这是朱熹结合《大学》"物有本末"中的"本末"概念来

---

① 按,郑玄注本(即《十三经注疏》所收本)《礼记·大学》原作"亲民",宋儒程颐认为"亲"当作"新",朱熹从之,而阳明竭力反对。关于"大学古本"与"大学新本"之间的文本争议,这里从略。可参见李纪祥:《两宋以来大学改本之研究》,台湾学生书局,1988年。

解释的。当然，就概念的内涵言，"体用"与"本末"意甚相近，故两者往往可替换使用。但问题是，当朱熹说"明德为本，亲民为用"之时，他是用"本末"分指"明德"和"亲民"，这样一来，两者成了两截关系。对此，阳明在《大学问》第五章释"物有本末，事有终始"时提出了批评：

> 9.4.7　曰"明德为本，亲民为末"，其说亦未为不可，但不当分本末为两物耳。夫木之干谓之本，木之梢谓之末，惟其一物也，是以谓之本末。若曰两物，则既为两物矣，又何可以言本末乎？新民之意，既与亲民不同，则明德之功自与新民为二。若知明明德以亲其民，而亲民以明其明德，则明德亲民焉可析而为两乎！

可见，在如何诠释明德与亲民的关系问题上，阳明所理解的体用与朱熹所理解的本末，其内涵所指是不同的。究其原因，这是由于朱熹缺乏"万物一体之仁"的关怀，而阳明则以此观念来贯穿对明德亲民之关系的理解。

若用上述"木干木梢"之喻来看，则可说"万物一体"是木，明明德是木之干，亲民是木之梢，如此则明明德与亲民是同一棵树上的分枝，这棵树便是"万物一体"。这个说法其实反映了阳明良知学的一个重要思维特征。依阳明的看法，体是良知之体，用是良知之用，本体是良知之本体，工夫是良知之工夫，绝不能在良知之外去寻觅什么体什么用。这个道理也可用来理解明德亲民与万物一体的关系。不过须注意的是，朱熹说的是"明德为本，亲民为用"，阳明说的是"明明德者，立其天地万物一体之体也"，这个"明明德"的表述仅指工夫而非指本体，这个区别也不可忽视。

更为重要的是下一句："故明明德必在于亲民，而亲民乃所以明其明德也。"这就将两种工夫统一了起来,明明德必须落实在亲民的实践层次上,而亲民实践才是实现明德的基础。所以明明德与亲民其实是同一个实践过程。在这当中,阳明突出强调的是亲民实践的重要性,在他看来,脱离了亲民的社会政治实践去讲什么明明德是不可能的。如果我们把明明德理解为个人德性修养,把亲民理解为社会政治实践,姑且将前者称为"内圣"后者称为"外王",那么,明明德与亲民便是"内圣外王"的连续实践过程。然而重要的是,阳明并不是将两者看作单纯的先后关系或平行关系,他是把亲民的社会政治实践看作基础,由此通向明明德,最后达致万物一体之境界的实现。也就是说,表面看来,明明德与亲民构成了万物一体的体用关系,事实上就工夫程序而言,亲民毕竟是"所以明其明德"的基础。这里的"所以"所表明的正是实践论意义上的次第关系。

那么,由亲民而明明德而达致万物一体的实践过程,又有什么具体表现呢? 阳明接着指出:

9.4.8 是故亲吾之父,以及人之父,以及天下人之父,而后吾之仁实与吾之父、人之父与天下人之父而为一体矣;实与之为一体,而后孝之明德始明矣! 亲吾之兄,以及人之兄,以及天下人之兄,而后吾之仁实与吾之兄、人之兄与天下人之兄而为一体矣;实与之为一体,而后弟之明德始明矣! 君臣也,夫妇也,朋友也,以至于山川鬼神鸟兽草木也,莫不实有以亲之,以达吾一体之仁,然后吾之明德始无不明,而真能以天地万物为一体矣。夫是之谓明明德于天下,是之谓家齐国治而天下平,是之谓尽性。

这段话再次有力地阐明了一个观点:实践须由亲民始,而后"明德始明矣",由"吾之明德始无不明"而后"真能以天地万物为一体矣"。进而言之,儒家的"外王"目标"齐家治国平天下"也就能顺理成章地实现了。事实上,这里所阐述的思想也就是儒家的"仁学"的思想,阳明则用"一体之仁"来加以概括,亦即将仁学思想纳入到了他的万物一体的理论之中。重要的是,由明德亲民的实践而最终实现治国平天下这一"外王"理想,也就等于"内圣"的实现,故在最后结尾处阳明不忘强调一句:"是之谓尽性。"

　　表面看来,阳明至此对《大学》的一系列解释令人有突兀之感。为何在诠释明德亲民问题时,不仅要拈出一个万物一体论,最后还要落在《孟子》的"尽性"上? 其实,如果我们了解了内圣外王是一连续体之存在的话,那么也就不难理解,明明德也好亲民也好,最终是为了实现"以天地万物为一体"的理想社会,同时也标志着个人德性在这样的社会中获得圆满的实现,"是之谓尽性"正是在这个意义上说的。其实,就儒学传统而言,"尽性"虽是对个人的德行实践的最高要求,然而如果未能充分实现"推己及人""成己成人",那么就称不上"尽性"的实现。因为"尽性"并不单纯地意味着完成一己之德行即可,同时还意味着在心灵上获得与他人乃至自然的一体同在之真切感受。因为依照阳明心学的话说,此"性"即"一体同然"之心,不仅是你我所共同拥有,同时也是与宇宙万物一体存在之依据。也正由此,孟子"尽性"学说在阳明那里适可用来表明"万物一体"的最终实现。

　　由上可见,阳明对《大学》明德亲民问题的这套理论解释的特质大致有三:一、他为明明德与亲民工夫设定了一个万物一体的目标,从而推翻了两者属平行关系的论点;二、他打破了明明德与亲民的先后关系,而把亲民看作是明明德得以实现的一个着手处;三、明明德与亲民的实践最终指向国家天下"治平",同时国家天下"治平"也必然指向人人"尽性"。对于第一和第三两点,容易理解,不用多说。关于第二点的说法或许会有疑问,所以我在下面再试做一些分析。

如果说阳明良知学的主旨在于如何使个人的德性得到充分的完美实现,那么按此设想,致良知工夫就应当永远是第一位的,毫无疑问这是阳明良知学的要义所在。而在良知学的义理系统中,明明德几乎完全等同于致良知,因此明明德也就在所有的工夫论程序中永远占有第一序的地位,即便是亲民何尝能脱离明明德? 准此,则不应说"亲民乃所以明其明德",而应倒过来说"明明德乃所以亲民"。然而依我们对阳明学的理解,这样说是有问题的。因为如果可以这样说,那么明明德三字便可打遍天下无敌手,不仅亲民问题可在明明德工夫中解决,甚至八条目等一切工夫都可由明明德一手工夫而被消解。必须说,阳明学的思想真谛绝非如此。

事实上,尽管明明德属于主体的行为领域,然而人是具体的而非抽象存在,人总是处于某种伦理关系的社会之中,因此归根结底个人的道德实践就必然具有社会性的面向。儒家伦理学从来不认为一个人可以脱离社会生活便可成就自我,这是儒学的一个重要传统,阳明亦不能在此传统之外另创新说。他的致良知理论固然关涉个人的德性成就,但这个理论的最终指向必然是如何实现人在万物及社会关系中的价值和意义。用《大学》的语言说,也就是国家天下之"治平"的最终实现。诚然,明明德作为一种道德实践工夫首先须落在主体上讲,但具体地说,主体存在离不开社会,故道德行为必然在日常生活或社会实践过程中才能落实,用《大学》的话说,即必然落在"亲民"上讲。我相信阳明所以说"明明德必在于亲民,而亲民乃所以明其明德",其因盖在于此。

要之,亲民不是明明德的必须条件,而是明明德的一个下手处、落脚点;同时,亲民也离不开明德,而要由明德来引领方向,因为亲民实践之主体必具备光明之德性,甚至亲民实践的本质也无非是明明德,在这个意义上可以说,"亲民亦明德事也"。所以阳明说:

> 9.4.9　自"格物致知"至"平天下",只是一个"明明德";虽亲民,亦明德事也。明德是此心之德,即是仁。仁者以天地万物为一体,使有一物失所,便是吾仁有未尽处。(《传习录》上,第 89 条)

与此同时,阳明亦不忘指出:

> 9.4.10　只说"明明德"而不说"亲民",便似老、佛。(《传习录》上,第 90 条)①

在这里,阳明非常明确地点出了亲民的重要性。在他看来,"亲民"的社会实践才是儒家的根本关怀,是儒学区别于佛老的重要标识。

要之,在明德亲民的关系问题上,阳明的主要观点可分两层看:在理论层次上,明德与亲民属于不杂之关系;在实践层次上,明德与亲民属于不离之关系。所以他针对赵孟立"明德亲民一乎? 君子之言治也,如斯而已乎"的问题,断然指出:"惟夫明其明德以亲民,故能以一身为天下;亲民以明其明德也,故能以天下为一身。"(《全集》卷二十八《书赵孟立卷》,第 1024—1025页)可见,从理论上或从实践上来看,明德亲民原为一体两面之关系。

---

① 按,朱熹也指出过类似观点:"自谓能明其德而不屑乎新民者,如佛老便是。"(《语类》卷十七,第 339 页)所不同者,阳明以"合一"论"明德亲民",朱熹以"本末"论"明德新民"。

阳明在《大学问》第五章中有一句话,可视作是对明德亲民之关系所下的一个最后定论:"若知明明德以亲其民,而亲民以明其明德,则明德亲民焉可析而为两乎?……明德亲民之本为一事。"至此已非常明显,明明德也就是亲民之实践,亲民也就是明明德之实践,我们不妨称之为"明德亲民合一论"。这充分表明在阳明心学中,道德与政治之关系是相即不离的一体之关系。本来,作为道德法则的明德与作为政治实践的亲民固然分属伦理学和政治学的不同领域,各自具有一定的独立性。然在阳明看来,若就具体实践过程而言,明明德之道德实践与亲民之社会实践却又是不能分离的,究极而言,"亲民亦明德事也"。

应当说,"明德亲民合一论"乃是阳明心学的重要智慧,也是他对儒学思想的重要贡献之一。而"明德亲民合一论"与"万物一体之仁"又有理论上的必然关联,换言之,基于万物一体之思想,必然推导出明德亲民的合一。因为明德亲民之本身并不构成体用关系,只有在明明德"立其万物一体之体"、亲民"达其万物一体之用"的意义上,明德亲民才能最终实现体用合一。如果抽离掉万物一体之观念,来讨论明德亲民的体用本末之关系,必将落入一种坏的循环论证,永远说不清道不明。

五　仁爱问题

由上可见,万物一体论的思想本质在于突出了儒家的"仁爱"精神,"仁"才是万物得以成为一体之存在的依据。倘若没有"一体之仁",则人己物我均成了互不连属、各不相应、彼此断裂的存在物,又怎么谈得上"济于大同"的理想社会之实现?而"一体之仁"所体现出来的"爱"必然是普遍的,爱自己与爱他人应当是同等重要的。这样一来,就涉及早期原始儒家提出的爱有差等的问题,亦即仁爱与差等原则之间的冲突问题。这个问题也是阳明所面临而必须做出解答的问题。关于儒学的差等原则及其儒家伦理学的性质等问题,目前学界有许多争论,这里不必涉入这场讨论。①我们只是对阳明在这个问题上的看法做些梳理。

　　无疑地,"仁爱"乃是孔孟儒学的一个重要观念。孔子曾以"爱人"名"仁",孟子则明确指出"仁者爱人"(《孟子·离娄下》),此即"仁爱"学说之由来。孟子在《尽心上》更是提出了"亲亲""仁民""爱物"三种"爱"的原则,他说:"君子之于物也,爱之而弗仁;于民也,仁之而弗亲。亲亲而仁民,仁民而爱物。"这句话表明"亲""仁""爱"虽然都体现出"爱"的精神,但其间是有等级秩序之差别的。从实践程序上说,必须先做到"亲亲"即爱自己的家人,然后才能做到爱民,由爱民而后才能做到爱物。这就表明"爱"是因对象的远近亲疏而有所不同的,儒家之所以强调"爱有差别",理由之一在此。孟子说"老吾老及人之老""幼吾幼及人之幼"(《孟子·梁惠王上》),也是根据差等原则由己往外而推及于他人。他又说"推恩足以保四海"(同上),在他看来,由差等原则而实行"推恩",最终是可以实现保天下的(意同"平天下")。

　　由此可见,差等原则具有方法的意义,它表明爱的程序及其程度有所不同,因而它只是一个主观性的原则,而仁爱才是一个普遍性的原理。重要的是,这个普遍的仁爱原理必须运用爱有差等的方法贯穿于亲、民、物等不同领域,从而使其在不同的社

---

① 　可参见郭齐勇主编:《儒家伦理争鸣集——以"亲亲互隐"为中心》,湖北教育出版社,2004 年。作为这场讨论的延续,还可参见郭齐勇:《论道德心性的普遍性——兼评儒家伦理是所谓"血亲情理"》,《哲学门》总第 17 辑,第 9 卷第 1 册,北京大学出版社,2008 年。

会生活实践领域的表现方式有差异,我们不能不顾对象的不同而强求一律。从伦理学的角度看,这种差异的根源在于道德行为不可避免的"义务冲突"①。有学者曾举例说,如当一个人只剩下一块面包,他究竟应该把它给他的母亲,还是给一个陌生人或一只狗,以使其中的一个免于饿死的绝境? 他进而指出:"爱有差等的原则只是在这个范围内才有意义。"(陈来:《有无之境》,第 269 页)这个说法是很有道理的。其实,阳明已列举过类似的例子,用来讨论仁爱与差等的冲突问题,而这个问题正是由万物一体论引发出来的。《传习录》记载道:

9.5.1 问:"大人与物同体,如何《大学》又说个厚薄?"先生曰:"惟是道理,自有厚薄。比如身是一体,把手足捍头目,岂是偏要薄手足,其道理合如此。禽兽与草木同是爱的,把草木去养禽兽,又忍得? 人与禽兽同是爱的,宰禽兽以养亲,与供祭祀,燕宾客,心又忍得? 至亲与路人同是爱的,如箪食豆羹,得则生,不得则死,不能两全,宁救至亲,不救路人,心又忍得? 这是道理合该如此。及至吾身与至亲,更不得分别彼此厚薄。盖以仁民爱物(《孟子·尽心上》),皆从此出;此处可忍,更无所不忍矣。《大学》所谓厚薄,是良知上自然的条理,不可逾越,此便谓之义。"(《传习录》下,第 276 条)

提问者针对"与物同体"所提出的问题,其实含有这样的思路:既然说"与物同体",那么理应奉行一视同仁的原则,不存在任何差异,为何《大学》首章末句说"其所厚者薄,而其所薄者厚,

①　参见弗兰克纳:《伦理学》,生活·读书·新知三联书店,1987 年,第4 页。

第九讲　万物一体的创建

未之有也?"对此,朱熹章句仅有一句注释:"所厚,谓家也。"未做具体深入的解释。依字面意思解,盖谓当厚则厚,当薄则薄,厚薄之分不能乱。本来,这句话体现了儒家的差等原则,应属常识。但问题是,既然说大人者与物同体,就不应有厚薄上的秩序程度之分。这正是阳明面临的万物一体与爱有差等何以圆说的问题。阳明开头一句"道理自有厚薄",其实已经解答了这个问题。然而,为何按照"道理",自会有厚薄程度之别? 如果"道理"作为一种抽象原则看,它不应存在厚薄问题。其实,阳明的这一回答思路与宋明理学的"理一分殊"这一重要观念有关。

我们知道,程颐在回答弟子杨时质疑《西铭》"万物一体"之旨恐与墨家兼爱相通这一问题时,曾指出"《西铭》明理一而分殊,墨氏则二本而无分"(《河南程氏文集》卷九《答杨时论西铭书》,《二程集》,第 609 页)。[①]根据理一分殊的立场看,普遍之理在不同领域的表现是有差异的,这个差异现象就叫做"分殊",也叫"分殊之理"。重要的是,"分殊之理"绝不是对"理一"之理的切割、分节,而是"理一"之理的总体体现。犹如阳明所表述的"昭昭之天"与"四外之天"的关系那样,我们眼前所见的"昭昭之天"与眼前所不见的"四外之天"看似不同而其实质则一,都是"全体之天"。良知本体亦复如此,"一节之知即全体之知,全体之知即一节之知。总是一个本体"(《传习录》下,第 222 条)。根

---

① 按,关于程颐此说,后来杨时表达了自己的理解,也有参考价值,其《语录》载:"论《西铭》,曰:河南先生言'理一而分殊'。知其理一,所以为仁;知其分殊,所以为义。所谓'分殊',犹孟子言'亲亲而仁民,仁民而爱物'。其分不同,故所施不能无差等。或曰:如是则体用果离而为二矣。曰:用未尝离体也。且以一身观之,四体百骸皆具所谓体也。至其用处,则履不可加之于首,冠不可纳之于足。则即体而言,分在其中矣。"(《杨龟山先生全集》卷十一,《四库全书》本,第 9 页)

据这一观念,我们可以理解阳明所说的厚薄之"道理"实即"分殊之理"或"一节之知"。他举例说道,"身是一体",但手足头目则是有差异的,同样,禽兽草木等都有不同,但人对禽兽草木的爱为何会表现出不同,内心又何以"忍得"? 在阳明看来,这是由于理"合如此"。接着他举了一个典型的"义务冲突"的伦理难题:假设一个人对亲人与路人应该同样去爱,其中一人得"箪食豆羹"则生,不得则死,而且在"不能两全"的条件之下,那么这个人应做出什么选择? 阳明回答说"宁救至亲,不救路人",理由很直截:"道理合该如此。"而且他引证孟子的话"仁民爱物",认为也同样是这个道理。阳明的这一看法表明,良知即是绝对普遍的理,但在不同对象上自然呈现为不同程度的差异,而这就是"良知上自然的条理"。这里所谓的"条理",意同"分殊之理"或"一节之知"。

可见,阳明的良知学并不是抽象地讲仁爱,而是以具体的人伦关系为其基础的,因此良知原则绝不意味背弃"爱有差等"原则。重要的是,差等原则只是在具体场景中的次等原则,而良知原则乃是更高的普遍原则,差等原则需要以良知原则来补充。阳明指出:

> 9.5.2 "博爱"之说(按,指韩愈"博爱之谓仁"),本与周子之旨(按,指周敦颐"爱曰仁")无大相远。樊迟问仁,子曰:"爱人。"爱字何尝不可谓之仁欤? 昔儒看古人言语,亦多有因人重轻之病,正是此等处耳。然爱之本体固可谓之仁,但亦有爱得是与不是者,须爱得是方是爱之本体,方可谓之仁。若只知博爱而不论是与不是,亦便有差处。吾尝谓博字不若公字为尽。(《全集》卷五《与黄勉之·二·甲申》,第195页)

这里阳明明确反对韩愈以"博爱"释"仁"的观点,以为不若以"公"字释"仁"。这一解释思路,在理学史上其实是由来有自的,例如二程就曾说过"仁之道,要之只消道一公字"。但与此同时,二程又说:"公只是仁之理,不可将公便唤做仁。"(《遗书》卷十五,《二程集》,第153页)伊川指出:"仁道难名,惟公近之,非以公便为仁。"(《遗书》卷三,《二程集》,第63页)以为"公"字可以表达仁之理,但"公"不可训"仁"。阳明在如何训释"仁"字的问题上没有过多讨论,但他曾用"公是非"来解释良知,这一点已如上述。可见,在阳明的观念中,良知本身就具有"公"的属性。唯其如此,故良知具有超越一己之私的公共品格,而良知对是非的判断也就相应地具有"公"的性质。那么,阳明何以反对以"博爱"训"仁"呢?其理由之一则是在仁爱的行为中还涉及"是与不是"的问题,这个表述很重要,属于良知判断领域。阳明是说,仁者爱人虽说是普遍原则,但在具体的实施过程中,则存在着亲疏远近的问题,这就需要良知的判断来决定"爱得是与不是";反过来说,取消差等而一味强调"博爱",更不管"爱得是与不是",便有悖于良知原则。可见,这个"是"不是作为存有概念的"是",而是作为伦理概念的"应当"如是、"合当"如是的"是"。在阳明看来,这个"是"便是在"差等处"体现出来的"爱之本体",即良知本来如是之"本体"。

这里阳明对于韩愈"博爱"说的批评,其实涉及的正是仁爱原理与差等原则的冲突问题。显然,对这个问题的解决关键仍在于良知。由于良知既是道德理性原则,同时又作为良心而具有道德情感的因素,因此良知面对具体的不同对象自会做出适当的厚薄差等的情感反应。由于情感既基于良知本体,同时又表现为分殊差等,故阳明称之为"良知条理",即良知本体在发用上表现出来的分殊之理。上面所列举的面对"至亲与路人"应如何援手这一道德两难的问题，在道德情感的判断下自会解决。这一道德情感的问题在阳明良知学当中亦很重要。例如我们曾讨论过阳明对"七情"的看法，他认为在"七情顺其自然之流行"的情况下，就可肯定这是"良知之用"，见第六讲"良知自知"一节，此不具论。所谓"自然之流行"就是这里所说的"良知上自然的条理"，可见在阳明，道德情感可称为良知之用或良知的自然条理，是建立在家庭伦理之基础上的。

关于"自然条理"问题，阳明又从"造化生生不息""流行发生亦只有个渐"的客观性角度提出了解释，同样这个解释也是围绕万物一体与墨家兼爱之间的冲突问题而引发的：

9.5.3　问："程子云'仁者以天地万物为一体'，何墨氏'兼爱'反不得谓之仁？"先生曰："此亦甚难言，须是诸君自体认出来始得。仁是造化生生不息之理，虽弥漫周遍，无处不是，然其流行发生，亦只有个渐，所以生生不息。如冬至一阳生，必自一阳生，而后渐渐至于六阳，若无一阳之生，岂有六阳？阴亦然。惟其渐，所以便有个发端处；惟其有个发端处，所以生；惟其生，所以不息。譬之木，其始抽芽，便是木之生意发端处；抽芽然后发干，发干然后生枝生叶，然后是生生不息。若无芽，何以有干有枝叶？能抽芽，必是下面有个根在。有根方生，无根便死。无根何从抽芽？父子兄弟之爱，便是人心生意发端处，如木之抽芽。自此而仁民，而爱物，便是发干生枝生叶。墨氏兼爱无差等，将自家父子兄弟与途人一般看，便自没了发端处；不抽芽便知得他无根，便不是生生不息，安得谓之仁？孝弟为仁之本（《论语·学而》），却是仁理从里面发生出来。"（《传习录》上，第93条）

这是说，万物造化是一个生生不息、流行有渐的过程。比如树叶抽芽然后生枝生叶,都有一个先后渐进的过程,这个过程本身就是秩序,秩序不可乱,犹如抽芽必有根,无根就没有抽芽发干、生枝生叶。阳明进而将亲亲比作抽芽,仁民爱物比作生枝生叶,这就把亲、仁、爱置于自然发生的秩序过程中来解释其先后关系,这个自然发生的渐进过程也就是"自然条理"。依阳明,这个自然过程所体现的自然条理就决定了爱有先后、有差等,但这只是表明亲、仁、爱的程序有别,而不表明这三种爱在价值上的高低。

相比之下,墨家"爱无差等"的主张,完全不顾有根有干有枝有叶的自然秩序,"将自家父子兄弟与途人一般看",却不知"为仁之本"正在于家族内的"孝弟"行为。于是这种所谓"无差等"的爱就好像没有根的树木,既没有了"发端",更没有此后的"生生不息",这就称不上是"仁"。阳明的这个观点显然击中了墨家兼爱说在理论上的重要缺陷。在阳明看来,仁是一切爱的根本,犹如树木无根就不会生长一样,缺乏"仁"的爱是不能想象的,换言之,爱必须由"仁"出发。现在墨家却要求爱他人像爱父子兄弟一样,但他们却不知仁之本在于"孝弟",还不曾做到"孝弟"自己的父兄,又如何能做到爱他人的父子兄弟。因此墨家的所谓"爱"是没有"仁"作为其根本的抽象的泛道德主义,违反了自然条理,也就不符合实践生活中的由"为己""成己"进而至于"及人""成人"的仁爱方式。

要之,从伦理学的角度来审视万物一体论之际,往往会产生一体之仁何以与兼爱之说不相水火的问题,这个问题直到阳明后学如罗汝芳那里还在与弟子不断讨论。[①]其实,一个容易被忽视的问题是,阳明的万物一体论,是建立在"一体之仁""一体同

---

①　参见拙著:《罗汝芳评传》第三章第六节"万物一体"。

然"之心的基础上的。换言之,仁是万物一体得以成立的依据。因为仁就是天地生物之心,所以人与物便能相感相应,在仁的基础上才能建构起万物一体的理想国。墨家"兼爱"在根本上缺乏"一体之仁"的观念基础,故其"爱无差等"必然只是一种抽象原则而无现实性可言。

综上所述,我们对阳明心学的万物一体论的思想内涵及其意义可做以下几点归纳:王阳明以"万古一心"这一良知心学理论为逻辑起点,以建构"万物一体"理论为重要关怀,将人的存在及其价值置于彼此关联、互相感通的关系中来加以考察和定位;在万物一体论的相关表述中,充分体现出王阳明不仅对于当代知识已陷入支离破碎的分化状态痛心疾首,而且对于社会人伦、物我人己之关系亦已陷入互不联属的割裂状态怀有十分强烈的批判精神;"万物一体"论是阳明学建构人与社会、人与自然和谐共存的人类共同体这一远大理想的一项重要理论表述;从《大学》经典的诠释角度看,由万物一体的观念必将推导出"明德亲民合一"论;万物一体论是王阳明将良知学说在社会政治领域进一步拓展的理论结果,因此透过万物一体论,可以使我们对阳明学的社会政治含义有更为全面的了解。

总之,通过阳明心学的理论阐发,万物一体论成了儒家有关构建理想社会的一项重要理论表述,它既是一种哲学观念、价值关怀,也是一种社会理论、实践理论。万物一体论所蕴含的人与社会、人与自然的一体同在、和谐共存的思想意涵,对于当代社会而言,无疑仍然具有一定的理论意义,完全能为我们省思当代社会的制度安排及文化建设等问题提供积极的思想资源。

第十讲　四句教义的阐发

　　阳明晚年提出的"无善无恶心之体,有善有恶意之动,知善知恶是良知,为善去恶是格物"的"四句教法"(又称"王门四句教"),含有丰富的哲学义蕴,是阳明最晚年的思想宗旨,但同时也招致了后世的种种批评。特别是到了明末清初,"无善无恶"论更是成了士人的众矢之的,简直就是阳明学的最大罪状。以至于明末大儒刘宗周不敢相信阳明会说出这类话头,他怀疑这有可能是王畿的"杜撰",当然这是毫无文献依据的推测而已。

　　上面提到,根据朱得之《稽山承语》,并参之《传习录》下第315条的记录,可以相信"四句教"非阳明晚年偶发之语,而是阳明晚年多次在弟子面前披露的最终定见。目前,关于"四句教"的基本资料,大致来源有三:《传习录》《阳明年谱》《天泉证道纪》。前两条主要出自钱德洪之手,当然王畿也参与了编辑修订工作。《天泉证道纪》乃是王畿门人根据王畿所撰的《留都问答》(《龙溪会语》本)及《钱绪山行状》等资料汇编而成①,基本上可认为是王畿本人的观点,故历来亦为研究者所重视。

---

① 关于《留都问答》中有关"天泉证道"的记录及其与《天泉证道纪》的关系,参见拙作:《天泉证道小考——以〈龙溪会语〉本为中心》,载《中华文化研究集刊》第 2 辑《阳明学研究》。

须指出的是,《稽山承语》第 20 条有关本体工夫的记述以及略晚于"天泉证道"的"严滩问答",亦与四句教有着重要的理论关联,故有必要将三者结合起来进行考察。

一 四句教公案

"四句教"的提出是在嘉靖六年(1527)九月,阳明出征平定广西思恩、田州前夕,在阳明居所附近"天泉桥"上,阳明两大弟子钱德洪和王畿因对阳明晚年四句教法有所疑问,师弟三人展开了一场讨论,史称"天泉证道"。钱德洪认为四句教是阳明晚年的"教人定本",故一字不可更易;王畿则认为,四句教作为一种"教法",归根结底也是一种"权法",故不可执定为"定本"。王畿根据心意知物"只是一事"这一阳明学的一贯立场指出,如果说心体是无善无恶的,那么只要悟得心体无善无恶的,就有理由推出:"意亦是无善无恶的意,知亦是无善无恶的知,物亦是无善无恶的物。"此即著名的"四无说"。与此相应,钱德洪的看法则被称为"四有说"(按,严格说来,应该称之为"一无三有说")。

可见,围绕四句教义的讨论涉及了有无关系问题,事实上,这一问题又可说是阳明心学的一个核心课题。而且由"天泉证道"还衍生出不少其他哲学问题:如"本体"与"工夫"、"心体"与"性体"等。梁启超指出天泉证道是"王门一大公案"(《节本明儒学案》),这是有一定道理的。的确,四句教不唯对当时的王门来说是"一大公案",甚至在今天,其中有许多问题仍需要我们做进一步的澄清及重新诠释。可以说,不了解四句教就不可能对阳明心学的义理架构以及阳明后学思想展开之源头有一个完整恰当的把握。

关于"四句教",上述三种文本的记述各有微妙的差异,为便

第十讲　四句教义的阐发

于后面的集中讨论,先将这三种文本的记录揭示如下,根据文意脉络,做适当的分段处理:

1.《传习录》

10.1.1　丁亥年九月,先生起复征思、田。将命行时,德洪与汝中论学。汝中举先生教言曰:"无善无恶是心之体,有善有恶是意之动,知善知恶是良知,为善去恶是格物。"德洪曰:"此意如何?"汝中曰:"此恐未是究竟话头。若说心体是无善无恶,意亦是无善无恶的意,知亦是无善无恶的知,物是无善无恶的物矣。若说意有善恶,毕竟心体还有善恶在。"德洪曰:"心体是天命之性,原是无善无恶的。但人有习心,意念上见有善恶在,格致诚正修,此正是复那性体功夫。若原无善恶,功夫亦不消说矣。"

10.1.2　是夕,侍坐天泉桥,各举请正。先生曰:"我今将行,正要你们来讲破此意。二君之见正好相资为用,不可各执一边。我这里接人原有此二种,利根之人直从本源上悟入。人心本体原是明莹无滞的,原是个未发之中。利根之人一悟本体,即是功夫,人己内外,一齐俱透了。其次不免有习心在,本体受蔽,故且教在意念上实落为善去恶。功夫熟后,渣滓去得尽时,本体亦明尽了。汝中之见,是我这里接利根人的;德洪之见,是我这里为其次立法的。二君相取为用,则中人上下皆可引入于道。若各执一边,眼前便有失人,便于道体各有未尽。"

10.1.3　既而曰:"已后与朋友讲学,切不可失了我的宗旨:无善无恶是心之体,有善有恶是意之动,知善知恶的是良知,为善去恶是格物。只依我这话头随人指点,自没病痛,此原是彻上彻下功夫。利根之人,世亦难遇,本体功夫,一悟尽透，此颜子、明道所不敢承当，岂可轻易望人？人有习心，不教他在良知上实用为善去恶功夫，只去悬空想个本体，一切事为俱不着实，不过养成一个虚寂。此个病痛不是小小，不可不早说破。"是日，德洪、汝中俱有省。(《传习录》下，第315条)

2.《阳明年谱》

10.1.4　九月壬午，发越中。是月初八日，德洪与畿访张元冲舟中，因论为学宗旨。畿曰："先生说'知善知恶是良知，为善去恶是格物'，此恐未是究竟话头。"德洪曰："何如？"畿曰："心体既是无善无恶，意亦是无善无恶，知亦是无善无恶，物亦是无善无恶。若说意有善有恶，毕竟心亦未是无善无恶。"德洪曰："心体原来无善无恶，今习染既久，觉心体上见有善恶在，为善去恶，正是复那本体功夫。若见得本体如此，只说无功夫可用，恐只是见耳。"畿曰："明日先生启行，晚可同进请问。"

10.1.5　是日夜分，客始散，先生将入内，闻洪与畿候立庭下，先生复出，使移席天泉桥上。德洪举与畿论辩，请问。先生喜曰："正要二君有此一问！我今将行，朋友中更无有论证及此者，二君之见正好相取，不可相病。汝中须用德洪功夫，德洪须透汝中本体。二君相取为益，吾学更无遗念矣。"

10.1.6　德洪请问。先生曰："有只是你自有，良知上原来无有，本体只是太虚。太虚之中，日月星辰，风雨露雷，阴霾饐气，何物不有？而又何物得为太虚之障？人心本体亦复如是。太虚无形，一过而化，亦何费纤毫气力？德洪功夫须要如此，便是合得本体功夫。"

10.1.7　畿请问。先生曰："汝中见得此意，只好默默自修，不可执以接人。上根之人，世亦难遇。一悟本体，即见功夫，物我内外，一齐尽透，此颜子、明道不敢承当，岂可轻易望人？二君已后与学者言，务要依我四句宗旨：无善无恶是心之体，有善有恶是意之动，知善知恶是良知，为善去恶是格物。以此自修，直跻圣位；以此接人，更无差失。"

10.1.8　畿曰："本体透后，于此四句宗旨何如？"先生曰："此是彻上彻下语，自初学以至圣人，只此功夫。初学用此，循循有入，虽至圣人，穷究无尽。尧舜精一功夫，亦只如此。"

10.1.9　先生又重嘱付曰："二君以后再不可更此四句宗旨。此四句中人上下无不接着。我年来立教，亦更几番，今始立此四句。人心自有知识以来，已为习俗所染，今不教他在良知上实用为善去恶功夫，只去悬空想个本体，一切事为，俱不著实。此病痛不是小小，不可不早说破。"是日，洪、畿俱有省。(《全集》卷三十五《年谱》嘉靖六年九月条)

3.《天泉证道纪》

10.1.10　阳明夫子之学，以良知为宗，每与门人论学，提四句为教法："无善无恶心之体，有善有恶意之动，知善知恶是良知，为善去恶是格物。"学者循此用功，各有所得。绪山钱子谓："此是师门教人定本，一毫不可更易。"先生谓："夫子立教随时，谓之权法，未可执定。体用显微，只是一机；心意知物，只是一事。若悟得心是无善无恶之心，意即是无善无恶之意，知即是无善无恶之知，物即是无善无恶之物。盖无心之心则藏密，无意之意则应圆，无知之知则体寂，无物之物则用神。天命之性，粹然至善，神感神应，其机自不容已，无善可名。恶固本无，善亦不可得而有也，是谓无善无恶。若有善有恶，则意动于物，非自性之流行，着于有矣。自性流行者，动而无动；着于有者，动而动也。意是心之所发，若是有善有恶之意，则知与物一齐皆有，心亦不可谓之无矣。"绪山子谓："若是，是坏师门教法，非善学也。"先生谓："学须自证自悟，不从人脚跟转，若执着师门教法以为定本，未免滞于言诠，亦非善学也。"

10.1.11　时夫子将有两广之行，钱子谓曰："吾二人所见不同，何以同人？盍相与就正夫子？"晚坐天泉桥上，因各以所见请质。夫子曰："正要二子有此一问，吾教法原有此两种。四无之说，为上根人立教；四有之说，为中根以下人立教。上根之人，悟得无善无恶心体，便从无处立根基，意与知物，皆从无生，一了百当，即本体便是工夫，易简直截，更无剩欠，顿悟之学也。中根以下之人，未尝悟得本体，未免在有善有恶上立根基，心与知物，皆从有生，须用为善去恶工夫，随处对治，使之渐渐入悟，从有以归于无，复还本体。及其成功一也。"

10.1.12　世间上根人不易得，只得就中根以下人立教，通此一路。汝中所见，是接上根人教法，德洪所见，是接中根以下人教法。汝中所见，我久欲发，恐人信不及，徒增躐等之病，故含蓄到今。此是传心秘藏，颜子、明道所不敢言者。今既已说破，亦是天机该发泄时，岂容复秘？

10.1.13　然此中不可执着。若执四无之见，不通得众人之意，只好接上根人，中根以下人无从接授。若执四有之见，认定意是有善有恶的，只好接中根以下人，上根人亦无从接授。但吾人凡心未了，虽已得悟，不妨随时用渐修功夫，不如此不足以超凡入圣，所谓上乘兼修中下也。

10.1.14　汝中此意正好保任，不宜轻以示人，概而言之，反成漏泄。德洪却须进此一格，始为玄通。德洪资性沉毅，汝中资性明朗。故其所得，亦各因其所近。若能互相取益，使吾教法上下皆通，始为善学耳。"（《王畿集》卷一《天泉证道纪》，第 1—2 页）

以上这三种文本，有同有异，但在个别问题上的差异却很大。《传习录》所录当是出自钱德洪之手，刊刻于嘉靖三十四年左右，在他的记录中特别是第三段突出了有利于他自己的观点。《年谱》成书于嘉靖四十二年，由钱德洪编纂，罗洪先修订，王畿亦参与其中，当是阳明门下公认的权威文献，其中第三段阳明对钱德洪的批评却不见诸《传习录》，亦不见诸《天泉证道纪》。王畿《天泉证道纪》刊刻于万历十五年（1587），但根据上揭我的考证，它的来源是撰成于嘉靖四十三年的《东游问答》以及约成书于万历二年后的《钱绪山行状》。王畿的这篇记录则偏向性更大，例如："汝中所见，我久欲发，恐人信不及，徒增躐等之病，故含蓄到今。此是传心秘藏，颜子、明道所不敢言者。今既已说破，亦是天机该发泄时，岂容复秘？"显示出阳明对王畿的"四无说"有极高的评价。又如他对自己"四无说"的大段表白，均未见《传习录》及《年谱》，使得后人对王畿"四无说"的评判只能主要以《传习录》《年谱》的记录为依据，而未能对王畿思想有一较为全面的认识。

这三种文本的记录有以下几点可以得到确认：

第一，"天泉证道"这一事件实际上是由王畿引发的，钱德洪只是一个陪衬的角色。王畿首先指出阳明"每与门人论学"的"四句教法"只是"权法"而非"究竟话头",故"未可执定",他进而提出了"四无说"的新见解;德洪则认为"心体"虽可说"无善无恶",但由于人心受各种"习心"困扰,故有必要在诚意、正心、格物、致知等层面上着实用功,以复其"性体"。基于此,德洪认为如果说心意知物都是"无善无恶"的,这就等于说所有的工夫都可一笔抹销。可见,两人的分歧在于四句教的后三句而不是第一句,《天泉证道》称德洪之见为"四有"是不够准确的,应称为"一无三有"说。应指出,德洪所见基本上是重复阳明之意,而王畿的"四无说"才是这场"天泉证道"的主要问题。阳明对此问题的最终判定以及王畿有关四无说的阐发,正是"天泉证道"的思想意义之所在。

第二,阳明的判定主要有两层思想,一是阳明指出自己教法原有两种:一种是"从本源上悟入";一种是"在意念上实落为善去恶功夫"。前者亦即王畿的观点,突出了"悟"的重要性;后者亦即德洪的观点,突出了"修"的必要性。这两种教法的对象各有不同,前者适用于"利根之人",后者适用于"中根以下人"。但毕竟这两种教法应互相补充、相资为用,切不可"各执一边"。可见,表面上阳明的态度是"折中"的,但实际上,既然称王畿之说适用于"利根之人",则显然在德洪之上。也就是说,阳明承认"从本源上"与"在意念上"这两种入手方法缺一不可,但后者处于次要地位,是"为其次而立法的"。应注意的是,此"次"字非次序之意,而是高下之意。不是说先"从本源上悟入"然后再"在意念上实落为善去恶功夫",而是说"从本源上悟入"是取法乎上的一种工夫,要高于"在意念上"着手的工夫,因为"一悟本体即是功夫,人己内外一齐俱透了";反过来说,如非"上根之人",那么不得已就只好求其次。可见,阳明所认同的两种实践工夫是有明确针对性的,是针对"利根之人"或"中人以下"而言的。

第三,然而阳明却坚持认为四句教是自己的最终"宗旨",是"彻上彻下语",意谓四句教法是适用于所有人群的普遍教法,因而具有普世意义,只要按四句教法去做,自然没有任何"病痛"。应当说,这是阳明对"四句教"问题所表明的一个明确态度,是其最后定见,更无置疑的余地。所以,阳明最后对王畿指出了批评,"利根之人,世亦难遇",本体功夫"一悟尽透"的方法是连颜渊和程颢这样聪明绝顶之人也不敢自许的,故不可轻易示人,否则有坠落"空想"、养成"虚寂"之可能。可见,阳明对王畿的批评亦不可谓不严厉。

第四,10.1.6 所录"有只是你自有,良知上原来无有"一条,可谓是阳明对德洪的当头棒喝,其中所蕴含的义理相当重要,表明了阳明在良知有无问题上的重要见解,然未见《传习录》及《天泉证道纪》,这里有必要略做分析。我们在上面"无知无不知"一节中曾谈到"良知之虚""良知之无"的问题,引用了《传习录》下第 269 条,便与这里"有只是你自有"一条非常相近,我们不妨将两条比对列出,以便后面的讨论:

　　10.1.15　良知之虚,便是天之太虚;良知之无,便是太虚之无形。日月风雷、山川民物,凡有貌象形色,皆在太虚无形中发用流行,未尝作得天的障碍。圣人只是顺其良知之发用。天地万物,俱在我良知的发用流行中,何尝又有一物超于良知之外,能作得障碍?(《传习录》下,第 269 条)

　　10.1.16　有只是你自有,良知上原来无有,本体只是太虚。太虚之中,日月星辰,风雨露雷,阴霾饐气,何物不有?而又何物得为太虚之障?人心本体亦复如是。太虚无

形，一过而化，亦何费纤毫气力？德洪功夫须要如此，便是
合得本体功夫。(《全集》卷三十五《年谱》嘉靖六年九月条)
可以看出，措词虽不同，但根本旨意是一致的，都突出强调良知
之无或良知原来无有这一重要观点。以"太虚"喻"良知之虚"这
一点上，两条也完全相同，同时还强调了一个观点：良知之无又
内含了良知之有，有不能成为无的障碍，无中又无所不有。这个
观点可谓是阳明哲学的一个重要智慧，是他在有无之辩中凸显
出来的思想精髓，更是我们了解与掌握"无善无恶心之体"之思
想意涵的关键所在。

质言之，良知之无表明的是人心本体"无而非无"的存在特
性，因此在实践论上就要求我们打破既成的一切陈规，淘空人心
中的一切习染，消除意识上的一切执着，最终指向"一过而化"的
化境，而向更高层次上的"有"回归。总之，"有只是你自有"，无
疑是一声棒喝！在某种意义上可以说，破除"执有"正是阳明整个
哲学工作的核心任务，不破"执有"便无以建立一个新的"有"，而
且四句教的核心命题"无善无恶心之体"也正是为了破除"执有"。

第五，《传习录》第三段及《年谱》第六段所录阳明对王畿的
批评未见《天泉证道纪》。据后者所录，阳明对王畿"四无说"有
这样的判定："传心密藏""向上一机"；而且是阳明久欲发而未发
的"天机"，"今既已说破，亦是天机该发泄时，岂容复秘！"显而
易见，从义理上看，阳明并不认为四无说有根本错误，相反，他对
王畿的大胆推论，应是心领神会、暗中窃喜的。根据以上阳明对
钱德洪的"有只是你自有"的批评，王畿的这个记述应当有一定
的真实性。不过也须看到，阳明在理论上赞许四无说，但并不等
于他放弃自己的四句教，相反，从工夫层面看，他更强调为中下
之人立法的实践意义。

总而言之,四句教是一整体,不可分拆。首句"无善无恶心之体"是论本体,后三句是论工夫。根据阳明"即本体即工夫"的思想来看,"一无三有"的四句教乃是即无即有、即上即下、即顿即渐的"彻上彻下"之本体工夫论体系,不能放弃其中的任何一个环节,所以阳明一再强调"二君已后与学者言,务要依我四句宗旨"。

然而阳明的上述说法虽有其整体思想的支撑,但其中仍会引发不少理论问题。例如,四句教固然是一体系,但它既然作为教法——亦即作为工夫论看,其间就必然蕴含着一个工夫程序问题,是由上及下、由无至有,还是由下及上、由有至无呢?"天泉证道"之际的问题讨论,便是由此引发;倘若立足于本体之无的立场着手用功,那么由心体之无至意识之无究竟能否成立?"无善无恶"是否是对良知本体的价值意义的一种否定?"无善无恶心之体"与阳明平时所说的"至善者心之本体"是否存在理论上的冲突?此外还有"无善"与"至善"、"心体"与"性体"、"本体"与"工夫"等这些由四句教透显出来的理论问题,究竟在阳明心学的义理系统中能获得怎样的理解。以下我们尝试探讨一下其中的两个重要问题:心性与善恶、本体与工夫。

二　心体与善恶

毫无疑问,在四句教中,最令人困惑不解的是"无善无恶心之体"究为何意的问题。这个问题的实质是,阳明既然一再表示良知即心之本体,至善者心之本体,良知心体乃是一有价值意义的本体存在,那么为何说"心之体"是无善无恶的?"无善无恶心之体"又是在什么意义上成立的?

的确,从字面上看,"无善无恶"是对善恶的否定,而善恶是指向伦理道德而言的,因此"无善无恶"便是对伦理意义上的善恶之否定,由此否定便可导致一个结果:作为道德本体的良知心体变成了无确定意义的、无价值、无善恶的存在。果真如此,不啻是石破天惊之论! 那么,阳明之意是否如此呢? 答案是否定的。如果阳明所言非上述意思,那么又应如何理解呢?

其实,"无善无恶"可有两种理解方式。一种是即伦理而言,一种是超伦理而言。所谓即伦理而言,就是上述那种将无善无恶直接看作是对伦理的具体的善之否定;所谓超伦理而言,意谓无善无恶是一语言修辞学的问题,并不表示所言之对象具有伦理意义的善或恶。具体地说,由于"心之体"是一超越层的概念,是指心的本来状态,在此意义上,心体本身已超越任何现象层的相对性,因此无法用有限的语言概念来表述或定义。这一超越层的无善无恶义是对具体的、现实的、经验界的善恶相对义的否定。

同时,从哲学形上学的角度看,凡是超越的、绝对的、本体界的存在——如天理、天性、天命,其本质必然为善,因此超越层的无善无恶之心体又是绝对至善的。这个思考方式在中国思想史尤其是宋明理学史上是很常见的,程朱理学的"性即理"说便是如此,理为绝对,故无有不善,性即理也,故性为至善,然我们却不能追问何以"理""性"为至善。朱熹也意识到这层道理,故他明确指出"性不可说"(《语类》卷五十九,第1380页),"性无定形,不可言"(同上),"不容说处即性之本体"(《朱子文集》卷四十六《答黄商伯》四,《朱子全书》第22册,第2130页),"性是太极浑然之体,本不可以名字言"(同上书卷五十八《答陈器之》二,同上书,第2778页),他甚至断言孟子"亦不曾说得性之本体是如何"(《语类》卷五十九,第1376页),可见朱熹也意识到日常语言的有限性问题,只是他并不采用"无"这一遮诠方式来表出这层含义。犹如西方的上帝概念,由于是超越的,故必然是至善的,这是宗教形上学的一种独断论判断,我们无法追问上帝为何为善。

要之,从语义学的角度看,阳明的"无善无恶心之体"正是形上学的一种遮诠方式的表述。换言之,无善无恶正是表达心体的终极至善。故阳明有"无善无恶是谓至善"之说,王畿对无善无恶的诠释思路亦复如是,其曰:"善与恶,相对待之义。无善无恶是谓至善。至善者,心之本体也。"(《王畿集》卷五《云门问答》)应当说,王畿此说是对四句教首句的一个善解。那么我们又应如何理解阳明的"无善无恶是谓至善"这一命题呢? 在此有必要介绍一条重要资料,即著名的《传习录》上第101条"侃去花间草"章,全文如下:

10.2.1 侃去花间草,因曰:"天地间何善难培,恶难去?"先生曰:"未培未去耳。"少间,曰:"此等看善恶,皆从躯壳起念,便会错。"侃未达。曰:"天地生意,花草一般,何曾有善恶之分? 子欲观花,则以花为善,以草为恶;如欲用草时,复以草为善矣。此等善恶,皆由汝心好恶所生,故知是错。"曰:"然则无善无恶乎?"曰:"无善无恶者理之静,有善有恶者气之动。不动于气,即无善无恶,是谓至善。"曰:"佛氏亦无善无恶,何以异?"曰:"佛氏着在无善无恶上,便一切都不管,不可以治天下。圣人无善无恶,只是无有作好,无有作恶,不动于气。然遵王之道,会其有极,便自一循天理,便有个裁成辅相。"曰:"草既非恶,即草不宜去矣。"曰:"如此却是佛老意见。草若是碍,何妨汝去?"曰:"如此又是作好作恶?"曰:"不作好恶,非是全无好恶,却是无知觉的人。

谓之不作者,只是好恶一循于理,不去又着一分意思。如此,即是不曾好恶一般。"曰:"去草如何是一循于理,不着意思?"曰:"草有妨碍,理亦宜去,去之而已。偶未即去,亦不累心。若着了一分意思,即心体便有贻累,便有许多动气处。"曰:"然则善恶全不在物?"曰:"只在汝心,循理便是善,动气便是恶。"曰:"毕竟物无善恶?"曰:"在心如此,在物亦然。世儒惟不知此,舍心逐物,将格物之学错看了,终日驰求于外,只做得个义袭而取,终身行不著,习不察。"曰:"'如好好色,如恶恶臭',则如何?"曰:"此正是一循于理。是天理合如此,本无私意作好作恶。"曰:"'如好好色,如恶恶臭',安得非意?"曰:"却是诚意,不是私意。诚意只是循天理。虽是循天理,亦着不得一分意。故有所忿懥好乐则不得其正,须是廓然大公,方是心之本体。知此即知未发之中。"伯生曰:"先生云'草有妨碍,理亦宜去',缘何又是躯壳起念?"曰:"此须汝心自体当。汝要去草,是甚么心?周茂叔窗前草不除,是甚么心?"(《传习录》上,第101条)

这场对话含有丰富的哲学义理,对于我们了解阳明思想非常重要。不过在对此做分析之前,我还想引一段原文,以加强我们了解"无善无恶"说是在何种理路脉络之下提出来的,然后我们再回到对"侃去花间草"的分析。下面这段原文同是薛侃录,其中所蕴含的义理与上述"侃去花间草"基本一致,但其论述则是从"心之本体原无一物"这一心学立场立论的:

10.2.2　为学工夫有浅深。初时若不着实用意去好善恶恶,如何能为善去恶? 这着实用意便是诚意。然不知心之本体原无一物,一向着意去好善恶恶,便又多了这分意思,便不是廓然大公。《书》所谓无有作好作恶,方是本体。

所以说"有所忿懥好乐，则不得其正"。(《传习录》上，第119条)

显然，其中反对"一向着意去好善恶恶""多了这分意思"，以及"无有作好作恶""廓然大公"等措词用语，都可从"侃去花间草"当中找到。这里我们再回到"侃去花间草"有关"无善无恶"的问题上来。刘宗周对"无善无恶理之静"非常重视，认为阳明"有时说'无善无恶理之静'，亦未曾径说'无善无恶是心体'。若心体果无善无恶，则有善有恶之意又从何处来？"(《刘宗周全集》第5册《阳明传信录》三，第91页)宗周的这一判断其实并不合阳明本意，阳明虽借"理气"而言，然其所论却是指向心体的，所谓"不着一分意思""一循于理"，无不如此。其实，宗周的判断应是源自他自己的诚意慎独之学的立场，此且不论。须指出，阳明此处所论"无善无恶"正是超伦理而言，与人性论意义上的善恶问题无关。他不是在讨论人性是善抑或是恶的问题，而是强调心体本来所具有的"无"之特性，有善有恶则皆由心体之"无"转化而来。这里的"理之静""气之动"亦是落在心体上讲的，静乃是作为心之理的原初状态，动则是作为心之气的转化状态，前者可谓"无"，后者可谓"有"。因此阳明在这里所说的理气动静并不含有宇宙论的意味。

问题是，当薛侃追问如果说儒学也讲"无善无恶"，那么与佛教的"无善无恶"又如何区别？阳明的回答颇为重要，他说"圣人无善无恶，只是无有作好，无有作恶"，而"无有作好，无有作恶"也不是说什么也不做，而是要求"一循天理""一循于理""不着意思"。这个说法对于我们理解阳明的无善无恶说非常关键。顺便提一句，阳明提出致良知教以后，一再强调循良知，其思路与此相同，这一点上已提及，这里不赘。依阳明的说法，人心本体即就其本来状态而言,是"原来无有"的,一如"太虚"一般,人之所以"以花为善""以草为恶",皆由意识层面的"好恶"之念所引起。究极而言,"毕竟物无善恶",而且"在心如此,在物亦然"。意思是说,无论从物的本来状态还是从心的本来状态看,毕竟是无善恶之可言的。

总体说来,这里所说的"无善无恶",不是指伦理学意义上的人性讨论,这一点已经非常明确。当阳明说本无善恶,是就心体而言,是心学本体论意义上的一种阐发,就好像说"良知本体原来无有"(见10.1.6阳明对钱德洪"有只是你自有"的一句棒喝)那样,是就良知心体的本质状态而言的;另一方面,正是由于超越了一切善恶相对的对峙状态,淘空一切念虑的杂质,排除一切意识的干扰,故说无善无恶乃是真正意义上的终极的善——"是谓至善"。

一般说来,"至善"在儒学思想的体系中是一个价值论的概念,是有具体内涵的。例如天理之善,这是指向仁义礼智而言的,性善概念亦复如此。然而同时"至善"亦是一种境界论,例如达到"人伦之至"的圣人境界,便可用"至善"来形容。《大学》"止于至善"在多数场合亦作精神境界来理解。上引阳明"无善无恶是谓至善"亦可看作是对境界论的描述。这种境界是以"无"为特征的"浑然一体"的精神境界,"无善无恶心之体"正具有境界的含义,它拒绝一切相对的执着状态,没有任何执着及外来的干扰,回归人心意识的本来状态,更是超越了相对义的善恶之对待,犹如"太虚无形,一过而化"一样,不留任何痕迹,不费"纤毫气力"。一言以蔽之,即超越有无之状态的绝对的"无",因而"无"又具有本体论的意义。例如阳明常以"无我"来形容这一精神境界,他说:

　　10.2.3　圣人之学，以无我为本。(《全集》卷七《别方叔贤序·辛未》，第232页)

　　10.2.4　诸君常要体此人心本是天然之理，精精明明，无纤介染著，只是一无我而已。(《传习录》下，第339条)

所谓"以无我为本""只是一无我"，与四句教的思想是相通的。"无"是心体之本然，就此而言，"无"具有本体论意义；由于受后天的"染著"，"原来无有"的本来状态渐渐丧失，但只要做到还它良知心体"精精明明，无纤介染著"，便可复还本来"无我"的状态，在这个意义上，"无"又具有境界义。而阳明将"无我"提到"圣人之学"的高度来加以肯定和强调，更为凸显出"无"在阳明心学系统中的重要性。

　　但从良知"本无"如何实现"无我"境界，关键仍在于如何做到"复还本体"，当然这一过程就是致良知过程，在阳明，自有另外的一套说法，这里无须详论。重要的是，工夫是一有信念之工夫，而不是在黑暗中胡乱摸索的"冥行"或"妄想"。因此树立起信念，就显得十分重要，这个信念就是良知本体本来"无有"，良知心体本来"无滞"，故在心体上不可有任何"执著"，阳明用眼中着不得"些子尘沙"作喻，指出：

　　10.2.5　心体上着不得一念留滞，就如眼着不得些子尘沙。些子能得几多？满眼便昏天黑地了。又曰：这一念不但是私念，便好的念头亦着不得些子。如眼中放些金玉屑，眼亦开不得了。(《传习录》下，第335条)

这个比喻清楚地告诉我们，心中的任何念虑情识都不是心体的本来状态所有的，所以首先要坚信心体本无，顺其发动，便自能克服私意念虑等的缠绕，最终就可复还本体，实现"与太虚同体"的境界。但须注意的是，阳明的这个比喻性说法只是强调私念好念都不能"着",而并不意味一概反对"好念"或"善念"都不要。阳明认为只要是顺其良知自然之发用流行(即"侃去花间草"中的"一循于理"),不管是"好念",即便是"七情",亦能"一归于正"而"无有不是"(参见第六讲有关"七情顺其自然之流行"的讨论)。

总而言之,阳明哲学的"无"并不绝斥"有",相反,阳明从儒家立场出发,对于历史文化的价值观念之"有"、对于人伦社会的道德观念之"有",无疑是充分肯定的;"无"绝不是要冲破儒学的伦理秩序、价值体系。阳明在本体论上强调"心之本体原无一物""良知本体原来无有",进而得出"无善无恶心之体",都是为了证成这样几层道理:任何道德规范的"有"都是根源于良知本体的"无";良知本体的"无"乃是价值之"有"的本来状态;重要的是,在这个"无"中其实已蕴含着一切的"有";价值的"有"须由良知本体"发用流行"呈现出来;良知的"发用"在特征上是"自然"的,然在本性上则是一种"好善恶恶"的能力;"好恶"能力虽是一种道德情感,但它取决于良知本体,是决定"良知本无知"之所以能转向"无知无不知"的依据。根据这个良知本体学说的设想,于是阳明在工夫论上便再三强调一个观点:"一循于理""循其良知"而反对任何"执著""着意",即要求人们的道德意识必须依循于本体的无滞性。①因此,我们只有按照上述的思想理路,才能真切地了解"无善无恶心之体"的理论内涵及其意义。

三 心体与性体

至此可见,我们对阳明学的了解几乎都围绕着一个核心概

---

① 用"无滞性"来分析阳明的心体概念,可参见陈来:《有无之境》,第203—208页。

念,亦即"心"。与此概念同义的还有心体、心之本体或良知心体。我们还没有谈过"性"的概念在阳明学中的意义。而且,四句教中也的确没有出现过"性"。

但是我们不得不注意钱德洪和王畿在讨论四句教问题时的一个说法,德洪在反对王畿"四无说"时提出的一个理由是:"心体是天命之性,原是无善无恶的。但人有习心,意念上见有善恶在,格致诚正修,此正是复那性体功夫。"另一方面,王畿在提出"四无"主张时则说:"天命之性,粹然至善,神感神应,其机自不容已,无善可名。……若有善有恶,则意动于物,非自性之流行,着于有矣。自性流行者,动而无动。"其中出现"天命之性""性体"等概念,当然这是宋明理学家所共享的概念,本无特异之处。一般说来,天命之性或性体是粹然至善的,这是概念具有本质论的意涵,是一个标志人性之道德本质的范畴。在朱熹的场合,这个"性"之概念有其非常确定的内涵,必定是至善的,是一个道德的、价值的概念,与朱熹所说的"心体""心之本体"之概念并不相类,不可同日而语。

然而钱德洪却说"心体是天命之性,原是无善无恶的",明确地将心体等同于性体,并且称之为"无善无恶",这是对四句教首句的一种论证。重要的是,在这个论证中,不仅是心体,连同性体也被说成是"无善无恶"的。关于钱德洪对"无善无恶心之体"的看法,历来有一种误解,以为他是主张"至善无恶心之体"的,故有"四有说"的说法。由德洪以上所言,可以了断后人的这一误解。至于他对四句教首句的理解,我们在此暂不做讨论。要之,德洪在这里的说法显然是继承了阳明的心性不分之思想,但他并未细细体会和辨认阳明在心体与性体之问题上的说法存在着细微差别之处,此待后述。

在概念的分疏以及义理的把握上,向来认为王畿远胜德洪一筹。他也把心体认作"天命之性",而且认为天命之性是"粹然至善"的,故"无善可名"。他的逻辑推理是,既然心体是粹然至善的,恶固本无,所以善亦不可得而有,结论就是无善无恶。可见,无论是德洪还是王畿,在他们的观念模式中,心体即性体,本不可分。这就引发一个问题:性体也是无善无恶的吗? 这个说法又是在怎样的意义上成立呢?

我们知道,性即理,理为善,故性善,这是程朱以来人性论的固有模式。事实上,王畿所说的"天命之性,粹然至善"也可说是宋明儒者普遍接受的有关性善论的命题形式。如果对于宋明以来性体概念所含的本质意义表示接受理解,那么对于性体至善的命题就不能以"无善可名"来推翻,至于德洪所说"心体是天命之性,原是无善无恶的"更不能成为普遍有效的命题,至少在宋明理学史上,可以这么说。因此关键就在于他们对"性体"究竟是如何理解的。

很自然,这一问题必然牵涉王阳明。不过在讨论阳明之前,似有必要把这个问题的来龙去脉交代一下。上面所提的钱、王两例只是这个问题的"来龙"即前奏,还有"去脉"即阳明后学对此问题有何阐发。这里我们要介绍一下阳明后学中的王时槐(号塘南,1522—1605)和杨东明(号晋庵,1547—1624)的两种截然不同的观点,以使我们进一步了解阳明心学"无善无恶"说存在着一定的诠释空间。

阳明二传弟子的江右王门人物王时槐有一个判断,他指出:"阳明先生言'无善无恶心之体',盖言性也。"(《友庆堂合稿》卷四《潜思札记》,第 266 页)这个解释在阳明后学中可谓独树一帜。他的基本思路是:性体是超越层的形上存在,是无法用有限性的语言来描述和规定的,故他一再强调这类观点:"性体本虚"(同上书卷二《答唐凝庵·乙巳》,第218页),"性本无欲"(同上书卷四《三益轩会语·甲申》,第215页),"性不容言"(同上书,第249页),"性无善恶"(同上书卷一《答郭青螺方伯·甲午》,第182页),也就是说,在性体的超越层面上,可谓"无善无恶";另一方面,心体虽然也有"本寂""本虚"的特征,但这是指心体的作用层面,从根本上说性是体而心是用,而且在他看来,心有"道心""人心"之别,在道心层面上,绝不可说无善无恶,而在人心层面则是有善有恶的。更为重要的是,他非常尖锐地观察到阳明"无善无恶"说对于打破世儒"往往守定一个天理在方寸之间"的那种迷执具有重大意义(同上书卷二《答吴安节公二首·癸卯》,第211页),与此同时他也严厉批评王畿"四无说"不分青红皂白地将一切均归之于"无"的观点,将有以学术"杀人"(同上书卷四《三益轩会语》,第258页)的危险性。但是,不得不说,王塘南的理解是建立在"性体心用"这一基本立场之上的,在他的哲学系统中,性体乃是其首出的概念,具有绝对义,属于超越的存在,而心体则在人心的层面上,具有作用义,属于相对的存在。而他强调性体的存在,其意图至为明显,他是要以性体来限制心体之作用,换言之,亦即个人心体的无限膨胀须由绝对至上的性之本体来加以制约。这表明心体与性体之间的对立紧张之问题到了阳明后学已开始逐渐显现出来。不过,王时槐亦就性体的超越性出发,主张性体可言"无善无恶",以此来重新诠释阳明"四句教"之首句,并认定阳明此说对于打破执定一个"天理在方寸间"的理学弊端具有正面积极之意义。由此可知,他的思想在理路上仍然与心学相契。

与王时槐的见解不同,另一位北方王门的学者杨东明则断然指出："文成所云无善无恶者,正指感动之善而言,然不言性之体,而言心之体者。"(《明儒学案》卷二十九《晋庵论性臆言》,第653页)所谓"感动",指心体而言,在这个意义上,心体不是一个超越的本体论概念,而主要是指人心意识活动。他有一个特殊的着眼点,亦即关注于何谓"善"的问题,他认为善有两种意义上的善,除了"感动之善"这一概念以外,他还提出了"本善之善"的概念,两者是相对而言的。所谓"本善之善",意指"至善",是性体所固有者。同时,他在心性关系问题上,则有这样的基本命题:"性静心动""性体心用"。据此,便不难理解东明之意在于强调:"无善无恶"是指心体感动而至于"无"的一种状态描述,而非指性之本体的本质规定,因此"无善无恶"是就"感动之善"而言的。在这个说法中,显然把心体与性体视作两端,心体只是一种主观性原则,而性体才是纯粹至善的,具有客观的、普遍的意义。不得不说,他将心体与性体一分为二以及视心体为作用层之存在的理解并不符合阳明心学之理路。当然,东明之论性尚有更为丰富的内涵,他将"无善"理解为境界义,这表明他对阳明心学亦有一定的了解,至于其中的详细内容,这里也就不细说了。①

要之,由王、杨的不同解释可以看出,在阳明后学中已有人意识到如何分疏心体与性体,是理解阳明四句教的关键之所在。的确,一般说来,世人对阳明心学有两个基本理解:一是心理合一,一是心性不分。前者不用多说,可由"心即理"来说明,后者则可由"心即性"之命题来论证。其实,从"心即理"到"心即性",其间只缺一理论环节,亦即"性即理",对于程朱理学的这一

---

① 关于王时槐和杨东明的"无善无恶"之诠释,详参拙著:《阳明后学研究》第一章"无善无恶",第70—79页。

命题,阳明也并没有反对意见。人们很容易联想阳明的思路无非是:由于性就是理,心就是理,所以心就是性。质言之,心、性、理在阳明学的义理系统中属于同质同层的概念,彼此互通其义,故可互相界定。这一看法基本无误,但其中尚有一些细节问题须加以分疏。

我们来看几段阳明的陈述:

10.3.1　性是心之体,天是性之原,尽心即是尽性。(《传习录》上,第6条)

10.3.2　夫心之体,性也;性之原,天也。能尽其心,是能尽其性矣。(《传习录》中《答顾东桥书》,第134条)

10.3.3　或问:"晦庵先生曰:'人之所以为学者,心与理而已。'此语如何?"曰:"心即性,性即理,下一'与'字,恐未免为二。此在学者善观。"(《传习录》上,第33条)

10.3.4　心之本体原自不动。心之本体即是性,性即是理,性元不动,理元不动。集义是复其心之本体。(《传习录》上,第81条)

这里出现了几个命题:心即理、性即理、心即性。其实,这些命题也反映了阳明的基本立场,其理论企图自不用说,他是借用朱熹的"性即理",然后根据"性即心之本体"的命题,进而推出"心即性"的结论。如此一来,朱熹析心与理为二之弊便不攻自破。其中,"性是心之体""心之本体即是性",是一个意思。然而细加观察,"性是心之体"原是程朱理学的命题,那么阳明又是在何种意义上这样说的呢?

如所周知,朱熹己丑之悟的基本内容可以概括为:"性为心之体,情为心之用。"这是朱熹心性论的基本纲领,意谓性是心之本质,故心与性属于异质异层的存在。依朱熹,心性是一种构成

279

论的涵摄关系而非存有论的本质同一之关系,故绝不能由此命题推出"心即性"。若阳明所谓"性是心之体",看似与朱熹的命题无异,然其意则有别。他是说心与性是存有论的同一关系而非构成论的涵摄关系,而且这种同一是指内在的本质同一。换言之,心之本身、心之全体便是性,心与性不再是两种相即不离的结构关系。这意味着心之外并没有什么与此心不同的性。①

总之,若将朱、王两人之论心性做一比较则可这样概括:在朱学,性即理,理具于心,故性为心之体,此体为某种实体,构成人心之本质,然心性终为二物;在王学,性即理,心即理,故性为心之体,此体非实体义而是本然义,心体即是性体,心性不是二物,两者是同一的。

四 心性与善恶

现在再回看钱德洪和王畿视心体为"天命之性"的观点,应当说这是符合上述阳明之意的。问题是,为何钱、王都认为天命之性"原是无善无恶的"? 在阳明是否也有类似说法呢? 诚然,阳明在人性问题上是性善论者,这一点其实是宋明儒学家的共识。然须指出,按阳明对心体与性体的说法,性善即心体之善,心体至善必导出性善的结论,这是因为阳明心学所理解的性往往是指心之本体。所以阳明说"至善者心之本体"以及"至善者性也"(《传习录》上,第91条),两者是完全同义的。

既然如此,我们可否做这样的假设:如果"无善无恶心之体"与"至善者心之本体"能同时成立,那么是否亦可推论说性是"无善无恶"的? 这个问题看似唐突,其实阳明对此是有关注的:

---

① 关于阳明"心即性"的问题,可参见陈来:《有无之境》,第83—84页。

10.4.1　问:"'生之谓性',告子亦说得是,孟子如何非之?"先生曰:"固是性,但告子认得一边去了,不晓得头脑。若晓得头脑,如此说亦是。孟子亦曰'形色天性也',这也是指气说。"又曰:"凡人信口说,任意行,皆说此是依我心性出来,此是所谓'生之谓性',然却要有过差。若晓得头脑,依吾良知上说出来,行将去,便自是停当。然良知亦只是这口说,这身行,岂能外得气,别有个去行去说? 故曰:'论性不论气不备,论气不论性不明',气亦性也,性亦气也,但须认得头脑是当。"(《传习录》下,第242条)

这里表明阳明对"性"另有一种重要的看法,他对告子"生之谓性"说表示了基本的认同。这一点很值得我们关注。他指出"生之谓性"的"性"如同孟子"形色天性"的形色,都是"指气说"。换言之,这是用宋儒惯用的气质之性的概念来诠释告子"生之谓性",这与程朱对"生之谓性"的解释是一致的,没有什么特异之处。若就气质言性,则可说"气亦性""性亦气",其实这也是程颢的固有说法,亦无新鲜之感。但是,阳明强调了一点:如果把依气而动的"信口说""任意行"都说成是"依我心性出来"的,并以"生之谓性"作为理由,这却有可能导致大误,因为依气而动的作用必须要由"头脑"来主宰。不用说,上面已多次提到,"头脑"在阳明心学中是"良知"的一种符号。可见,对于"指气说"的性,阳明并不是全盘接受的。

关于告子"性无善无不善"说,阳明也有一个评断:

10.4.2　告子病源从"性无善无不善"上见来。性无善无不善,虽如此说,亦无大差。但告子执定看了,便有个无善无不善的性在内;有善有恶又在物感上看,便有个物在外。却做两边看了,便会差。无善无不善,性原是如此,悟

281

> 得及时，只此一句便尽了，更无有内外之间。告子见一个性
> 在内，见一个物在外，便见他于性有未透彻处。（《传习录》
> 下，第 273 条）

阳明认为，从本来意义上说，告子"性无善无不善"是不错的。这
是从正面对告子此说的一个肯定。告子的问题出在执定于"见"
上看，将"无善无恶"看作是"在内"，将"有善有恶"看作是"在
外"，这就导致内外两截，也就是孟子所批评的告子的"仁内义
外"说。这在阳明看来，显然是不能认同的。其实，正如我们在
讨论四句教首句时指出的那样，阳明对于任何"执著"都是反对
的，这里已不用多说。

至于告子所说的"生之谓性"，那个"性"又是什么呢？显然
按阳明的理解，应该就是上述"指气说"的性。也就是说，在告子
的场合，"生之谓性"的性与"无善无不善"的性应是同一个概念。
如此则可说，在"生"的意义上，性是本无所谓善也无所谓不善
的。由于这个"生"主要是自然生命的意思，这就等于说自然生
命是无所谓善恶的。

但问题是，阳明对告子性说的评判与他自己"无善无恶心之
体"究竟有何关联？这就须要考察阳明所说"无善无不善，性原
是如此"的这个"性"究为何意，它是否与告子所说"生之谓性"的
"性"同义？陈来认为这里的性有可能是指心之本体，因此阳明
的这个说法与传统所讨论的人性善恶问题不同，而是回到了"无
善无恶心之体"的问题领域（参见陈来：《有无之境》，第 92 页）。
这个理解虽不无道理，因阳明所言"性体"大多是指"心体"而言，
然而终不免有点牵强。在我看来，阳明的这个"性"有可能是指
"生"，而且是从程颢之论"生之谓性"的角度出发，才对告子"生
之谓性"有一基本的肯定。

关于程颢的"生之谓性"论,学界已有不少讨论,这里仅简略地说几句。程颢说:

> 生之谓性,性即气,气即性,生之谓也。人生气禀,理（按,"理"字作合当解）有善恶。然不是性中元有此两物相对而生也。……善固性也,然恶亦不可不谓之性也。盖生之谓性,人生而静以上不容说,才说性时,便已不是性也。凡人说性,只是说继之者善也,孟子言人性善,是也。（《遗书》卷一,《二程集》,第10页）①

程颢的这段话引起争议颇多,朱熹曾断言"难说""极难看",意谓极难理解。②有一点可以明确,这里的"生之谓性"虽是引自告子,但却是程颢的正面言辞,可看作是他的思想主张。

对这段话,我们有一个初步的理解。程颢在这里突出强调的一个核心概念是"生",第一句的重点即落在"生"字上,他认为"生之谓性""性即气""气即性"三句命题都是从"生"的角度来讲的,都是"生之谓也"。此"生"字正是程颢之论"万物一体"的一种观念模式,也是其观察万物与人类之关联的一个重要视角。正如我们在第九讲中指出程颢以"生"释"仁",并指明"生生之理"乃是仁者所以能实现"与物同体"的依据。这里有必要补充说明,程颢所讲的"生"既指道德生命,亦具自然生命之含义,他继承了周敦颐"生,仁也"的思想,并发展出"生生之理便是仁也"的命题,同时又强调"万物之生意最可观",充分表明他对仁者境界的理解绝不是对客观之"理"的一种认知或观照,而是对"生生之理"（可简称为"生理"）及"生意"的切身体验。基于此,程颢

---

① 通常认为这段记录为程颢语,另参见《朱子文集》卷六十七《明道论性说》以及《语类》卷九十五"程子之书一"的有关讨论。

② 参见《语类》卷九十五,第2425、2426页。

甚至将"生之谓性"与"天地之大德曰生"并观,以论万物一体的仁者境界,关于这一点,我们在上一讲已有讨论。要之,对程颢来说,"生"是万物一体论得以成立的关键性观念,这一观念也必然反映在他对人性问题的思考方面。然就阳明而言,他对"气即性""性即气"的认同,却与他的一个观点有关,亦即"性气不分",关于这一点,我们稍后再说。

事实上,就程颢"生之谓性"论来看,他主张在"生之谓性"的意义上,性是无所谓善恶的,论善恶须就"人生气禀"言,即只能就气禀以后言。与"人生气禀"相对成句的一个表述是"人生而静以上",程颢的态度很明确:"人生而静以上不容说。"此"不容说"三字,可谓是一语道破,无疑是程颢思想的大智慧,能接续此智慧者,或许唯有阳明。事实上,阳明所言"无善无恶心之体",正与程颢"不容说"之旨意相同,尽管表述方式不尽一致。程颢是用"不容说"来表明拒斥本体问题的可表述性,而阳明则以"无"来表明拒斥本体问题的可表述性。换言之,阳明是用"无"来表达性之本体"不容说",然而归根结底,阳明毕竟是"说"了"不容说"。[1]

所谓"人生而静以上",盖指人生之前的那个寂然不动的原初世界。这句话源自《礼记·乐记》:"人生而静,天之性也;感于物而动,性之欲也。物至知知,然后好恶形焉。"程颢从"人生而静"的角度来审视性的问题,并以"不容说"三字,一语道破了性之本体非经验语言所能规定。他认为人生之前的那个"性"是无法用语言来表述的,当我们用语言来谈论性时,这个"性"已是落在"人生气禀"以后的"性"。他甚至认为,即便孟子论性,也只是

---

① 关于"不容说"与"说"之间的义理问题,请参见拙著:《阳明后学研究》第一章"无善无恶"第三节"无可说即是说也",第85—89页。

就"继之者善"以后的性而言,意谓孟子论性也不是就天道之超越层面上而言的。对于程颢此论,阳明也表示了基本认同(详下)。而在这一问题上,阳明弟子如德洪、王畿之辈亦能充分领会,他们也认为面对本体界,可以用"遮诠"方式来表述,"无善无恶是谓至善"——"无善即至善"便是典型的遮诠方式。从哲学上说,"遮诠"就是用否定的语言形式来表述一项正面的命题,这原是熊十力哲学的重要方法,冯友兰主张的"负的方法"亦与此相近,冯有一段著名的话:"形上学的正底方法,从讲形上学讲起,到结尾亦承认形上学可以说是不能讲。形上学的负底方法,从形上学不能讲讲起,到结尾也讲了一点形上学。"(冯友兰:《新理学在哲学中之地位及其方法》,载《三松堂学术文集》,北京大学出版社,1984 年,第 531—532 页)我们可以说,阳明讲无善无恶,是从"不能讲讲起",是"说"了"不容说"者,最终"也讲了一点形上学"。其实,阳明之善用遮诠方式亦可由其"心外无理"的命题得以了解,因为这一否定方式,正是对"心即理"这一肯定命题的一种表述。

上引程颢的语录中有所谓"继之者善",盖指《周易·系辞上传》:"一阴一阳之谓道,继之者善也,成之者性也。"按宋儒的通常理解,这是说一阴一阳之所以然者谓之"道",即天道,继承天道者谓之"善",成就天道之善者谓之"性"。既然说孟子论性是就"继之者"而言,那么其所论之性显然不是指"人生而静"以上,而是指"人生气禀"以后而言。若此,则可说程颢对孟子性善的解释已与历来的传统见解未免有异。要之,程颢的上述这段话可以看作是另一种形态的无善无恶论,姑名之曰"人生而静以上不容说"之形态。

关于程颢的"生之谓性"以及"人生而静以上不容说",阳明与其弟子周道通有一场对话：

> 10.4.3　来书云："有引程子'人生而静以上不容说，才说性，便已不是性'，何故不容说？何故不是性？晦庵答云：'不容说者，未有性之可言；不是性者，已不能无气质之杂矣。'二先生之言皆未能晓，每看书至此，辄为一惑，请问。"

> 10.4.4　"生之谓性"，"生"字即是"气"字，犹言气即是性也。气即是性，人生而静以上不容说，才说气即是性，即已落在一边，不是性之本原矣。孟子性善，是从本原上说。然性善之端须在气上始见得，若无气亦无可见矣。恻隐、羞恶、辞让、是非即是气，程子谓"论性不论气不备，论气不论性不明"，亦是为学者各认一边，只得如此说。若见得自性明白时，气即是性，性即是气，原无性气之可分也。（《传习录》中《启周道通书》，第150条）

这里的说法可与上述阳明所论告子"生之谓性"与"性无善无不善"合观。他明确指出"人生而静以上"是指"性之本原"，是不容说的，我们的语言表述只能涉及"气"的层面；虽然孟子论性是"从本原上说"（按，这一说法与程颢异），然善端亦须就"气上始见"，因此孟子所说的"四端之心"其实都是即"气"或即"情"而言。归结而言，孟子之性是本原之性，然性之善端离不开气，在这个意义上，阳明认同二程的"论性不论气不备，论气不论性不明"这两句说法。至于朱熹将前一句认定为孟子之论性，而将后一句认定为荀子之论性的观点，阳明在这里并没有涉及讨论。令人关注的是，阳明谈到有关程颢所说的"人生而静以上不容说"的问题时，却结合告子的"生之谓性"来加以探讨。换言之，阳明从程颢"人生而静以上不容说"来理解告子的"生之谓性"，进而强调了"性气不分"的观点。

须指出的是,在阳明整个思想体系中,其论"气"并不多见,特别是相对于"天地之性"而言的"气禀之性"或"气质之性"这一概念的运用及其阐发更是少见,这说明他的理论关心并不在于宇宙论意义上的理气问题。当然,这并不意味着阳明完全忽视"气"或"气质"的问题。事实上,在有关气之于性的关系问题上,他与宋代以来的理学观点基本相同。他也认为气质有厚薄、清浊之分,是人性的主要障碍之一,是应当加以"变化"的对象,如其所云:

> 10.4.5　良知本来自明。气质不美者,渣滓多,障蔽厚,不易开明。质美者渣滓原少,无多障蔽,略加致知之功,此良知便自莹彻,些少渣滓,如汤中浮雪,如何能作障蔽?此本不甚难晓。(《传习录》中,第164条)

据此可知,阳明一方面认为气是人的一种局限性、一种负面因素,对性构成"障蔽",这是从现实层面上说的。

然而另一方面,阳明又指出:

> 10.4.6　先生曰:"气质犹器也,性犹水也。均之水也,有得一缸者,得一桶者,有得一瓮者,局于器也。气质有清浊、厚薄、强弱之不同,然其为性则一也。能扩而充之,器不能拘矣。"(《传习录拾遗》,第31条)

这里的"性犹水也",其实也是程颢的思路。就在上引程颢"凡人说性,只是说继之者善也"的一句之后,程颢接着有一大段著名的以水喻性说,他是以此来解释"继之者善"的问题。不妨参看:

> 夫所谓"继之者善"也者,犹水流而就下也。皆水也,有流而至海,终无所污,此何烦人力之为也?有流而未远,固已渐浊;有出而甚远,方有所浊。有浊之多者,有浊之少者。清浊虽不同,然不可以浊者不为水也。如此,则人不可以不

加澄治之功。故用力敏勇则疾清,用力缓怠则迟清,及其清也,则却只是元初水也。亦不是将清来换却浊,亦不是取出浊来置在一隅也。水之清,则性善之谓也。故不是善与恶在性中为两物相对,各自出来。(《河南程氏遗书》卷一,《二程集》,第10—11页)

这是以水之清浊来比喻性之善恶。大致要点有四:一、水之清浊虽不同,然均谓之性,不可以浊水不为水也;二、水之由浊而清,却只是"元初"之水,不是将清来换却浊;三、所谓性善就是水之清的状态;四、因此结论是善与恶不是在性中"两物相对"的。这里的四个要点,彼此有着推论关系,这里不准备详细讨论,重要的是这里的结论。由此结论来看,程颢认为善恶是性的不同状态,不可将恶从性中剔除出来而视若未见,犹如浊亦水也,不可"取出浊来置在一隅"。这就表明,善非本质之善,而是就"继之者"的状态而言,善亦非原与恶在性中对立存在,而是由善的状态向恶的状态的转移、变化所致。要之,这个以水喻性说乃是就气论性,所欲表明的正是"恶亦不可不谓之性"的观点立场。

现在我们再来看阳明的上述一段话。阳明是说,气质虽有清浊厚薄之异,"然其为性则一也",这是从本源上说,我们不妨称之为"性气不分"说。阳明在这里也同样以水喻性、以器喻气,将气质看作是拘限人性之质料,然就气质之本身而言,阳明认为本无所谓善恶之分,这里贯彻了他的一个观点:物无善恶,善恶由心(可参见《传习录》上,第101条)。这个观点强调了善恶不是外在的客观问题而是主观的意识问题,这就告诫人们必须时刻警惕人心意识的走向。要之,若从本源的角度看,阳明显然偏向于程颢的观点:"生之谓性,性即气,气即性,生之谓也";"善固性也,然恶亦不可不谓之性也"。

重要的是,在程颢,他坚持认为就气言性乃是"凡人论性"不得不依从的一个基本视角,原因就在于"人生而静以上不容说",若要说性,则不得不从"气"上说。显然,阳明对于程颢的这一立场是十分赞同的,故他认为即便是就传统意义上的"性"来看,也可说"原是无善无恶的",甚至认为"性之本体原是无善无恶的",这个"无善无恶"的说法,便是对"不容说"的一种表述,阳明说:

> 10.4.7　问:"古人论性,各有异同,何者乃为定论?"先生曰:"性无定体,论亦无定体。有自本体上说者,有自发用上说者,有自源头上说者,有自流弊处说者。总而言之,只是一个性,但所见有浅深尔。若执定一边,便不是了。性之本体原是无善无恶的,发用上也原是可以为善,可以为不善的,其流弊也原是一定善一定恶的。譬如眼,有喜时的眼,有怒时的眼,直视就是看的眼,微视就是觑的眼。总而言之,只是这个眼,若见得怒时眼,就说未尝有喜的眼,见得看时眼,就说未尝有觑的眼,皆是执定,就知是错。孟子说性,直从源头上说来,亦是说个大概如此。荀子性恶之说,是从流弊上说来,也未可尽说他不是,只是见得未精耳。众人则失了心之本体。"问:"孟子从源头上说性,要人用功在源头上明彻;荀子从流弊说性,功夫只在末流上救正,便费力了。"先生曰:"然。"(《传习录》下,第308条)

"性无定体"的体,当作体段解而非体用之体的意思,意指人之本性并无固定不变的体段样态。由此推之,故人性之论亦无"定体"可言,可从不同角度来说。接着他主要列举了孟子和荀子的性说,以为孟子性善与荀子性恶,只是论述角度不同:一是"从源头上说来",但也只是"说个大概如此";一是"从流弊上说来",却也不可"尽说他不是"。要之,若从不同角度视之,则两者都可成立。然而究极而言,阳明的立场则是:"性之本体原是无善无恶的,发用上也原是可以为善,可以为不善的,其流弊也原是一定善一定恶的。"这个"性之本体"的"本体"是相对于"发用"而言的,因此它就不是体段之意而是体用之体的意思,意指现象作用之背后的某种本源性存在。然而,当阳明说"孟子说性"之际,却说孟子是从"源头上说来"的,以对应于荀子的从"流弊上说来"。其实,这个"源头"一词,当即本源、根本之意。所以他非常赞同弟子的一个表述:"孟子从源头上说性,要人用功在源头上明彻。"如果换成阳明的说法,这就叫作从本体上用功,也就是即本体便是工夫之意(详见下节)。令人注意的是,他说"孟子说性"也只是"说个大概如此",意谓义犹未尽,尚有向上一提的余地。若要向上一提,则必得出"性之本体原是无善无恶"的结论。虽然阳明并没有明说为何孟子只是说了个"大概",但由其理路来推,这是因为阳明自以为只有"无善无恶"才是最终的有关性之问题的"定论"。

由此可知,依阳明,不仅心之本体可以说"原是无善无恶的",性之本体亦可说"原是无善无恶的"。总之,两种说法都表明破除"执定"的智慧,然表述角度微有区别,前者重在揭示心体的"无滞性",后者重在揭示性体的"不容说"。总之,不论是"无滞性"还是"不容说",既可指向本体又可指向工夫,是对有无相待之存在形式及作用形式的一种超越,在这个意义上可以说,"无"不是没有之"无",而是一种"超越形式"。事实上,阳明心学对"无"的揭示与强调,其目的并不在于泯灭有无之本身,而是要超越有无之对立。同样,阳明之强调性体之"无",其目的也并不是否定性体之"有",而在于指向价值之有与形式之无的统一。因此,对阳明心学来说,"无"的超越形式必定是有无合一,由此庶可避免"无"落于空洞的形式主义。

五　本体与工夫

在上面所列三种文本的有关"四句教"的记述中,其实有一重要的问题贯穿其中,即本体与工夫的问题。例如《传习录》载"一悟本体即是工夫""本体功夫,一悟尽透",《年谱》载"一悟本体,即见功夫,物我内外,一齐尽透""合得本体功夫""德洪功夫""汝中本体",《天泉证道纪》载"即本体便是工夫"。这里所谓"本体"概指"无善无恶心之体",所谓"功夫"概指"为善去恶是格物",用《天泉证道纪》的说法,即"无善无恶心体""为善去恶工夫"。

事实上,本体工夫的问题是宋明理学的一贯主题,只是到了阳明及其后学这一主题更为突出,成了当时一种前沿性的哲学问题。所以王畿就曾说:

> 自先生提出本体工夫,人人皆能谈本体、说工夫,其实本体工夫须有辨。自圣人分上说,只此知便是本体,便是工夫,便是致;自学者分上说,须用致知的工夫,以复其本体,博学、审问、慎思、明辨、笃行,五者废其一,非致也。世之议者,或以致良知为落空,其亦未之思耳。(《王畿集》卷一《冲元会纪》,第3页)

由此可见,本体工夫的问题,既是阳明所谈的一个老问题,同时对于阳明后学而言,又是接着阳明而来的一个新问题。从阳明的角度看,他已经讲得很清楚:"功夫不离本体,本体原无内外。……如今正要讲明功夫不要有内外,乃是本体功夫。"(《传习录》下,第204条)明确提出了"本体功夫"这一概念,以为工夫必须是在本体的指引下所做的工夫,同时,本体也不能脱离工夫。若从王畿的角度看,他认为本体工夫的问题还须分辨清楚,认为"只此知"——意指良知——便是本体,便是工夫,尽管这是从"圣人分上说"的,其实在王畿那里,这才是他对本体工夫问题的一个基本观点。至于说到"学者分上",王畿亦承认有必要从致知工夫着手,做一番"复其本体"的工夫,例如博学、审问、慎思、明辨、笃行等,都可作为复还本体的手段方法。因此,即本体便是工夫与就工夫以复本体,这是两条不同的路径,但其目标则是一致的:亦即致良知的实现。质言之,本体乃是指道德实践之所以可能的依据,工夫乃是指道德实践的路径与次第;两者是相即的关系而非排斥的关系。

若扣紧阳明晚年四句教而言,则我们可以说,本体工夫问题乃是贯穿四句教的一个核心问题。然而这一问题的由来却有更为深层的原因,一言以蔽之,这一问题源自阳明良知教内部固有的一种理论紧张,亦即关涉如何把握良知本体与致良知工夫的关系问题。若将视野转至整个宋明理学,则可说理学家们所关注讨论的成圣依据以及成圣方法的一对问题,恰恰就是本体与工夫的问题,不论是朱学还是陆学,他们所争的尊德性与道问学的问题,亦可视作是对本体工夫问题的一种探讨。当然这一问题的显题化则在阳明心学的时代,更是构成了阳明后学的主要"问题意识"。①

关于这一问题的讨论,我们还得从"天泉证道"之后不久发生的"严滩问答"说起。《年谱》在记录四句教后,又说:"甲申渡钱塘。先生游吴山、月岩、严滩,俱有诗。过钓台……"其时,钱

① 参见林月惠:《良知学的转折——聂双江与罗念庵思想之研究》,台湾大学出版中心,2005年;彭国翔:《良知学的展开——王龙溪与中晚明的阳明学》,生活·读书·新知三联书店,2005年。

第十讲　四句教义的阐发

德洪、王畿等弟子一路相伴,追送至富阳一带而别。阳明逝世后,嘉靖八年钱、王两人在讣告同门的文章中说道:

> 前年秋,夫子将有广行,宽、畿各以所见未一,惧远离之无正也,因夜侍天泉桥而请质焉。夫子两是之,且进之以相益之义。冬初,追送于严滩请益,夫子又为究极之说。由是退与四方同志更相切磨,一年之别,颇得所省,冀是见复得遂请益也,何遽有是邪!呜呼!别次严滩,逾年而闻讣复于是焉,云何一日判手,遂为终身永诀已乎!(《全集》卷三十八《讣告同门》,第1444—1445页)

这说明在天泉证道之后,约在十月初,阳明与德洪、王畿在严滩又有一场讨论,阳明"究极其说",意指对四句教又有进一层的理论阐发,具有结论性的意义。钱、王两人不忘师说而与四方同志继续切磋研讨,各有进步。这也说明钱、王等同门对严滩问答是十分重视的。

《传习录》有关严滩问答的记录未见"究极之说"的提法,王畿《钱绪山行状》较《传习录》所录略详,其云:

> 夫子赴两广,予与君送至严滩。夫子复申前说,二人正好互相为用,弗失吾宗。因举"有心是实相,无心是幻相;有心是幻相,无心是实相"为问,君拟议未及答,予曰:"前所举是即本体证功夫,后所举是用功夫合本体。有无之间,不可以致诘。"夫子莞尔笑曰:"可哉!此是究极之说,汝辈既已见得,正好更相切劘,默默保任,弗轻漏泄也。"二人唯唯而别。过江右,东廓、南野、狮泉、洛村、善山、药湖诸同志二三百人候于南浦请益,夫子云:"军旅匆匆,从何处说起?我此意畜之已久,不欲轻言,以待诸君自悟。今被汝中拈出,亦是天机该发泄时。吾虽出山,德洪、汝中与四方同志相守洞

中,究竟此件事。诸君只裹粮往浙,相与聚处,当自有得。待予归,未晚也。"(《王畿集》卷二十《刑部陕西司员外郎特诏进阶朝列大夫致仕绪山钱君行状》,第586—587页)

可见,"究极之说"乃阳明自陈,而王畿亦深信此说不误。阳明在江西"南浦请益"时说"天机该发泄时",似指天泉证道,他希望同门"诸君只裹粮往浙"与钱、王一究斯义。这反映出阳明对严滩问答及天泉证道都是极为重视的。

关于严滩问答,《传习录》则是这样记录的:

10.5.1　先生起征思、田,德洪与汝中追送严滩,汝中举佛家实相幻相之说。先生曰:"有心俱是实,无心俱是幻;无心俱是实,有心俱是幻。"汝中曰:"'有心俱是实,无心俱是幻',是本体上说工夫;'无心俱是实,有心俱是幻',是工夫上说本体。"先生然其言。洪于是时尚未了达,数年用功,始信本体工夫合一。但先生是时因问偶谈,若吾儒指点人处,不必借此立言耳。(《传习录》下,第337条)

最后一句是为德洪所加按语,表明德洪追录此条时,对王门悬谈本体已有相当警觉,故他不惜违反记录体例,特意添入此言,这在整部《传习录》当中相当少见。①这从一个方面说明,《传习录》下卷所记阳明语,已难免有记录者根据自己对阳明心学的认知而随意取舍之现象存在。不过,德洪坦陈"数年用功,始信本体工夫合一",这说明德洪开始意识到由天泉证道至严滩问答,本体工夫乃是其中的核心问题,他甚至相信本体工夫原是应当"合一"的。由此看来,德洪所加"案语"有一定的重要性,却也不可

---

① 　按,曾才汉《阳明先生遗言录》下卷第22条亦录此条,两者文字略异,然无德洪所加的这句按语。

忽视。

事实上,正如"四句教公案"一节中已提示的那样,德洪与王畿所争可以一言蔽之,亦即究竟应"从无处立根基"还是应从"有善有恶上立根基"? 这个问题亦可这样表述:究竟应从本体上"悟入"还是应从工夫上"随处对治"? 可见,这是一个工夫论问题,其关键乃在于如何确切地把握致良知的工夫入路,是将重心置于无善无恶心之体,还是着手于有善有恶意之动,让知善知恶之良知启动以后,再做一番为善去恶的工夫,最后"复还本体"? 质言之,问题之焦点在于:一者主张应在先天心体上用功,一者主张应在后天意念上对治。应当说这是德洪与王畿对本体工夫问题之理解有所偏向所致。

若就阳明学的内在义理而言,工夫不离本体,本体必由工夫呈现,不能离本体而言工夫,也不能离工夫而言本体。在这个意义上说,本体工夫之关系可以这样表述:即本体以做工夫与即工夫以还本体,原是一体两面之关系,两者之间并不构成矛盾之关系。这应是阳明良知学的题中应有之义,亦是本体工夫合一论的确切含义。此所谓"合一",依阳明在天泉证道所说,就是"彻上彻下"之意。

其实,正德末年阳明在江西提出致良知学说以后,便开始关注本体工夫问题,他与弟子有过这样的讨论:

10.5.2　又问:"静坐用功,颇觉此心收敛,遇事又断了。旋起个念头去事上省察,事过又寻旧功,还觉有内外,打不作一片。"先生曰:"此格物之说未透。心何尝有内外? 即如惟濬今在此讲论,又岂有一心在内照管? 这听讲说时专敬,即是那静坐时心,功夫一贯,何须更起念头? 人须在事上磨炼做功夫乃有益。若只好静,遇事便乱,终无长进。

那静时功夫，亦差似收敛，而实放溺也。"后在洪都（按，即江西南昌），复与于中、国裳论内外之说，渠皆云："物自有内外，但要内外并着功夫，不可有间耳。"以质先生。曰："功夫不离本体，本体原无内外。只为后来做功夫的分了内外，失其本体了。如今正要讲明功夫不要有内外，乃是本体功夫。"（《传习录》下，第 204 条）

这是阳明之论本体工夫的一个较为确切的说法。问题的缘起是：一方面，无事时静坐以收敛念头，遇事时这套工夫便被打断；另一方面，遇事时就念头上省察，事过却又去静坐，最终使得自己内心与外事外物不能打成一片。这个静坐与省察的问题，早在滁阳、南京讲学时期，阳明就曾经常遇到的老问题，阳明以"事上磨炼"为说，教人随时就事上做存天理去人欲之工夫。这是我们在第二讲第一节即已说过的。

这条记录所云"后在洪都"，盖指江西讲学时期，当是阳明提出致良知说的那段时期。至此，阳明复论"内外之说"则有了新的说法，"功夫不离本体，本体原无内外"可谓是阳明的本体工夫论的标志性命题。这一命题所涵的意义在于：消除内外是本体的要求，因本体原无内外之可言，因此若能使工夫不离本体，即本体去做工夫，则自然本体工夫合一，即内外合一。这里所谓的"内外合一"，不只是指内心与外物分离状态的克除，这种由宋儒"格物之说"引发的内外分离状态是相对容易解决的问题。更为重要的是，如何克服和消除由意识活动引发的内外、有无、人己、物我等一切差别景象，亦即如何破除心灵意识引发的"有执"，这才是阳明晚年提出致良知教以后不断思考的重大问题。依严滩问答的说法，执着即"有心"，破执即"无心"。

最后，我们再回到"严滩问答"。这场对话由阳明"有心俱是

实,无心俱是幻;无心俱是实,有心俱是幻"这一所谓实相幻相的
问题引发,当然这是阳明借佛教之话头,以论有心无心之关系,
亦即有无问题。正如上述,有无问题乃四句教之核心问题。在
严滩问答之际,阳明显然意识到这一问题的重要性,故复申
此论。

　　笔者曾在旧著中指出:严滩四句的前二句是正说,有就是有
(实),无就是无(幻);后二句是反说,无即是有(实),有即是无
(幻)。而阳明之真意在于主张心体良知原是有无相即、虚实一
体之存在。王畿称前二句"是本体上说功夫",后二句"是功夫上
说本体",大致亦得阳明之意。从中可以看出,在阳明的工夫论
构想中,有两种入路途径:"即本体"与"即工夫";"即本体"便是
功夫与"即功夫"以求复本体。两种入路的途径虽异,然至当归
一,亦即本体工夫合一。(参见拙著:《阳明后学研究》,第121—
122页)

　　须补充说明的是,若结合四句教以观,严滩问答无不与天泉
证道相应。首先,阳明从正面论"有心",肯定作为道德意识之
"有"是落实为善去恶之工夫所必要的,故称"有心俱是实";相
反,如果以道德意识为虚妄,认为一切善恶分别均无意义,是谓
"无心俱是幻"。后两句则从反面论"有心",认为对任何善恶意
识的执着都是有害的,这个"有心"是指工夫上的"着意";相反,
如果能做到破除执着,便可达到"无心"境界,这个"无心"是指
"不着意思"。可见,严滩问答亦是在重申天泉证道的核心主题,
亦即如何破除有无对立,以实现有无合一之境。

　　要之,不论是天泉证道还是严滩问答,其论本体工夫,必指
向有无合一问题,反过来说,其论有无,则必指向本体工夫问题。
朱得之《稽山承语》有一条记录,可视作阳明对本体工夫论的一

个定论：

    10.5.3　合著本体，方是工夫。做得工夫，方是本体。又曰：做得工夫，方见本体。又曰：做工夫的，便是本体。（《稽山承语》，第20条）

这里前后四句，看似差不了几个字，然细细体味，便可发现四句的侧重点各有不同，意蕴深远，姑以现代语译之：第一句，与本体相合的工夫才称得上是工夫；第二句，在工夫上可行的才称得上是本体；第三句，工夫切实，才能使本体呈现；第四句，做工夫本身，就是本体。应当说，这四句在义理上各自成说而又彼此贯通，它们之间有着整体的义理关系，分而言之为四句，合而言之则是本体工夫合一论。

以文献年代学细别之，稽山四句略早，天泉四句其次，严滩四句最晚，大致都在嘉靖五六年左右。三者表述形式各异，然其义理结构则同，彼此正可呼应。稽山四句所论本体工夫正与天泉四句所蕴含的即本体便是工夫、即工夫以还本体的思想相通；严滩四句的有心无心之辩，亦可从本体工夫相即不离之角度作合适的理解，所谓有心为实、无心为幻正指本体而言，所谓有心为幻、无心为实则指工夫而言。究极而言，有无统一既可指本体亦可指工夫，既有本体上的有无合一，又有工夫上的有无合一。从本体上讲，"无"是良知本体的存在形式，而"有"是良知本体的本质规定，良知本体原来无有、原无一物，但是一切价值之"有"都蕴涵在"无"的形式之中，因此良知本体的发动就必然呈现为价值的"有"，从这个意义上说，就可称为"无心为实"；从工夫上讲，须立足于"有"，并顺其良知的发用流行，但不可"迷执"于"有"而须打破这种"迷执"，以复归于本体之"无"的境地，从这个意义上说，就可称为"有心为幻"。

综上所述,稽山四句、天泉四句、严滩四句代表了阳明最晚年的思想精义,可视作阳明晚年的最终定论。其中所揭示的有无之辨,蕴含着丰富的哲学意涵,对于我们把握阳明心学之精神具有相当重要的理论意义,值得引起我们重视。关于阳明学的本体工夫论的理论特质,我们不妨可以说,阳明在本体工夫问题上的立场是:在良知的前提下,本体与工夫的合一;而所谓"合一",其理据在于:本体是良知之本体,工夫是致良知之工夫。如同阳明的"知行合一"之命题一样,在阳明,所谓"知行",亦表现为本体工夫的问题,之所以说"知行合一",其理据正在于:知是良知之知,行是致良知之行。换言之,只有在良知的前提之下,知行才能合一。所以阳明晚年的自我总结"吾平生讲学,只是'致良知'三字",就讲得十分贴切。事实上,心与理一、知行合一以及本体工夫合一,构成了阳明"致良知"说的内在理论环节。

结语 阳明心学的衡定

通过以上十讲(除去第一讲"《传习录》小史"以外),我们对阳明思想的义理体系有了一个大致的了解,现在有必要对其思想的特质、意义及其所蕴含的问题做出适当的评估与分析。

一 批判与创新

通观中外哲学史,我们知道哲学的基本精神在于批判与创新,有批判才有创新,有创新才有哲学的发展。阳明心学作为儒家哲学的一种理论形态,它充满了一种理性的批判精神,同时对孔孟古典儒学也做出了新的开拓,开创了以致良知为主要特色的心学理论,这也是其对儒学的一大理论贡献。

关于阳明学的批判精神与创新精神,我们不妨从阳明编纂的《朱子晚年定论》一书说起。

龙场悟道以后,阳明以"吾性自足"的领悟为根据,对所谓"近世格物之学"展开了大胆的批评,其矛头指向朱熹理学。客观地说,对在社会思潮中占据主流地位的程朱理学进行批评,是需要很大勇气的。然而阳明为证明自己学说的正当性,他痛感有必要对朱熹思想重加审视。不过他对朱学的批评采取了某种迂回的策略,一方面对朱熹"析心与理为二"以及将格物之学变成逐外遗内之学的思想倾向、观点立场有严肃批评,另一方面也指出朱熹晚年已有悔悟,其思想归趣已"先得我心之同然"。《朱子晚年定论》便是在这样的策略考虑之下的产物。表面看来,此书宗旨在于揭示朱熹晚年已归正道,是对朱熹思想的褒扬;然而实际上,此书不啻是一部朱学批判的专著,在当时及以后的学术思想界所引起的强烈反响,是连阳明自己也不敢预料的。

不用说,阳明早年对朱熹之书及主要理论应是相当熟悉的。龙场悟道之后不久,1514 年阳明在南京讲学时期,又一次仔细翻阅了"朱子之书",竟然有了一个新发现,这个发现显然有他的悟道体验为基础。他的发现是,历来以为是朱熹之定说的《四书集注》和《四书或问》其实都是朱熹"中年未定之说",其门人所编《朱子语类》亦多有门人之"胜心"夹杂其中,而与朱熹平日之说"有大相缪戾者",故多不可信。为向世人揭示出朱熹晚年的思想真相,于是,开始着手编纂《朱子晚年定论》。①他从《朱子文集》当中选取 34 封书信,以图证明朱熹晚年已经"大悟旧说之非",同时也就间接地证明了己说与朱熹晚年思想相通无碍。1515 年 11 月,阳明为此书写了"自序",公开出版则在三年后的1518 年。现有研究表明,该书在此后的一段时期,尚有不少单刻本或增刻本行世,显示出这部《朱子晚年定论》在王学圈内颇受重视。在整个晚明思想史上,此书不啻具有突破朱学藩篱的解放思想之意义。②

---

① 按,据邹守益编《王阳明先生图谱》正德九年甲戌条载:"取朱子悔悟语,作《晚年定论》。"可知,《朱子晚年定论》起草于 1514 年。

② 参见永富青地:《关于〈朱子晚年定论〉的单刻本》,载台北《故宫学术季刊》第 26 卷第 2 期,2008 年。该文对钱德洪《增刻朱子晚年定论》这部藏于安徽省博物馆的海内孤本做了有意义的文献学考察。

上已说过，阳明此际重新审视朱学，自有其悟道体验作为基础。若从诠释学的角度讲，则可说阳明编纂此书显然有某种"先见"意识在起作用。换言之，他以自己的审视眼光和判断标准，对朱熹晚年庞大的信函类著书群做了任意的择取，他后来也承认在这过程中是"有偏心"的。然而其结果却非常严重，由于有某种"先见"意识——即心学意识的作用，故阳明竟然没有充分注意历史文献的年代学问题，误将朱熹中年的某些书信当作其晚年之作。故而这部《定论》刚一问世，马上就有人（如罗钦顺）指出此书的选题缺乏考证、态度轻浮，不免贻笑大方。对于这一批评，阳明后来也不得不承认没有注意查实这些书信的"年岁早晚"之分，但是他又申辩这样做也有"不得已而然"（《传习录》中《答罗整庵少宰书》，第176条）之苦心。更为重要的是，阳明指出自己之所以这样做，是出于一种信念，他说：

11.1.1　夫道，天下之公道也；学，天下之公学也。非朱子可得而私也，非孔子可得而私也。天下之公也，公言之而已矣。（《传习录》中《答罗整庵少宰书》，第176条）

这段话是针对上述罗钦顺的批评和质疑所做的辩解，然而我们却完全可以从中读取出积极的正面意义，不仅可以了解阳明对于"道""学"等这类概念的见解，而且可以了解阳明的一种思想信念，他要站在"天下之公道"的立场上，对当时的学术权威进行思想挑战。这段话的意思是说，我这样做是基于"公道""公学""公言"之信念。正是基于这样的信念，即便是朱子或哪怕是孔子所说的话，都必须从"公道"的角度加以重新审视而不能盲从。可以说，这段话充分反映了阳明所具有的那种理性批判精神。甚至可以说，《朱子晚年定论》正是一部朱熹理学的批判书，而不能把它当作一部单纯的文献考据著作来理解。

在《答罗整庵少宰书》中,阳明还显露出了一种意识:他欲将朱子本人与朱子学进行区分。也就是说,他对朱子充满了敬意,并承认自己从朱子那里汲取了许多思想养分;然而经朱门后学的整理加工,在后世逐渐形成的朱子学,却不免产生了种种弊病,阳明称之为"其流之弊"。正是在这一认识的前提下,阳明甚至把朱子学比作"洪水猛兽",而把自己比作"辟杨墨"的孟子、"辟佛老"的韩愈,同时也就强烈地反显出朱子学有可能成为杨墨之学或佛老之学。他的这一叙述方式以及立场表述,在当时无疑具有石破天惊的社会效应。

我们从以下阳明的表述中可以充分感受到阳明的批判精神充满着一种强力而又悲壮的激情:

11.1.2 孟子辟杨、墨,至于"无父无君",二子亦当时之贤者,使与孟子并世而生,未必不以之为贤;墨子兼爱,行仁而过耳,杨子为我,行义而过耳,此其为说亦岂灭理乱常之甚而足以眩天下哉?而其流之弊,孟子至比于禽兽夷狄,所谓以学术杀天下后世也。今世学术之弊,其谓之学仁而过者乎?谓之学义而过者乎?抑谓之学不仁不义而过者乎?吾不知其于洪水猛兽何如也!孟子云:"予岂好辩哉?予不得已也!"杨、墨之道塞天下,孟子之时,天下之尊信杨、墨,当不下于今日之崇尚朱说,而孟子独以一人呶呶于其间。噫,可哀矣!韩氏云:"佛、老之害甚于杨、墨。韩愈之贤,不及孟子,孟子不能救之于未坏之先,而韩愈乃欲全之于已坏之后,其亦不量其力,且见其身之危,莫之救以死也!"①呜呼!若某者,其尤不量其力,果见其身之危,莫之

———————————

① 按,韩愈语见《韩愈集》卷十八《与孟简尚书书》。

救以死也矣。夫众方嘻嘻之中，而独出涕嗟若，举世恬然以趋，而独疾首蹙额以为忧。此其非病狂丧心，殆必诚有大苦者隐于其中，而非天下之至仁，其孰能察之？其为《朱子晚年定论》，盖亦不得已而然。（《传习录》中《答罗整庵少宰书》，第176条）

这里，阳明从孟子"辟杨墨"说起，模仿孟子以"无父无君""禽兽夷狄"痛斥杨墨的口吻，发出了"吾不知其于洪水猛兽何如也"的感叹。其中的"洪水猛兽"一词，被后人解读为是冲着朱子学而去的，由其文章的脉络而言，这一解读并没有冤枉王阳明。的确，只要对阳明的话语习惯稍有了解，一眼就可看出阳明在此所说的"今世学术之弊"，正是指朱子学之流弊，故其所谓"洪水猛兽"，也就理所应当地解读为是在隐喻朱门之流。而他稍后所说的"孟子之时，天下之尊信杨墨，当不下于今日之崇尚朱说"，在当时人看来，显然用意非常"恶毒"，因为这个说法再明显不过地表示孟子之时的"杨墨"就相当于今日的"朱说"。

接着，阳明又援引韩愈"佛老之害甚于杨墨"这一说法，表示他要继承韩愈的"不量其力"的批判精神，以拯救天下之学术于"已坏之后"。正是在这样的情势之下，阳明表示他不得已而有《朱子晚年定论》之作。值得注意的是，在这段表述中阳明自谓"病狂丧心"，这令人想起他在《拔本塞源论》中亦使用过同样的措词。可以说，这几乎成了阳明的习惯用语，反映出阳明具有一种十分强烈的忧患意识，所以在"众方嘻嘻之中""举世恬然以趋"——趋向朱说——的局面之下，只有阳明他自己"独疾首蹙额以为忧"。应当说，这一"病狂丧心"的说法并不是阳明的自我揶揄，而是反映了阳明欲与世道逆行而上的反叛精神，也是其思想所具有的批判精神的一种典型表现。要之，阳明在这里道出了"其为《朱子晚年定论》"的缘由在于：欲力挽狂澜于既倒之后，将世人从"崇尚朱说"的迷乱中拯救出来。

如果说罗钦顺对阳明《朱子晚年定论》的批评尚局限在文献考据领域，其态度还算温和，那么对于阳明的这封答书尤其是其中喻朱学为"洪水猛兽"的说法，在后世引起了轩然大波。根据王道（曾是阳明早期弟子，后转而批评阳明）的一个转述，阳明此书在当时既已流传开来，引起了强烈的反响。据王道《看林学正讲余答问复书》记载，林学正（按，不详）云："阳明《答罗整庵》之书，奋然以朱子为杨、墨之类，而身任辟邪救正之责。"对此，王道（号顺渠，1487—1547）指出："所述阳明前后书，余皆未见。恐不应乖剌至此极也。"（《王顺渠先生文录》卷六，尊经阁文库藏明刻本，第21页）这表明，无论是林学正还是王道，他们对于阳明以"洪水猛兽"比作朱说，不愿相信也不敢相信。即便对阳明心学颇有好感并编有《阳明先生集要》的施邦曜（字尔韬，1585—1644）亦以为王阳明的这一比喻性说法有点"过激"（引自陈荣捷：《王阳明传习录详注集评》，第253页）。①

那么阳明学之批判精神的思想根源何在呢？上面提到的"公道""公学""公言"之信念固是阳明敢于直斥朱学的思想缘由，然此"公"字须结合"心"字来理解，而非仅指某种外缘性因素。事实上，阳明学之精神力量的真正源泉当在于作为主体存在的本心，亦即心体良知。在阳明，唯有"心"的存在才具有莫大的力量，唯有"心"的判断才是决定是非对错的标准。因此阳明曾有一句名言，可谓脍炙人口：

---

① 另外还可参见顾宪成：《小心斋劄记》卷七，台湾广文书局，1975年影印本，第184页。

11.1.3 夫学贵得之心。求之于心而非也，虽其言之出于孔子，不敢以为是也，而况其未及孔子者乎！求之于心而是也，虽其言之出于庸常，不敢以为非也，而况其出于孔子者乎！（《传习录》中《答罗整庵少宰书》，第 173 条）

第一句可简约为"学贵得心"，可谓是阳明心学的标志性口号，与其哲学的第一命题"心即是理"同样重要。根据这一观点，唯有在"心"的审视、判断之下，才能评估孔子之言以及常人之言的是非对错。

无疑地，这一观点集中反映了阳明心学的理性主义精神。阳明的意图当然不是反孔子、反儒学，其旨唯在强调"心"之主体的独立和尊严。然而不容否认的是，若以"学贵得心"为理由，进而藐视外在的一切纲常规范，甚至不以孔子之是非为是非，终将导致社会人心的严重失序。尽管这种可能性是否在晚明社会现实地发生过，可以另当别论，但至少有不少儒学家有此担忧。这里涉及良知判断的客观化问题，有待下面第三节再说。东林党人顾宪成便曾表示过这样的忧虑，他说："私以为，阳明得力处在此（按，指上面阳明的那段话），而其未尽处亦在此矣。"（《泾皋藏稿》卷二《与李见罗先生书》）这句话可这样解读：阳明的"学贵得心"既能鼓舞人心，同时亦有可能成为危害人心的陷阱。

事实上，阳明在三教问题上所表现出来的宽容态度也充分反映出阳明心学的这种批判精神及其创新精神。关于阳明的三教态度，我们在第二讲第三节"出入佛老"中已有介绍，此不复述。这里仅须指出，阳明对三教的融合态度，盖与其主张的"公道""公学""公言"以及"学贵得心"的理性立场有关。也就是说，正是从这样的立场出发，完全有理由对中国传统文化之一的佛老思想可以重加审视而不必视若怪物。在如何看待佛老的问题上，阳明正是以这种理性立场、批判精神去应对的，这也反映出阳明心学在如何看待学术的问题上有一种开放精神。

历史上有一种观点认为，晚明"三教合一"之风气非常普遍，由此造成的信仰混乱局面，阳明心学难辞其咎。然在我们看来，"三教合一"一词是否是严密的学术用语姑且不论。事实上，心学所提倡的思想上的开放精神确有可能导致两种发展结果：一是导致"三教融合"或"三教会通"的思潮在晚明盛行，如林兆恩（1517—1598）"三一教"的出现，即其一例；一是明末清初之际，随着中西文化交流的日益开展以及儒学经世传统的复兴，士大夫们在如何应对传统与现实的问题上，亦以"公道""公学"的学术信仰、开放精神为依据。事实上，晚明时代三教融合的思潮确与阳明心学的流行有着某种关联，这是因为心学所倡导的理性精神、批判精神，从而使得儒家学者敢于坦然面对不同的学术传统，并做出相应的理解。由此可说，阳明心学的思想精神在宋明思想发展史上具有重要的历史意义。

总之，阳明心学在理论上的批判精神与其思想上的创新精神是分不开的。阳明在绍述孔孟、批判朱学、近承陆学的基础上，开创出一套良知心学的思想体系。因此可以说，批判性和创新性是阳明思想最为显著的两大特征。当然也应看到，阳明哲学的批判是针对朱学尤其是其格物致知理论而言，我们不宜将此夸大为对儒学价值体系或整个王朝制度的全面批判。尽管他说不能以孔子之是非为是非，但这只是说我们应在学术问题上保持充分的理性头脑，而并不意味着他对孔孟儒学的批判。诚然，就阳明的主观意愿而言，他通过理论的批判，为其创建心学思想体系打开了一条通道。然在客观上，阳明思想的批判精神及其所内涵的创新力量，的确极大地震撼并动摇了程朱理学在中晚明的主导地位,对其后的中晚明思想的发展走向产生了重要的影响。清初以降,心学思想一时式微,然自清末民初以还,阳明心学却在推翻帝制、批判传统、革新思想的新形势下,重新获得了思想活力。直至当今社会,阳明心学的理论意义及现实意义仍有必要重加审视和评估。

二 天理化问题

我们知道,"天理"是宋代以来儒家学者共享的一个重要观念。然而相对于程朱理学将天理视作外在的客体存在而言,阳明心学的一个最大特点就在于将外在的天理转化为内在的良知。这里就出现了"良知天理化"的问题。确切地说,阳明的具体表述是:"良知即天理。"这一命题在阳明良知学中具有什么内涵及其意义呢? 我们先来阅读一组资料:

11.2.1 明道云:"吾学虽有授受,然'天理'二字却是自家体认出来的。"良知即是天理。体认者,实有诸己之谓耳。(《全集》卷六《与马子莘·丁亥》,第 218 页)

11.2.2 夫心之本体,即天理也。天理之昭明灵觉,所谓良知也。(《全集》卷五《答舒国用·癸未》,第 190 页)

11.2.3 心之本体,即是天理。体认天理,只要自心地无私意。(《传习录》上,第 96 条)

11.2.4 心之本体,即是天理。天理只是一个。(《传习录》中《启周道通书》,第 145 条)

11.2.5 良知是天理之昭明灵觉处,故良知即是天理。(《传习录》中《答欧阳崇一》,第 169 条)

11.2.6 夫良知即是道。良知之在人心,不但圣贤,虽常人亦无不如此。若无有物欲牵蔽,但循着良知发用流行

将去,即无不是道。(《传习录》中《答陆原静书》,第 165 条)

11.2.7 道即是良知。良知原是完完全全,是的还他是,非的还他非,是非只依着他,更无有不是处。这良知还是你的明师。(《传习录》下,第 265 条)

11.2.8 先生曰:"'先天而天弗违',天即良知也;'后天而奉天时',良知即天也。"(《传习录》卷下,第 287 条)

11.2.9 呜呼! 天道之运,无一息之或停;吾心良知之运,亦无一息之或停。良知即天道,谓之"亦",则犹二之矣。(《全集》卷七《惜阴说·丙戌》,第 267 页)

这里值得注意的有二个说法:一者阳明直接将程颢的那句名言"'天理'二字却是自家体认出来的"与自己的重大发现——"良知"相提并论,其意至为明显,这是说"良知"二字不唯是我阳明自家体认出来的,而且"良知"就是儒学的最高概念"天理";一者"良知即天道,谓之'亦',则犹二之矣"的说法,这表明良知与天道是直接同一的,不是合成物,因此若说"良知亦天理"仍有语病。归结而言,这里大致有这样几个重要表述:心体即天理,心体即良知,良知即天理,天道即良知,良知即天道,天即良知,良知即天。说法不同,其旨则一。

一般而言,阳明的这些说法表明,良知—天理构成了互相印证、彼此诠释的关系。然须注意的是,除了将良知上提至天理层面来加以论证以外,阳明同时也将天理天命下贯至人心来肯定良知存在既内在又超越的面相。前者的论证理路适与程朱理学的"以理释天"相近,而后者的论证方式,则可称其为"以天释心"或"即天言心"。前者是将天作理性化的诠释,从而减杀了人对天命的敬畏感,而后者则将天视作所有一切存在的超越性根源,从而凸显出天与人、天与心之间相通相感的意义。诚然,阳明屡屡强调的是"心即天""人心是天渊",犹如程颢所言"只心便是天",是将"心"上提至"天"作形上化的诠释。然而究其实质,"心即天"未尝不是"即天言心"的特殊表述方式,其中含有一个重要意蕴:天命即在人心之中,当下即是良知心体。换言之,心体亦即天命。而作为"内心法官的声音"(康德语)的良知也就是天命在内心发出的声音。

按照杜维明的说法,儒学的宗教性特征表现为这样一种特定的取向:"天人之间的互动性使我们有可能把超越体察为内在""从而使人性的内在性便获得了一种超越的意涵"①。这就显得"以天释心"的思路更为重要。虽然阳明未必反对"以理释天"的思路,然而"以天释心"无疑对于阳明来说,是更为重要的诠释方向,而这一诠释思路与《中庸》"天命之谓性"若合符节。不过总体而言,在阳明,无论是良知天理化还是天理良知化,其意旨所在亦即:赋予良知以一种存有论的意义,将良知形上化、本体化。

本来无须赘言,按照阳明对孟子良知观的独到理解,良知作为德性之知、道德本心,原是具有超越意义的本体存在,它是无所不在的,普遍存在于每个人心中,而构成人的内在本质;同时良知也是一种内在的道德判断力,它能自知自觉地对事物做出是非善恶的判断;重要的是,良知不仅是一种超越的本体存在,而且其本身就具有好善恶恶的道德力量,并能引领和主导人的意识方向。关于良知存在的这些思想含义,我们在上面有关良知各讲中已屡有涉及和阐发。那么何谓天理呢?质言之,理不

---

① 杜维明:《论儒学的宗教性——对〈中庸〉的现代诠释》,段德智译,林同奇校,武汉大学出版社,1999年,第110页。

是指外在事物而与人心无涉的客观规律,依阳明,理便是内在于心的德性和价值,它是具有道德意义的存在。阳明说"此心无私欲之蔽,即是天理"(《传习录》上,第3条),意谓理就是不受任何污染的心体本身。同时,理又是绝对的超越的形上存在,特别是在宋明理学的语境中,天理乃是一绝对的实体存在,性是实理或万物莫实于理。这不仅是程朱理学的标志性观点,而且可说这是宋明儒的共识。既然是"实理",此"理"便具有实体义(非物质实体而是观念实体),凡是实体,即指涉客观存在的形上依据。

那么,具有道德判断能力的、且是自家准则的本心良知是否也是一种终极的实体化存在? 阳明之所以强调良知即天理,将良知天理化,其意就在于将良知本体化,当然也就是一种观念实体。我们曾说阳明有强烈的存有论关怀,主要就表现在这个方面。所谓"我的灵明便是天地鬼神的主宰""天地无人的良知,亦不可为天地矣""充天塞地中间,只有这个灵明"等说法,都可理解为是良知本体化的一种观念表述,良知成了天地鬼神万物之所以成为天地鬼神万物的存有论依据。这一观念表述非常重要,可以概括为"物是良知凝聚出来的",由此表明阳明的"良知"并非仅仅是一种主导实践的个体性原则,同时也是万物存有之所以可能的客观性原则,因而具有普世性的价值和意义。

阳明认为,良知不仅能从主体方面对事物做自觉的价值判断,而且良知还是一种本体存在,具有存有论的性格。对此层含义的有力论证,即上列最后一条语录。阳明强调良知与天理不是相即不离的结构关系,也不是两物合成的存在物,而是直接的同一,此即彼,彼即此,更无彼此之分,在两者之间下一"亦"字亦为剩语。这表明良知就是天理本身,反之亦然,天理就是良知本身。这个说法意味着:天理并不是作为本质存在于人心良知中的存在物,因为良知自身就是具足圆满的,良知自身就是天理、天道、天命。这样一来,性为心之体,理为心之主宰这一朱子学的思维模式就被阳明扬弃了。

要提请注意的是,良知即天理和天理即良知这两种说法。在上列诸条文献中,较多的是说"良知即天理",只有两条是说"道即是良知""天即良知"。可以看出,阳明的重点在于解释良知是什么而不在于解释天理是什么。这是因为到了阳明的那个时代,天理的属性问题几乎已不成其为问题。但是,当阳明将良知天理化的同时,其实也将天理良知化,这就值得关注。事实上,比阳明略为前辈的罗钦顺即已针对阳明"良知即天理"说,提出了批评。他的思路是,良知只具有良心的意味,亦即良知只是一种道德意识,而不能成为如同天理一般的实体存在,更不能成为宇宙本体。他说:"今以良知为天理,即不知天地万物皆有此良知否乎?天之高也,未易骤窥,山河大地吾未见其有良知也。万物众多,未易遍举,草木金石吾未见其有良知也。求其良知而不得,安得不置之度外邪!"(《答欧阳少司成崇·二》,载《困知记》附录,中华书局,1990年,第123页)由此批评却反显出阳明的良知确有道德主体与宇宙本体的双重品格。

可以说,良知天理化的理论企图在于:通过将良知上提至天、天道、天理的超越层面,以便赋予良知存在的超越义、存有义,凸显出良知的亘古亘今、无所不在、超越所有一切时空限制的存在品格,如此便可使良知拥有普世的意义,否则的话,良知便只是一种有限的存在。然而与此同时,通过将天理内化为人的良知,不妨称之为天理良知化,以使作为主体存在的内在良知获得客观的存有依据,以此提防人心各凭自己良知说了算而导致放荡而肆的行为趋向。所以,东林党的不少学者便时常担忧良知说或可成为人之行为放荡的根源,其因之一就在于他们大多有这样一种疑虑:按照良知内在、良知自知、良知自觉的理论,人人都可依凭自己良知行事而置社会规范于不顾。一句话,内在良知如果缺乏客观制约,那么就有可能导向妄自尊大。用现今的一种说法,如同近代西方哲学过于突出理性的地位,不免导致"理性的傲慢"那样,良知心学亦有可能导致"良知的傲慢"。值得注意的是,黑格尔也注意到西方哲学史上良知学说存在的"傲慢"问题,他指出:"完全的内在性和自身确然性最终会导向主体的绝对随意性。"①这便是对"良知的傲慢"的一种指责。

很显然,在明代阳明心学的语境中,这种"傲慢"也确乎存在。只是它更多地表现为对人心充满自信的反面,从而对天命缺乏敬畏。笔者曾在旧著中指出阳明后学罗汝芳欲以"上帝时时临尔"等传统中国的宗教观念来扭转当时"同志先达"未免"于敬畏天命处,未加紧切"之弊端(《罗汝芳评传》,第 427 页)。由此足见,如果过于强调作为良知存在的理性自我的绝对优越性,而缺乏对天命的敬畏感,确有可能导向自我膨胀。晚明以降,以道德劝善书大量涌现为特征的宗教问题的凸显便与人们对良知傲慢、自我膨胀之心学弊端的反省有关,只是关于这一问题,这里已无篇幅展开讨论了,请参拙著《明末清初劝善运动思想研究》。

及至晚明,例如顾宪成曾指出:"阳明之所以揭'良知'也,阳明之后之不能不流而荡也,亦势也。"(《证性篇》卷五《质疑上》)又说:"阳明揭致知,不善用者,流而荡矣。"(《小心斋劄记》卷十

---

① 转引自倪梁康:《良知:在"自知"与"公知"之间——欧洲哲学中"良知"概念的结构内涵与历史发展》,载刘东主编:《中国学术》第一辑,商务印书馆,2000 年,第 28 页。

一)第一段话采用"势"字即"势必"义,来判断阳明良知必"流而荡",后一段话则以"不善用"为条件设定,来预测阳明良知有可能导向"流而荡"。两种说法虽然并不完全一致,然有一点是明确的,即顾宪成把阳明良知看作是纯粹个人化的意识活动,必将与外在规范形成冲突。这说明阳明将良知天理化的这一观念并没有引起后人积极的评价,相反,晚明学者较多地关注于天理良知化、良知个人化(详见后述)的问题,而担忧心学末流不免导致情识而肆的批评者,其思想缘由大多源自于此。

更有甚者,清代戴震将宋明理学家一网打尽,严厉批评理学家所言之"理"不过是个人之"意见"①,阳明的良知也不能幸免于难。戴的这个批评应是有感于天理良知化、良知个人化而发,指出了良知本体化可能导致的另一弊端:即良知自欺。然而克就阳明心学的义理系统而言,不得不说上引顾、戴的说法只是一种外缘性的批评,与心学义理并不能相应。因为就心学理论的内在理路而言,"意见"正是良知之大敌,在阳明后学中甚至发生过良知与意见之辨,大多数心学家无不竭力反对"以意见为本体"。②

我们知道,良知内在、现成圆满、当下具足乃是阳明良知学的基本要义,这些说法无不蕴含着一层重要的意思,亦即良知首先是个体化的存在。当然,作为个人存在的良知并不是指经验的事实,而是指存有的事实,它是一种道德本体的存在,是人人

---

① 如戴震指出:"仆生平著述最大者,为《孟子字义疏证》一书,此正人心之要。今人无论正邪,尽以意见误名之曰理,而祸斯民,故《疏证》不得不作。"(《孟子字义疏证》所附《与段若膺书·丁酉四月二十四日》,何文光整理,中华书局,1961年,第186页)可见,戴震《疏证》竟是为扭转误以意见曰理的世儒偏见而作。所谓以意见曰理,观诸《疏证》通篇可知,概指宋明理学而言。
② 参见拙著:《阳明后学研究》,第124页。

具足、个个圆满的，因而这一内在良知又具有普遍性、超越性。所以根据阳明良知学的超越义、存有义是可以克服由良知个人化可能带来的肆意妄为等弊病。然而理论上虽可以这么说，但在现实世界中却存在着冒认情识为良知、误将知觉为良知等现象，特别是在中晚明良知学展开过程中，对这种思想现象的批评责难可谓不在少数。

在这些批评者的眼里，那些过于相信良知的人，简直把良知视作一己之真理，他人不可侵犯，我的行为只有我自己的良知知道，他人无法知道也无法干预，因此只要充分信赖良知自知，就可得到自救。所有这一切都是根源于良知个人化理论。关于这些批评，我们在下一节再来评估，这里仅就良知个人化问题再稍做分析。

须指出的是，所谓良知个人化，原非贬词，意指良知作为个人存在，故而带有个体性、主观性之特征。余英时先生在探讨阳明良知观问题时，曾指出阳明把良知等同于天理，不免导致了"'天理'私人化，也就是'私'化了"（余英时：《现代儒学的回顾与展望》，生活·读书·新知三联书店，2004年，第156页）的结果。这一观察非常敏锐，很值得参考。据余氏分析，这个"私人化"的问题盖由来于"良知同异"的问题，也就是问：良知落实到具体的人身上，是否完全相同一致而无任何差异？余氏指出，阳明的基本看法是，良知人人同具，个个圆满，但阳明又明确肯定良知在"大同"之中，又有"小异"，即每个人的良知都有所不同，并非"高下大小一样"（阳明语），正是这种"同中有异"的良知观念，却可成为良知"个人化"、"私"化的根据（参见上揭余氏书）。

余氏所引"高下大小一样"的阳明语很关键，有必要稍做仔细的考察，该段引文的全文如下：

11.2.10　问："良知一而已。文王作《彖》，周公系
《爻》，孔子赞《易》，何以各自看理不同？"先生曰："圣人何能
拘得死格？大要出于良知同，便各为说何害？且如一园竹，
只要同此枝节，便是大同。若拘定枝枝节节，都要高下大小
一样，便非造化妙手矣。汝辈只要去培养良知。良知同，更
不妨有异处。汝辈若不肯用功，连笋也不曾抽得，何处去论
枝节？"（《传习录》下，第 293 条）

提问者的一个预设是"良知一而已"，这个说法其实反映的是儒
学的一个基本观念："道一而已。"接着的问题是，既然"良知
一"，何以圣人作《易》各有不同，难道是因为他们"各自看理不
同"？这个问题的含义是：既然"良知一"，何以人的行为与看法
有异？阳明的回答其实很简单，他就强调二点：一、这个世界有
一个本质存在，即"良知同"；一、这个世界又是千差万别、个个殊
异的。这里的"异"并非特指良知之异，而是泛指事物的存在
样态。

阳明在这里的回答颇类似于朱熹的"理同气异"说，而不同
于"理一分殊"说。一般说来，"理同气异"是从万物造化的角度
说的，而"理一分殊"则是从万物构造的角度说的。阳明所谓"若
拘定枝枝节节，都要高下大小一样，便非造化妙手矣"，讲的是万
物造化的过程。意思分明是说，良知固是世界的本质，但良知不
是世界的"造物主"，世界不是按照良知设计的模样被制造出来
的，故这个世界充满着"枝枝节节""高下大小"的殊异性。落到
人身上讲，也不能因为人人"良知同"，所以人的模样（喻指人的
意识行为）也就完全一样。然而人的殊异性之根源何在，显然不
是良知而是其他缘故所致，但阳明在这里并没有展开说明。

　　阳明的基本思路是，世界上只有一个良知（即"良知同"），良知是造化的根据（即"良知是造化的精灵"），现象世界是良知之发用，而良知即在现象世界中流行，但良知不管造化的过程（意同朱熹"理管它不得"），故万物造化的结果原本是"高下大小"各有不齐的。以朱熹的看法，这是由于气禀不同的原因，阳明也应相信这一点，只是他未明确说出。至此我们可以看出，在上述这段引文中，阳明本意并不在讨论良知异同的问题。阳明所坚持的立场毋宁是"良知同"，但"良知同"并不妨害现实世界的殊异性，重要的是立足于这个有差异的世界去"培养良知"。

　　由此可见，良知个人化问题并非由良知异同问题引发而来。在我们看来，强调良知的个人化存在，盖与天理良知化有关，更与良知自知、良知自觉、良知自救的一套理论有着密切的关联。由于天理即是良知，良知内在于人心，人心只要依靠良知即可，因为良知是自知自觉的而且是无所不知的。如此一来，良知乃至于天理就完全成了"私化了"的存在。在这个意义上说，上述余先生的观察是有启发性的。

　　然而我们也应充分估计到，阳明在突出强调良知个人优先原则的同时，他力图将良知天理化，这一工作的理论企图也至为明显：他要为良知寻找一个超越性的最终根据。

三　客观化问题

　　若对以上我们所获得的有关"良知"的认知做一归纳，则有如下几点：良知是"是非之心"，自能判断是非善恶；良知是自知的，良知是自觉的，是他人莫知而唯有己知的主观性原则；良知是"尔自家准则"，是自己行为的依据；良知是亘古今、遍四海的普遍存在。要之，良知是一切价值的根源，是道德实践所以可能的依据。

我们说过，阳明的良知具有存有论的性格，他对孟子良知学说的一个最大发展就表现为良知本体化、良知天理化。从这一角度看，良知存在必具有客观性和普遍性之品格。然须指出，此所谓客观化问题，非指外在典章制度如何确立的问题，亦即不是指由良知实践如何转化为制度性的"外王"实现等问题，而是指良知存在本身既是道德实践的主体性原则，同时又必然表现为人间秩序及宇宙秩序的客观化原则。伦理行为的规范以及外在事物的存在都须以良知存在为根基，因为良知是一切价值和意义的终极根源。

本来，"良知"概念出自孟子，儒家学者类能言之，意同良心或善心，大致被理解为一种善良意识。在孟子那里，良知是道德本心，是其性善论构架中的核心概念，诚不可一日之或缺。然而毕竟在孟子，其思想之大端、学术之归趣，唯以仁义内在、人性本善为基本预设，注重于从"天赋"或"本具"（不学不虑）的层面来证成性善，而对良知存在的客观性层面之强调未免有所欠缺。将良知提升至天理、天道之层面，以造化之精灵或天地之精神来加以诠释和定位，并以此凸显良知存在不仅是主体性原则，更是绝对普遍的客观性原则，这乃是阳明良知学对儒学的最大贡献之一。然在阳明良知学的内部始终存在着良知的主体性原则与其客观性原则的理论紧张。关于这一点，我们可以利用一个"案例"来进行探讨，我们姑且称其为"江陵案例"。

"江陵"指张居正（号太岳，1525—1582）。万历五年（1577）居正丧父，此时正值万历新政的关键时期，居正因万历帝挽留，决定不服父丧，在京"夺情"辅政，导致万历初年在中央朝廷兴起了一场举世震惊的政治风波。根据刘宗周的转述，关于这一事

件,晚明时代流行着一个说法:

> 江陵欲夺情,尽指言者为宋人烂头巾语,此事惟王新建
> (按,即王阳明)足以知之。夫江陵欲夺情,不管新建不新
> 建,何至以新建之贤而动为乱臣贼子所藉口? 则亦良知之
> 说有以启之。故君子立教不可不慎也,余因有感而著《读书
> 说》。(《刘宗周全集》第 2 册《读书说·示儿》,第 298 页)

这段话值得仔细回味。张居正指责那些"言者"(指言官上疏反
对"夺情")全是"宋人烂头巾语"。所谓"宋人烂头巾语",当是
指宋代理学家的那套"仁义道德"的规范教条语。重要的是后一
句话,他说"此事惟王新建足以知之",意谓他的"夺情"行为只有
王阳明知道。这是什么意思呢? 显然张居正是想说,唯有阳明
所讲的良知"足以知之",也就是说,只有张居正自己的良知知道
他为什么做出"夺情"的选择。刘宗周后面的一句追问发人深
省:居正"夺情"的行为本身与阳明无关,何以阳明能成为"乱臣
贼子所藉口"? 宗周的答案竟然是"亦良知之说有以启之",意思
是说,阳明的良知说成了居正夺情的"藉口"。

　　这个传闻是否真实可靠,我们不必考证,因为这个问题无关
宏旨。我们须追问的是,为什么说阳明的良知适以成了"乱臣贼
子所藉口"? 为什么说居正夺情是"良知之说有以启之"? 按居
正自身的说法(或是后人对居正夺情的诠释),夺情行为的一个
根本理由是:我是按照自己的良知判断做出这一选择的,他人没
有理由评头论足。因此,那些企图以外在的道德规范为由,来阻
止"夺情"的所谓正直之士的言论,在居正眼里竟成了"宋人烂头
巾语"。很显然,对于居正来说,他的行为完全可按照阳明的良
知自知、他人莫知的理论做出相应的正当化解释。宗周所言"良
知之说有以启之",意盖谓此。事实上,这个所谓"江陵案例"令

我们不得不认真思考一个重大问题是：若按居正所说，那么"良知"岂不成了完全"私人化"的东西而无客观性可言？居正所认为的可成为"夺情"之依据的这个"良知"，如何能成为他人亦能普遍认同的一种客观性依据，这才是我们不得不认真思考的关键问题。

当然必须指出，居正以为"此事惟王新建足以知之"，这是对阳明良知学的严重误会。若按阳明的良知理论，良知是自知自觉而他人莫知的，良知遵从的是个人优先原则，行为的选择权及其监察权都在良知。但这并不等于说，错误的行为亦应由良知负责，因为良知是为善去恶的绝对力量，而绝不能成为违背伦理规范之行为的理由。由此看来，居正所言似很荒唐，不足为信。然而问题并不简单，站在居正的角度看，当他说自己的行为只有自己的良知能够解释，其意在于强调良知是一种绝对的主观化原则，若按良知自知自觉的理论来审视，却亦不能断定他的说法全无是处。显然，良知自知作为一种主观原则，如何得到社会普遍的认同，这既是良知学必须面对的义理问题，更是人们在将行为付诸实践的具体过程中所要遇到的现实问题。假设良知自知无须外在的礼仪规范等层面的客观制约，任凭自己良知说了算，那么任何人便无法对他人行为做出适当的判断。特别是在"江陵夺情"这一具体的案例中，我们看到行为者所依据的"良知"与判定者所依据的"良知"，竟然造成了两种截然不同的结果。依后者的立场看，前者的"良知"适以成了作恶之"藉口"，显然问题相当严重。

关于良知是否能成为作恶之"藉口"的问题，我们稍后再议。这里笔者愿意结合另一条史料来说明这在晚明时代确是一个引发争议的心学问题之一，而在这一议题背后所涉及的问题便是良知的客观化问题。我们注意到在明代最后一个以宣扬心学为主的讲会组织"证人社"的一次讲会上，该社的两大领袖刘宗周和陶奭龄（号石梁，1565—1640）之间曾有过一场关于良知的讨论：

> 先生（按，即宗周）曰："大抵发心学问，从自己亲切处起见，即是良知。若参合异同，雌黄短长，即属知解。"陶先生曰："雌黄参合亦是，良知如一柄快刀子，能除暴去凶，亦能逞凶作盗，顾人用之何如耳。"先生曰："恐良知之刀止能除盗，不能作盗。"（《刘宗周全集》第 2 册《会录》，第 510 页）

陶奭龄把良知比作一把"快刀子"，这个比喻发人深思。用我们的话来说，可以表述为良知是否是一把"双刃剑"的问题。依陶之意，良知作为主体性原则全赖个人如何"用之"而定，他人是无法干预的，所以既能"除暴去凶"也能"逞凶作盗"。这个说法的实质在于："良知"其实成了空洞抽象而无任何具体内容的形式原则。若按阳明的良知理论，良知作为一种先天的形式原则，并不预设任何特定的功利性目的（例如为了求得他人赞扬、获得社会名誉等）的，但同时也绝不意味着良知可以脱离具体的伦理场景而没有任何具体内容。

然而按照陶奭龄的上述说法，那么居正"夺情"亦可按照良知的"双刃剑"理论来加以合理解释。这在宗周看来，良知便有可能成为"乱臣贼子之藉口"，是万万不能认同的，因此他断然指出"良知之刀止能除盗，不能作盗"。的确严格说来，阳明学意义上的"良知"是一绝对至善的本体存在，是人之所以向善的动力源泉，一切恶的行为，非但与人的良知不存在因果关联，而且也唯有依靠人心良知才能从根源上阻止或铲除"罪恶"。因为良知作为一种道德本心，它具有检视和审查行为之善与恶的绝对能力,这是由于良知乃是一绝对之道德准则的缘故。由此,良知就不能是"双刃剑",而只能是"快刀子",唯能斩断恶果、杜绝恶源,而绝不能成为作恶逞凶的借口。

无须赘言,根据阳明的良知理论,良知在根本上是一种具有"自能知""自会觉"之本质特征的"独知",故他喜欢以"自家痛痒自家知"来喻指良知自知。依阳明心学的说法,如将"自家痛痒从人问",就好比"沿门持钵效贫儿"一般,对于自家"无尽藏"的宝藏心存疑虑,却向他人祈求宝藏、寻找良知。这都是于自己本心缺乏信心的表现。所以,人们应树立起"自知""自觉"的信念,只要扪心自问,于良心无愧,则随之而发的行为便无不正当合理。至于他人用何种行为规范来审视和评判,则与行为主体的本心无关。而且从理论上说,心学家们认为在这个世界上,何是何非可任由他人评说,作为一个有良知的人,只要做到"心之所安"即可。

例如阳明弟子魏良器(号药湖,生卒不详)就曾宣扬:"理无定在,心之所安即是理;孝无定法,亲之所安即是孝。"(《明儒学案》卷十九《江右王门学案四·处士魏药湖先生良器》,第465页)表面看来,"心之所安"是主观标准,"亲之所安"是涉及行为对象的客观标准而与行为主体并无必然的逻辑关联,然而归根结底,所谓"亲之所安"最终仍须根据"亲"的"心之所安"而定。事实很显然,在由"心"的发动而施诸于"亲"并实现"亲之所安"的过程中,行为者及其对象均以自己的"心"作为判断标准,"理"或"孝"的客观标准完全被"心之所安"的主观原则所取代。其结果将导致只要主观愿望是好的,那么行为后果就必然是正确的。由此以观居正的"夺情"行为,便可这样解释:居正的主观愿望是为了服从万历帝的挽留(这一条符合"忠"的原则),也是为了稳固当时朝政的安宁（这一条符合"义"的原则），是为社会公义而暂时放置自己"孝心"的行为，因此这一行为的理由就必定是充分的、正确的；然而在他人眼里，这一行为本身却是有违于儒家"孝"这一基本伦理准则的，故是错误的。不难想见，陶奭龄的良知"双刃剑"之说也适合于"江陵案例"的解释。

其实，根据不同类型的伦理学原则，我们对于居正的夺情行为，还可以分两层看：从主观意愿的角度看，居正的是由"忠义"原则出发的，故其行为应当没有错；然而，若从客观效果的角度看，则居正夺情有违儒家社群有关"孝"伦理的普遍观念，因而其行为是有违良知的，也必定是错的。按照西方伦理学的传统理论，与注重道德行为必须"出于义务"（德性义务）的"义务伦理学"相对而言，"功效伦理学"则强调道德行为必须"合乎功效"。重要的是，从"功效"的角度来审视"出于义务"的道德行为之际，就必然使得一种行为的道德性与其合法性之间产生难以调适的解释困难。据台湾学者李明辉的分析，这是因为"义务伦理学"与"功效伦理学"之区分是一种严格的理论区分，两者之间必然存在一种不均衡的对立关系。存心伦理学的行为必以是否出于道德义务为抉择原则，而无待于行为后果的考虑，反之，功效伦理学则坚持以行为是否合乎功效作为抉择或评判的依据。[①]根据这一说法，我们可以认为，企图将行为主体的"心之所安"与行为对象的"亲之所安"打并为一，恰恰混淆了一种行为是否"出于良知"与其行为是否"合乎规范"这两种判断的界线。同样，"江陵案例"所存在的问题之实质也正在于此。事实上，若从"义务

---

① 以上参见李明辉：《存心伦理学、形式伦理学与自律伦理学》，载《儒家视野下的政治思想》，台湾大学出版中心，2005年，第138—139页。

伦理学"的角度看,由于居正的行为取决于特定的外在目的,我们可以断定其行为并不是根据良知所做出的抉择。但是这却不足以使张居正折服,因为他自己却认定他的夺情行为是"出于良知"的判断。由此可见,问题的关键在于:如果作为道德主体的良知只根据主观原则而不顾行为后果,那么良知就不能成为一项客观性原则。其结果是,良知倒真有可能成为一把"双刃剑","双刃剑"的说法恰恰是对主观任意而无客观制约这类行为特征的一种注脚。

　　事实上,不论是张居正还是陶奭龄,他们的主张在本质上都是一种良知自救的思路,以为良知自知而他人莫知,所以自己的行为只有自己知道是非对错,外在的客观标准在没有经过自己良知的审判之前,并不具有实质性的意义。换言之,在他们看来,一切外在规范的理只有经过良知的内化和确认,才具有相应的意义。这样一来,天理良知经过主观内化之后,恰恰滑向了相对化,因为每个主体都可以有自己的一套所谓评判标准而可以不顾社会的标准。刘宗周对"江陵案例"以及"双刃剑"理论的批评便表明,他遵守的是这样一个立场:良知作为绝对至善的本体存在,必须是善的意志的力量源泉,它的指向必然是善而不能是恶。就此而言,宗周的理解是符合阳明良知学之本意的,尽管宗周在晚年对阳明良知教有种种批评,以为阳明所说的良知其实是有问题的,这是另一层面的问题,这里已无法详说。例如上面所引的"江陵案例"时,宗周所说的"亦良知之说有以启之",便表明宗周其实对阳明的良知概念是心存不满的,其关键点在于——在宗周看来:阳明的"知善知恶是良知"这一著名的"四句教"中的第三句对良知概念的界定很成问题,因为倘若良知只能在善恶现象启动才能做出善恶判断,那么这样的良知就将永远落入后手——亦即落入善恶现象之后才能发生作用，如此一来，良知就根本无法真正做到为人的行善努力贞定方向，以杜绝恶的发生。要之，当宗周说"亦良知之说有以启之"的时候，这里的良知已经不是宗周所理解的好善恶恶的意志力量，而成了随着善恶现象不断流动的一种意念而已。当然，阳明学意义上的良知，是否果如宗周所批评的那样一种后天的意念，回答是否定的。此中义理颇为繁复，涉及对宗周哲学的诠释，这里也就不再赘述了。

然而良知的客观化问题并不容易解决。饶有兴味的是，当宗周运用"良知自知"理论来面对历史诠释问题时，却也不免导向了某种价值判断的相对化。例如"证人会"记录了这样一场对话：

> 杨贞一问曰："杨龟山先生应蔡京之荐，莫非是干禄否？"先生曰："古人出处各有所为，如鱼饮水，冷暖自知。龟山先生大儒也，其出处自不苟，不当轻议。我辈学问，只要看自己当下念头如何，若所志果不在富贵上，则如吾夫子周流环辙，正是学脉，便为龟山，何病？不然，即逃富贵而不居，或为洗耳沈渊，亦不是学。大抵一成之格不可以相人，应世之迹未可以论学。吾辈且自开眼孔，莫被昔人瞒过。（《刘宗周全集》第 2 册《证人社语录·第七会》，第 571—572 页）

问题是杨时（号龟山，1053—1135）应蔡京（字符长，1047—1126。历史上称其为"奸相"）之荐而出仕，是否有"干禄"之嫌疑？按，"干禄"语见《论语·为政》："子张学干禄。"朱熹释曰："干，求也；禄，仕者之奉也。"（《四书章句集注》，第 58 页）对"子张学干禄"章，宗周也有基本判断："此正是圣门判断天人理欲内外关头。子张学问好广务高，不免向外驰求，才向外求便是人欲，故夫子以'禄在其中'（《论语·卫灵公》）一语拦头截断他，不放与出路。"（《刘宗周全集》第 2 册《证人社语录·第七会》，第 570 页）此可见宗周在"干禄"问题上的态度很明确，不允许有丝毫的容忍。

然而，当宗周面对先贤杨时的"干禄"行为，却运用"如鱼饮水，冷暖自知"[①]的良知自知理论来进行辩解。意思是说，这件事只有杨时自己知道，吾辈后人不应妄加揣测、横加评议；况且杨时"大儒也"，我们有理由相信他的行为自有他自己的良知判断。看得出，宗周非常巧妙地回避了杨时是否"干禄"这一历史问题，而把答案留给了杨时自己。不过，若依宗周此说，必将引出一个更为重要的问题：如果历史判断也唯有诉诸当事者个人的良知，那么我们又如何能确立历史判断的客观性？而且我们也不得不问：宗周基于本心自知的立场对历史采取的这种相对化态度[②]，与良知是一把双刃剑的观点又有何本质区别？

总而言之，阳明良知学充分肯定了良知是每个人的"主人翁"，是一切工夫的"主脑"，是道德实践的主体力量及主观原则。

[①] 其实这就是阳明的"自家痛痒自家知"的良知自知理论。

[②] 按，宗周在另一场合也谈到杨时此事："且如龟山从蔡京之辟，朱子讥其做人苟且，不免胡乱如此。诚由斯言推之，则昨所及和靖先生事母事，恐亦有未尽处，宜亦不免朱子之讥也。今天多说本心，如二先生所行，断断无违心以害理可知，而是非得失之归，犹不免更合商量，则不及二先生者更可知矣。"（《刘宗周全集》第 3 册《答履思七·癸酉》，第 317 页）可见，宗周的态度与朱熹大为不同，他坚信杨时及尹焞（1061—1132）的行为断无"违心害理"之处，而后人未能真正了解二位当事者之"本心"。换言之，他们的行为也只有他们的"本心"自知。

然而良知是否可以成为审视和评判他人之道德行为的客观标准？良知是否能成为具有"公是非""同好恶"之决断能力的"天下公共之理"？对此，阳明企图以"良知即是天理""人心即是天渊"等命题来解决这一问题，以为通过将良知提升至"天理"的高度，便可从理论上证明良知作为评判善恶的客观标准不仅是属于个人的，而且还是属于整个天下国家的。然而通过我们的考察，却不得不说良知学内部的主观性原则与客观性原则的理论紧张始终存在，良知自知及良知自救的理论在不断地挑战社会公认的规范和权威，乃至于阳明后学还在不断争论这一问题。①

最后须提及的是，刘宗周在《读书说·示儿》中援引"江陵案例"的旨意在于告诫后人欲使"人心不敢为恶，犹博此书册子作尺寸之堤"。这里提到了"书册子"，耐人寻味。在他看来，居正所以将良知作为作恶之"藉口"，其因盖在于"束书不观"，意谓居正并没有好好读书，因此并不真正了解阳明良知学的真义。其实，在我们看来，居正是否真懂阳明学，这个问题无关宏旨，宗周在此所要力图表明的一个重要观点是：知识的获得将在很大程度上有助于人们的道德行为的抉择。以他的观察，晚明时代心学末流之所以出现"玄虚而荡"或"情识而肆"等弊病，其根由之一就在于轻视知识、读书不够。所以，宗周疾呼须以"书册"作为防止作恶的"尺寸之堤"。这里涉及知识与道德或知识与良知的关系问题，显然这又是一个大问题，已经逸出了这里所能

---

① 以上有关良知客观化的问题，还涉及人心与善恶的问题讨论，可参见拙文：《"证人社"与明季江南士绅的思想动向》第四节"良知是一把'双刃剑'吗"，《中华文史论丛》2008 年第 1 期。

讨论的范围①。只是有一点需要表明：从理论上说，宗周欲以知识的客观性来弥补良知主观性的某些缺失，他所说的知识主要还是指德性知识，这是有一定道理的。但是若将良知问题转化为知识问题，则是难以赞同的。因为从阳明良知学的根本教义出发，一个人对道德行为的抉择必须是出自内心良知的自觉，而与外在客观的知识积累并无必然的关系，尽管这并不意谓闻见之知可以不要。但从根本上说，德性之知正不依赖于闻见之知而存在。依阳明，闻见之知绝非德性之知，这两种"知"在根本属性上完全不同，然而在具体的实践过程中，德性之知又不离闻见之知。当然这也并不意谓行为的道德动力可以脱离本心而由概念化的客观知识来决定。

四　社会化问题

阳明的致良知教既是一种理论学说，又是一场思想运动。与历史上其他形态的儒家学派不同，阳明学从其诞生之初起，就具有一个鲜明的特色：将儒学从知识的殿堂推向社会大众。因此，这场心学思想运动又可称为儒学的社会化运动。作为这一运动的主要表现方式有二：一是同门朋友之间的互相讲学，以便建构起一种学派的认同意识；二是将讲学活动推向社会，作为唤醒人心、重整秩序的重要手段。

---

① 关于宋明理学史上道德与知识之关系究竟应如何理解和把握，可参见余英时：《朱熹哲学体系中的道德与知识》，载田浩编、杨立华等译：《宋代思想史论》，第 257—284 页。余英时断然指出：朱熹的"哲学体系不承认'德性之知'与'见闻之知'之间的重大差别"。（同上书，第 270—271 页）朱熹认为这两种知的区分至多"仅是程度上的"，德性之知"只能从'闻见之知'中产生出来"。（参见同上书，第 271—272 页）

其实,在中国历史上,"讲学"由来甚久,早在先秦孔孟时代就有"以文会友"的传统,《论语》《孟子》两部经典何尝不是讲学记录? 当然,只有到了宋代以后,在突破了门阀贵族的整个社会风气之下,并在儒家士大夫的主导之下,随着书院制度建设的完善,士人乡绅之间的讲学才出现了前所未有的新景象,对宋代儒学的社会转向及其理论发展起到了很重要的作用。就明代的历史看,重开讲学风气者,则非阳明莫属。须指出的是,阳明心学派的讲学并不是为讲学而讲学,他们的讲学至少有两个明确的目标:一是通过讲学以建构起一种新的学术网络体系,增加同门之间的自我认同意识,使得讲学具有了重组学术界、引领新风气、倡导新思想的作用;一是企图运用"良知"学说来唤醒每一个人的道德意识,最终达到重整社会秩序、实现治国平天下的目标。可以说,正是通过讲学,阳明学及其后学把心学理论转化成了一场社会化的思想运动。①

余英时先生继《朱熹的历史世界——宋代士大夫政治文化的研究》之后,又以"政治文化"的解读思路,进而对阳明学展开了深入考察,指出:

> (王阳明)是要通过唤醒每一个人的"良知"的方式,来达成"治天下"的目的。这可以说是儒家政治观念上一个划时代的转变,我们不妨称之为"觉民行道",与两千年来"得君行道"的方向恰恰相反。他的眼光不再投向上面的皇帝

---

① 关于阳明心学的思想、实践与讲学运动的关联等问题,目前已有不少学术研究的积累,可参见吴震:《明代知识界讲学活动系年:1522—1602》,学林出版社,2003 年;吕妙芬:《阳明学士人社群——历史、思想与实践》;陈时龙:《明代中晚期讲学运动:1522—1626》,复旦大学出版社,2005 年。

和朝廷,而是专注于下面的社会和平民。(《宋明理学与政治文化》第六章"明代理学与政治文化发微",允晨文化,2004 年,第 300 页)

> 我可以很肯定说:阳明"致良知"之教和他所构想的"觉民行道"是绝对分不开的;这是他在绝望于"得君行道"之后所杀出的一条血路。"行道"而完全撇开君主与朝廷,转而单向地诉诸社会大众,这是两千年来儒者所未到之境,不仅明代前期的理学家而已。(同上书,第 308 页)

上述观察非常精辟,指明了阳明心学的时代,儒学思想已发生了重要转向,由"得君"转向"觉民",由"上层"转向"下层"。余先生又称之为"政治取向"转为"社会取向"。这个说法为我们重新思考和认识阳明心学以降的中晚明及至清初的一般思想动向提供了一个极富参考意义的审视角度。

的确,由阳明心学所主导的讲学运动充分表明晚明儒学的转向包括了社会化的途径。在这一节我们将要说明,讲学运动的兴起及其深入展开不是毫无缘由的,它与心学理论有着非常密切的关联,如果不是阳明的致良知理论而是程朱理学的格物致知理论,那么很难想象在明代中叶以后会有一场士庶共同参与的讲学运动如此轰轰烈烈地展开。换言之,正是阳明的良知教为儒学由"上层"转向"下层"、由"政治"转向"社会"提供了理论武器。

如所周知,阳明一生热衷讲学,自龙场悟道后,至少有滁阳、南京、江西、居越这四个讲学时期。钱德洪称阳明"平生冒天下之非诋推陷,万死一生,遑遑然不忘讲学"(钱德洪:《续刻传习录序》,《传习录》中)。这是德洪亲身观察的结论,当非虚言。也正由此,阳明常遭到时人非议,认为他于"文章""政事""气节""勋

烈"四者兼而有之，若能"除却讲学一节，即圣人矣"，对此，阳明
的回答很坚决："某愿从事讲学一节，尽除却四者，亦无愧全人。"
（邹守益：《阳明先生文录序》，《全集》卷四十一，第1569页）他
甚至把讲学喻为"婚姻"，而把自己喻为"媒妁"之人，并劝其门人
吸引后进，互相讲学，因为讲学既是吾人"本分内事"，也是吾人
不可偏废的首要之务。①

可以看出，阳明对于讲学抱有非常自觉的意识，这也充分说
明，阳明自始就不认为他的心学理论只是一种书斋式的学问，相
反，他是以"心学倡明于天下"作为自己一生的远大抱负，也是他
与天底下"豪杰之士"的共同期许。因此在某种意义上可以说，
阳明学的思想展开过程就是一部讲学运动史，同时阳明心学作
为一种学派得以建构起来，也与阳明及其后学的积极推动讲学
是密不可分的。

其实，自嘉靖年以来，晚明讲学已非心学一派为然，东林党
人亦注重讲学，顾宪成曾把讲学放在儒学史内部来加以考察，断
然指出这是儒学的固有传统，是可以上溯到孔子那里的，他明确
指出"讲学自孔子始"（《小心斋劄记》卷十四，第80页）。另一位
反王学的清初学者王嗣槐也指出："古无道学之名，其实则讲学
而已矣。"（《桂山堂文选》卷一《消闲录序》，日本内阁文库藏康

---

① 如阳明曰："顾今之时，人心陷溺已久，得一善人，惟恐其无成。期与诸
君共明此学，固以自任为嫌而避之。譬之婚姻，聊为诸君之媒妁而
已。乡里后进中有可言者，即与接引，此本分内事，勿谓不暇也。"（《全
集》卷四《寄希渊·三·癸酉》，第159页）又如："且天下首务，孰有急
于讲学耶？"（《传习录拾遗》，第14条）然阳明亦以讲学而蒙罪，嘉靖八
年阳明被劾，罪名之一便是"号召门徒，互相唱和"（《明通鉴》嘉靖八
年条）。

熙十一年序刻本,第 6 页上)①亦可看出他对讲学也非常看重。此正说明讲学问题本身自 16 世纪 20 年代以降的中晚明时代已受到儒家学者的普遍关注,讲学已经具有了一种超学派的特征。

事实上,自中晚明以来,儒家学者常喜欢引用孔子的一句话"学之不讲,是吾忧也"②,认为儒学的精神之一就表现为讲学,而且是有孔子的话作为依据的。这种将讲学与孔子挂起钩来进行论证的做法,或许在宋代儒学中既已存在,然在明代中叶,应是王阳明开始提倡的一种观念:亦即讲学无疑是孔子以来的儒学传统。③例如,阳明就非常重视孔子的这句名言,他指出:

> 11.4.1　夫"德之不修,学之不讲",孔子以为忧。而世之学者,稍能传习训诂,即皆自以为知学,不复有所谓讲学之求,可悲矣。夫道必体而后见,非已见道而后加体道之功也;道必学而后明,非外讲学而复有所谓明道之事也。然世之讲学者有二:有讲之以身心者,有讲之以口耳者。讲之以口耳,揣摸测度,求之影响者也;讲之以身心,行著习察,实有诸己者也,知此则知孔门之学矣。(《传习录》中《答罗整庵少宰书》,第 172 条)

这段话可视为阳明在"讲学"问题上的一个典型观点。在这里,

---

① 按,王嗣槐还说"讲学有二":一是"在己而言",如"研穷义理,辨难孳孳,所为学不讲,是吾忧";一是"及人而言",如"以其身体力行,著书立说者,传当时而信后世"。(《桂山堂文选》卷一《消闲录序》,第 6 页上)
② 原文为"子曰:德之不修也,学之不讲也,……是吾忧也。"(《论语·述而》)
③ 如阳明曰:"孔子犹曰'学之不讲,是吾忧也',今世无志于学者无足言,幸有一二笃志之士,又为无师友之讲明,认气作理,冥悍自信,终身勤苦而卒无所得,斯诚可哀矣。"(《全集》卷四《寄希渊·三·癸酉》,第 158—159 页)按,又可参见《全集》卷四《与陈国英·庚辰》,第 176 页。

阳明首先非常明确地肯定"讲学"是孔子倡导的儒家传统，同时也明确地指出世儒以为"传习训诂"就是"知学"，并以此为满足而不复要求"讲学"，这是非常可悲的事。这个说法显然是冲着宋儒格物之学而去的。阳明认为，儒学所讲求的"体道"也好"明道"也好，都离不开"讲学"。然而讲学有两种类型：一种是"讲之以口耳"，意指"传习训诂"一类；一种是"讲之以身心"，这才是儒学所主张的"行著习察"（《孟子·尽心上》）、"实有诸己"①之学。毫无疑问，阳明所主张的正是后一种"讲之以身心"的讲学。何谓身心之学呢？其实就是儒学强调的躬行实践之学。②

如上所说，按阳明良知学，天地万物乃是良知之"发用"，良知也必在天地万物中"流行"。因此，良知不离现在当下，必呈现在日常生活的一举一动当中，这是阳明强调"身心"之学的主要理据。也正由此，可以说良知之学就是身心之学，是与日常生活密切相关的。因此，日常生活中的各种凡俗之事，都是实际的学问。即便是像财务、官司（"簿书讼狱"）之类的琐碎事务，也"无非实学"（《传习录》下，第218条）而已。他指出：

11.4.2　使在我果无功利之心，虽钱谷兵甲、搬柴运水，何往而非实学？何事而非天理？（《全集》卷四《与陆原静·丙子》，第166页）

这里所谓的"何事而非天理"，准确地说，是何事非天理之流行，而不是说任何事都是天理之本身。意思是说，在无私利之心的

① 取自《孟子·尽心下》："可欲之谓善，有诸己之谓信。"
② 王畿曾对阳明所说的这两种讲学有一个恰当的解释，其云："故曰'讲学有二：有以口耳者；有以身心者。'入耳出口，游谈无根，所谓口说也。行著习察，求以自得，所谓躬行也。"（《王畿集》附录二《龙溪会语》卷六《书同心册后语》）

前提之下,诸如"钱谷兵甲、搬柴运水"之类的一切日常行为都是"实学"①,也都是合乎"天理"之行为。这个说法相当重要,它充分表明阳明良知教必须落实在日常生活之中,成就德性的内圣之学离不开具体的"治家"活动,一家之"产业、第宅、服食、器物"都可成为"治学"之具(《传习录拾遗》,第49条)。要之,只要心术端正而无私利之心,则日常生活本身就是"实学",就是实现良知的重要途径。

阳明的这番说教表明,良知不是抽象化的空洞形式,相反,良知必然落实为实践行动,从而使得致良知具有一种生活化、日常化的根本特征。这也就为心学讲学运动的开展提供了良知学的观念支撑。也正是在这一观念的引领之下,在心学讲学过程中逐渐出现了"百姓日用即道"(王艮语)、"捧茶童子却是道也"(罗汝芳语)之类的思想观点。这些观点所具有的思想煽动力又在庶民阶层中引起连锁反应,从而进一步加速了良知学在庶民社会中的渗透进程。

至此我们已经明了,阳明运用他的良知即在事中、良知不离日用的一套观念,告诉人们在日常行为中即可实现良知,这就极大地推动了致良知教的世俗化、社会化进程。不仅如此,依此观念,还可顺理成章地得出"四民同道""四民同学"乃至于"政学合一"②等结论。因为事实很显然,不论哪行哪业、不论政界商界,

---

① 按,阳明所言"实学",非经济实用之学的意思,而是指凡于道德生活有效、于修身养性有益的学问都可称为"实学"。他还说:"患难忧苦,无非实学。"(《全集》卷四《寄希渊·三·癸酉》,第158页)一句话,凡是与道德生命相契的便是"实学"。

② 关于"政学合一"问题,请参见拙著:《阳明后学研究》第九章第三节"政学合一";《泰州学派研究》第二章第四节"学与政",中国人民大学出版社,2009年。

只要顺其良知而行，就必然是良知之用，也就无不是正当合理的。阳明指出：

11.4.3　古者四民异业而同道，其尽心焉，一也。士以修治，农以具养，工以利器，商以通货，各就其资之所近，力之所及者而业焉，以求尽其心。其归要在于有益于生人之道，则一而已。士农以其尽心于修治具养者，而利器通货，犹其士与农也；工商以其尽心于利器通货者，而修治具养，犹其工与商也。故曰：四民异业而同道。……自王道熄而学术乖，人失其心，交骛于利以相驱轶，于是始有歆士而卑农，荣宦游而耻工贾。夷考其实，射时罔利有甚焉，特异其名耳。极其所趋，驾浮辞诡辩以诬世惑众，比之具养器货之益，罪浮而实反不逮。（《全集》卷二十五《节庵方公墓表·乙酉》，第 941 页）

阳明的这段话最近引起了不少学者的关注。余英时便指出阳明"四民异业而同道"说肯定了"商人的社会价值"，称赞阳明的这个思想乃是"新儒学伦理史上的一件大事"（《士与中国文化》，上海人民出版社，1987 年，第 527 页）。这个说法注意到传统的"四民"观念在阳明心学的冲击下开始发生重要转变，本来处于社会末端的商人阶层在"异业而同道"的观念之下，极有可能突破来自传统观念的歧视而获得一定的社会地位。应当说余先生从社会史的角度得出的这一观察结论是不无道理的。然而在我们看来，"异业而同道"的观点不仅对商人的社会地位有所肯定，更重要的是，这一观点是对良知学的普世意义的一种肯定。也就是说，良知作为一种"道"的存在，它是不分行业而普遍存在于任何行业之中的，人们只要随行就业以尽其心，便可充分实现自我良知，成就内圣之学。

阳明"异业而同道"的思想也受到其弟子王畿的极大重视，他据此提出了"即业以成学"（《王畿集》卷七《书太平九龙会籍》，第 172 页）的观点。同样，另一位阳明弟子邹守益则针对"商可学乎"的提问，也引阳明此说做出了回应，他提出了"异业而同学"的观点，甚至断然指出各行各业都是"作圣境界"（《邹守益集》卷十五《示诸生九条》，第 728 页）。①这些说法都充分表明良知学已不是士人的专利更不是书斋的学问，而是普通百姓亦可从事的学问，同时也表明良知学并不是什么抽象玄妙的学问，其实就存在于人们的日常生活之中。

总之，阳明学以良知为武器，以讲学为手段，从而将儒学化为了一场社会化运动，在整个晚明社会造成了广泛的思想影响，在很大程度上改变了儒学只是少数士人"传习训诂"之专门知识的成见，以使人们意识到儒学乃是贴近普通百姓日常生活的实践之学。阳明良知学的理论意义及其现实意义，也唯有从这一角度出发，才能获得较为全面的了解。不过也须指出，阳明学的讲学运动对于推动儒学社会化起到了积极的正面作用之同时，也遭致了后人的许多议论乃至批评。一种典型的看法便是，认为心学末流的讲学流于空疏玄谈，在职官员在热衷讲学之余，却忘却了地方社会的实际事务，甚至在明末社会动乱之际，仍不忘高谈心性，其结果却有可能导致扰乱社会、败坏人心。所以明亡之后，有不少明遗民身份的儒家学者在痛定思痛之余，不免产生

---

① 按，邹守益在这篇文章中还针对"商可孝乎"的问题，提出了"异位而同孝"的观点，结论是"善学者，在道不在物"（同上）。由此可见，良知学可以打通"四民"不同阶层而具有普世意义这一观点在阳明后学中已深入人心。但这一观点的出现是否是由于商人社会地位的提高，恐怕未必。

了一种较为激烈的看法：认为明亡的原因在于"空谈误国"（如顾炎武等人）。我们认为，以心学家为主要代表的讲学运动固然在讲学过程中不免出现某种抽象议论之倾向，但是就这场讲学运动之本质而言，它极大地推动了儒学社会化的进程，是将儒学成圣成德的人格理想具体落实为社会实践的一场思想运动。这在中国儒学史上可谓前所未有，理应从正面加以积极的评价，至于"空谈误国"之论，显然其中夹杂着过多的情感成分，并不具有解释明亡原因的真正效力。

最后顺便指出，清初为数不多的心学家之一李颙（号二曲，1627—1705）对阳明心学以来的讲学精神有一概括。他把讲学看作是贯穿儒家内圣外王之学的重要渠道，是实现宋代新儒家所提倡的"为天地立心，生民立命"之理想的重要手段，值得再三吟味：

> 立人达人，全在讲学；移风易俗，全在讲学；拨乱反治，全在讲学；旋乾转坤，全在讲学。为上为德，为下为民，莫不由此。此生人之命脉，宇宙之元气，不可一日息焉者也。息则元气索而生机滴矣。（《二曲集》卷十二《匡时要务》，北京：中华书局，1996 年，第 105 页）

> 随人开发，转相觉导，由一人以至千万人，由一方以至多方，使生机在在流贯，此便是"为天地立心，生民立命"。（同上书，第 106 页）[1]

---

[1]　按，文中提到王阳明、冯从吾、邹元标、耿定向、罗汝芳等人之讲学。另据全祖望《二曲先生窆石文》载："《匡时要务》在乎讲学，当今世而闻斯言，或启人之大噱。"（《鲒埼亭集》卷十二，《全祖望集汇校集注》，上海古籍出版社，2000 年，第 238 页）反映出明清两代儒者对讲学已有了完全不同的看法。

五　简短的评估

若要对阳明心学的思想意蕴、理论意义、历史地位、思想影响及其存在的问题等做一简要的分析和评估，则不妨可以从以下几个方面来说：

一、阳明心学的义理系统以"心即理""知行合一""致良知""万物一体""本体工夫"等为主要架构。心即理是其整个哲学的基础，是其哲学的"第一命题"；知行合一是阳明心学的重要智慧，在今天仍有其理论价值和实践意义；致良知是其整个心学理论的思想宗旨，故其心学又可称为致良知教；万物一体在阳明心学的义理系统中既是本体预设，又是工夫境界，而且是最终实现"良知同""心学明"之理想社会的标志，因而具有社会学、政治学的特殊意涵；本体工夫论则突出强调道德主体的实践须要存有论的关怀，而良知心体的意义呈现须有实践论的支持。

二、阳明心学是在汲取和批判程朱理学的过程中形成的，在为学目标指向成就德性的总体方向上，心学与理学并无二致，然而与程朱理学偏重于"即物穷理""居敬涵养"的方法取径不同，阳明心学更为突出强调对良知心体的自信自觉在道德实践过程中具有首要意义，从而将儒家内圣之学建立在道德本心的基础之上，丰富了孔孟以来儒家心性哲学的理论内涵。从某种意义上可以说，阳明心学使儒家心性论的发展推向了历史最高峰。

三、万物一体论是阳明心学理论的必然旨归，这一理论在思想渊源上与孟子的"万物皆备"、张载的"民胞物与"、程颢的"万物一体"有密切关联。然而阳明的创造性在于，他将万物一体论建立在良知本体的基础之上，同时又通过万物一体论的义理建构凸显出儒学的"内圣外王连续体"（余英时语）的意涵，强调了内圣之学必指向外王之学,成就德性必指向秩序重建。更为重要的是,这两种实践工夫构成了彼此关联、互为贯通的整体,他的明德亲民合一论正是万物一体论在道德与政治之实践领域的一个重要主张。这是阳明之前所言"一体"论者所未到之境。

四、阳明晚年提出"四句教",以此作为自己最后的思想定论,揭示了"以有为本,以无为用,有无合一"(陈来语)的思想旨趣,主张破除人心意识的"我执"状态,以复归于心体之本来状态——即无善无恶的精神境界。更为重要的是,破除"有执"而向本无一物之心体复归,进而就能充分展现心体的"自由创造力"(荒木见悟语),这一观点意味着道德与人生的价值意义有赖于良知本心的创造,由此或可理解阳明为何强调致良知是"无中生有"之工夫的缘由所在。但是四句教所内含的本体与工夫、顿悟与渐修、四无与四有、有心与无心等理论上的对立和紧张却成为王门后学分化的原因之一,不得不引起后人的省思。

五、王阳明自创建心学理论之初起,就有一个十分明确的工作目标,他要将宋代以来的新儒学运动由政治取向扭转为社会取向、由上层精英转向下层庶民。因此他特别强调讲学的重要性以及讲学组织的合作精神,他竭力主张通过讲学孚友、结交豪杰,以期共明心学于天下。阳明心学的讲学是以良知为理论武器,人的良知须以讲学为传播方式,而良知作为一种观念成为推动讲学的主要动力,因为人人心中的这一点良知,便是人人都能成圣成贤的最终依据。可以说,由心学家们所掀起的在良知主导之下的讲学运动极大地影响了中晚明时期的思想走向,加速了儒家伦理学在社会大众的渗透进程,同时也直接推动了儒学世俗化的进程。早期儒学及宋代理学的儒家伦理经阳明良知教的重新阐扬,已日益贴近百姓的日常生活。所谓"不离日用常行内",不仅意指良知本体的存在方式,甚至可以理解为儒学本来应有的状态。

六、阳明心学十分强调良知自知自觉、良知当下呈现,从而使得良知不仅是道德判断的标准,更是道德实践的力量源泉,对于丰富和完善儒家伦理学说具有重要的理论意义。然而如果过分相信良知自知而他人莫知,遂由他人莫知演变成他人莫管,那么就有可能产生只要依靠自我良知便可自救的"自我依恋癖",也有可能导致只有自己良知说了算的"自我狂大癖"。如何克服这两种弊端,乃是晚明时代不少儒者不断反省与批判王学的核心议题之一。其实,就阳明心学而言,自知自觉的良知理论必然遇到良知客观化的问题,亦即道德主体所依据的"良知"如何能成为他人亦能普遍认同的一种客观化存在? 这是阳明已经意识到而未能充分解决的一个理论问题。

七、阳明以良知即天理、人心即天渊等命题试图挺立其良知的客观性地位,然而在阳明心学的义理系统中,心即是理,天理无疑就是良知,因此所谓良知天理化竟然非常轻易地滑向天理良知化、天理"私人化"(余英时语)。如此一来,良知的价值和意义如何获得某种客观的历史与文化的认同,仍然无法真正解决,是非对错的判断最终仍须由个体的人心说了算。如果说行为主体是人心,而行为的监督者是同一个人心的话,那么其后果便是:由人心为主体而组成的法庭中,法官和被告乃至法律的制定者都是同一个人。不难想象审判就根本无法成立。王汎森将此比喻为"殆如狂人自医其狂",是不无道理的。①晚明以来的心

---

① 参见王汎森:《明末清初的人谱与省过会》,载台湾《中央研究院历史语言研究所集刊》第 63 本第 3 分,1993 年。

学批评家们大多指责心学末流未免有"玄虚而荡""情识而肆"（刘宗周语）等弊端，其缘由之一盖在于此。值得一提的是，以推崇荀子、主张"以礼治心"而闻名的日本"古学派"代表人物获生徂徕（1666—1728）曾用"狂者自治其狂"之喻，来批评孟子心学："治之者心也，所治者心也。以我心治我心，譬如狂者自治其狂焉，安能治之？"①这是说，孟子所讲的"心"具有双重性格：心既有治病的功能，同时心又是医治的对象，其结果就将导致"以心治心"的悖论。然而徂徕的批评与孟学的义理并不相应，因为事实上，孟学（亦含阳明心学）由"心一而已"之立场绝然不能推出"以心治心"的结论，问题在于若将人心分裂为"本体心"与"现实心"的对峙，则不免导致"以心治心"的流弊发生。晚明的心学末流或有此弊，然却不宜将此归结为心学义理的必然归趣。

八、由良知自知、自觉、自信，必可推出"心所安处，才是良知"（《传习录拾遗》第 7 条）的结论，到了阳明后学便出现了"心之所安即是理"（魏良器语），"自信而是，断然必行"（王畿语）等主张。问题是"心之所知"何以必然产生"心之所安"的结果？阳明提醒若无良知省察，"恐有非所安而安者"（《传习录拾遗》第 7 条）。然而由"所知"到"所安"乃是道德人心的省察过程，所以问

---

① 《获生徂徕·辨道》，见《日本思想大系》36，岩波书店，1973 年版，第 205 页。按，徂徕弟子太宰春台（1680—1747）则对徂徕学的思想特质有一个很贴切的说明："人心之灵，何所不至？苟身弗为不善，斯可已矣，更问其心之所想，过矣。圣人以礼治心，心不须治而靡不治。……虽治矣，其治之扰，不可胜言也。"（太宰春台：《圣学问答》卷之上《斥非附录·内外教辨》，载《徂徕学派》，《日本思想大系》37，岩波书店，1972 年版，第 423 页）可见，徂徕学所注重的是"礼"的问题，而对"心"的问题则以为是"不须治而靡不治"的。对于儒学的这种理解，肯定有不少日本"本土化"的色彩，此当别论。

题仍然是,知善知恶的良知作为人心的"主人翁"(主宰),为何总要等到善恶之念启动以后才能发挥省察作用? 若此,则这个"主人翁"也就未免太过被动,致良知工夫也就难免落入后手。所以王门弟子中就有人认为"知本常明"是非常可疑的,知善知恶之良知只不过是在善恶交错之际"随出随泯,特一时之发见"(罗洪先语)。这就对良知的当下性提出了重大质疑,认为收摄本心、体验未发、"归寂预养"的方法相对于在流行发用上把握良知更为重要,而"直下承当"现成良知,将流行发动的现象界的良知直接认同为良知本体,则有可能无视现象对本体所发生的污染、扭曲,导致"以情识为本体"(聂豹语)、"认贼作子"(唐伯元语)、"将见成情识冒作见成良知"(顾宪成语)、"以情识为良知"(刘宗周语)等严重弊病。中晚明时代的不少学者对良知学的这类批评,充分表明无论是心学内部还是心学外部,人们对于良知与知识、良知与知觉、良知与情识等理论问题要求严加甄别并做出正确的应对。而作为对此类问题的一种应对,阳明后学的良知思想出现了向内收敛、"归显于密"①的新转向。

　　九、在阳明后学以及晚明思想的转向过程中,大致有三种趋向值得注意,我们姑且称之为知识化趋向、政治化趋向、宗教化趋向。这三种趋向均与阳明后学的思想发展有关,但在总体上又表现为晚明社会的整个学术思想走向。就知识化趋向而言,例如上面提到的"江陵案例",在刘宗周看来,就是由于居正

① 　"归显于密"乃是牟宗三独创之词,用以描述刘宗周针对心学流于狂荡之弊而重建慎独之教的思想特征,参见牟宗三:《从陆象山到刘蕺山》,第453—454页。另参见牟宗三:《宋明儒学的问题与发展》,联经出版事业公司,2003年,第332页。关于牟氏此说的讨论,可参见黄敏浩:《刘宗周及其慎独哲学》,台湾学生书局,2001年。

读书不够的原因,故他主张应以书册作人心之提防,认为通过知识学习便可避免居正以为"夺情"唯有"王新建足以知之"的荒唐观点。当然从学理上看,知识能否决定道德行为的抉择,可能问题依然存在,这需要另一层面的论证,不是这里讨论的主题。质言之,就阳明心学的理论趣向而言,良知即知识。换言之,闻见之知与德性之知构成相即不离的紧密关系,任何脱离良知以追求知识的行为都是徒劳的。至于政治化趋向,则主要表现为王门后学如罗汝芳之类竭力主张在讲学过程中,将宣扬良知心学与宣扬"乡约""六谕"(即朱元璋的"圣谕六言")等紧密结合起来,认为在重建秩序的过程中,与官府的合作非常重要,同时在"政学合一"(王艮、王畿、欧阳德、湛甘泉等)的口号下,主张"学"须融入政治生活中,或者在政治生活中体现"学"的精神,这就表明政治文化的因素日渐渗入心学的社会化进程之中。关于宗教化趋向,则主要是指晚明时代出现的"化儒学为宗教"(余英时语)之趋向、"善书运动"(酒井忠夫语)、"儒门功过格运动"(王汎森语)、士人群体的"修身运动"(赵园语)以及"道德劝善运动"中开始出现的某种儒学宗教化的新动向,亦即将伦理诉求指向上帝、天命,要求由客观的第三者来充当人心的最终审判者,发生了儒学转向宗教或宗教涉入儒学的思想转向。

十、最后须指出,阳明心学依据良知充分内在的理论构想,从而具有道德理性主义的精神倾向①。他所得出的"人人心中

---

① "道德理想主义"取自牟宗三,意谓"理性主义的理想主义"乃是"自由主义之理想主义的依据",其基本预设乃是儒家文化的"性善说",参见《道德的理想主义》,台湾学生书局,1978 年,第 19 页。关于牟氏此说的解说,可参见李明辉:《性善说与民主政治》,载《儒家视野下的政治思想》;华东师范大学出版社,2008 年。

有仲尼""满街人都是圣人"的观点绝不仅仅是一种宣传口号,而是心学式的一种信仰、一种观念,而且这种观念信仰与儒家性善说有着莫大的关联。虽然从儒学传统看,儒家学者力主性善说并不意味着对人性的阴暗、人欲的危害、人心的险恶等负面因素可以熟视无睹、放任不管,例如宋明理学的"存理灭欲"说便以克治人欲作为高扬理性的前提。而阳明心学亦要求以良知自律来严格律己,以杜绝人心放纵。然而另一方面我们却也不得不承认,在阳明心学的理论构造中存在着明显的倾向:十分强调自信、自觉、自力、自得,对性善或良心的这种过高的自我期待,极易使人滑向自我膨胀式的忘乎所以,从而有碍于人们对人的有限性的充分认识。更为严重的是,心学理论过分宣扬当下即是、圣凡一致,将成圣的可能性化约为直接现实性,从而忽视对人身罪过的警觉,忘却了成圣成贤乃是紧随人生而永无止息的一种过程。由此,人心便会变得无所畏惧,逐渐丧失了对天命的敬畏之心。所以,泰州传人罗近溪所言"近时同志先达,其论良知血脉,果为的确,而敬畏天命处,未加紧切"(《一贯编·中庸》,第293页)。①可谓是痛心疾首之论,发人深省。今人牟宗三以为晚明心学所产生的种种弊端只是"人病"而非"法病",这个说法自有其对整体儒学价值体系的判断作为支撑,于我们厘清晚明时代的心学与反心学的思想争议有启发意义。然在我们看来,纵然心学之流弊多属人病,但至少可以说,过分相信人心之力量、性善之崇高而忽视天命对人心的制约,以至于放松对人性罪恶的警惕,却的确是由心学之"法"而起的弊端,对此

---

① 关于近溪此语所透露出来的宗教趋向之分析,参见拙著《罗汝芳评传》,第417—428页。

理应做出深刻的反省。①事实上，晚明以降，不少心学家以及一般儒者开始关注早期中国宗教文化中的"感应""报应"理论如何与佛教"果报"、道教"冥司"等观念相结合，积极主张"事天""尊天""敬天"，以便提示人们应加强对人心的监督和警觉。完全有理由认为这一思想动向是晚明心学运动走向自己反面的一大表征，同时也充分表明晚明时代已有儒者开始反省并意图扭转心学运动不免走向自我膨胀的偏向。②

---

① 日本学者安田二郎在《阳明学的性格》一文中指出，阳明"理气同一"说的一大局限性在于忽略了"恶"这一现实问题（《中国近世思想》，弘文堂，1948 年，第 201 页），对此笔者曾表示赞同（《阳明后学研究》，第 18、41 页），现在须做一补充说明。其实，除了"理气同一"外，"性气不分"及"满街圣人"等表现出来的心学乐观主义趣向亦是导致人们轻忽人心罪恶之问题的因素之一，但这并不意谓心学本身对"恶"缺乏理论关心，"为善去恶"仍是心学的不二法门，只是工夫主张与本体预设所构成的心学内部的理论紧张须引起注意。林宏星认为牟宗三视阳明后学之流弊均为"人病"而非"法病"的说法"似总有虚歉和不足"，他指出儒家性善说"比较而言，容易由对人性善的信心滑转而遮蔽对人的有限性、脆弱性的认识，遮蔽对人的贪欲和过恶的警觉"。其结果便会丧失人心对天命的"恐惧与颤栗"，所有这些就有可能导致心学的"人病"发生，这些人病虽非"依法而起"但却不得不说是"顺法而有"的，参见氏作：《从横渠、明道到阳明：儒家生态伦理的一个侧面》，香港中文大学出版社，2005 年，第 95、98 页。此说甚是。

② 请参笔者最近发表的一组论文：《"证人社"与明季江南士人的思想动向》，载《中华文史论丛》2008 年第 1 期；《明末清初道德劝善思想溯源》，载《复旦学报》2008 年第 6 期；《"事天"与"尊天"——明末清初地方儒者的宗教关怀》，载台湾《清华学报》2009 年第 1 期；《阳明心学与宗教趋向》，载《云南大学学报》2009 年第 3 期；《明末清初太仓地区的道德劝善活动——以陈瑚、陆世仪为中心》，载北京大学国学院《国学研究》第 23 卷，2009 年。均已收入拙著：《明末清初劝善运动思想研究》。

附录
论王阳明"一体之仁"的仁学思想

众所周知,在阳明心学的思想体系中,"万物一体"论是其重要的理论组成部分。这一命题的完整表述是"天地万物一体之仁",然而以往人们在讨论这一命题时,往往容易突出"万物一体"而刊落后面的"仁"字,这就使得阳明学的万物一体论与历史上其他形态的万物一体论的理论界线变得模糊不清,甚至有观点认为阳明此说与庄子"万物与我为一"的道家观点存在某种渊源关系。[①]为了澄清这类似是而非的含糊观点,有必要重新探讨王阳明"一体之仁"的仁学思想的意蕴,以揭示阳明学万物一体论的理论特质及其思想意义。

必须指出,在"天地万物一体之仁"的命题中,"一体之仁"无疑是核心概念。但是,"一体"与"仁"并非定义关系而是修饰关系[②],"一体"不足以规范"仁"的名义,而是对"仁"之特质的一种

---

① 参见拙著:《〈传习录〉精读》第九讲"万物一体的创建",复旦大学出版社,2011年。
② 王阳明关于"仁"字的定义问题并不关心,大致上,他的理解主要有三点:"仁者心之德"、"仁者生生不息之理"(见《传习录》上)、"道心精一之谓仁"(《王阳明全集》卷七《象山文集序》,上海古籍出版社,1992年,第245页)。

描述。具体而言,"一体"即整体义、全体义,"一体之仁"是强调"仁"不仅是人心的德性存在——即心体,更是遍在于万物而与万物融为一体的本体存在——即仁体,表明宇宙存在一种基本的精神特质。我们关注"一体之仁"而非单独的"仁"字,目的在于揭示阳明学万物一体论的思想精髓唯有用"一体之仁"的观念才能充分展现,同时也可以借由"一体之仁"来表示阳明学万物一体论的理论特质有别于历史上其他形态的万物一体论,我们称之为"仁学一体论"——即仁学形态的万物一体论。

一

从历史上看,大致有两种形态的万物一体论,一种是先秦诸子时代的传统万物一体论,另一种是宋代道学思潮中出现的新形态的万物一体论。前者可以孟子"万物皆备于我"、庄子"万物与我为一"、惠施"泛爱万物,天地一体"为代表①,后者可以程颢"仁者浑然与物同体"以及"仁者以天地万物为一体"的仁者境界说为代表。阳明学的万物一体论与这两种理论形态都有所不同,它是建立在良知心学基础上的新形态的"仁学一体论"。

一般认为,王阳明的万物一体论源自程颢。然而,宋代道学思潮中出现的以程颢为代表的万物一体论,含有"生生之仁"和仁者境界两种主要含义,强调从"须先识仁"的角度出发,以实现仁者之心的境界就是万物一体的境界,偏重于工夫指向的、主观呈现的境界论意义。王阳明亦以"生生"释"仁",显然继承了程颢的观点,就此而言,阳明"仁说"亦属道学思潮的理论形态。然而,与程颢偏重于境界论述不同,王阳明是从"一体之仁"的角度

① 以上分别见《孟子·尽心上》《庄子·齐物论》《庄子·天下》。

出发,将仁者境界的万物一体论推展至以一体之仁为核心内涵的万物一体论,这是王阳明基于"一体之仁"的本体论对万物一体论的重构。

那么,"一体之仁"何以是本体存在呢?根据阳明心学的理论,仁心不仅是主体之心、生生之心、流动之心,更是变动不居、一体同在的总体之心——即良知本体,表明人心良知与天理天性是同体共在的关系。如果说在广义的宋明理学的语境中,天理天性是一本体实在,那么阳明心学体系中的良知心体或一体之仁也同样是一本体实在,故"一体之仁"又可称为"仁体"。①而仁体即心体、心体即良知、良知即天理,均属同质同层的概念,这对阳明学而言,应当是题中应有之义。

也正由此,阳明学依据一体之仁的观念而重构的"仁学一体论",其理论归趣就在于强调一体之仁是在宇宙万物的有机联系中的本体实在,因而同时也是仁体的呈现。重要的是,这种呈现不仅是心体存在的主观呈现而应然如此,更是作为宇宙本体的仁体存在的客观呈现而本来如是。正因为王阳明是从本体上讲"一体之仁",这就使其仁学获得了本体论的意义。

陈来《仁学本体论》是一部就哲学史讲哲学的造论之作,他强调指出以程颢为代表的"万物一体"的"仁体"论述尽管具有境界义、工夫义,甚至也蕴含本体义;但其论述的重点显然偏向于主观的层面,而阳明心学也主要是就心上讲万物一体,但是这种讲法是"不够的","只有在本体上讲一体之仁,方才周遍"。这个观点非常重要。另一方面,陈来注意到王阳明的万物一体论更

---

① 在宋明理学史上,程颢首次提出"仁体"概念,又有"仁者全体"(《河南程氏遗书》卷二上,《二程集》,第15、14页)之说。阳明用"仁体"并不多,其"一体之仁"应接近于"仁体""全体"的含义(参见《传习录》下)。

强调"一气流通"的观念,并指出"气的概念使万物一体之仁的实体化成为可能","从而仁体可以超出心体而成为宇宙的本体",于是,阳明学"为从客观的实体方面去把握万物一体之仁打通了基础"。的确,从正面肯定"气的概念",并以此推断阳明仁学中的仁体作为"流行统体"可以上升为宇宙的本体,诚为卓见。但是,这个说法显然是比较委婉的,他似乎并没有明确肯定阳明的"一体之仁"不必借助"流行统体"的"气"这一"基本介质"①而直接就是宇宙本体。

根据我们的考察,在阳明心学的理论构造中,在将良知天理化的同时,其实已将良知实体化②,因为良知与天理的互涵并证唯有建立在本体实在的意义上才有可能。与此相应,"一体之仁"的观念既可从心体上讲,同时也含有天地之心这一精神"实体"的含义,所以他说:"夫人者,天地之心,天地万物本吾一体者也。"③这里的"本"字即有根源义、本体义,表明人心与天心在本体论上具有同一性,由此可以打通人与万物的一体性,而天地之心这一表示宇宙之精神特质的本体实在④,是万物一体得以成立的依据。

二

从阳明心学的理论结构看,我们知道阳明学主要由"心即理""知行合一""致良知"三部分组成,特别是阳明 49 岁时提出

① 以上分别参见陈来:《仁学本体论》,生活·读书·新知三联书店,2014年,第 291、301、299、173 页。
② 参见吴震:《〈传习录〉精读》第十一讲关于"天理化问题""客观化问题"的讨论,第 219—233 页。
③ 《传习录》中《答聂文蔚》。
④ 关于"天地之心"或"天心",参见陈来《仁学本体论》"天心第六";拙著《罗汝芳评传》第 3 章第 5 节"天心观"。

的"致良知"说，乃是阳明学的正法眼藏、立言宗旨，这是已成定论的常识，所以阳明学又被称作"致良知教"。况且阳明逝世前一年就曾在一封家书中明确表示，他一生讲学就讲"致良知"三字[①]，因此，致良知就是阳明学的工夫论命题。

但是，王阳明晚年在居越讲学期间（1522—1527），其思想又有新的拓展。就在阳明逝世前两三年，他开始不断地强调儒学史上历久弥新的一个观点——万物一体论。[②]正如下面我们将要看到的，根据阳明的相关论述，他更强调"一体之仁"的本体论维度，形成了富有阳明学色彩的仁学一体论。当然，对阳明而言，仁学一体论亦含境界论的意味，同时也并不意味着对致良知理论的取代，相反，良知与仁体实可互证并说，一体之仁必进之于良知工夫论才可呈现仁体之大用，故仁学一体论自当属于心学良知论的理论环节。

然而，致良知毕竟属于道德主体的实践，而将此推广扩充至社会团体乃至整个天下，则须首先树立一体之仁的信念，以实现天地万物一体之仁为终极目标，故有必要重建万物一体论。这才是阳明晚年为何竭力强调万物一体论的主要思想缘由。换言之，从外在结构上看，万物一体与致良知固属阳明晚年心学理论中两座并峙的高峰；若从内在理路上看，由致良知到仁学一体论乃是阳明学的必然推演，此亦毋容置疑。

据《阳明年谱》载，嘉靖三年（1524）阳明弟子南大吉辟稽山

①　《王阳明全集》卷二十六《寄正宪男手墨二卷》，第990页。

②　当然，这并不是说阳明早年对万物一体论就缺乏关注。但是从理论上重构仁学一体论，则集中出现在1525年之后的一系列文献当中，如《亲民堂记》《重修山阴县学记》《答顾东桥书》《答聂文蔚》以及《大学问》等，这一现象值得注意。

书院,常聚集绍兴府下"八邑之士"会讲其中,环坐而听者达三百人,阳明"先生临之,只发《大学》万物同体之旨,使人各求本性,致极良知以至于至善"。这说明阳明晚年讲学,始重万物一体之论,以为由此便可启发人的本心本性,遂使人人之于良知实践都"功夫有得"。①然须注意的是,其中提到阳明是以《大学》经典为论述主线,而非以综论天道人道的《易》《庸》为主轴,且与朱子特重《大学》的经典取向不谋而合,却是值得深思。当然,对于阳明的具体论述,仍须结合阳明遗著《大学问》来进行考察,此有待后述。

另一方面,对阳明而言,万物一体论不是理论上的一种设定而已,更是一种工夫指向,也是阳明一生付诸实践的思想动力。根据其门人的记述,阳明一生"冒天下之非诋推陷,万死一生,遑遑然不忘讲学",其因就在于阳明抱持着一种"一体同物之心"的信念。此处"一体"就是一体之仁,"同物"就是万物一体。在阳明门人的眼里,王阳明正是基于这一坚定的信念,所以才能做到"遑遑终身,至于毙而后已"。这说明"一体之仁"不止是概念,更是一种信念,是王阳明一生的学术活动、精神生活的动力源泉。

三

就在稽山书院开讲之次年(1525),王阳明作《新民堂记》,集中阐发了"明德亲民合一"的思想,以为由此便可实现"大人之学"。关于"大人之学",王阳明从万物一体的角度进行了解释:"大人者,与天地万物为一体也。夫然后,能以天地万物为一

---

① 《王阳明全集》卷三十五《阳明年谱》嘉靖三年条,第1290页。

体。"①显然,此所谓"大人"亦即"仁者"之意,在其他场合,又与"圣人"同义,如阳明既讲"大人之心",又讲"圣人之心"。

同年,王阳明又连续撰述了《重修山阴县学记》以及《答顾东桥书》,阐发了万物一体的思想,后者末尾的一段文字后被独立抽出而命名为《拔本塞源论》,这是一篇被刘宗周颂扬为孟子之后"仅见此篇"的阐发万物一体思想的大文章。在《重修山阴县学记》当中,阳明从"圣人之心"的角度,明确指出:"圣人之求尽其心也,以天地万物为一体也。"进而指出:天底之下,父子、君臣、夫妇、长幼、朋友等五伦若未能实现,都是由于"吾心未尽";若能做到"尽心",就可实现齐家治国平天下,因此"圣人之学不出乎尽心",而结论是"圣人之学"的终极关怀就在于实现"以天地万物为一体"之境界。此处阳明将"万物一体"视作"圣人之心"(或"大人之心")的先天存有来强调的。也就是说,圣人之"尽心"工夫固能以"万物一体"为指向目标,但其根源则在于圣人之心已经具备"以天地万物为一体"的仁体精神。由此可见,在阳明看来,"尽心"是仁体的呈现方式,因仁体即心体,可互摄亦可互显。正是在这个意义上,所以阳明特别强调"圣人之学不出乎尽心"。

另在《拔本塞源论》中,阳明亦从"圣人之心"讲起,并将"圣人之心"与"天下之人心"并列,认为两者本来并未"有异",唯因"人心"易受"有我之私"或"物欲之蔽"的影响,遂致"人各有心"的分裂,于是,圣人"推其万物一体之仁以教天下",最终可复归"心体之同然"。他说:

　　夫圣人之心,以天地万物为一体,其视天下之人,无外

---

① 《王阳明全集》卷七,第252页。

内远近,凡有血气,皆其昆弟赤子之亲,莫不欲安全而教养之,以遂其万物一体之念。天下之人心,其始亦非有异于圣人也,特其间于有我之私,隔于物欲之蔽,大者以小,通者以塞,人各有心,至有视其父子兄弟如仇雠者。圣人有忧之,是以推其天地万物一体之仁以教天下,使之皆有以克其私,去其蔽,以复其心体之同然。①

这里将"万物一体之仁"规定为圣人之心的本然状态,而且天下之人心在本来意义上亦与圣人之心是"同然"的,同样都先天地具备"一体之仁",这是由于"仁体"为任何人"性分之所固有,而非有假于外者"。

可见,阳明从心学立场出发,将"一体之仁"直接等同于"心体"或"性体"之本身,而一体之仁不仅是内在"心体",也是"万物一体"的实体存在。由此,一体之仁就不仅是"圣人之心"或"天下人心"的主观呈现,更是一种客观的本体存在。正是由于"一体之仁"而使宇宙万物能常处在"一体性""连续性"的联系当中。质言之,一体之仁就是宇宙万物有机联系中的"仁体",具有实在性。

阳明晚年的遗著《大学问》也强调了"一体之仁"的实在性:

大人之能以天地万物为一体也,非意之也,其心之仁本若是,其与天地万物而为一也。岂惟大人,虽小人之心亦莫不然。……是其一体之仁也,虽小人之心亦必有之,是乃根于天命之性,而自然灵昭不昧者也,是故谓之"明德"。②

这里的"非意之""本若是""莫不然"等表述都是在强调一个观

---

① 《传习录》中《答顾东桥书》。以下凡引此篇,不再出注。
② 《王阳明全集》卷二十六,第968页。以下凡引此篇,均见第967—972页,不再出注。

点：一体之仁并不有赖于后天人为的意识活动而存在，而是本来"若是"的，甚至是超越"大人"与"小人"之差异的普遍性存在。因此，即便是"小人之心"，在本来意义上，也必存在"一体之仁"。理由很显然，因为一体之仁是本体实在，其实质就是"天命之性"，就是"自然灵昭不昧者"（意同"良知"），也就是"明德"这一儒家伦理的基本德性。所以说，一体之仁即仁体、即良知、即天理，而仁体存在必具有普遍客观性。

进而言之，仁体的普遍客观性还表现为："其仁之与孺子而为一体也""其仁之与鸟兽而为一体也""其仁之与草木而为一体也""其仁之与瓦石而为一体也"。要之，一体之仁就是"天地万物一体之本然而已耳，非能于本体之外而有所增益之也"。此处"本体"即指一体之仁。按照这里的表述，不是说"人心"与草木瓦石为一体，而是说"仁体"与草木瓦石为一体，即"其仁与万物为一体"，故"仁"便具有了与宇宙万物同在的"本体"意义。因为本体是"本然"具足的，因此不能亦不可对此"有所增益"，反之，若可"增益"者则非本体而是经验现象物。至此可得出一个结论，王阳明的"一体之仁"是一项本体论的论述，正如上面提到的，仁心即天心，而天地之心这一宇宙本体才是万物一体得以成立的依据。

四

须指出，"一体之仁"还具有工夫实践的重要特征。因为一体之仁不仅是一种哲学观念，更与人的社会存在、生命实践密切相关，故必落实为道德或政治领域的工夫实践。重要的是，一体之仁可以贯通道德与政治的实践领域，将两者打通为一，这与阳明学的良知实践论这一思想品格是一脉相承的。

论王阳明"一体之仁"的仁学思想

如上所示,阳明在《亲民堂记》便已提出"明德亲民合一"论。在阳明看来,"明德"领域的道德实践与"亲民"领域的政治实践并不存在任何阻隔。其后阳明在《大学问》中对此有更集中的阐发。《大学问》开端三章主要围绕"明明德""亲民""止于至善"的问题进行了富有独创性的思想诠释,其独创性就表现在阳明运用"一体之仁"的观念来贯穿《大学》"三纲领"的理论联系。他说:

> 明明德者,立其天地万物一体之体也;亲民者,达其天地万物一体之用也。故明明德必在于亲民,而亲民乃所以明其明德也。

这是说"一体之仁"有体用两个层面的表现,从"体"上讲,就是"明德",从"用"上讲,就是"亲民";由于"明明德"的道德实践必然展现为"亲民"的政治实践,因此"亲民"可以是实现"明其明德"的行为场所。

根据阳明在这里的讲法,明德亲民的联系是以"一体之仁"为基础的,这种联系又表现为"体用"关系。根据"有体必有用""由用以显体"这一宋明理学的思维模式,明德之"体"必展现为亲民之"用",反之,亲民之"用"必呈现出明德之"体"。但是,这种"体用"论不是平行的逻辑关系,而是纵向的"即体达用""即用显体"的实践关系,故所谓"体用"必须建立在一体之仁的基础上才有可能。

在阳明看来,朱子便缺乏这一立论的基础,所以尽管朱子也说"明德为本,新民为末"①,试图以"本末"来建立明德亲民的联系,但在阳明看来,朱子之说并不成立,因为他是先将明德亲民

---

① 朱熹:《大学章句》第1章,《四书章句集注》,第3页。

预设为"两物",然后再试图用"本末"来贯穿。应当说,阳明的判断是富有洞察力的,他在《大学问》中尖锐指出:

> ……而曰"明德为本,亲民为末",其说亦未为不可,但不当分本末为两物耳。夫木之干谓之本,木之梢谓之末,惟其一物也,是以谓之本末。若曰两物,则既为两物矣,又何可以言本末乎?新民之意,既与亲民不同,则明德之功自与新民为二。若知明明德以亲其民,而亲民以明其明德,则明德亲民焉可析而为两乎?

依阳明,由于朱子缺乏"一体之仁"的观念,故其所谓"本末"就难以确立。按上述"木干木梢"之喻,阳明认为"一体之仁"是木,由此出发,才可说明德是木之干而亲民是木之梢。于是,明德亲民是同一棵树木上的分支,而此树木则是喻指"一体之仁"。

因此,唯有从"一体之仁"出发,明德亲民才有可能同时落实:

> 是故亲吾之父,以及人之父,以及天下人之父,而后吾之仁实与吾之父、人之父与天下人之父而为一体矣;实与之为一体,而后孝之明德始明矣!亲吾之兄,以及人之兄,以及天下人之兄,而后吾之仁实与吾之兄、人之兄与天下人之兄而为一体矣;实与之为一体,而后弟之明德始明矣!君臣也,夫妇也,朋友也,以至于山川鬼神鸟兽草木也,莫不实有以亲之,以达吾一体之仁,然后吾之明德始无不明,而真能以天地万物为一体矣。夫是之谓明明德于天下,是之谓家齐国治而天下平,是之谓尽性。

此处末尾出现的"以达吾一体之仁",其实是前面观点论述的前提设定。因为,实践由亲民始,而后"明德始明矣",由"吾之明德始无不明"而后"真能以天地万物为一体矣",都须以一体之仁为前提，又是以实现一体之仁为旨归。

重要的是，由明德亲民的实践而最终实现治国平天下这一"外王"理想，也就等于"内圣"的实现，也就意味着"尽性"。按上引阳明所言，一体之仁就是"天命之性"，故仁体即性体。于是，"尽性"也就是一体之仁、万物一体的最终实现。

五

王阳明由"一体之仁"重构"万物一体论"，另还蕴含着强烈的现实批判精神。在阳明所有的文章中最充满激情的一篇文字就是上面提到的《拔本塞源论》，而其激情则表现为痛批孔孟以降的末学支离，严斥追逐知识技能而导致人心失序等社会现象，为从根本上扭转这些错误的社会现象。阳明认为只有重新提振心体同然的一体之仁，以祛除有我之私、物欲之蔽，才有望实现"万物一体之仁"的理想社会。

阳明认为，在"心学纯明"的三代社会，人人都能做到"全其万物一体之仁"，因此人人"精神流贯、志气通达，而无有乎人己之分、物我之间"。也就是说，在"心学纯明"的社会，绝不会存在人与人之间的纷争、人与自然、人与万物之间的疏离、割裂等一切现象。这里所说的"流贯""通达"，其所以可能的依据便是"心体"亦即"仁体"。显然，王阳明采用的是一种历史倒叙法，从对现实状况的不满出发，遥想远古时代就是"一体之仁"的理想时代，进而以此为据，抨击"三代之衰""孔孟既没"之后的社会历史怪象，如"王道熄而霸术焰""圣学晦而邪说横"，导致"教者"不复以一体之仁为"教"、"学者"不复以一体之仁为"学"。于是，"功利之心""功利之见"形成的"功利之毒"逐渐"沦浃于人之心髓，而习以成性也"。更为痛心疾首的是，这类现象"盖至于今已经蔓延了"几千年矣",其具体表现为人人相矜、相扎、相争、相高、相取于知识、权势、私利、技能、声誉等一系列怪异现象,导致人己物我的关系完全割裂,一体之仁的精神丧失殆尽。

在《拔本塞源论》的最后,阳明表示现实虽不理想,"士生斯世"也不免陷入"劳苦而繁难""拘滞而险艰"的困境,但是世上有一条普世真理存在:"天理之在人心,终有所不可泯,而良知之明,万古一日。"因此,只要听到以"一体之仁"为旨趣的"'拔本塞源'之论",必然有人"恻然而悲,戚然而痛,愤然而起,沛然若决江河而有所不可御者矣!"阳明表示,他真正期待的就是这样的"豪杰之士"现世,除此之外,"吾谁与望乎!"这几乎就是孔子的"吾非斯人之徒与而谁与"的情怀表达。因此,王阳明的"一体之仁""万物一体"的思想充分体现出儒家传统的人文关怀精神,表明"一体之仁"不仅是宇宙万物的有机联系,更是人文社会的有机联系。

至此可以看出,王阳明的万物一体论充满对社会沉沦、知识割裂以及士人堕落等现象的批判精神,在这个意义上可以说,王阳明的万物一体论又是社会批评理论。阳明通过这一理论的阐发,表达出一种深切的期盼:通过社会批评以促使人们反省、重现发现良知、铲除功利之毒、回归仁学传统,进而重建一体之仁的人文社会。

六

从理论形态看,"万物一体"与"天人合一"这组概念具有"家族相似性"。尽管在历史上,这两个概念的正式出现是迟至11世纪才有的事,然而依余英时之说,"天人合一"的观念在中国每一个时代(从先秦到宋明)的主流思潮中都构成了怀德海所谓的

"基本预设"之一,可谓是"中国思想史上一个重要的基调"。①的确,按照其师钱穆的晚年定论,"天人合一"的观念"实是整个中国传统文化思想之归宿处",故他"深信中国文化对世界人类未来求生存之贡献,主要亦即在此"。②

钱穆在此虽未提及"万物一体"问题,然而余英时在考察先秦时代"天人合一"问题时,却以"万物一体"观为例来论证轴心时代哲学突破之后的春秋时期出现了一种新"天人合一"观。他指出这种新"天人合一"观主要有三种典型的观点表述,即本文开头所引的孟子、庄子和惠施的三段话。③如果说,"万物皆备于我"这一孟子的说法乃是新"天人合一"观的典型表述,那么万物一体也可以说是"中国思想史上一个重要的基调"。④然而,16世纪才出现的王阳明"一体之仁"的思想究竟应当如何在历史上加以定位呢?

向来认为,程颢和阳明的万物一体论可以上溯至孟子的"万物皆备于我"。然而,三者之间的观点论述是存在异同的,其异者不必多言,就其同者而言,则可以"仁"字来归纳。在孟子"万物皆备于我。反身而诚,乐莫大焉。强恕而行,求仁莫近焉"的这段表述中,"诚""恕""仁"显然都是儒家的核心价值,特别是"仁"构成了孟子"万物一体"观的归趣所在,因为"万物皆备于

---

① 余英时:《论天人之际:中国古代思想起源试探》,联经出版事业公司,2014年,第172页。
② 关于钱穆的晚年定论参见上引余氏书,第72—73页。
③ 同上书,第186—187页。
④ 天人合一与万物一体是否具有理论上的整合性,似可另说。不过,余英时指出"新'天人合一'观"的"天"乃是"道—气世界",因此在实践上便由"绝地天通"的问题转换为如何与"道"融合为一的问题(参见其著,第184页)。这是一项重要论断。

我"必然指向"求仁"。可见,由程颢"仁者浑然与物同体"到王阳明"万物一体之仁",都与孟子"万物皆备于我"具有思想同源性,已是不可争辩的事实,因为其中的关键就在于"仁"。

不过,"万物皆备"一说,素称难解。因为从哲学上看,人与物例如人与山川草木是无法相融为一的,而且人与神或人与"他者"在终极意义上也同样难以实现相融无间、合为一体(除了某些神秘主义宗教以外)。另一方面,如果仅从内心建立与世界的联系显然也是不够的,唯有意识到自身是处于"存有的全体"之中才是重要的。①至于孟子所言"万物皆备",其实与"求仁"实践有关,这就与其通过"尽心知性知天"的工夫实践,打通天道人心的思想理路是吻合的。

可是,朱子却试图将孟子"万物皆备于我"作存在论命题来理解。他表示万物本身无法融入主体之我当中,因此唯有在"物"之后添一"理"字——即万物之理皆备于我,其意始通。他的理由是"理"才是"无一不具于性分之内"的实体存在。②然而这是一种理学式的存在论解释,将万物的同一性诉诸"理"的同一性,反映了朱子理学的思维方式。在我们看来,理解孟子"万物皆备"说的关键不在于"理"而在于"仁",这也是把握儒学传统中的"天人合一"③或"万物一体"观的关键所在。

---

① 雅斯贝尔斯认为轴心突破后的"哲学家"才具备了意识到自身处于"存有的全体"之中的能力,转引自上引余氏书,第41页。

② 朱熹:《孟子集注》卷十三,《四书章句集注》,第350页。

③ 尽管自程颢说出"天人本无二,不必言合"以来,宋明道学思潮中直言"天人合一"者并不多见,查《王阳明全集》并未出现"天人合一"一词,相比之下,"万物一体"则俯拾皆是。然而这并不意味着"天人合一"的观念从此消失,其实在明代心学传统中,有关天道与人道、天心与人心、天理与良知的整体性思考从未绝迹则是可以肯定的。

论王阳明"一体之仁"的仁学思想

　　尽管阳明的万物一体论源自孟子,但事实很明显,依阳明,"一体之仁"才是万物一体论成立的依据,正是由于"一体之仁"才使万物与人类、天道与人性构成了一体同在的"同一性"。同时,由于"一体之仁"就是仁体也是良知天理,故阳明学万物一体论具有仁学存在论的普遍意义。另一方面不可忽视的是,"一体之仁"又具有工夫指向的实践意义,既指向仁者的精神境界,更是指向一体之仁的社会共同体的重建。

　　从根本上说,阳明学基于"一体之仁"所重建的"万物一体论"也就是"仁学一体论",正是在仁学意义上,仁体被置于存有的连续性维度之中,展现出人与万物的一体连续性。重要的是,根据"一体之仁"的人文精神,阳明强调了"一夫不获,若己推而纳诸沟中"①"使有一物失所,便是吾仁有未尽处"的观点②,这个观点表达可谓是儒家的天下主义伦理学。因为,对儒家而言,所谓"天下",主要不是"溥天之下莫非王土"这类的王权论主张,而是一种宇宙论,更是一种伦理学;而对阳明来说,"天下"则可从良知立论,因为良知本体正是"天下古今之所同也"③,可以超越时空的限制,故其良知心学其实就是一种天下主义的普遍伦理学,不是那种基于民族学或国族论意义上的特殊道德论。

　　须强调的是,仁学一体论所展现的"天下主义"人文精神,正可包容多元性的"他者",而多元"他者"的差异性不是被"一体"所吞没或抹杀,相反,"一体"与"多元"可以构成"多元一体性"的具体关系,因为其基础是"一体之仁"。要之,这种以"一体之仁"为旨归的普遍伦理学或可使个体性的良知实践凝聚成共建

---

① 《传习录》中《答聂文蔚》。
② 《传习录》上。
③ 《传习录》中《答聂文蔚》。

人类共同体的伦理基础;但是,这种"一体之仁"的普遍性并不是从特殊道德传统当中抽象得出,从而覆盖特殊性,相反,仁学普遍性适可安顿各种道德的特殊性,因为它源自于而又扎根于道德传统的具体性。

最后须指出,仁学一体论的理论意义在于:天道性命是一体同在,人己物我更无隔阂,道德生命与宇宙生命不可分割。而其理论的实践意义则在于:基于"一体之仁"的伦理普遍性立场,重建宇宙万物与人类社会的整体联系——即重建文明世界的互为他者、彼此包容的整体性和一体性,进而推动不同文明以及文化传统的对话,既可展现人类伦理生活的丰富性,又可促进朝着"一体之仁"的方向前行,以求实现个人的道德理想人格以及人与宇宙万物和谐共存的理想世界。

作为阳明良知学的"知行合一"论

    在当今复兴传统文化的时代背景下,中国哲学研究特别是阳明学研究呈现出新的景象。令人颇感兴味的是,20 世纪 40 年代英国哲学家赖尔(Gilbert Ryle,1900—1976)发明的能力之知(knowing how)概念不仅引发了当代西方哲学中有关理智主义和反理智主义之争。据说这已经成为一个世界性的"学术热点"①。而且人们正在借助这一概念并运用比较哲学的研究方法,使得阳明学"知行合一"论的理论意义被重新激活,认为阳明学既可成为建构当代哲学的传统资源,又可成为解决当下问题的灵感来源。②的确,若从比较哲学的角度,利用赖尔哲学的命题性知识 knowing that、能力之知 knowing how③ 抑或黄勇提出的动力之知 knowing to④ 等概念或可为重新审视"知行合一"命

---

① 郁振华:《再论道德的能力之知——评黄勇教授的良知诠释》,载《学术月刊》2016 年第 12 期,第 14 页。以下凡引该文,不再出注。
② 郁振华:《论道德——形上学的能力之知——基于赖尔与王阳明的探讨》,载《中国社会科学》2014 年第 12 期,第 22—41 页。以下凡引此文,不再出注。
③ 赖尔:《心的概念》,刘建荣译,上海译文出版社,1988 年。
④ 参见黄勇近十年来的一系列论文:《王阳明在休谟主义和反休谟主义之间:良知作为体知＝信念、欲望≠怪物》,载陈少明编《体知(转下页)

题提供一种有效的解释方案。然而本文的旨趣则在于揭示一个观点：知行合一是良知伦理学的命题而不能是其他的什么命题。例如，以知识来源及其确定性为探讨对象的知识论命题；因为对阳明学而言，良知就是德性之知，是其整套理论的基础性概念，故有必要从"良知"的角度出发来审视知行合一问题，换言之，有必要将知行合一置入阳明良知学的理论内部来加以审视。若从知识论的论域看，知行之间的时间差将永远无法消除，朱子的"知先行后"说将屹立不倒，因为就在经验知识或事实知识转化为规范性知识或落实为道德实践之际；或者相反，在行为付诸实施之前都需要一定的知识储备（无论是描述性知识抑或是规范性知识），因而两者之间永远都会存在一定的时间差，它甚至是一种在知行二元前提下的本质上的时间差，即便其差异的度量单位可以小到"毫厘倏忽之间"②的地步，也不可能实现无时间差异的完全一致，终将导致知行之间的"合一"为不可能。

知行问题在中国哲学史上由来甚久，自《尚书》提出"知易行

（接上页）与人文学》，华夏出版社，2008 年；《在事实知识与技艺知识之外：信念—欲望何以不是怪物？》，载《哲学与文化》2012 年第 2 期；《论王阳明的良知概念：命题性知识，能力之知，抑或动力之知？》，载《学术月刊》2016 年第 1 期；《再论动力之知：回应郁振华教授》，载《学术月刊》2016 年第 12 期。黄勇的有关"动力之知"概念的论述经过一些微妙的变化，其最终结论是："因此，不是广义上的道德知识，而只是狭义上的阳明所讲的德性之知，即只有使人倾向于做出相应行为的道德知识才可以算作动力之知。"（《论王阳明的良知概念：命题性知识，能力之知，抑或动力之知？》，载《学术月刊》2016 年第 1 期，第 65 页）此处所谓"狭义"，是因为阳明的良知不同于广义上的含有三层不同含义的动力之知：道德的、非道德的和不道德的。

② 《传习录》中卷，第 132 条。条目数字依据陈荣捷《王阳明传习录详注集评》。以下凡引《传习录》，仅列条目数。

难"以来,直至朱子学提出"知先行后""行重知轻""知行相须"三大命题,知行被认定为两个层面的问题。王阳明自 1508 年龙场悟道而得出"心即理"这一心学第一命题之后,次年即有"知行合一"之论。其时阳明虽未明确揭示"致良知",但有文本显示,龙场悟道之际,阳明已对良知问题有了基本的觉悟。故对阳明学而言,"心即理""知行合一""致良知"构成了互相诠释的一套理论系统。我们将从"新发现"的《阳明先生遗言录》中的一句命题着手,试图从中发现一些值得重新探讨的有关知行合一的哲学问题。该命题是:"一念动处便是知亦便是行。"这与人们耳熟能详的一句命题有所不同:"一念发动处便即是行。"通过考察我们将发现"知行"并不是被分属于知识与行动这两个不同领域的概念,而是被统摄在"良知一念"这一意识领域,这就与阳明良知学有密切关联,由此可见,知行合一是良知伦理学命题而非知识论命题。

一 问题由来:何谓"一念上取证"?

在阳明的思想文本中,有关知行问题的论述甚多而略显繁复。自中年龙场悟道之后及其最晚年居越讲学期间,对知行问题有不断的讨论,并不像有的学者所认为的那样,阳明晚年(1520 年)提出致良知教以后,便不再措意于知行合一问题的深入探讨①,相

---

① 滥觞者为贺麟,他在 1938 年撰写的《知行合一新论》一文中,这样说道:"他(引者按,指阳明)对于知行合一说之发挥,颇得力于与他的第一个得意弟子,他的颜回——徐爱的问题切磋。及徐爱短命死后,他便很少谈知行合一问题。到他晚年他便专提出'致良知'之教,以代替比较纯理论意味的知行合一说。所以后来阳明各派的门徒所承受于他而有所发挥的,几乎全属于致良知之教及天泉证道的四句宗旨。他的各派门徒对他的知行合一说,不唯没有新的发挥,甚至连提也绝少提到。"(《贺麟全集》第 7 卷《五十年来的中国哲学》,上海人民出版社,2012 年,第 139 页)正如下文所见,这里的两个史实判断显然颇成问题。

反,阳明在晚年的相关论述才更显示出哲学的理论深度。

我们先来梳理一下阳明有关知行合一问题的基本论点,在其众多繁复的论述中①,大致有三条是其最为根本的论点:

1. 知是行的主意,行是知的功夫;知是行之始,行是知之成。

2. 知之真切笃实处,即是行;行之明觉精察处,即是知。

3. 一念动处便是知亦便是行。

第 1 条见《传习录》上卷第 5 条,约记录于 1512 年底或次年初;第 2 条见《传习录》中卷《答顾东桥书》,成于 1524 年;第 3 条见《阳明先生遗言录》上卷第 6 条,约成于 1521 年之后。顺便一提,根据李明辉的归纳,一共有五个关键论点,并认为我们必须完整把握这五项论点,才能确切了解阳明"知行合一"说的真意。这五项论点是:(1)知行本体;(2)未有知而未行;知而未行,只是未知;(3)知是行的主意,行是知的功夫;(4)知是行之始,行是知之成;(5)知之真切笃实处,即是行;行之明觉精察处,即是知。②这个归纳跟我们有所不同,其中的(3)和(4)似不必分拆,特别是遗漏了这里的第三项这一关键论点,而这一论点将是我们关注的主题。李明辉列举的第一和第二两点虽然重要,但是根据论述的"经济原则",我们暂且略而不提,以便使我们的论述重点更加集中有效。

---

① 例如根据钱德洪在《传习录》中卷之前所附《序言》所述:"其余指'知行之本体',莫详于《答人论学》与答周道通、陆清伯、欧阳崇一四书。"其云"四书"均见《传习录》中卷,所谓《答人论学》即指《答顾东桥书》。这说明在钱德洪看来,《传习录》中卷所收八封书信竟有一半内容是专论知行问题的。

② 李明辉:《从康德的实践哲学论王阳明的"知行合一"说》,载《中国文哲研究集刊》第 4 期,1994 年,第 8—9 页。

在这里,我们只须指明"知行本体"作为阳明学的常识性观点,指的是良知良能或者仅用"良知"一词便可概括,这的确是阳明"知行合一"说的立论基础,如果抽离了"知行本体即是良知良能"(第165条)命题,那么,知行合一说便成为不可理喻的胡乱说法而已。与此相关,另一个命题也极其重要:"知行二字即是功夫"(第270条),意谓知行合一是"工夫论"命题,是就工夫立论的。就此而言,从比较哲学的角度看,知行合一的确与赖尔哲学的实践主义倾向相近。

郁振华《论道德—形上学的能力之知》一文便敏锐地发现赖尔与阳明都具有强烈的实践主义哲学的特质,故而两者的思想具有可比性。赖尔经由质疑"理智主义的传奇"①而提出"能力之知概念在逻辑上优先于命题性知识概念"的观点,表明其哲学的实践性特征,而"能力之知"概念与阳明知论不仅非常相似,而且对于理解阳明知论"具有重要意义"。他经过一番创造性诠释,特意将赖尔的"能力之知"改造成"道德—形上学"的"能力之知"或"道德的能力之知",认为这样一来,便能成功地将阳明知论、亚里士多德的美德与实践智慧以及赖尔的"能力之知"这三个不同概念"熔于一炉"。无疑,郁振华的这一发现十分重要。

现在我们需要回到上面列举的三项重要论点的讨论。然而我们姑且采取一个论述上的策略,暂且放置前面两项论点的讨论,而直接从第三项论点说起。因为这涉及本文的主题,所以问题尤为重大。首先有一个文本的问题需要交代,即关于"一念发

---

① 所谓"理智主义的传奇",这是指近代西方哲学以来的理智主义者固执的一个观点,认为理论必定优先于实践。参见赖尔:《心的问题》,第21页。

处便是知亦便是行"的论点,还有另外一个版本的记述与此不同,即大家耳熟能详的《传习录》下卷第 226 条:

> A 问知行合一。先生曰:"此须识我立言宗旨。今人学问,只因知行分作两件,故有一念发动,虽是不善,然却未曾行,便不去禁止。我今说个知行合一,正要人晓得一念发动处便即是行了。发动处有不善,就将这不善的念克倒了。须要彻根彻底,不使那一念不善潜伏在胸中。此是我立言宗旨。"

这条记录为阳明弟子黄直所录,但是收录于《传习录》下卷之际,显然经过了钱德洪的编辑加工。其实,黄直的记录还有另外一个版本,即《阳明先生遗言录》(今存于闻东《阳明先生文录》本),该本分上下两卷,其上卷题署为黄直纂辑、曾才汉校辑。该本第 6 条的记录与上述通行本的记录颇为不同:

> B 门人有疑知行合一。黄以方(引者按,即黄直)语之曰:"知行自是合一的。如人能行孝了,方唤做知孝;能行弟了,方唤做知弟。不成只晓得个孝字与个弟字,遽谓之知。"先生曰:"尔说固是。但要晓得一念动处便是知,亦便是行。如人在床上思量去偷人东西,此念动了,便是做贼。若还去偷,那个人只到半路转来,却也是贼。"①

---

① 钱明编校、吴光覆校:《王阳明全集》(新编本)第五册,卷四十补录二,浙江古籍出版社,2010 年,第 1597 页。另据束景南《王阳明年谱长编》附录一《续传习录》,收录的是隆庆二年(1568)郜永春《皇明三儒言行要录》本,按束氏解说,此本即嘉靖三十四年曾才汉编校的《阳明先生遗言录》本,然两本的文字出入以及条目顺序大为不同,似非《遗言录》原本,未见上述"一念动处便是知亦便是行"这句命题,仅见"如人在床上思量去偷人东西"以后的一段文字。参见《王阳明年谱长编》,上海古籍出版社,2017 年,第 2090 页。

将 A 与 B 略做比较便可发现,A 条的文字表述相当顺畅且语义连贯,删去了黄直的一大段话以及"如人在床上思量去偷人东西"以后的一段文字,增加了"此须识我立言宗旨"之后的 6 句话以及"发动处有不善"之后的 5 句话。这些变动我们且不追究,重要的是,黄直记录的"一念动处便是知亦便是行"被简略为"一念发动处便即是行了",却存在重大问题,因为这牵涉如何正确理解阳明"一念发动"与"知行合一"的理论关联。必须指出,B 记录的"一念动处便是知亦便是行"才应当是阳明有关"一念"问题的完整论述。这句命题的意义在于指出:一个意识的发动不仅与"行为"有关而且与"良知"有关,也就是说,意识活动同时展现为良知与行动而不仅仅是"行"而已。

在上述命题中出现的"一念"显然是一个非常关键的概念。那么,"一念"究为何指?其在阳明思想系统中又有何理论意义呢?事实上,有关"一念"论述的重要性首先是被阳明弟子王畿所发现的。当有人提出何谓"知行合一之旨"的问题时,王畿首先断然肯定"天下只有个知",而这个"知"不是泛指一般意义上的经验知识,而是蕴含了孟子意义上的"良知"与"良能"两层含义,若就本体上说,两者原本是"合一"的,如王畿明确指出:"知便能了,更不消说能爱能敬",换言之,良知便意味着良能。关于这一点,其实阳明也曾多次表示:

> 惟天下之至圣,为能聪明睿智。……圣人只是一能之尔,能处正是良知。(第 283 条)

> 知是理之灵处。……只是这个灵能不为私欲遮隔,冲拓得尽,便完完是他本体。(第 118 条)

> 能戒慎恐惧者,是良知也。(第 159 条)

从伦理学上说,知道应该怎么做便同时意味着能够做到。

套用西方伦理学上的著名命题,即"应当蕴含能够"的意思。①应当说,王畿明确地用良知良能来点明知行合一之旨意所在,这是符合阳明之本意的。

然而接着王畿说了一段话则更为重要,值得深入探讨:

> 阳明先师因后儒分知行为两事,不得已说个合一。知非见解之谓,行非践蹈之谓,只从一念上取证。②

所谓"见解"是指对事物所构成的一种看法或观点,由此见解组合起来而形成某种知识,此即通常所说的"知识见解",也就是说,"知"原本与人的见解有关;所谓"践蹈"是指践履或蹈行,从文字上看,也就是指行动、实践。现在,王畿对"知行"概念做了重新解释,指出在此知行合一命题中的"知"不是指"见解"——一般意义上的知识见解;"行"也不是指"践蹈"——一般意义上的行为实践。这就从根本上推翻了人们有关"知行"概念的一般理

---

① 李明辉最早注意到了王畿的这个说法,他指出如果说良知是道德的"判断原则"(principium dijudicationis)而良能是道德的"践履原则"(principium executionis),那么,良知蕴含良能也就意味着判断原则与实践原则的合一,并且可以跟西方伦理学中"应当涵着能够"(ought implies can)的观念相比附,而这一观念是一切有意义的"道德"概念之基本预设,因为一切道德上的要求均不得超出道德行动者的能力(譬如孟子在论述"非不能也,不为也"的问题时,所列举的"挟太山以超北海"的例子便是超出了能力范围),就此而言,在道德上肯定"知"与"行"之间的本质关联,只能说满足了"应当涵着能够"这项基本的伦理学预设(李明辉:《从康德的实践哲学论王阳明的"知行合一"说》,载《中国文哲研究集刊》第 4 期,第 417、424 页)。不过,李文却未注意到王畿的下述说法"知非见解之谓,行非践蹈之谓,只从一念上取证"的重要性,只是在文章的末尾稍带提了一下而未展开充分讨论。

② 以上引王畿语,均参见吴震编校整理:《王畿集》卷七《华阳明伦堂会语》,第 159 页。

解,强调阳明的"知行"概念另有深意。

质言之,在王畿的理解中,"知"即道德之知——良知;"行"即道德实践——良能。而要真正了解知行之真实含义,只有从自己的"一念上取证"而别无他法。王畿的这个说法,对于我们理解阳明"一念动处便是知亦便是行"的命题有重要意义,我们在后面还会讨论。现在,我们需要了解该命题中的"知"究竟是什么意思,然后再来探讨何谓"一念上取证"。

二 良知一念

具体而言,这里的"知"是指心知,即作为心体良知的内在意识活动,其中包涵意愿、意向、意念甚至欲望等意识活动,这些都构成"知"的要素①;另一方面,"行"也不是单纯的知觉行为,而是根源于良知意识,由良知意识直接发动的"行"才是真正的"行",故而"行"就是对"知"的直接落实和展示。"一念"则是内在意识的展现,因此,由此伴随而至的"行"就是一种内化的意识性行为。也正由此,故在知行合一的命题中,王畿认为,知和行都必须"从一念上取证"。那么,如何理解"一念取证"呢?

"念"是一个多义词,属于意识领域的概念,是指人的思维活动或念虑活动,一般说来,常与"意"连用,有"意念"一词。而"意"是心之发或心之用,这是朱子和阳明都经常使用的一个定

---

① 例如顾东桥曾经列举了"知食乃食,知汤乃饮,知衣乃服,知路乃行"等一系列日常行为的案例,以此证明先有"知"然后才有相应的"行"这一朱子学意义上的"知先行后"命题,对此,阳明对"知食乃食"的"知"做了重新诠释,"知"不是有关"食"或"衣"等行为对象的"知识",而是"欲食之心"的一种欲望和意愿,提出了"欲食之心即是意"的观点(以上参见第132条)。可见,在"知行"结构中,"知"不是指经验知识,也不是单纯指道德知识,而是包含道德知识在内的道德意向活动,即"心知"。

义性描述,表明意识是人的心灵活动状态,同时又是与外在事物的重要链接,而不得不受后天环境(包括社会习俗等因素)的影响而表现为有善有恶,故既有"善念"又有"恶念"。^①负面义的"恶念"大致相当于"私意",是指落入私欲或私心的意识转动,也是知行本体之被阻隔而导致分裂的一大原因,阳明叫作"私意隔断"(第5条)或"私欲障碍"(第8条),属于心体偏离现象,例如"过即是私意"(第44条)。不过,私意产生的机制颇为复杂,不仅与私欲有关,在其深层处,更与意识活动的"闲思杂虑"(第72条)有关,是一切"好色、好利、好名等心"的根源(同上),阳明说如果"汝心中决知是无有做劫盗的思虑,何也?以汝元无是心也。汝若于货色名利等心,一切皆如不做劫盗之心一般,都消灭了,光光只是心之本体,看有甚闲思虑?"(同上)

另外,"私意"又与偏离心体而于外在事物"有所染着"有关,"偏倚是有所染着,如着在好色、好利、好名等项上,方见得偏倚"。根据阳明的看法,这种"偏倚"和"染着",才是"病根",他说:"虽未相着,然平日好色、好利、好名之心,原未尝无。既未尝无,即谓之有;既谓之有,则亦不可谓无偏倚。"(第76条)这就告诉人们,偏倚和染着总是难以避免,问题在于如何直面去应对,"须是平日好色、好利、好名等项一应私心,扫除荡涤,无复纤毫

---

① 如:"善念发而知之,而充之;恶念发而知之,而遏之。知与充与遏者,志也,天聪明也。圣人只有此,学者当存此。"(第71条)这里的"志"是指良知意志,而良知决定意志的这种能力,阳明形容为"天聪明"。该词在《传习录》仅见一处,但却引起阳明再传弟子王时槐(1522—1605)的极大关注,赞为"彻上彻下语",其云:"善恶为情识,知者天聪明也,不随善恶之念而迁转者也。此是阳明先生彻上彻下语。"(钱明、程海霞编校:《王时槐集·友庆堂合稿》卷四《三益轩会语》,上海古籍出版社,2015年,第488页)

留滞,而此心全体廓然,纯是天理"(同上)。可见,"闲思杂虑"是私欲私意等产生的根源。因此"私意"成了"去人欲,存天理"的工夫对象,是需要加以"克除"的(第 96 条)。而"私意"形成的原因也与"去心外别有个见"(第 44 条)的求知意识有关,这是在心体上已经"着意"而产生的,而在心体上是"着不得一分意"的。因为心体的本来状态是"本无私意作好作恶"(第 101 条)的,一旦"着意"便意味着"见"的产生,从而导致"私意",而"私意"就偏离了"诚意",这种在心体上"着意"的意识活动又被称为"躯壳起念"(同上)。故阳明主张:"只须克去私意便是,又愁甚理欲不明?"(第 96 条)

至于负面义的"妄念",更是必须力加克除的。只是心中一旦连"妄念"都彻底消除,却又会觉得心中一片空荡荡的,这种现象的出现,阳明称之为"责效"——从"效果"上一味地追责意念的妄与不妄,而忘却了在"良知上用功"。有弟子问:"近来用功,亦颇觉妄念不生,但腔子里黑窣窣的,不知如何打得光明?"这里的"黑窣窣"是当时地方俗语,意谓一片漆黑。对此,阳明回答:"汝只要在良知上用功,良知存久,黑窣窣自能光明矣。今便要责效,却是助长,不成功夫。"(第 238 条)在阳明看来,良知本体无所谓"黑窣窣"而是一片光明,因为良知作为一种纯粹的道德意识,其本身乃是"天植灵根",而且是"自生生不息"的,只是由于"著了私累,把此根戕贼蔽塞,不得发生耳"(第 244 条),所以根本问题还是在于"私意""私欲"等妄念对良知的遮蔽。

须指出的是,在意识问题上,阳明与朱子不同的是意不仅仅是心之发,意识还有两个根本特征:一是意之所在、意之所向、意之所着"便是物"(第 6 条、第 78 条等),这个观点构成阳明意识哲学的一项重要内容①。意谓所有外物存在都与人的意识指向有关，而意识的指向性便意味着"物"的形成过程开始，所以"物"就不是心外之物，而是将内在的意与外在的物链接起来的一种"意识物"。由于意识活动展现为"行"，因此，这个"物"也就是"行为物"，之所以说"一念动处便是行"，其缘由就在于此。二是阳明又有"知者意之体"（第137条）的命题，意思是说，在意识活动过程中，有一个主宰者存在，这就是"知"。作为意之"体"的这个"知"，阳明喜欢用"头脑"或"主人翁"来加以形容描述。如所周知，在阳明学体系中，"意之体"如同"心之体"，都是意指良知本体。②因此，"知者意之体"这句命题表明，意识活动须由良知

---

① 在阳明后学中，王时槐对此说的解释和评估很具参考意义："阳明先生以'意之所在为物'，此义最精。……故意之所在为物，此物非内非外，是本心之影也。"（《王时槐集·友庆堂合稿》卷四《三益轩会语》，第488页），又说："惟以意在所在为物，则格物之功非逐物亦非离物也。"（同上）王时槐对"意"的问题也有独到看法，试举一例："意者性之用也，性遍满宇宙，意亦遍满宇宙。坎者意之根柢，离者意之发见。学必归根以立天下之大本，故意贵乎潜矣。"（同上书卷四《潜思札记》，第524页）根据易学的说法，坎离两卦分别指"天根"和"月窟"，据此，王时槐似认为"意"属于"天根"的一种根源意识，这应当是对阳明良知意识说的理论推进。唯与阳明不同者，不是本心而是"本性"才是王时槐思想的首出概念，他甚至认定阳明学是"悟性"之学，而由"悟性"则可使源自心体的"情识"实现"转识为智"的转变（同上书卷四《三益轩会语》，第511、512页）。另参见拙文：《王塘南论》，收入拙著：《聂豹·罗洪先评传》附论，第256—295页。

② 如阳明说："其虚灵明觉之良知应感而动者谓之意，有知而后有意，无知则无意矣。知非意之体乎？"（第137条）"意与良知当分别明白，凡应物起念处，皆谓之意。意则有是有非，能知得意之是与非者，则谓之良知。"（《王阳明全集》卷六《答魏师说》，第217页）王时槐认为在阳明学说中，"'知者意之体，物者意之用'，此语最精"（《王时槐集·友庆堂合稿》卷四《潜思札记》，第524页），而且是"最亲切之语"（同上书卷四《三益轩会语》，第483页）。

来主导,而良知乃是意识活动的内在规范。在这个意义上,一念发动便意味着良知的启动,之所以说"一念动处便是知",其缘由就在于此。

由上可见,"一念动处便是知亦便是行"应当是阳明知行观的完整表述。知行是否得以"合一"也只有从"一念发动处"始能获得"取证",因为"一念"已经包含了知与行。重要的是,"一念取证"并不是用一个意识来"取证"另一个意识,而是一念发动便意味着作为意之"体"的良知已经开始了自我"取证"的过程。按照王畿的说法,这个过程展现为"一念自反"①的特征。

这是由于"取证"在形式上就是良知的自我取证,故"一念自反"也就是"一念良知"(第162条、第190条)的自反自证,在内容上是良知对自身意识的取证,而其对象则是一念活动中的知行。因此,从根本上说,知行合一是在"一念良知"的意识活动中

---

① 《王畿集》卷六《致知议辨》,第134页。依王畿,"一念自反,即得本心"(同上)既是工夫语,同时又是良知本体的内在动力所使然而容不得后天人为意识的掺杂,他称之为"本领工夫",故其接着又说:"此原是人人见在具足、不犯做手本领工夫。"(同上)王畿的这个观点与阳明的良知自觉而"觉即蔽去"(第290条)的思想是相通的。这里涉及良知如何在"一念"活动中当下自我呈现的问题,此不赘述。须提及的是,瑞士哲学家耿宁(Iso Kern, 1937—)基于自己的哲学家身份,坦承他自己所能做的只是试图以自己的"范畴"去"了解"心学,但是由于缺乏儒学家的体验而始终无法理解王畿的"一念自反即得本心"以及"一念入微归根反证"(《王畿集》卷十五《趋庭漫语付应斌儿》,第440页)之类的"修行语式"(praktische Formel)的确切含义,并感叹对于真正理解阳明及其后学的"'致良知'伦理实践是多么困难",因为"一念自反"显然属于"精神经验"领域的概念,意指在精神上与"良知本体"达到完全"合一"或"契合"(耿宁:《心的现象——耿宁心性现象学研究文集》所收《我对阳明心学及其后学的理解困难:两个例子》,倪梁康译,商务印书馆,2012年,第487、480页)。

并在良知主导下的"合一",正是由心体良知的"一念"而导向知行的"合一",故"一念良知"便成了"合一"之所以可能的内在机制,这一机制如同"好好色"与"恶恶臭"一般,是良知对"好恶"这一道德动力的直接决定。这不仅是王畿对阳明知行合一说的一个解释,而且应当是阳明提出知行合一说的旨意所在,因为"一念"也正是阳明所强调的一个重要概念,特别是在论述知行合一问题时,阳明强调了"一念为善之志"(第 115 条)——良知的重要性在于对为善意志的决定力。

三 念念致良知

本来,在阳明,"一念"本属中性词,既有"一念善"又有"一念恶"之可能①,如同人的意念、思虑一般,往来流转不息,常常是善念与恶念、正念与妄念等互相纠缠、片刻不宁。阳明在与门人弟子的对话当中,就经常出现这样的话题:如何通过静坐以"屏息念虑"等方法,以便从意识深处彻底铲除杂念或妄念的产生机制,以达到"无念"的境地。对此,阳明的回答是"实无无念时"(第 202 条),理由是"念如何可息?只是要正"(同上)。即便在"不睹不闻"这一看似心性活动处于"静止"状态之际,仍有"戒慎恐惧"之"念",更重要的是,"戒惧之念是活泼地,此是天机不息处。……一息便是死。非本体之念,即是私念"(同上)。此处涉及另一重要问题,即"一念"不论正邪,永远处在"念念不息"的情形当中。所以当有人问:"不论善念恶念,更无虚假,则独知之地更无无念时邪?"阳明断然回答:

---

① 如:"人但一念善,便实实是好。一念恶,便实实是恶。如此才是学。不然,便是作伪。"(第 23 条)

戒惧亦是念,戒惧之念无时可息。若戒惧之心稍有不存,不是昏瞆,便已流入恶念。自朝至暮,自少至老,若要无念,即是已不知,此除是昏睡,除是槁木死灰。(第120条)

因此,在阳明学系统中,"念念戒惧""念念致良知"便是使知行得以合一的关键。例如,他有如下种种说法以及特有概念:

不于吾心良知一念之微而察之,亦将何所用其学乎?(第139条)

一念之良知。(同上)

只是一念良知,彻头彻尾,无始无终,即是"前念不灭,后念不生"。(第162条)

一念良知。(第190条)

一念真诚恻怛。(同上)

念念致良知。(第222条)

意思都在强调"一念"是作为良知意识的"一念",而"念念致良知"则要求致良知工夫的不可间断性,必须贯穿整个知行活动过程,并在知行工夫过程中发挥引领和主宰的作用。因此,在一念流转、随物而动的意识过程中,必须发挥良知意识的道德力量:"人但一念善,便实实是好。一念恶,便实实是恶。"(第23条)由此可以看出,知行合一论与阳明良知学有着不可分割的理论关联,也只有置于致良知这一理论视域中,知行合一才能得以证成。也就是说,在阳明学系统中,致良知与知行合一构成了一套环环相扣的涵摄关系,这种关系虽然并不意味着两者的直接同一或互相取代,但是毕竟知行合一不能脱离致良知来讲。无论是"知行本体"还是"知行工夫",阳明使用这两个特殊概念之际,所指向的其实便是"良知"以及"致良知",即在良知本体的主宰下,知行合一的命题才能成立。

更为重要的是,意识、意念或意愿等都根源于心体良知,若从本体视域看，心体本来无一物，故不着"一念"才是良知本体本来应有之理想状态，故说"心体上着不得一念留滞"，阳明打了一个比方："就如眼着不得些子尘沙，些子能得几多，满眼便昏天黑地了。"而且"这一念不但是私念，便好的念头，亦着不得些子。如眼中放些金玉屑，眼亦开不得了"（第335条）。又说：

> 从目所视，妍丑自别，不作一念，谓之明。从耳所听，清浊自别，不作一念，谓之聪。从心所思，是非自别，不作一念，谓之睿。（《传习录拾遗》第16条）

这里强调的"不作一念"以及"不得一念留滞"等说，显然属于境界语而非工夫语。若从知行合一的角度看，念念戒惧或念念致良知则属工夫语，但其工夫指向必是实现"合一"境界。故知行合一就不仅是一念发动之后仍然保持"念念不息"这一"根源意义"上的"合一"，而且还是指向在良知心体上"不作一念"这一"完成意义"上的"合一"。

这里所说的"根源意义"和"完成意义"乃是劳思光用语，他在早年之作《论知行问题》中指出知行合一只能就"发动意义"而言，而不能就"完成意义"上说。[①]及至撰述《新编中国哲学史》仍然坚持这一观点。[②]对此，陈立胜撰文商讨，指出知行合一不仅具"根源意义"同时又具"完成意义"，更具"照察意义"，即以一念良知之明觉能力贯穿整个知行工夫之历程。洵为确论。[③]不

---

① 劳思光：《文化问题论集新编》第二篇《论知行问题》，原作于1956年，后收入《思光学术论集新编》七，香港中文大学出版社，2000年，第61—74页。

② 劳思光：《新编中国哲学史》三卷下，广西师范大学出版社，2005年，第329页等。

③ 陈立胜：《何种"合一"？如何"合一"？——王阳明知行合一说新论》，载《贵阳师范学报》2015年第6期，第2—9页。

过须提及的是,劳思光在完成《新编中国哲学史》之后(第三卷初版于 1981 年),又有《王门功夫问题之争议及儒学精神之特色》之续作,欲为阳明学工夫论三大问题:(1)"良知之始显",(2)"良知之内在扩充",(3)"良知之向外扩充"之外更"进一解"。他发现阳明工夫论"自有一条主脉"可以贯穿上述三大工夫领域,这"就是念念不息,永远开拓的工夫原则",其依据是"戒惧之念,无时可息"(第 120 条)这一阳明语。按劳氏分析,此即"就'良知'显现说这个不息的原则","'致良知'从源头上说,要念念不息以显主宰性;从扩充上说,要在无穷的世界历程中念念不息地求正。工夫每一个段落,各有特殊要点可讲,但工夫总的主脉通观各段落,则只是'良知'念念不息的开拓。这即是阳明工夫论的真宗旨所在。"①这是一项值得重视的论断。

然而在笔者看来,此处所谓的"工夫主脉"——即"念念不息"正与阳明以"一念发动"来论述知行合一的旨意相通。而劳氏在该文并没有将"念念不息"这一观念运用到知行合一问题领域,他似乎没有意识到第一层"良知之始显"的工夫阶段所依据的"念念不息"原则,正是阳明用以阐发知行合一论的重要理据,由此上下前后一并贯穿,则知行工夫不仅同具"根源意义"和"完成意义",而且还具有"良知自证"的意义。因为所谓在"无穷的世界历程中念念不息地求正",无非是在"一念良知"之主宰下,贯穿整个工夫历程的一念自反、良知自证。故就结论言,"念念致良知"是良知学意义上知行合一命题的本来应有之义,而称不上是为阳明"进一解"的哲学创造。

---

① 原载《新亚学术集刊》第 3 期,1982 年,收入劳思光:《思辨录——思光近作集》,东大图书公司,1996 年,第 93 页。

四 本体工夫合一论

现在，我们根据上述对"一念动处便是知亦便是行"这一命题的分析，将前面所列举的阳明知行合一论的第一和第二两大论点结合起来，看看有没有什么新的发现。首先我们来看一看第一项论点："知是行的主意，行是知的功夫；知是行之始，行是知之成。"

从文献学上说，这句命题出现最早，出现在《传习录》上卷第5条。这是针对徐爱的提问"古人说知行做两个，亦是要人见个分晓，一行做知的功夫，一行做行的功夫，即功夫始有下落"，阳明指出："此却失了古人宗旨也。某尝说知是行的主意，行是知的功夫；知是行之始，行是知之成。"显然，徐爱的观点其实就是朱子"知先行后"的典型观点，认为知识与行为分属两个领域。从认识论的角度看，这个观点本来无可非议，因为一个人的行为总是需要某种知识作为前提条件，犹如欲去北京就必须先知道北京的方位在哪里，以及需要运用什么交通手段才能到达等知识储备，才有可能实现去北京的目标。然而，阳明认为这种观点违反了古人有关知行问题的宗旨，接着便提出了上述这句命题。

表面看来，"知是行的主意，行是知的功夫"和"知是行之始，行是知之成"这两句命题，是在主张"知"是"行"的主导，"行"是"知"的结果，于是，便与朱子理学"知先行后"之命题的意思相近，其实不然。关于这里的表述，我们必须结合阳明良知心学才能获得善解。事实上，王阳明是在良知学意义上讲"知行"问题的，他所说的"知"是指良知，所说的"行"则是指良知的落实。因此，前一句命题的意思是说，良知是行为的主宰（主意），良知之行是良知的落实（功夫）；后一句命题的意思是说，良知的道德意识一旦启动，就意味着良知已处在行为的过程中（始），而道德意识的启动（良知之行）便已经是良知的具体落实（成）。由此可见，这里的"知行"都不是知识论的概念而是良知学的概念。

问题是，从历史上看，阳明提出致良知是在 49 岁之后，何以在成书于 1512 年底《传习录》上卷徐爱所录的部分当中，阳明已经具备了良知思想呢？事实上，已有文献记录表明，根据阳明晚年的回忆，"吾良知二字，自龙场以后，便已不出此意，只是点此二字不出"（《传习录拾遗》第 10 条），这应当是一条信史而没有理由表示怀疑。即便从《传习录》上卷徐爱所录部分，我们其实也可清楚地看到阳明有关良知问题的重要论述，此即第 8 条：

> 知是心之本体，心自然会知。见父自然知孝，见兄自然知弟，见孺子入井自然知恻隐，此便是良知，不假外求。若良知之发，更无私意障碍，即所谓"充其恻隐之心，而仁不可胜用矣"。然在常人不能无私意障碍，所以须用致知格物之功。胜私复理，即心之良知更无障碍，得以充塞流行，便是致其知。知致则意诚。

首句中的"知"，根据下文"此便是良知"，已经点明，指的就是良知。良知作为一种根源性的心体意识，具有"自然知孝""自然知弟""自然知恻隐"的道德能力，即"良知自知""良知自觉"的能力，不妨称之为"良知自知"理论。①上面提到的"一念自反"

---

① 吴震：《〈传习录〉精读》第 6 讲第 3 节"良知自知"，第 111—115 页。另参见耿宁：《心的现象——耿宁心性现象学研究文集》所收《从"自知"的概念来理解王阳明的良知说》，第 126—133 页。耿宁指出：良知自知不是这种第二次的、事后的、对象化的反思意识，而是一种直接的本己的内在的自知意识，相当于现象学的"内意识"。须补充说明的是，阳明曾明确使用"良知自知"概念来解释知行合一，因为良知所具有的"自照自察"这一"触机神应"之本性，贯穿于整个知行过程中。详见后述。

即"良知自证",亦与"良知自知"理论有关。而且在上述一段引文中,阳明还强调了良知的天赋性——即"不假外求",而这一术语显然就是孟子良知学意义上的"不学而知""不虑而能"之意,表明良知是每个人生而具有、不假外力的道德能力。至此,良知的内在性、实践性以及先天性这三大特征,在上述这段表述中已经充分具备。正是在此意义上,我们有理由说,龙场悟道之际,阳明对"良知"问题已有了根本的生命觉悟,只是将其理论化则尚需一些时日而已。基于此,所以我们使用良知概念来重新解读上述"知是行的主意,行是知的功夫;知是行之始,行是知之成"这一命题,是有充足理由的。

至于上面列举的第二项论点"知之真切笃实处,即是行;行之明觉精察处,即是知"(第 133 条),则是阳明提出致良知之后的成熟见解,其中涉及"真切笃实"和"明觉精察"这对关键概念。本来,"真切笃实"是就"行"而言的,要求人的行为须认真踏实,现在却用来描述"知";本来,"明觉精察"是就"知"而言的,指的是"知"具有一种明锐的觉察能力,现在却用来描述"行"。这一互为颠倒的用法,有特别的理论意图,即意在表明两者是互相诠释的关系:在行的过程中已有知的参与,因为一个行为不能没有"知"的引领;而在知的过程中已有行的介入,因为一个没有"明觉精察"之能力的"知"不能称作真正的"知",也不会带来相应的行动。也就是说,行为过程中必有一个"明觉精察"的知在,知识过程中必有一个"真切笃实"的行在。

关于阳明的这两句命题,王畿从本体与工夫的角度,对此有一个重要解释:

> "知之真切笃实处即是行",真切是本体,笃实是工夫,知之外更无行;"行之明觉精察处即是知",明觉是本体,精

察是工夫，行之外更无知。^①

应当说，王畿对阳明上述两句命题的领会和解释是贴切的，由此解释更引申出一个命题：本体工夫合一论——"真切笃实"与"明觉精察"同时蕴含本体工夫的合一。故他强调指出："知行有本体，有功夫。良知良能是知行本体。"如果"以知为本体，行为工夫，依旧是先后之见，非合一本旨矣"^②，意思是说，知行不可分作两截，以为"知"是良知本体，"行"为致良知工夫，而应当看到，"知"中有"行"，"行"中有"知"，即知即行、互为蕴含、一体同在，这才是真正意义上的本体工夫合一同时也是知行合一。须承认，王畿从本体工夫合一的角度对知行合一的上述阐释，不失为一种对阳明知行合一说的创造性诠释。王畿的这一诠释表明，知行是在一个实践过程中的双向互动、彼此涵摄，这一互动过程由良知存在即本体即工夫的特殊品格给予了根本保证。所以，"知—行"结构中的良知不是道德知识（一种以是非善恶等为认识对象的静态的确定性知识）与道德行为的单纯结合，而是超越于"知行"之上而又内在"知行"之中的即本体即工夫的先天性存在。

话题再回到阳明。阳明为阐明上述道理，进一步采用假设的方法，从反面来加以论述：如果"其心不能真切笃实，则其知便不能明觉精察，不是知之时只要明觉精察，更不要真切笃实也"；如果"其心不能明觉精察，则其行便不能真切笃实，不是知之时只要明觉精察，更不要真切笃实也"（第 133 条）。那么，此说何以成立呢？阳明说道："知天地之化育，心体原是如此；乾知大

---

① 《王畿集》卷二《滁阳会语》，第 34 页。
② 《龙溪会语》卷六《书同心册后语》，《王畿集》附录二，第 784 页。

始,心体亦可原是如此。"(同上)这就是说,从整个宇宙存在的根源与发展来看,"心体"是永恒普遍的,它统摄一切,包括宇宙万物以及人类社会的所有活动,无不在"心体"主宰之下。因此,正是由于心体良知的存在,所以人的知识和行为就是同一个过程,而心体良知就直接参与其中,因此,"知行合一"就是本体工夫合一的命题。①至此我们终于明白:原来,知行得以合一的理据就在于"心体",突显出心体良知具有统摄知行活动全过程的主宰性,知行合一便在这个意义上得以成立。

最后须指出,在知行合一问题上,阳明晚年所论非常突出强调"良知自知"这一论述角度。例如有弟子根据《尚书》"非知之艰,行之惟艰"为据来质疑"知行合一"之际,阳明回答得非常明确:

> 良知自知,原是容易的,只是不能致那良知,便是"知之匪艰,行之惟艰"。(第320条)

这是一个很值得注意的论断。历来,《尚书》这句话被视作知行二元的重要依据,认为知道一件事是容易的,而真正实现这件事或使自己的知真正落实在行动上却是困难的。对此,阳明的答案非常简洁明了,只有四个字:"良知自知"。因为良知是自知、自觉、自主,自信的,所以"知"是易简易知的,既然"知"是易知,"行"也是易行,正是在良知的参与下,知与行不仅是容易的

---

① 阳明在《答顾东桥书》的次年又有《答友人问》,其中重复了"行之明觉精察处,便是知;知之真切笃实处,便是行"这句命题,只是在末尾加上了一句,颇值得注意,他说:如果行为缺乏良知的明觉精察便是"冥行","所以必须说个知";如果心知活动不能做到真切笃实便是"妄想","所以必须说个行",然而在终极意义上,知行"元来只是一个工夫"(《王阳明全集》卷六,上海古籍出版社,1991年,第208页),又说:"知行原是两个字说一个工夫,这一个工夫须著此两个字。"(第209页)

而且是合一的。这就是阳明良知学意义上的知行合一观。

五 结语

关于阳明知行合一论,学界的讨论已经很多,值得欣喜的是,知行问题正成为中西方哲学的对话资源,特别是有留学背景以及西哲专业背景的中国学者参与到这项研究工作当中,运用比较哲学的方法深化了阳明学知行合一论的哲学探讨,他们不仅熟悉西哲话语,而且对阳明文本也能运用自如,提出了诸多创见。据说"比较哲学"有三种不同取径:第一是文本比较,第二是哲学创造,第三是提供解决哲学问题的方案。在与郁振华就"能力之知"问题进行论辩的过程中,黄勇提出了上述三种比较研究方法,将郁归类为第二种——即旨在从文本比较中得到一些哲学启发,至于文本中有没有因这些哲学启发而得到的哲学概念则是无关紧要的;而黄勇将自己归类为第三种——即旨在用中国哲学的资源对西方哲学问题提出不仅是独特的而且是最好的解决方法,这种比较既不是单纯的文本比较研究,也不是在从事哲学创造,原因是他提出的"动力之知"概念在西方哲学家看来似乎很新颖,但其实就是王阳明的良知概念而已。[1]不过,在我看来,这三种方法既有区别,其关注点虽各有不同,但又有交叉,在比较哲学领域中的哲学创造(即哲学研究)离不开文本比较,而为哲学问题寻找解决方案也离不开哲学研究——例如哲学的创造性诠释。因为,"动力之知"显然是对阳明良知概念的一种创造性诠释——王阳明要说或应说却未说出的一种观念,不过,

---

[1] 黄勇:《再论动力之知:回应郁振华教授》,载《学术月刊》2016 年第 12 期,第 24—30 页。此处引文见第 26 页注 2。

此一诠释结论是否充分关注到阳明学哲学概念的历史语境及其语意脉络，则可另当别论。

若依笔者的研究经验，如果说将中国儒学与日本儒学等其他东亚地域的儒学传统进行比较考察也可归入"比较哲学"（这里取广义上的哲学）的一种类型，这一类型的比较研究不妨这样表述：从相近的哲学（儒学）文本所产生的差异性诠释当中去发现儒家哲学问题在异域的"他者"文化传统中如何得以转化和发展的可能性，以此作为反思"跨文化"传统中的儒学历史发展及其未来走向的思想资源，并从中国儒学的视域出发，针对东亚儒学的问题提出一些建议（但并不是解答问题的答案），目的在于促进不同区域文化间的对话和互相学习。这种比较研究不妨称之为"跨文化比较研究"，其中涉及儒学的思想史、哲学史、学术史等研究。举例来说，就"知行合一"问题而言，不难发现近代日本阳明学对此问题存在一些误解甚至是有意的曲解，往往被化约为这样的观点：任何知识都可以或应当直接化作一种力量而可以不计其手段及后果，至于行为动力是否根源于普遍良知或公道公义等本体论问题则被付诸不问，这就偏离了阳明良知学意义上的知行合一命题的理论旨趣。①

回到本文的核心论旨，大致有三点可以总结：

第一，知行问题是中国哲学的老问题，不论是"知易行难""知难行易"，还是"知先行后""知行相须"等命题，都属于知识论领域中的问题讨论。从这一领域来审视知行问题，一般认为任何一种行为都是由某种知识或意愿来引领，知识决定行为的

---

① 关于日本阳明学，参见吴震：《关于"东亚阳明学"的若干思考——以"两种阳明学"问题为核心》，载《复旦学报》2017 年第 2 期。

方向与内容。这种观点有一重要前提,亦即将知行视作二元性的分属不同领域的存在,这里的"知"不论是经验知识还是道德知识抑或实践知识(知道如何去做的一种知识类型),总是在影响(或作用于)行动之前而存在,即这种影响属于知识作用于行为的一种推动机制,由此必然产生所谓的"难易"或"先后"的问题。依劳思光的说法,倘若将阳明知行合一之"知"误认作知识论解,便是"界限大乱"。①

第二,然而阳明的知行合一命题正是试图根本解决知行难易或知行先后的问题,其理论前提是阳明的良知学。无疑,良知概念来自孟子的良知良能,属于"是非之心"的道德标准或道德知识,用理学用语来说,就是德性之知而非闻见之知,但是阳明学的良知概念远比上述这些内容要丰富得多。在阳明,良知不仅是"是非之心"或"知善知恶"的道德知识,更是"好善恶恶"或"为善去恶"的道德动力,因此,良知内含以自身为目的的意欲、愿望、情感等因素,具体表现为"一念动处便是知",这意味着良知是一种内在的"心知",又是具有道德能力的动力之知(在这里

---

① 劳思光:《新编中国哲学史》三卷上,广西师范大学出版社,2005年,第310页。劳思光列举了容肇祖和张君劢两人为例,指出他们将"知"理解为"事实知识""经验知识",完全不搭阳明语调,因在阳明学说,根本没有将有关事物的"知识"纳入或蕴含于"良知"之中的任何意思(同上)。此说基本可从。不过若采用更为周延的表述,则应说,从良知体用论的角度看,阳明在肯定德性之知"非萌于见闻"这一理学共识的同时,亦承认"见闻莫非良知之用,故良知不滞于见闻,而亦不离于见闻"(第168条)。在这个问题上,杜维明的看法却值得重视:"我提出'体知',正是要纠正这种偏见。把闻见之知当做有认识论意义的科学认知固然很勉强,但把德性之知当作毫无认识论意义的价值判断问题更大。德性之知,不离闻见之知也不囿于见闻,是属于体之于身的认知。"(《杜维明全集》第5卷《儒家"体知"传统的现代诠释》,武汉出版社,2002年,第375页)这里的认识论显然是广义认识论。

笔者愿意赞同黄勇的观点）；然而更为重要的也往往被现代西方哲学中的一些道德心理学或行为主义伦理学所忽视的是，阳明的良知更是一种本体性的实体存在，是"先天先地""天即良知""良知即天"的先天性存在，因而具有无所不在的普遍性。正是由于良知具有本体性、先天性的维度，故而它遍在于整个人类活动"物—事"的过程之中，当然也贯穿于人的"知—行"活动之中，并具有指引和规范人的行为的主宰性。

第三，然而严格说来，当我们说用良知来指引和规范人的行为，按王畿的判断，这"依旧是先后之见"——即"以知为本体，行为工夫"，从而将知行分作两截的观点。这一判断与阳明"一念动处便即是知亦便是行"的命题在旨意上是吻合的。因为"一念动处"便已内含知行两个方面了，也就是说，本体与工夫都已经同时启动，这就意味着知行是即本体即工夫的本体工夫之合一。在王畿，"一念"不是经验性的三心二意一般的意念转动，而是良知心体的自我展现，故而是属于"先天正心之学"意义上的"一念良知"或"念念良知"，它具有自反、自证、自见、自存、自现等基本特质；而所谓"自反"并不是指反思良知意识本身，因为良知当下一念就是一种"反思"而不是被反思的对象，所以就在良知应感之际，"只默默理会当下一念"①即可，所谓"理会"亦即"自反取证"，而不是有关道德知识的任何语言表述，因为"默默理会"只是回归良知自身的根源意识，经由良知本体对自身的"一念取证"（即"归根反证"）以实现知行合一。王畿就良知一念以证知行合一的上述观点表述，显然是对阳明知行合一论的重要理论阐发，对于我们深入理解知行合一论具有启发意义。

---

① 《王畿集》卷十五《万履庵漫语》，第 462 页。

　　总之,阳明的知行合一论与其心即理、致良知等学说观点构成一套严密的理论系统,它不是脱离于良知心学系统之外的知行观,任何知识论意义上的知行难易或知行先后等问题本就不在阳明知行观的论域之内。至此我们说,知行合一是阳明良知学意义上的命题,是良知伦理学的命题,甚至可以说,良知本身必然展现为知行合一,反过来说也一样,知行合一就是良知的自我实现。

王阳明年表

（本"年表"主要依据《王阳明全集》所收《阳明年谱》；参考了《阳明学大系》卷十二《阳明学便览·阳明学年表》，明德出版社，1974 年；秦家懿：《王阳明》附录三《王阳明年表》，台湾东大图书公司，1987 年）

宪宗成化八年壬辰（1472）

九月三十日（公元 1472 年 10 月 31 日），生于浙江余姚。王阳明，讳守仁，初名云，字伯安，王华长子。

父王华（1446—1522），字德辉，号实庵，晚号海日翁，又称龙山公。成化十七年（1481）进士第一，官至南京兵部尚书。

宪宗成化十八年壬寅（1482）

随祖父王伦（字天叙，号竹轩，1421—1490）赴京师，随父寓京。

宪宗成化十九年癸卯（1483）

就读私塾。疑"读书登第"之说，以为读书当学圣贤。

宪宗成化二十二年丙午（1486）

游居庸三关，慨然有经略四方之志。

孝宗弘治元年戊申（1488）

迎娶诸氏于江西洪都（今南昌）。

孝宗弘治二年己酉（1489）

归越途中，舟至广信，谒娄谅（号一斋，生卒不详），娄教以宋儒格物之学。

孝宗弘治五年壬子（1492）

举浙江乡试。

孝宗弘治六年癸丑（1493）

会试不第。王华升经筵讲官。

孝宗弘治九年丙辰（1496）

再试下第。

孝宗弘治十二年己未（1499）

及第进士，南宫第二人，赐二甲进士第七名，观政工部。

孝宗弘治十三年庚申（1500）

授刑部云南清吏司主事。

孝宗弘治十四年辛酉（1501）

秋奉命录囚江北，游九华，至次年夏复命还京。

孝宗弘治十五年壬戌（1502）

告病归越，筑室阳明洞，行导引术，遂先知。

孝宗弘治十七年甲子（1504）

秋主考山东乡试，旋改任兵部武选清吏司主事。

孝宗弘治十八年乙丑（1505）

在京与湛若水结交，同倡圣学。是年，门人始进。

武宗正德元年丙寅（1506）

言官戴铣等疏劾宦官刘瑾，被逮下狱，阳明抗疏救之，冬下诏狱，受廷杖四十，谪龙场驿丞。

武宗正德二年丁卯（1507）

赴谪途中，屡遇惊险。徐爱入门。

武宗正德三年戊辰（1508）

至贵州龙场（在今修文县），修石棺，日夜端坐。一日，忽悟圣人之道，吾性自足。

武宗正德四年己巳（1509）

受提学官席书之聘，主讲贵阳书院，首倡"知行合一"。

武宗正德五年庚午（1510）

升庐陵知县，冬升南京刑部主事。

武宗正德六年辛未（1511）

调吏部主事，冬升员外郎。在京与徐成之论朱陆异同。

武宗正德七年壬申（1512）

升郎中，冬升南京太仆寺少卿。

武宗正德八年癸酉（1513）

与徐爱同舟归越，论《大学》宗旨。旋任滁州督马政。

武宗正德九年甲戌（1514）

至滁州。升南京鸿胪寺卿。从游者日众，论静坐。

武宗正德十一年丙子（1516）

升都察院左金都御史，巡抚南赣。

武宗正德十二年丁丑（1517）

春平漳南象湖山，冬平南赣横水、桶冈。

武宗正德十三年戊寅（1518）

春平三浰，立社学，举乡约。升都察院右副都御史。《古本大学》、《朱子晚年定论》、薛侃编《传习录》刊行。

武宗正德十四年己卯（1519）

夏平朱宸濠之乱，兼巡抚江西。

武宗正德十五年庚辰（1520）

在赣州。张忠、许泰欲害阳明。门人冀元亨冤死狱中。

武宗正德十六年辛巳(1521)

武宗卒。据《年谱》,是年始揭致良知。

世宗嘉靖元年壬午(1522)

升南京兵部尚书,封新建伯。归越,父王华卒,服丧。

世宗嘉靖二年癸未(1523)

居越守丧。

世宗嘉靖三年甲申(1524)

在越,讲学龙山中天阁。大礼议之争起。南大吉续刻《传习录》,丘养浩编《居夷集》刊行。

世宗嘉靖四年乙酉(1525)

夫人诸氏卒。居越讲学,门人建阳明书院于越城。

世宗嘉靖五年丙戌(1526)

居越讲学。十一月,子正亿生。

世宗嘉靖六年丁亥(1527)

五月受命兼都察院左都御史征广西思恩、田州,九月启程。九月初八,与钱德洪、王畿论"四句教"于天泉桥。邹守益编《阳明先生文录》刊行(广德本)。

世宗嘉靖七年戊子(1528)

二月,平思恩。疾剧归,十一月二十九日(公元1529年1月9日)卒于南安。

世宗嘉靖八年己丑(1529)

正月,丧发南昌。二月庚午,门人迎丧至越。十一月,葬于洪溪。二月,吏部尚书桂萼召集廷议,定罪阳明为"伪学",停世爵恤典。

世宗嘉靖十五年丙申(1536)

钱德洪编《阳明先生文录》(姑苏本)刊行。

世宗嘉靖三十五年丙辰(1556)

钱德洪编《传习续录》刊行。

穆宗隆庆元年丁卯(1567)

赠新建侯,谥文成。

穆宗隆庆六年壬申(1572)

钱德洪编《王文成公全书》刊行。

神宗万历十二年甲申(1584)

从祀孔庙。

参考书目

一　基本阅读书目

1. 基本文献

王守仁:《王文成公全书》,明隆庆六年谢廷杰刻本,《四部丛刊》初编集部,上海:商务印书馆,1929年影印。

王守仁:《王阳明全集》,吴光、钱明、董平、姚延福编校,上海:上海古籍出版社,1992年。

陈荣捷:《王阳明传习录详注集评》,台北:台湾学生书局,1992年修订版。

邓艾民:《传习录注疏》,台北:法严出版社,2000年。

2. 参考文献

南大吉编:《续刻传习录》,上海图书馆、北京大学图书馆藏嘉靖三年南大吉序。

薛侃、王畿编:《阳明先生则言》,台湾"中央图书馆"藏嘉靖十六年薛侃序。台湾中国子学名著集成编印基金会印行"中国子学名著集成"第39册。

钱德洪编:《传习续录》(甲寅本),北京大学图书馆藏嘉靖甲寅(三十三年)刻本。

钱德洪编:《传习续录》(丙辰本),北京大学图书馆藏嘉靖丙辰(三十五年)刻本。

钱德洪编:《重刻朱子晚年定论》,安徽博物馆藏明嘉靖三十八年怀玉书院本。

孙应奎重刻:《传习录》,日本京都大学附属中央图书馆贵重室藏嘉靖三十年衡湘书院本。

曾才汉:《诸儒理学语要》,京都大学附属图书馆藏嘉靖甲辰刻本。

曾才汉校辑:《阳明先生遗言录》,台湾"中央研究院"傅斯年图书馆藏嘉靖二十九年闾东刻本《阳明先生文录》附录。

朱得之述:《稽山承语》,台湾"中央研究院"傅斯年图书馆藏嘉靖二十九年闾东刻本《阳明先生文录》附录。

孟津编:《良知同然录》,台湾"中央图书馆"藏嘉靖三十六年刻本,台湾中国子学名著集成编印基金会印行"中国子学名著集成"第 39 册。

金声、钱启忠编:《传习录》(白鹿洞本),日本九州大学文学部藏崇祯三年陈懋德序。按,此即钱德洪编《传习续录》(乙卯本)覆刻本。

施邦曜辑评:《阳明先生集要》,崇祯八年施忠愍刻本,王晓昕、赵平略点校,北京:中华书局,2008 年。

三轮执斋:《标注传习录》,日本正德三年(1712)。

佐藤一斋:《传习录栏外书》,日本天保元年(1830)。

二　进一步阅读书目

1. 古代文献

周敦颐:《周敦颐集》,北京:中华书局,1990 年。

周敦颐:《元公周先生濂溪集》,长沙:岳麓书社,2006 年。

程颢、程颐:《二程集》,北京:中华书局,1981 年。

张载:《张载集》,北京:中华书局,1978 年。

杨时:《杨龟山先生全集》,《四库全书》本。

朱熹:《四书章句集注》,北京:中华书局,1983 年。

朱熹:《四书或问》,上海:上海古籍出版社,合肥:安徽教育
出版社,2001 年。

朱熹:《朱子语类》,北京:中华书局,1986 年。

朱熹:《朱子全书》,上海:上海古籍出版社,合肥:安徽教育
出版社,2002 年。

陆九渊:《陆九渊集》,北京:中华书局,1980 年。

杨简:《慈湖遗书》,《四明丛书》本。

湛若水:《湛甘泉先生文集》,康熙二十年刻本。

罗钦顺:《困知记》,北京:中华书局,1990 年。

徐爱、钱德洪、董沄:《徐爱·钱德洪·董沄集》,钱明编校整
理,南京:凤凰出版社,2007 年。

王畿:《王畿集》,吴震编校整理,南京:凤凰出版社,2007 年。

聂豹:《双江聂先生文集》,明刊云丘书院藏本。

薛侃:《中离先生全集》,民国四年石印本。

罗洪先:《罗洪先集》,徐儒宗编校整理,南京:凤凰出版社,
2007 年。

邹守益:《邹守益集》,董平编校整理,南京:凤凰出版社,
2007 年。

邹守益编:《王阳明先生图谱》,《四库未收书辑刊》第 4 辑第
17 册所收清抄本。

王时槐:《友庆堂合稿》,《四库全书存目丛书》集部第 114 册
收清光绪三十三年重刻本。

罗汝芳：《近溪罗先生一贯编》，《四库全书存目丛书》子部第86册所收中国社会科学院图书馆藏明长松馆刻本。

罗汝芳：《罗汝芳集》，方祖猷、梁一群、李庆龙等编校整理，南京：凤凰出版社，2007年。

尤时熙：《尤西川文表》，清光绪三十年鸿文局石印本《续中州名贤文表》。

耿定向：《耿天台先生文集》，台北：文海出版社，"明人文集丛刊"影印万历二十六年刻本。

周汝登：《东越证学录》，台北：文海出版社，"明人文集丛刊"影印万历三十三年刻本。

顾宪成：《顾文端公遗书》，康熙年间曾孙贞观集成刻本。

顾宪成：《小心斋劄记》，台北：广文书局，1975年影印本。

刘宗周：《刘宗周全集》，吴光主编，杭州：浙江古籍出版社，2007年。

王夫之：《尚书引义》，《船山全书》第2册，长沙：岳麓书社，1996年。

黄宗羲：《宋元学案》，北京：中华书局，1986年。

黄宗羲：《明儒学案》，北京：中华书局，1985年。

李颙：《二曲集》，北京：中华书局，1996年。

朱彝尊：《太极图授受考》，《曝书亭集》卷五十六。

2. 今人论著

冯友兰：《新原人》，载《贞元六书》，上海：华东师范大学出版社，1996年。

冯友兰：《新理学在哲学中之地位及其方法》，载《三松堂学术文集》，北京：北京大学出版社，1984年。

冯友兰：《略论道学的特点、名称和性质》，载《论宋明理学》，杭州:浙江人民出版社,1983年。

钱穆:《朱子新学案》,成都:巴蜀书社,1986年。

唐君毅:《生命存在与心灵境界》,北京:中国社会科学出版社,2006年。

唐君毅:《中国哲学原论·导论篇》,北京:中国社会科学出版社,2005年。

牟宗三:《心体与性体》,台北:正中书局,1968年;上海:上海古籍出版社,1999年。

牟宗三:《道德的理想主义》,台北:台湾学生书局,1978年。

牟宗三:《从陆象山到刘蕺山》,台北:台湾学生书局,1979年;上海:上海古籍出版社,2001年。

牟宗三:《宋明儒学的问题与发展》,台北:联经出版事业公司,2003年;上海:华东师范大学出版社,2006年。

牟宗三:《圆善论》,台北:台湾学生书局,1985年。

刘述先:《朱子哲学思想的发展与完成》,台北:台湾学生书局,1982年初版,1995年增订第3版。

刘述先:《论王阳明最后的定见》,见《黄宗羲心学的定位》附录,杭州:浙江古籍出版社,2006年。

陈荣捷:《朱熹集新儒学之大成》,载《朱学论集》,台北:学生书局,1982年;上海:华东师范大学出版社,2007年。

陈荣捷:《朱陆通讯详述》,载《朱学论集》。

徐复观:《象山学述》,载《中国思想史论集》,上海:上海书店出版社,2004年。

张立文:《朱熹思想研究》,北京:中国社会科学出版社,1981年。

邓艾民:《朱熹王守仁哲学研究》,上海:华东师范大学出版社,1989 年。

邓广铭:《关于周敦颐的师承和传授》,《邓广铭治史丛稿》,北京:北京大学出版社,1997 年。

余英时:《朱熹的历史世界——宋代士大夫政治文化的研究》,台北:允晨文化,2004 年;北京:生活·读书·新知三联书店,2004 年。

余英时:《宋明理学与政治文化》,台北:允晨文化,2004 年;桂林:广西师范大学出版社,2006 年。

余英时:《从宋明理学的发展论清代思想史——宋明儒学中智识主义的传统》,载《论戴震与章学诚》,北京:生活·读书·新知三联书店,2000 年。

余英时:《现代儒学的回顾与展望》,北京:生活·读书·新知三联书店,2004 年。

余英时:《朱熹哲学体系中的道德与知识》,载田浩编、杨立华等译:《宋代思想史论》,北京:社会科学文献出版社,2003 年。

杜维明:《论儒学的宗教性——对〈中庸〉的现代诠释》,段德智译,林同奇校,武汉:武汉大学出版社,1999 年。

李纪祥:《两宋以来大学改本之研究》,台北:台湾学生书局,1988 年。

陈来:《有无之境——王阳明哲学的精神》,北京:人民出版社,1991 年。

陈来:《朱子哲学研究》,上海:华东师范大学出版社,2000 年。

陈来:《朱子书信编年考证》(增订本),北京:生活·读书·新知三联书店,2007 年。

陈来:《〈遗言录〉与〈传习录〉》,见陈来《中国近世思想史研究》,北京:商务印书馆,2003 年。

陈来：《〈遗言录〉〈稽山承语〉与王阳明晚年思想》，见陈来《中国近世思想史研究》。

陈来、周晋、姜长苏、杨立华编校：《〈遗言录〉、〈稽山承语〉与王阳明语录佚文》，见陈来《中国近世思想史研究》。

张君劢著、江日新译：《王阳明——中国十六世纪的唯心主义哲学家》，台北：东大图书公司，1991年。

张君劢：《新儒家思想史》，北京：中国人民大学出版社，2006年。

张亨：《朱子的志业——建立道统意义之探讨》，载《思文之际论集——儒道思想的现代诠释》，北京：新星出版社，2006年。

柳存仁：《王阳明与明代道教》，载香港中文大学《中国文化研究所学报》第3卷第2期，1970年。

秦家懿：《王阳明》，傅伟勋、韦政通主编"世界哲学家丛书"，台北：东大图书公司，1987年。

蔡仁厚：《王阳明哲学》，台北：三民书局，1974年。

锺彩钧：《王阳明思想之进展》，台北：文史哲出版社，1993年。

王汎森：《明末清初的人谱与省过会》，载台湾《中央研究院历史语言研究所集刊》第63本第3分，1993年。

姜广辉：《"道学"、"理学"、"心学"定名缘起》，载《理学与中国文化》，上海：上海人民出版社，1994年。

杨国荣：《心学之思——王阳明哲学的阐释》，北京：生活·读书·新知三联书店，1997年。

杨国荣：《杨国荣讲王阳明》，北京：北京大学出版社，2005年。

张学智：《明代哲学史》，北京：北京大学出版社，2000年。

倪梁康：《良知：在"自知"与"公知"之间——欧洲哲学中"良知"概念的结构内涵与历史发展》，载刘东主编：《中国学术》第一辑,北京:商务印书馆,2000 年。

李明辉:《再论牟宗三先生对孟子心性论的诠释》,载《孟子重探》,台北:联经出版事业公司,2001 年。

李明辉:《阳明学与民主政治》,载《儒家视野下的政治思想》,台北:台湾大学出版中心,2005 年;上海:华东师范大学出版社,2008 年。

黄敏浩:《刘宗周及其慎独哲学》,台北:台湾学生书局,2001 年。

吴震:《天泉证道小考——以〈龙溪会语〉本为中心》,载《中华文化研究集刊》第 2 辑《阳明学研究》,上海:上海古籍出版社,2000 年。

吴震:《阳明后学研究》,上海:上海人民出版社,2003 年。

吴震:《明代知识界讲学活动系年:1522—1602》,上海:学林出版社,2003 年。

吴震:《罗汝芳评传》,南京:南京大学出版社,2005 年。

吴震:《泰州学派研究》,北京:中国人民大学出版社,2009 年。

吴震:《明末清初劝善运动思想研究》,台北:台湾大学出版中心,2009 年。

吴震:《"心是做工夫处"——关于朱熹"心论"的几个问题》,载吴震主编《宋代新儒学的精神世界——以朱子学为中心》,上海:华东师范大学出版社,2009 年。

彭永捷:《朱陆之辩》,北京:人民出版社,2002 年。

钱明:《阳明学的形成与发展》,南京:江苏古籍出版社,2002 年。

钱明:《王阳明及其学派论考》,北京:人民出版社,2009 年。

吕妙芬:《阳明学士人社群——历史、思想与实践》,台北:台湾"中央研究院"近代史研究所,2003年。

郭齐勇主编:《儒家伦理争鸣集——以"亲亲互隐"为中心》,武汉:湖北教育出版社,2004年。

郭齐勇:《论道德心性的普遍性——兼评儒家伦理是所谓"血亲情理"》,《哲学门》总第17辑,第9卷第1册,北京:北京大学出版社,2008年9月。

彭国翔:《良知学的展开——王龙溪与中晚明的阳明学》,台北:台湾学生书局,2003年;北京:生活·读书·新知三联书店,2005年。

林月惠:《良知学的转折——聂双江与罗念庵思想之研究》,台北:台湾大学出版中心,2005年。

林月惠:《诠释与工夫:宋明理学的超越蕲向与内在辩证》,台北:台湾"中央研究院"中国文哲研究所,2008年。

朱鸿林:《〈王文成公全书〉刊行与王阳明从祀争议的意义》,载《中国近世儒学实质的思辨与习学》,北京:北京大学出版社,2005年。

林维杰:《朱陆异同的诠释学转向》,载台湾"中央研究院"中国文哲研究所:《中国文哲研究集刊》第31期,2007年。

3. 日语文献

宇野哲人、安冈正笃监修:《阳明学大系》,东京:明德出版社,1974年。

楠本正继:《宋明时代儒学思想の研究》,千叶县:广池学园出版部,1962年。

冈田武彦:《王阳明と明末の儒学》,东京:明德出版社,1971年;吴光、钱明、屠承先译,上海:上海古籍出版社,2000年。

荒木见悟:《佛教と儒教——中国思想を形成するもの》,京

都:平乐寺书店,1963年初版;东京:研文出版,1993年再版。廖肇亨译,台北:联经出版事业公司,2008年。

荒木见悟:《中国心学の鼓动と佛教》,福冈:中国书店,1995年。中译本《明末清初的思想与佛教》,廖肇亨译,台北:联经出版事业公司,2006年。

荒木见悟:《明代思想研究》,东京:创文社,1972年。

岛田虔次:《中国における近代思维の挫折》,东京:筑摩书房,1949年初版,1970年再版;中译本《中国近代思维的挫折》,甘万萍译,南京:江苏人民出版社,2005年。

岛田虔次:《中国思想史の研究》,京都:京都大学学术出版会,2002年;中译本,邓红译,上海:上海古籍出版社,2009年。

沟口雄三:《中国前近代思想の屈折と展开》,东京:东京大学出版会,1980年;中译本《中国前近代思想的演变》,索介然、龚颖译,北京:中华书局,2005年。

沟口雄三:《方法としての中国》,东京:东京大学出版会,1989年。中译本,李甦平等译,《日本人视野中的中国学》,北京:中国人民大学出版社,1996年。

井筒俊彦:《意识と本质——精神的东洋を索めて》,东京:岩波书店,1983年。

吉田公平:《钱绪山の〈传习续录〉编纂について》,《哲学年报》第31辑,1972年。

小岛毅:《中国近世における礼の言说》,东京:东京大学出版会,1996年。

小岛毅:《宋学の形成と展开》,东京:创文社,1999年。

木下铁矢:《朱熹再读——朱子学理解への一序说》,东京:研文出版,1999年。

木下铁矢:《朱熹哲学の视轴——续朱熹再读》,东京:研文出版,2009 年。

土田健次郎:《道学の形成》,东京:创文社,2002 年。中译本,朱刚译,上海:上海古籍出版社,2009 年。

吾妻重二:《朱子学の新研究——近世士大夫の思想史的地平》,东京:创文社,2004 年。

水野实:《明代における〈古本大学〉显彰の基础——その正当化の方法と后学の状况》,《日本中国学会报》第 41 辑,1989 年。

水野实:《王守仁の〈大学古本傍释〉の考察》,《日本中国学会报》第 46 辑,1994 年。

水野实、永富青地、三泽三知夫:《阳明先生遗言录》(1)—(5),载《防卫大学校纪要(人文科学篇)》第 70—74 辑,1995—1997 年。张文朝译:《阳明先生遗言录、稽山承语》,《中国文哲研究通讯》第 8 卷第 3 期,1998 年。

水野实、永富青地、三泽三知夫:《〈稽山承语〉朱得之述》(1)—(3),载《アジアの文化と思想》第 5—7 号,1996—1998 年。张文朝译:《阳明先生遗言录、稽山承语》。

永富青地:《王守仁著作の文献学的研究》,东京:汲古书院,2007 年。

永富青地:《关于〈朱子晚年定论〉的单刻本》,载台湾《故宫学术季刊》第 26 卷第 2 期,2008 年。

"吴震著作集·阳明学系列"后记

值此上海人民出版社推出我的"著作集"四书之际，需要写篇总的后记，讲一下这几本书的成书过程以及修订情况。

1982年我在复旦哲学系攻读中哲硕士学位时，就开始从事阳明学特别是阳明后学的研究，至今正好是40年。20世纪80年代末进入日本京都大学博士后期课程，更是将精力集中在阳明后学研究领域，并以此为题提交了学位论文。此后经过翻译、修订、增补的漫长过程，同名博士论文《阳明后学研究》终于在上海人民出版社出版（2003年），迄今将近20年；十余年后又经较大幅度的修改增订，同在该社刊行（2016年）。若再加上《明末清初劝善运动思想研究》（修订版）在该社的出版（2016年），可以说，我的学术著作跟上海人民出版社有着很深的缘分。这次该社推出我的"著作集"，以"阳明学系列"命名，收入四部有关阳明学的研究著作，于我而言，这是莫大的荣幸，也是对自己40年来学术研究生涯的一个总结。

《阳明后学研究》（以2016年增订版为例）共分九章，主要以人物个案研究为主，涉及王龙溪、钱德洪、罗念庵、聂双江、陈明水、欧阳南野、耿天台，其中，念庵和双江是从旧著《聂豹·罗洪先评传》（2001年）中抽出，龙溪、德洪、天台三章则在日本留学时已作为单独论文发表,这些人物个案的研究在当时大陆中国哲学界尚属首次。只是王龙溪一章的研究偏重于其思想与道教的互动问题,未涉入其心学理论本身,这是由于序章"现成良知"和第一章"无善无恶"(先后发表于刘东主编《中国学术》第 4 期,商务印书馆,2000 年;《中国学术》第 13 期,商务印书馆,2003年)这两章不同于人物个案研究而是以问题史考察为重点,几乎就是以龙溪思想为核心而展开的。自龙溪指出"先师提出良知二字,正指见在而言","见在良知"或"现成良知"的问题便成为王门争辩的核心议题,形成了各种王门良知说,而龙溪推演阳明晚年"四句教"而得出"四无说"的观点,更是在王门以及晚明思想界引发了聚讼纷纭的激烈争辩,可以说在阳明学的发展史上,龙溪思想是理解阳明学的重要参照坐标,占有重要的历史地位。此次收入"著作集",删去附录《心学道统论》一文,新增"王时槐论"一章,该文原是《聂豹·罗洪先评传》中的附论,也应算作当时研究阳明后学的成果之一。

在《阳明后学研究》出版同年,学林出版社刊出我的另一部书《明代知识界讲学活动系年:1522—1602》,为配合本"系列"名称,特将"明代知识界"改为"阳明学时代"。在该书初版后记中,我曾说这本书其实是我研究阳明后学的"副产品",这是实话。但正由于是"副产品",所以不免受到 20 世纪八九十年代原始文献资料尚未大量刊行出版的局限,迫使我的资料收集采用了近乎"手工业作坊"的方式,全靠平时跑图书馆得来,虽不至于"上穷碧落下黄泉",但确实做到了"动手动脚找材料"(傅斯年语)。然后通过阅读整理,累积起数十万字晚明士人社群(以王门为主)推动讲学活动的资料,才有上述《系年》之作。时过境迁,21 世纪的当下,不仅明代文献的整理出版有了爆发式增长,而且可以凭借电子人文技术,坐在电脑前就可从各种文献资料库瞬间获取大量的古籍文献资料。在如此优越的条件下,按理对这部旧著应作全面的修订,然而近年来科研教学等各种事务缠身,其压力之重,想必在学术圈内者可以谅察,这导致我根本无法抽身进行修订。幸运的是,素昧平生的江苏师范大学兰军博士热衷于明代讲学活动的研究,经人介绍,他自告奋勇承担了《系年》的全面修订工作,并新增了近8万字的材料。所以在此必须郑重地向兰军博士表示衷心感谢!不过需要说明的是,兰军博士新增部分大多是根据"阳明后学文献丛书"等新出的各种标点本进行收集整理的,与我的原著主要使用原刻本不同。

《系年》一书关注16世纪20年代以降80年间,以阳明后学为主的士人社群如何积极投身社会讲学的活动状况,而这场讲学运动具有跨地域以及超越身份限制的特征,通过儒家精英的这些讲学活动使得儒家经典知识得以转化为士庶两层社会都能普遍接收的常识,加速了儒学世俗化的转向;同时也使我们发现那些心学家投身讲学表现出某种宗教传教士一般的热诚,这在整个中国历史上是非常少见的。在他们的观念中,有必要重新接续孔子"席不暇暖"从事讲学的思想精神,而儒家讲的"万物一体之学"更有必要转化出"万物一体之政",并通过"政学合一"的互动方式来推动社会秩序的重建。质言之,阳明心学倡导个体精神的自我转化只是初级目标,通过自我转化以推动社会转化,并使这种双重转化得以同时推进,以实现社会转化和秩序安定,才是心学理论乃至儒家思想应追求的终极目标。

《泰州学派思想研究》(收入吴光主编"阳明学研究丛书",中国人民大学出版社,2009年,原书名无"思想"两字)是我研究阳明后学的最后一项计划,至此,我对阳明后学的三大板块:浙中、江右、泰州的研究,总算告一段落。绪论"泰州学派的重新厘定"对黄宗羲《明儒学案》"泰州学案"所设立的思想标准进行了批判性反思,指出黄宗羲一反其设计六大"王门学案"的标准——即以地域出身和师承关系为设准,在"泰州学案"的设定中,他将出身地域不同、又无明确师承关系的一些人列入"泰州学案",遂致整部"学案"成了一锅"大杂烩"。李卓吾且不论,因为黄宗羲在《明儒学案》中完全无视他的存在,姑就泰州学案所列的赵大洲、耿天台、管东溟、周海门等人物思想来看,他们何以跟王心斋开创的泰州学派有关是令人怀疑的。在对"泰州学案"作出重新厘定之后,我将视角集中在王心斋、王东厓、王一庵、何心隐、颜山农、罗近溪六人身上,着重探讨了心斋和近溪,其中心斋虽只占一章,然此章篇幅长达全书三分之一强,近溪一章大约占了四分之一,这是从《罗汝芳评传》(2005 年)中抽出的。趁此次新版,增加一篇前年所作《"名教罪人"抑或"启蒙英雄"? ——李贽思想的重新定位》(《现代哲学》第 3 期,2020 年)一文,庶几可为泰州学派研究画上句号。尽管李贽算不上泰州学派中人,然通过对其思想的定位,或可为我们重新观察泰州学派提供另一条思路。我的看法是,骂李贽为"名教之罪人"(于孔兼语)、对泰州学人作出"遂复非名教之所能羁络"(黄宗羲语)这类"定谳"式的判语,这不过是儒家精英对活跃于底层社会的民间儒家学者所显示的一种傲慢,并不意味着泰州学人真有反儒学、反传统的所谓"启蒙精神"。

《〈传习录〉精读》是我 1999 年为博士生开设"传习录精读"课程的讲稿,后经反复讲述和文字修订,由复旦大学出版社刊行于 2011 年。不知何故,出版之同年便连续印刷 4 次,此后由于所谓"电子书"悄然上市,该书就再也没有了加印或重版的机会。

其实,这部讲稿并不算通俗性读物,尽管在讲述时需要考虑基本知识的普及,但重点却放在对阳明心学思想体系的深入解读,因而打乱了《传习录》文本条目的次序,将其纳入到阳明学的思想结构中进行了重新组合,目的在于揭示阳明学的义理构架及其思想内涵。因而题名中的"精读"只是意指通过对《传习录》的深入解读,以展示阳明心学的哲学意义及其所蕴含的"问题"。此次收入"著作集",另增两篇近年写的文章《论王阳明"一体之仁"的仁学思想》(《哲学研究》2017 年第 1 期)和《作为良知伦理学的"知行合一"论——以"一念动处便是知亦便是行"为中心》(《学术月刊》2018 年第 5 期),以图本书的阳明学研究得到进一步充实。

以上四书收入我的"著作集"之际,未作任何文字的修订,新增几篇附录及相应的篇幅调整,已如上述。各书的文字校对则由苏杭博士后、郎嘉晨、崔翔博士生以及范旭和曹宇辰硕士生代劳,对于他们的辛苦付出,我要表示感谢!虽然各书原有的后记被一并取消,但其中写下的"鸣谢词"则永远有效。最后衷心感谢上海人民出版社原社长,现任上海市社联党组书记、专职副主席王为松先生,承其关爱,本"著作集"才得以问世;感谢上海人民出版社赵伟、任健敏等编辑朋友,使我很荣幸能将自己近 40年来的阳明学研究之成果奉献给广大读者。

吴　震

2022 年 11 月 18 日

图书在版编目(CIP)数据

《传习录》精读/吴震著.—上海:上海人民出
版社,2023
(吴震著作集.阳明学系列)
ISBN 978 - 7 - 208 - 17947 - 9

Ⅰ.①传⋯　Ⅱ.①吴⋯　Ⅲ.①心学-中国-明代　②
《传习录》-研究　Ⅳ.①B248.25

中国版本图书馆 CIP 数据核字(2022)第 184340 号

责任编辑　赵　伟　任健敏
封面设计　胡　斌　刘健敏

吴震著作集·阳明学系列

《传习录》精读

吴　震　著

出　　版　上海人民出版社
　　　　　(201101　上海市闵行区号景路 159 弄 C 座)
发　　行　上海人民出版社发行中心
印　　刷　上海盛通时代印刷有限公司
开　　本　635×965　1/16
印　　张　26
插　　页　5
字　　数　288,000
版　　次　2023 年 1 月第 1 版
印　　次　2023 年 1 月第 1 次印刷
ISBN 978 - 7 - 208 - 17947 - 9/B · 1652
定　　价　138.00 元